全国公安高等教育（本科）规划教材

公安部政治部　组编

公安学基础理论

（第二版）

贺　电　蔡炎斌　主编

（公安机关内部发行）

中国人民公安大学出版社

·北　京·

图书在版编目（CIP）数据

公安学基础理论/贺电，蔡炎斌主编. —2 版. —北京：中国人民公安大学出版社，2017.9

全国公安高等教育（本科）规划教材

ISBN 978－7－5653－3026－1

Ⅰ.①公… Ⅱ.①贺…②蔡… Ⅲ.①公安学—高等学校—教材 Ⅳ.①D035.3

中国版本图书馆 CIP 数据核字（2017）第 217460 号

公安学基础理论（第二版）

贺 电 蔡炎斌 主编

出版发行：中国人民公安大学出版社
地　　址：北京市西城区木樨地南里
邮政编码：100038
印　　刷：北京市泰锐印刷有限责任公司
版　　次：2014 年 11 月第 1 版
　　　　　2017 年 9 月第 2 版
印　　次：2014 年 11 月第 1 次
　　　　　2019 年 6 月第13次
印　　张：23.75
开　　本：787 毫米×1092 毫米　1/16
字　　数：492 千字
书　　号：ISBN 978－7－5653－3026－1
定　　价：78.00 元（公安机关内部发行）
网　　址：www.cppsup.com.cn　www.porclub.com.cn
电子邮箱：zbs@cppsup.com　zbs@cppsu.edu.cn
营销中心电话：010－83903254
读者服务部电话（门市）：010－83903257
警官读者俱乐部电话（网购、邮购）：010－83903253
教材分社电话：010－83903259

全国公安高等教育（本科）规划教材

公安学基础理论

（第二版）

主　　编：贺　电　蔡炎斌

副主编：刘晓彬　傅俊华　罗明娅

　　　　王　芳　吴跃岩

撰稿人：（按姓氏笔画排序）

　　　　王　芳　刘晓彬　吴跃岩　罗明娅

　　　　贺　电　贾延安　彭拥兵　傅俊华

　　　　蔡炎斌　魏　琴

主编简介

贺　电，男，法学博士，二级教授，博士研究生导师。全国高校公安学类专业教学指导委员会副主任委员，公安部公安理论与软科学计划项目评审专家组组长，全国公安书法家协会副主席，中国法学会理事，吉林省法学会副会长、学术委员会副主任、平衡法学研究会会长，吉林省警察协会副会长。主持国家社科基金和省部级重点项目10余项。著有著作30部，发表学术论文50多篇，多次被《新华文摘》等转载。享受国务院特殊津贴专家，吉林省有突出贡献专家，吉林省拔尖人才，吉林省首届十大杰出中青年法学家，吉林省跨世纪高校社会科学优秀人才。

蔡炎斌，男，管理学教授。教育部评估专家库成员，中国法学会会员，湖南省教学评估委员会、高等教育学会和教师专业委员会常务理事。先后在湖南师范大学和中南大学就读本科、硕士和博士。从事公安学基础理论等课程的教学和研究。著有教材4部、专著1部，主持省级以上项目5项，发表论文60余篇。获省级教学成果奖3项，先后荣立二等功1次、三等功7次；被国家教育部、人力资源和社会保障部评为"全国教育系统劳动模范"，授予"全国模范教师"荣誉称号。

前　　言

　　教材是体现教学内容和教学方法的知识载体，是联系教与学的有效媒介。教材建设是公安教育训练的基础性工作，是实现公安院校教育现代化、提高教学质量的一项基本措施。改革开放以来，我们根据公安院校教学工作需要，先后组织编写了近200种公安院校专业课和专业基础课教材，为培养高素质的公安人才提供了有力支撑。近年来，我国执法环境和执法依据发生了深刻变化，公安理论和实践创新有了长足进步，公安高等教育实现了跨越式发展，原有统编教材难以满足现实需要，亟须重新编写。对此，公安部党委十分重视，郭声琨部长专门作出指示，成立了教材编审委员会，并在京召开了工作部署会推动教材编写工作顺利有序进行。

　　本套教材是公安院校的本科教学用书，也是公安民警培训、自学的母本教材或指导性用书，涵盖侦查、治安、经济犯罪侦查、交通管理工程、刑事科学技术、禁毒、网络安全与执法、公安视听技术、警务指挥与战术、边防管理、消防工程等公安类本科专业，共计110种教材，是公安高等教育史上规模最大、涉及最广的一次教材建设工程。

　　本套教材以培养应用型公安专门人才为目标，以习近平总书记系列重要讲话为指南，坚持院校专家学者与实务部门骨干相结合，深入基层、融入实战、贴近一线，在充分吸纳教学科研成果和警务实践成功经验的基础上编写而成。教材在内容上主要突出公安理论的基础性和公安工作的实践性，在阐述公安各学科基本原理的同时，注重实践运用能力的培养，既兼顾了学科专业的系统性，又强调了警务实战的特殊性。在体例规范上，既相对统一，又预留空间，鼓励学术上的研究和探讨，利于学生展开更深的探究。

　　本套教材是在公安部政治部的统一领导下分组集体编写而成的。为保证教材内容贴近实战，我们遴选了部分警务实战骨干参与编写工作。各门教材由编写组精心组织、反复论证、集思广益完成初稿，最后经有关实战部门业务专家和部分社会相关领域知名专家学者审核后定稿。

　　我们相信，经过组织者、编写者、出版者的共同努力，全国公安高等教育（本科）规划教材能够以体系完整、内容丰富、贴近实战、形式新颖的精品特质，服务公安院校的教学和广大民警自学，为培养高素质、高水平的应用型公安专门人才发挥重要作用。

公安部政治部

2014 年 8 月

再版说明

　　2017年5月19日，中共中央总书记习近平在全国公安系统英雄模范立功集体表彰大会上发表重要讲话。他指出，全国公安机关和公安队伍要坚持党对公安工作的领导，牢固树立"四个意识"，坚持人民公安为人民，全面加强正规化、专业化、职业化建设，做到对党忠诚、服务人民、执法公正、纪律严明。这是在准确把握公安工作和公安队伍建设规律特点的基础上，从政治的全局的战略的高度，明确提出了对党忠诚、服务人民、执法公正、纪律严明的"四句话、十六字"总要求，立意高远、内涵丰富、思想深邃，深刻揭示了公安机关的基本属性和公安队伍的职业特点，精辟回答了公安工作和公安队伍建设中带有根本性、原则性、方向性的重大问题，科学指明了我们党在新形势下建警治警的指导思想、基本原则和目标方向，是新形势下加强公安工作和公安队伍建设、推进国家治理体系和治理能力现代化的科学理论指南。《公安学基础理论》作为公安学的基础理论教材，为适应新的历史阶段的公安工作，有必要从思想上和理论上对相关内容作出修订。同时，随着公安改革的不断深入，原教材的内容也需要随之更新调整。

　　鉴此，本书编写组对第二章第二节新中国成立后的公安机关与警政建设，第四章第二节公安机关的宗旨，第六章第一节中职责履行中存在的问题及解决，第七章第一节中公安机关组织机构改革探索，第八章第三节合法、高效地发挥公安机关的作用，第九章第二节公安的价值目标，第十章第一节公安工作的概念，第十一章公安工作的根本原则和根本路线，第十二章公安工作的方针与政策，第十三章第一节公安法制概述，第十四章第二节公安监督，第十六章中的公安与领导机关关系、公安与相关工作部门关系、公安与公众关系，第十八章公安队伍建设，第二十章中的公安科技工作和公安信息化建设，第二十一章公安改革与发展等章节中的相关内容做了修订。

尽管修订过程中教材编写组的同仁们付出很多努力，教材仍难免存在不足，许多问题还需进一步研究和探讨，敬请专家、读者批评指正。

《公安学基础理论》编写组
2017 年 8 月

编 写 说 明

为适应新时期公安工作、队伍建设和公安院校教学的需要，按照公安部政治部的统一部署，我们组织编写了这本《公安学基础理论》教材。

本教材密切联系公安工作实际，借鉴并吸收了公安学基础理论研究的最新成果，力图实现一些新的突破：其一，明确《公安学基础理论》的主题、主线和灵魂，集中回答什么是公安，公安应该是什么。其二，把握《公安学基础理论》的学科定位，即它是公安学中最普遍、最一般、最抽象的理论知识，而不是具体的公安常识。其三，力图构建一个全新的学科体系，由导论、公安历史论、本体论、价值论、运行论、关系论、保障论、未来论八个部分构成。其四，注重对新的公安实践的理论概括和表达，诸如公安科技、信息化建设等内容的阐述方面。其五，首次提出了一系列全新的公安学概念、观点和理论，如公安的本体、公安的价值、公安的运行、公安的关系、公安的未来、公安思维等等。

本教材具有如下具体特点：一是在编写指导思想上，突出理论与实际的紧密结合。二是在体例结构上，打破以往《公安学基础理论》教材体例结构，按编、章、节进行编写，每章提出教学重点与难点，章后附小结和思考题，教材的最后附主要参考文献，便于学生学习和在职民警自学。三是在内容安排上，突出创新性，注意将最新的公安实践、信息、知识和新修订的法律、法规吸收到教材之中。本教材由导论、七编二十二章组成，很多内容都是第一次出现。四是在理论阐述上，充分体现历史性、时代性、专业性、应用性和新颖性，力求做到理论成熟、观点新颖、内容全面、专业性强。五是在适用范围上，能满足公安院校本科学历教育及公安职业教育的需要，同时对基层公安机关领导干部、一线公安民警也具有较好的借鉴和参考价值。

本教材由吉林警察学院贺电教授（博士生导师）和湖南警察学院蔡炎斌教授担任主编；江西警察学院刘晓彬教授、铁道警察学院傅俊华教授、云南警官学院罗明娅副教授、吉林警察学院王芳副教授和吉林省公安厅办公室主任（指挥长）吴跃岩任副主编。按照公安部政治部的要求，本教材由贺电教授在全国公安院校和实践部门优中选优组建专家编写团队。各章撰写分工如下：吉林警察学院贺电教授撰写导论，湖南警察学院蔡炎斌教授撰写第一章和第二章，江西警察学院刘晓彬教授撰写第三章、第四章和第五章，云南警官学院罗明娅副教授撰写第六章、第七章和第八章，铁道警察学院傅俊华教授撰写第九章、第十章和第十一章，吉林警察学院王芳副教授撰写第十二章和第十三章，湖北警官学院魏琴讲师撰写第十四章、第十五章和第十六章，南京森林警察学院贾延安副教授撰写第十七章、第十八章和第十九章，湖南警察学院彭拥兵副教授撰写第二十章、第二十一章和第二十二章。

本教材由贺电教授拟定编写提纲框架，编写组全体人员共同研讨完善，最后由贺电教授、蔡炎斌教授共同修改确定。为保证教材质量，全体编写人员在吉林警察学院召开了教材编写工作研讨会，对教材提纲、编写内容、编写风格、具体要求等提出了许多宝贵意见。会后认真听取了公安实战部门领导和一线民警的意见。教材初稿完成后主编和副主编进行了初审，提出了具体修改意见。贺电教授、蔡炎斌教授统改书稿，蔡炎斌教授、王芳副教授协助贺电教授做了大量组织协调和书稿修改工作，最后由贺电教授统改定稿。

本教材在编写过程中，参阅了相关的教材、著作和论文资料，得到了各参编单位、公安实战部门和中国人民公安大学出版社的大力支持。特别是得到了吉林省政府副省长黄关春同志和吉林省公安厅党委的高度重视和关怀指导。正是前人研究的基础和众多领导、同志们的关心支持，使本教材的编写能够有所创新并得以顺利出版，在此一并表示衷心感谢！

由于公安改革正在深化进行中，许多理论和实践问题还需要进一步研究和探索，因此，对《公安学基础理论》体系和内容的完善仍然任重道远。虽然教材力求完善，但疏漏、不妥之处在所难免，恳请读者批评指正。

《公安学基础理论》编写组
2014 年 8 月

目　　录

第七编 公安的未来

导　论

【教学重点与难点】

1. 警察学和公安学的基本概念；2. 警察学和公安学的联系与区别；3. 公安学的研究对象、理论体系、研究方法；4. 公安学基础理论的研究方法；5. 公安思维。

随着警察这一历史现象的产生，关于警察的学问便应运而生了。在我国，人民警察机关被称为公安机关，公安机关人民警察的行为即公安行为。关于公安机关人民警察行为的研究是我国公安学研究领域的主要内容，属于公安学的核心范畴。公安学是我国人民民主专政制度下的警察学，是所有公安学科的总称。

公安学基础理论是我国公安学科体系中的一门基础学科，具有丰富的内容，它是对于公安工作一般规律和基本对策的理论概括，为公安学提供了一般性理论依据，是最具抽象性、概括性、普适性的公安理论知识，对公安学各分支学科和各项公安工作都具有十分重要的指导意义。

一、警察与警察学

(一) 警察的概念

1. "警察"的含义。"警察"的含义从古至今经历了一个发展变化的过程。在我国，"警""察"二字早已出现。从字义上说，"警"从敬从言。敬者，戒也。戒之以言，有言在先，不得违戒，谓之警。《左传·宣公十二年》中记载："且虽诸侯相见，军卫不彻，警也。"这里的"警"，前者有戒敕之意，后者有防备之意。"察"字是象形字演变过来的，谓以手捧祭品，祭天求示，得神意而明白；后发展为审视、辨别、核查之意。《韩非子·外储说左上》有云："夫信不然之物而诛无罪之臣，不查之患也。"因此，我国古代"警"、"察"二字长期分别使用，作为一词连用，最早出现于唐朝颜师古给《汉书》所作的注："密令警察，不欲宣露也"。在这里，警察指一种秘密调查、控制活动。近代晚清，"警察"一词在文献资料中出现的频率较高，仅《清史稿》中就有18处使用了"警察"一词，多次提及"兴警察""办警察""警察营""警察军""警察队"。很明显，这时"警察"的含义演变为专指以警察强制力维护社会公共秩序的专门力量，包括专门警察机构和专职警察人员。这与清末他国警政制度向中国的传播有关，这时的"警察"在我国成为一个专用名词。

在西方国家，"警察"一词的含义从古至今变化较大。在英语中，"警察"为police，德语为polizei。起初，"警察"的含义是指有序而幸福的国家；14世纪以后，指国家的内务行政；18世纪以后，专指国家内务行政中的警察行政。直至最后，"警察"含义演变为专指以警察强制力维护社会公共安全秩序的专门力量。

2. 警察概念的理解。关于警察的概念，由于研究的角度不同形成多种理解。

从社会力量的角度看，"警察"是指警察机关或警务人员，是阶级专政的重要工具；从社会功能的角度看，"警察"是指警察作用，其含义是指依据国家法律以强制手段维护国家安全和社会公共秩序过程中所表现出来的行政作用；从社会行为的角度看，"警察"是指警察行为，其含义是指在国家的统治和管理中，按照统治阶级的意志，运用武装的、行政的、刑事的手段来维护国家安全与社会治安秩序的行为。

上述三种不同角度的"警察"含义都具有科学性。但是，在三种不同的对警察概念的理解中，很显然，作为"警察行为"含义的"警察"概念，更具有普遍性、兼容性和概括性，可以涵盖其他两个角度的内容，可以作为警察学研究的逻辑起点。

第一，警察行为属于一种社会实践范畴。一切警察现象，都是基于警察行为的社会现象。警察的历史，主要是关于警察行为的历史；警察的科学，主要是关于警察行为的科学；警察，是有权实施警察行为的国家公务人员。由此可见，警察行为含义上的警察概念，可以成为警察学研究上的核心概念。

第二，以警察行为含义上的警察概念作为逻辑起点，可以大大拓宽警察学的研究范围。警察行为必然涉及警察行为者（主体）和警察行为对象（客体），研究警察行为主体与客体之间的关系较之当前一些著述多限于对警察主体（警察机关及其人员）的研究更全面、更丰富，更具有完整性。

第三，警察学属于行为科学。人们说国家是不能没有警察的，根本上是指国家是不能没有警察行为的，警察学就是关于警察行为规律的科学。

第四，警察法制是关于警察行为的法制，警察法既是警察行为主体（警察机关）的规范，也是警察行为客体（与警察行为有权利义务关系的对象）的规范，所以，明确作为警察行为含义上的警察概念，对警察立法也具有重要的意义。

根据上面的分析，本书认为，警察是国家按照统治阶级的意志，运用武装、行政、刑事的手段维护国家安全和社会治安秩序的具有武装性质的治安行政和刑事司法力量。

（二）警察学

警察学就是研究警察现象产生和发展规律的学科。它的研究对象是警察及其相关组织、管理和维护社会公共安全的社会活动规律及对策。西方没有与我国相对应的警察学的概念，但有相对应的警察科学，它是西方发达国家研究警察现象、警务规律的知识体系。这其实就是我们所指的警察学。西方警察科学可以归纳为基础理论与实用技术两大类。基础理论主要有：警察行政研究、警察管理研究、警察制度研究、警务原则、警察伦理学、警察发展史、警务风格、犯罪学、犯罪对策、警察文化、警务改革、未来警察模式等。其中，警察管理研究是警察学中研究最深入、理论最成熟的部分。从某种意义上讲，警察管理是警察学的核心。从世界范围上看，凡属于警察现象的学科，均可以统称为警察学。由于警察有很强的国家性，不同国家的警察学也各有特点，以致在学科名称上各异。有的称警察学，有的称刑事司法学，我国通常称为公安学，还有的国家尚未确立这门学科的名称。

我国研究警察的学问历史悠久。在古代，警察行为分散于多个国家机关时，关于警察学问的研究存在很大的分散性。许多政治家、思想家的著述中包含着某些有关警察行为与治安对策的论述，宋朝宋慈所著的《洗冤录》，是世界上最早的一部关于法医与现场勘查的专门著作，在世界警察科学史上具有相当重要的地位。我国以警察行为为专门研究对象的警察学的诞生，则是在近代建立了警察行政制度以后。我国最早的警察学著作，有清朝光绪三十二年（1906 年）上海出版的《警察学》，1907 年何维道、谭传恺著的《警察学》等。20 世纪 30 年代以后，民国时期的警察学专家也写了许多关于警察学的著作。

二、公安与公安学

（一）公安的含义

公安在我国警察科学理论研究体系中，是与警察同样重要的另一个最基本的概念，其最广义的说法是指公共安全。但将公安简单解释为公共安全并非很妥当。从学科的学术性要求出发，"公安"一词被理解为社会安全更恰当些。《现代汉语词典》把公安定义为："社会整体（包括社会秩序、公共财产、公民权利等）的治安。"在实际应用中，"公安"一词包括以下几层含义：一是指社会生活中的公共安全。这是公安这一概念最普遍、最一般的含义。公共安全的范围很广，地震、洪水等都会影响公共安全，由于这些自然灾害人们尚无能力制止，只能减轻其影响。所以，在我国当今实际意义上的公共安全，偏重于国家安全和社会治安秩序。二是指一种社会工作，即人们为了求得公共的安全而做的主观努力，其主要是指专门机关的工作，也包括全体社会成员所做的安全控制及防范工作。三是指法定的专门机关和特定人员的简称，公安既可以表示公安机关，也可指公安民警。

（二）公安学的含义

公安学是关于我国公安工作规律和对策的知识体系，是我国人民民主专政条件下公安工作实践经验的总结和概括，公安学是所有公安学科的总称。

我国的公安工作，在中国共产党领导下，不论是在新民主主义革命时期，还是在中华人民共和国成立后的社会主义革命与社会主义建设时期，都积累了丰富的经验，始终坚持党对公安工作的领导，坚持人民公安为人民，走出了一条有独创意义的人民公安工作的发展道路。我国公安学就是长期历史经验的总结，是具有中国特色的警察学。

关于公安学的性质，从总体上说，公安学属于社会科学的范畴，是一门相对独立的、综合性很强的社会科学。因为社会科学是人类关于社会现象及其规律的知识体系，是人们改造社会的实践总结，而公安学恰恰是研究公安行为这一特定社会现象及其规律的。公安行为是一种调整社会关系的行为，是维护国家安全和社会治安秩序、实现其改造社会目标的行为，公安学正是对这样一种社会实践的总结和概括。

三、警察学与公安学的关系

从对公安学和警察学的学科性质与主要内容的分析中可以看出，公安学与警察学的区别是很明显的。公安学是关于人类社会安全问题的学问。警察学是关于如何守护人类社会安全的学问。公安学研究人类社会安全问题的性质、原因、变化及其解决的途径、方式、手段等，是对社会安全问题本身的研究。警察学研究的只是实现人类社会安全的一种途径——警察。公安学对如何实现人类社会安全这一问题的研究涉及很多途径，但警察学只是就警察这一种实现人类社会安全的途径展开研究，所以社会治安综合治理这一类的理论本质上应该属于公安学，而不属于警察学（当然，这里面有个关键性的问题，就是不能把社会治安仅局限于违法犯罪范围内来理解，而应该理解为社会安全问题）；而防控违法犯罪，主要是一种警察性质的工作，应该是警察学所要重视的研究内容，而不是公安学的研究内容。

公安学与警察学是两门区别很大的学问，但两者间的联系也是不能忽视的。只有明确什么是人类社会安全，人类社会存在哪些安全方面的问题，守护人类社会安全的警察行为才有明确的目标。这就是说，公安学是警察学的基础学科，公安学为警察学提供理论上的准备。另外，警察学对人类社会安全的实现途径展开研究，是对公安学研究在一个很重要的具体方面的深入和延伸。所以，警察学是公安学的延展性学科，警察学理论有助于使公安学知识真正运用于实现人类社会安全的行动中。

公安学与警察学的分殊不是形式上的，不是因为公安学与警察学这两个学科的名称在文字上的区别，也不是因为共产党政权的公安机关与其他性质政权的警察机关在阶级性质、政权性质、法制性质或其他性质上的不同，而是因为这两个学科在其自身的性质和内容上有实实在在的差异。公安学与警察学的联系也不是形式上的，不是因为公安机关实际上是警察机关或警察机关被命名为公安机关，也不是因为人民警察是公安人员或公安人员被命名为人民警察，而是因为这两个学科在内容上有重要联系，在具体的研究中应该互相依托，同时也可以互相促进。

我们在学科名称上之所以采用公安学，而没有采用警察学，是因为：在研究范围上，我们主要是围绕我国公安工作实践与理论展开的，称之为公安学更符合我国的传统和国情，从世界趋势看，警察的作用已突破了对违法犯罪"警之于先，察之于后"的传统含义，救护性、服务性、公益性、福利性的警务内容日趋增多。在中文词义上，公安较之警察有更广的外延和更长远的适用性；从名称含义上看，公安指公共治安，更符合社会治安的含义，并可适应日益广泛的公众参与的趋势。而且，公安学研究的内容，一般未涉及司法警察、国家安全机关人民警察等职能和业务范围。

四、公安学的研究对象

公安学的研究对象是：我国公安机关在中国共产党及人民政府的领导下，依靠广泛的社会力量，保障国家安全，维护社会治安秩序的工作规律、对策及其历史与现状。

深入研究公安工作规律是公安学研究的基本内容。公安工作规律，是指与社会治安有关的诸事物之间内在的、必然的联系。我们不仅要研究社会治安自身发展、变化的内在规律，更要注重研究公安工作与社会治安现象之间相互作用所反映出来的规律性。公安工作的规律包括：第一，国家安全、社会治安问题发生、变化的规律，如间谍特务活动规律、刑事犯罪规律、流动人口活动规律、白天盗窃作案规律、流窜作案规律等；第二，解决国家安全和社会治安问题的规律，如侦查间谍特务案规律、打击各类刑事犯罪规律、突破犯罪嫌疑人口供规律、服务与管理流动人口规律等。

探求公安工作对策是公安学研究的核心。公安工作对策，是指为解决国家安全和社会治安秩序方面的问题而制定并实施的方针、政策、法令以及所采取的专业措施与手段。公安学各方面的研究，最终是为了正确地制定和有力地实施各种对策。例如，惩办与宽大相结合的政策，社会治安综合治理的方针，技术侦查中的密取、密听、密录等措施和手段。

科学地阐述我国公安工作和世界警察发展的历史与现状，也是公安学研究的重要内容。通过对这方面内容的研究，总结历史经验，加强与世界警察的联系，科学分析和正确把握现状，以努力做好今后的工作。

五、公安学的体系及公安学基础理论的地位

（一）公安学的学科体系

公安学一级学科的地位确立以来，公安学学科体系研究受到学界高度重视。目前已有部分学者集中展开公安学学科体系研讨，并取得了一系列开创性成绩。其一，彰显批判意识，自觉反思体系研究中存在的突出问题。相关成果指出，我国公安学学科体系基础问题研究较为薄弱，缺乏系统性、科学性，在研究深度、研究质量上还有待提高。其二，把握时代脉搏，明确公安学学科体系研究的宏观方向。突出强调应在理论联系实际基础上形成具有公安学优势的学科体系。其三，注重学科借鉴，激发公安学学科体系研究的学术灵感。目前公安学学科体系研究尚处于起步阶段，既有研究突破了闭门造车的狭隘思维，积极借鉴相近学科体系研究的成熟经验和成果，实现了公安学学科体系研究的突破和创新。其四，突出公安学优势，构架特色化的学科体系。子学科多围绕公安学学科性质及定位设置，促进公安学学科体系研究日臻完善和成熟。

本书认为，构建公安学较为合理的学科体系，既需要确定清晰的逻辑主线，也需要遵循科学的技术标准。采用从抽象到具体的纵向研究方法构建公安学体系，可以将公安学学科划分为理论公安学、部门公安学与实务公安学三部分，这一逻辑结构使上下位阶体系呈金字塔状，理论公安学、部门公安学与实务公安学这三大部分抽象程度越来越低，所能覆盖的领域越来越窄，内容越来越具体。理论公安学是最为抽象的概括，是公安学基本问题、本质内容与一般规律的提炼和总结，是公安学体系构建的基石，位于金字塔结构的顶端；部门公安学是较为具体的理性认识，是理论公安学抽象规定的丰盈再现，通过加入具体元素可以使各部门公安学内涵更为丰富，位于金字塔结构的中间；实务公安学是公安工作的经验总结及常识研究，是部门公安学及理论公安学的储备素材，是理性思维对公安实践的初级加工，位于金字塔结构的底部。

1. 理论公安学。公安学研究公安现象，但不同学科的研究角度、层面、领域各不相同。从认识论视角看，理论公安学是关于公安这种社会现象最基本、最一般、最理论化的学科。它以揭示公安学基本原理为目标，与具体应用的公安知识相区分，是公安学的基础学科、一般理论及方法论。

2. 部门公安学。部门公安学依据不同标准可以形成不同的子学科体系。按公安关系实现社会职能的不同可以将部门公安学划分为公安管理学、治安学、侦查学、国内安全保卫学、边境防卫管理学、警卫学、公安指挥与战术学、涉外警务学等，这实际上是对运行中的公安关系进行的动态划分。按公安关系体现内容范围的不同又可划分为公安政治学、公安制度学、公安业务学、公安后勤保障学及公安队伍建设学，这实际上是对以不同形态存在的公安关系进行的静态划分。

3. 实务公安学。实务公安学是对公安实践经验的总结研究，如群体性事件处置、信息网络安全等，具有直观性、微观性、可操作性、灵活性、变动性等特点，不能简单归类到部门公安学中，但也不排除随形势变化上升为部门公安学的可能。

公安学学科体系可以由下表概括：

理论公安学	公安学基础理论、哲学公安学、比较公安学、公安史学、公安社会学、公安经济学、公安法学、公安未来学等			
	体系1		体系2	
部门公安学（随公安实践发展及学科成熟完善调整变化）	公安管理学	公安文化学、公安政治工作学、警察公共关系学、公安组织行为学、公安队伍建设学	公安政治学	公安政治工作及指导规律
	治安学	治安管理学、户政管理学、交通管理学、消防管理学、公共安全管理学、特种行业管理学、危险物品管理学	公安制度学	公安体制、制度及其发展规律
	侦查学	刑事侦查学、经济犯罪侦查学、禁毒学、犯罪学	公安业务学	公安职能工作及相关规律
	国内安全保卫学	国内安全学、反恐学、反邪教组织学等		
	边境防卫管理学	边境管理学、边境指挥学、边境检查学、边境情报学、边境勤务学	公安后勤保障学	公安后勤活动及其规律
	警卫学	保卫特定场所或个人安全	公安队伍建设学	公安队伍战斗力及建设规律
	公安指挥与战术学	公安指挥学、公安战术学、公安情报学及公安教育训练学		
	涉外警务	涉外公安业务		
实务公安学	对公安实践经验的总结研究，如群体性事件处置、信息网络安全等			

（二）公安学基础理论的概念和研究对象

1. 公安学基础理论的概念。公安学基础理论与其他各门公安专业学科是一般与个别、抽象与具体、普遍与特殊、总论与分论的关系。公安学基础理论是对我国公安实践经验进行总结和概括、阐述公安工作一般规律和基本对策的理论体系。

2. 公安学基础理论的研究对象。公安学基础理论以公安现象的基本规律及公安工作的基本经验、基本理论和基本对策为研究对象。主要研究在我国人民民主专政条件下的公安现象中的基本关系，着重研究其中的普遍、一般规律与基本对策。

公安学基础理论研究的主要内容包括：警察的一般原理和基本理论；我国人民公安机关的性质、任务和职责权限；当前公安工作的路线、方针和政策；公安机关的作用；公安组织机构及其运行；公安物质技术装备研究；公安未来发展规律等。

涉及公安的历史、公安的本质、公安的价值、公安的运行、公安的关系、公安的保障、公安的未来等方面。

（三）公安学基础理论的地位

在公安学体系中，公安学基础理论是理论公安学中的一个专门学科。它具有特定的研究领域和研究对象，形成了比较完整的学科体系，充分发挥了对其他专业学科和公安实践工作的理论指导作用。因此，公安学基础理论具有十分重要的学科地位。

当然，我们在肯定公安学基础理论为其他各门专业学科提供基础理论的同时，还应该认识到公安学基础理论与其他公安学科的紧密联系。公安学基础理论需要依赖其他公安专业学科提供理论概括的实践根据和丰富素材，同时还要通过各专业学科对公安学基础理论中基础理论的应用发挥其理论指导实践的作用。从根本上说，公安学基础理论的发展过程是以公安各专业学科的发展为基础的，它们在相互作用的过程中，推动了整个公安学科的发展。公安学基础理论体系的形成，还可以独立地运用现代有关科学的新理论，直接从广泛的公安实践经验中进行科学概括，从而形成具有一般指导意义的理论。显然，这种研究常常具有超前性，有利于发挥其理论上的先导作用。因此，只有辩证地处理好这个关系，才能加快公安学基础理论的发展步伐，更好地发挥其应有的作用。

（四）公安学基础理论的体系

本书在扬弃已有的公安学基础理论教材体系的基础上，提出并形成了一个全新的体系，由导论、公安的历史、公安的本体、公安的价值、公安的运行、公安的关系、公安的保障、公安的未来八个部分构成。

这个全新的体系较之以往具有以下明显的优势：一是更加明确地阐释了公安学基础理论的灵魂和主题，即公安是什么，公安应该是什么。二是更加科学地解决了公安学基础理论的学科定位，即它是公安学的最一般、最普遍、最抽象的理论，对公安学其他学科具有普遍的指导作用。三是更加关注崭新的公安实践。本书吸纳、总结和概括了新的公安实践实战素材。四是更加注重形成一系列新的提炼、概括和总结。本书提出了诸如公安学、公安学基础理论的新体系，诸如公安哲学、公安社会学、公安政治学、公安经济学、公安未来学等新学科，诸如公安思维等新理论。五是更加完善了公安学基础理论学科体系，使之更具学科性、指导性和适用性。

六、公安学的历史

我国的公安学是人民民主专政制度下的警察科学。它的建立和发展经历了以下三个历史阶段。

（一）新民主主义革命时期的初创阶段

此阶段始于第二次国内革命战争时期，标志是 1933 年 9 月国家政治保卫局印发在《内战时期肃反文件》中的《审讯术》。它是我国人民公安保卫工作历史上最早的专门著作，系统总结了审讯工作的经验和方法。此外还有一些供公安保卫工作人员专业学习的教育训练材料。在新中国成立前相当长的时间里，公安工作的总结及理论观点，大多数见于党政领导人的著述及公安工作文件中，尚未形成系统的学科理论。

（二）新中国成立后的探索时期

20世纪50年代各公安院校编写了有关侦查、保卫、治安、劳改、警卫等方面的教材，形成了一批初具规模的公安专业系列著作，标志着我国公安学某些专业学科开始走上科学发展道路。但该阶段的公安学还是分别进行研究的，还没有联结起来形成公安学完整的知识体系，还未能在我国社会科学中取得独立的学科地位。

（三）独立地位的确认时期

20世纪80年代前中期，公安工作特别是公安教育取得了突飞猛进的发展，大大推动了公安科学的进步及发展，1985年出版的《公安学概论》第一次提出了公安学的概念。1993年通过周密论证，国家教委正式批准公安学为我国高校的正式学科，这标志着公安学作为一门独立学科已被国家确认。2011年3月经国务院学位委员会和教育部批准，公安学被列为国家一级学科，提高了公安学的学科地位，这既是对公安学学科建设成就的认可，也为推动公安学深入研究搭建了更高一级的平台。但是，在公安学学科建设中还有一些问题没有达成共识，公安学还不是一个大的学科门类，在国家学科目录设置中，公安学只是法学门类中的一个一级学科，使其上升为一个学科门类，还任重道远。

七、公安学的研究方法

公安学是一门应用性很强的学科，为了更好地为现实公安工作服务，就要有科学的研究方法。公安学主要有以下几种研究方法：

第一，系统研究法。系统研究法是一种整体分析研究的方法，它从全方位、多角度的宏观层面研究事物。在公安学研究中重视系统研究法，一方面要求把公安学置于上层建筑中，纳入社会制度、经济制度、政治制度、法律制度等领域进行研究；另一方面要求加强公安学内部结构和相关部分的研究，在本系统中充分发挥各个组成部分的最佳作用和效果，以把握公安学的本质。

第二，比较研究法。比较研究是理论研究的重要方法。在公安学的研究中运用的比较研究法主要有两种：一是横向比较，即将我国公安学的发展状况与外国相关的警察学进行比较研究，以发现、总结我国与其他国家在公共安全管理方面存在的异同，努力借鉴国外先进的研究成果；二是纵向比较，即用历史的眼光和思路来审视我国警察制度和警察活动的情况，总结经验、汲取教训，为现行公安学研究提供方向。

第三，实证研究法。所谓实证研究，是指通过科学手段采集、分析资料，然后得出可以验证的结论的方法。它是社会科学理论与客观实际之间的桥梁，是从实际研究中概括出来一般理论，再从一般理论上升为对具体问题的全面认识的、完整的方法及步骤。公安学只有从公安实践活动中总结经验，并上升为一般理论，才能得到丰富和发展。所以，实证研究法是公安学理论研究的主要方法之一。

第四，类型划分研究法。类型划分研究法是较为常见且应用较为广泛的方法。它通过描述概念、基本特征或特点再现事物的整体形象，因此，类型体系存在的基础是概念所含特征的异同。例如，采用类型划分研究法对部门公安学进行细化，按实现社会职能的不同可以将部门公安学划分为公安管理学、治安学、侦查学、国内安全保卫学、边境防卫管理学、警卫学、公安指挥与战术学、涉外警务学等；按体现内容范围的不同可以将部门公安学划分为公安政治学、公安制度学、公安业务学、公安后勤保障学及公安队伍建设学等。

第五，借鉴研究法。学习、吸收和借鉴其他学科研究中先进的、对公安学研究有启示和借鉴价值的方法，采它山之石以攻玉，可以使公安学的研究在开放的状态下得到深入、持久的发展。

第六，经验研究法。公安实践中有价值的经验，对于公安学的完善具有十分重要的意义。公安民警素质的提高、公安队伍战斗力的加强、公安工作成效的取得，都离不开从公安实践中获得的有价值的经验的指导。从一定意义上讲，经验是真理的别名，是实践的产物，是智慧的结晶。所以，认真总结公安实践经验，并经由科学的方法使之从实践中概括出来进而上升到理性的高度，从而对公安实践具有普遍指导意义，这也是公安学研究的重要方法。

八、公安思维

从哲学上来讲，思维在本质上是一种精神活动，是外面的客观世界在人的大脑中产生的一种主观反映，是在表象、概念的基础上进行分析、判断和推理等认识活动的过程。但是不同的人和不同的职业群体都会有自己独特的反映并对外界事物作出认知的思维方式，从而导致不同的思维技能和方法。公安机关及其公安人员在日常实践中也形成了自身独特的思维方式，这种思维方式的独特性来源于公安机关及其人员活动的特殊性，这种思维的"独特性"既是公安学研究的重要对象，也是使得公安学能够成为单独学科的重要原因。

在公安活动中，我们以什么样的思维方式来思考问题、解决问题才能卓有成效地实现公安活动的终极目标呢？公安思维应该如何认识呢？

所谓的公安思维，是指在长期的公安实践活动中形成的，通过专门的学术概念或者范式进行分析、判断、推理和解释等活动的思维过程。从主体上来看，公安思维的主体是公安机关及其公安人员，也就是说包括组织和具体的个人，组织活动中体现的思维方式大多是一种抽象的规定，而个人活动中的思维方式体现在具体的公安活动中。从性质上看，公安思维是公安群体中共同遵循的思维方式，不管是在一般的抽象规定中还是具体的实践活动中，因此公安思维体现的是公安群体的思维中的共性，但是这并不影响具体的公安机关及其公安人员在实践操作中的思维的特殊性。

不同国家的警察体制或者说公安体制不同，那么从事公安职业的群体的范围和职能也不尽相同。根据我国的实践情况和已有的学术研究经验，在总结各种观点的基础上，我们提出公安思维应当具有如下重要特征：

第一，合法性。公安机关及其公安人员的职权及其活动都必须具有法律上的授权，这种授权或者来自制定法的明确规定，或者来自具有法定权力的组织或者个人的授权，而自由裁量必须在法定的界限之内进行，因此公安机关及其公安人员在实践活动中必须将合法性作为思考问题和解决问题的首要前提，或者说是作为思维方式的起点。公安思维的合法性特征还与公安行为的强制性特征密切相连，强制性行为的后果可能会剥夺公民的自由、财产甚至是生命，因此，强制性行为的前提必须是合法的，公安机关及其公安人员在实践活动中必须将合法性作为整个认知和分析的前提或者起点，这也是执法公正的要求和前提。

第二，程序性。公安机关及其公安人员作为整个政府的组成部分，在现代法治国家中需要在法定的职权范围内进行活动，这也使得公安行为和法定程序有天然的密不可分的关系。其一，公安机关及其公安人员的活动要依据一定的形式开展，这种形式就是程序，也就是说公安思维不能逾越基本的程序规定，否则出发点再好的行为也可能导致法律上的"错误"，导致公安机关及其公安人员受到法律的惩戒。其二，现代法治中对程序法的重视，也使得很多行为因为缺乏程序上的支持或者逾越程序而无法发挥应有的作用，诸如在公安机关的侦查行为中，如果违背基本的程序会导致收集的证据"失效"。其三，公安机关及其公安人员掌握着国家公权力，而公权力有时候会被滥用，那么防止权力滥用的措施就是设计相关的程序，这种程序的存在也使得公安机关及其公安人员的活动必须将程序视为思考和分析问题的框架。

第三，公共安全性。公安机关及其公安人员存在的目的是维护公共安全，这也是公安思维的终极价值目标。为全面实现保障国家安全、维护社会治安秩序的目的，无论在一般性的政策制定上，还是在具体的警务活动中，维护公共安全、服务人民都是公安机关及其公安人员在思考和解决问题中的终极目标。例如，民警是否应为路面上出现故障的车辆提供帮助？从交通秩序和交通安全的角度考虑，公安民警应该在"出现故障的车辆"阻塞交通之前就"提供帮助"。可见，培养公安从业者的职业敏锐性，在"问题"还没有形成并威胁公共安全时就提前作出预判并加以解决，也是公安思维的重要组成部分。

【小结】

公安学基础理论是对我国公安实践的总体概括，是阐述公安工作最一般规律和最基本对策的理论体系。它属于公安基础学科，它与其他各门公安专业学科是总论与分论的关系。它对公安实践的总体概括可以从两个方面理解：一是从纵向看，它是我国长期以来公安工作历史经验的总结，因而对现实和未来的公安工作都将发挥长期的指导作用；二是从横向看，它是我国各项公安工作共同的经验总结，因而对现实和未来各项公安工作都具有指导作用。

【思考题】

1. 试分析警察与公安、警察学与公安学的概念。
2. 公安学的研究对象是什么？简要说明公安学的学科体系。
3. 谈谈公安思维。

第一编　公安的历史

第一章　警察的起源与发展

【教学重点与难点】

1. 马克思主义警察起源观；2. 警察产生的历史条件；3. 古代警察、近代警察及现代警察的特点。

警察的产生与发展经历了一个漫长的过程。考察和研究警察制度的历史演变过程，了解警察制度在不同历史阶段的特点和作用，对于揭示警察的本质、建立和完善新的警察制度有着重要的现实意义。

‖ 第一节　警察的起源 ‖

一、警察起源观

对警察起源的研究，是公安学基础理论的核心问题。公安学理论必须思考社会为什么要有警察的存在，警察的正当性在哪里，政治生活为什么要通过警察来维护秩序，社会如果没有警察将是一个什么样的局面以及警察产生以前人类处于一种什么样的状态，对这些问题的回答决定着对警察本质、职能、职责、权力、作用等问题的分析。因此，可以说警察的起源是公安学研究的"母问题"。

关于警察的起源，历史上和学术界有多种观点，这里介绍四种。

（一）柏拉图的警察起源观

古希腊著名哲学家柏拉图（公元前 427 年—前 347 年）认为，人类社会是相互需要的，各种天赋不同的人要相互配合。例如，国王是由金子做成的，贵族、武士（包括警察）是由银子做成的，生产者专门给国王、贵族提供生活来源和休闲娱乐，是由贱金属铜铁做成的。柏拉图认为，政治社会的起源是人与人之间的需求，具有相互性。如果没有分工和相互的配合，所谓政治生活中的权力、权力支配及其相互影响无从产生。所以，警察是因人类相互需要、分工配合而产生的，是由银子做成的。

柏拉图的这种警察起源观包含了两个假设，但这种假设存在矛盾。首先，柏拉图认为，人类先天就在一起，就必须要合作。相互合作并不是人的原初状态，因为在从动物世界到人类社会转变这个社会原点的特殊时期，人类不可能知道自己是相互需要的，更不可能知道分工，甚至分工基础上的合作。柏拉图的这种假设实际上是不存在的。其次，柏拉图认为社会分工是一种自然的禀性，金子造的是国王，银子造的是贵族和武士，铜铁造的是生产者。分工的依据是什么呢？柏拉图的这种解释显然不是原初状态的解释，是站不住脚的。这是一种警察的自然起源观，经不起推敲。

（二）霍布斯的警察起源观

英国政治哲学家霍布斯（1588—1679 年）是最早提出社会契约论思想的哲学家之一。他认为，社会若要和平就必须有社会契约，让一群人服从于一个人的权威之下，而每个人将自然权力交付给这个权威，让主权者来维持内部的和平并抵抗外来的敌人。这个主权，无论是君主制、贵族制还是民主制，都必须是一个强而有威信的"利维坦"（"Leviathan"，在《圣经》中象征邪恶，是足以与撒旦相提并论的强大怪兽），即在一个绝对的权威之下，方能令社会契约实行。霍布斯论证了君权至上，反对"君权神授"，指出法律、警察的作用就是要确保契约的执行。

霍布斯认为，利维坦必须以警察等强制力为后盾，否则根本无法约束人们的贪婪、野心和其他种种激情，人类也就无法真正走出人人自危的自然状态。霍布斯承认，进入政治社会，在国家绝对权力的统治之下，人们的生活不可能十分愉快和非常完美，但它比自然状态下由战争和灾难导致的悲惨境遇要好得多。人们承受进入政治社会所带来的种种不便，是"两害相权取其轻"的结果，是人之为人不得不付出的代价。霍布斯认为，"国家是一种必要的恶"。

霍布斯推崇君主专制国家的观点，没有得到后来学者的认同，但他把国家看作社会契约的产物，却为西方自由主义打开了大门。

（三）洛克的警察起源观

英国哲学家洛克（1632—1704 年）是历史上第一个全面阐述宪政民主思想的人。洛克描绘了人类的"自然状态"，不过不是霍布斯描绘的那种"人对人是狼"、"个人对个人的战争"的恐怖状态，而是人类原来生活在一种完备无缺的自由状态之中，虽然未必美好，但却是"一种平等的状态，在这种状态中，一切权力和管辖都是相互的，没有一个人享有多于别人的权力。同一种族和同等地位的人们生来就享有自然的一切同样的权利，拥有同样的能力，因此，他们理应相互平等，而不应该存在从属或隶属关系"，[①] 即人生来自由平等。

洛克认为，在这种自然状态下，人们不仅需要自由，而且需要秩序、合作、互助和权威以保障安全和财产。人们之所以愿意通过契约来建立国家，是因为自然状态存在三个缺陷：一是缺少一种确定的、众所周知的法律作为人们普遍接受和承认的共同尺度以评定是非、裁判纠纷；二是缺少一个有权依照既定的法律来裁判一切

---

① ［英］约翰·洛克. 政府论. 九州出版社，2007：305.

争执的知名的和公正的裁判者；三是缺少权力来支持正确的判决，使它得到应有的执行。也就是说在自然状态中没有法律，没有裁判者，没有执法机构，概括起来就是没有法治。洛克认为，就人的基本权利的保障而言，无政府的自然状态是不能接受的。鉴于个人强行正义会产生严重的负面效应，这样的事情必须交由公共权力机关去做。当这一机关作为公平的仲裁者和有实力的执行者通过惩罚犯罪来维持正义秩序的时候，它实际上也是在为人的生命、自由、财产等权利提供有效保护，这就是国家、警察存在的正当理由。①

洛克的警察起源观奠定了"保障权利而限制权力"的现代法治精神的基础。

（四）马克思主义的警察起源观

马克思主义认为，在原始社会既没有国家，也没有警察；人类社会进入奴隶制社会之际，随着国家的产生，警察才成为必要。这是科学的警察起源观。

1877 年，路易斯·摩尔根的《古代社会》出版，马克思怀着浓厚的兴趣读了它，并作了笔记和论述。恩格斯在研究它以后，于 1884 年写成了《家庭、私有制和国家的起源》一书。恩格斯说："《古代社会》通过对原始社会到文明社会的研究，得出了与马克思唯物史观相同的研究成果。"② 恩格斯运用该书提供的丰富的、可靠的历史材料，在研究国家起源的同时阐述了警察起源的问题。

恩格斯认为，在原始氏族社会是没有警察的。他说："这种十分单纯质朴的氏族制度是一种多么美妙的制度啊！没有军队、宪兵和警察，没有贵族、国王、总督、地方法官，没有监狱，没有诉讼，而一切都是有条有理的。"③

恩格斯还选择建立奴隶制国家最具典型意义的古雅典进行了研究。他说："我们已经看到，国家的本质特征，是和人民大众分离的公共权力。雅典在当时只有一支国民军和一支直接由人民提供的舰队，它们被用来抵御外敌和压制当时已占人口绝大多数的奴隶。对于公民，这种公共权力起初只不过当作警察来使用，警察是和国家一样古老的……这样，雅典人在创立他们国家的同时，也创立了警察，即由步行和骑马的弓箭手组成的真正的宪兵队……国家是不能没有警察的。"④ 他又说："雅典民主制的国民军，是一种贵族的，用来对付奴隶的公共权力，他控制奴隶使之服从……为了也控制公民使之服从，宪兵队也成为必要了。"⑤ 在这里，他揭示的"雅典人在创立他们国家的同时，也创立了警察"，是具有普遍意义的历史现象；他说的"警察是和国家一样古老的"是具有经典意义的历史概括；他讲的"国家是不能没有警察的"，说明了警察与国家的本质关系。他的一系列论述，使

---

① 《政府论》导读．天津人民出版社，2009：60 - 61.

② 马克思恩格斯全集．第 21 卷．人民出版社，1965：29.

③ 马克思恩格斯全集．第 21 卷．人民出版社，1965：111.

④ 马克思恩格斯全集．第 21 卷．人民出版社，1965：135.

⑤ 马克思恩格斯选集．第 4 卷．人民出版社，1972：115，167.

马克思主义警察起源观建立在唯物史观的基础之上。

从以上分析得知，柏拉图、霍布斯、洛克等人的警察起源观把警察说成是一种自然现象，是典型的"警察自然起源观"，其实质与"国家自然起源论"如出一辙，认为警察和国家都是自然产生的，并且警察与国家是永恒的，这显然是错误的，与马克思主义的警察起源观格格不入。

二、警察产生的历史条件

根据马克思主义的警察起源观，警察的产生应该具备什么条件呢？我国1992年出版的由戴文殿教授主编的《公安学基础理论研究》提出，警察的产生有经济、阶级、社会和政治四条件说，这成为我国公安学研究中关于警察产生的主流观点。

原始社会末期，随着生产力的发展，出现了剩余产品，逐步发展到出现私有制，氏族社会瓦解，社会分裂为对立的阶级。当阶级矛盾发展到不可调和的地步，警察就随着国家一起产生了。

（一）生产力的发展，私有制的出现，是警察产生的经济条件

生产力的发展，私有制的出现是警察产生的最基本条件。同其他上层建筑的产生一样，警察产生的终极原因是一定的经济关系的发展。当原始社会的生产力发展到劳动产品在满足个人生活需要之外还有剩余时，便出现了私人占有、商品交换。人类学家摩尔根在《古代社会》一书中讲到古希腊在私有制产生以后，"财产所有权，这时已成为压倒一切的兴趣所在"。这时财产纠纷问题大量出现，私人财产的侵夺与反侵夺的矛盾越来越多、越来越尖锐。只靠原始社会那种平等、自愿地解决纠纷的办法不行了，习惯的规范不起作用了，需要一种对全社会都有权威性的强制性力量。以警察行为保护私有财产，特别是保护奴隶主贵族的私有财产，就成为历史的需要。在古雅典，每届执政官就职的时候，都要宣誓："保护每个公民的私有财产。"在古巴比伦的《汉谟拉比法典》中，对侵犯财产罪规定得最多，刑罚最重，"窃财者死"。这些都离不开警察行为的保障。私有制天然地要求强制性保护力量。所以，私有制和商品交换是警察行为赖以产生的经济条件。

（二）阶级矛盾的不可调和性，统治阶级内部矛盾的不可调和性，是警察产生的阶级条件

进入奴隶社会以后，残酷的剥削与强烈的反抗，形成了激烈的阶级斗争。奴隶主阶级如果没有一支镇压奴隶起义、追捕逃奴、强制奴隶劳动、惩罚奴隶反抗的武装力量，就将丧失自己的一切特权。警察成为奴隶主阶级维护政治统治和经济特权的一支特殊的武装力量。

阶级统治一经产生，在统治阶级内部就存在种种不可调和的矛盾斗争。对最高统治者来说，最直接、最具威胁性的力量还是自己身边的那些拥有权势、拥有武装的贵族。马克思曾经指出："世袭继承制在凡是最初出现的地方，都是暴力（篡

夺）的结果。"① 奴隶制国家建立之初，篡权与反篡权的斗争是十分激烈的。我国古代第一个奴隶制王朝——夏朝建立伊始，就显示了警察行为在镇压内部反对势力中的威力。"益干其位，启杀之。"夏朝的统治者启，杀了反对他的政敌伯益之后，才占有了王位，后又武装镇压了有扈氏，才巩固了自己的统治。

为了镇压、制服奴隶，为了镇压统治阶级内部的反对派使之臣服，警察的产生成为历史的需要。

（三）维护统治秩序与惩罚犯罪的客观需要，是警察产生的社会条件

随着原始氏族公社制社会向奴隶制国家的转化，调整和约束氏族的习俗与惯例也开始向代表统治阶级意志的法律转变，原始的违反禁忌演变为法律意义上的犯罪，违背统治阶级意志的行为被当成犯罪行为。依靠警察行为对付犯罪行为已成为历史的需要。据《尚书·吕刑》记载："惟知作乱，延及于贫民，罔不寇贼、鸱义、奸宄、夺攘矫虔。"此系部落联盟时期蚩尤作乱时帮民起义的记述，其中的"寇贼"、"奸宄"就是侵害人身和财产的罪名。为了对付不断出现的侵犯财产、侵犯习俗的犯罪及帮民造反，变革时期的统治者规定了许多禁令和刑罚，不成文法逐渐转变为成文法。《左传·昭公元年》记载："夏有乱政，而作禹刑；商有乱政，而作汤刑；周有乱政，而作九刑。"同时，统治阶级开始任命一些官吏维持社会秩序，进行某些社会管理的活动，在这些社会管理活动中，警察职能萌生了，出现了具有警察职能的官吏。因此，依靠警察行为来对付犯罪行为、惩罚犯罪，已成为历史的需要，警察的产生是以维护统治秩序和惩罚犯罪的客观需要为前提的。

（四）国家机器的形成，是警察产生的政治条件

前述三个条件，需要有代表统治阶级意志的、实行政治统治和社会管理的工具，需要由军队、法庭、警察、监狱、行政机关等组成的国家机器。这些职能机关形成的过程，也就是国家形成的过程。国家作为统治阶级的政治工具，离不开警察行为的强有力的保障；警察行为是国家意志的实际体现。中外古代史都有大量事实证明，国家与警察行为是同步形成的。

没有警察的国家与没有国家的警察是同样不可思议的。恩格斯讲的"国家是不能没有警察的"，直到今天仍为许多实例所证明。当今世界确有若干小国家，可以没有国防军，却不可以没有警察。也有些国家的某个地区由于突发事变，一时出现过没有警察、治安失控的状态，立刻盗匪横行，恣意"打砸抢烧"，使人们的生命和财产遭受严重损失。这种偶然的"警察真空"现象证明，当代社会是时刻不能没有警察的。

从以上论述可以看出，警察行为与国家的产生有着同样的历史条件。当国家存在的历史条件消灭了，国家消亡之际，现代意义上的警察也将随之消亡。

---

① 马克思恩格斯全集. 第45卷. 人民出版社，1985：453.

‖ 第二节 警察的历史发展 ‖

由于警察所赖以生存的社会条件是不断发展的，并呈现出一定的阶段性，因此，警察的发展也随之呈现出一定的阶段性。警察的发展一般分为萌芽时期的警察、古代警察、近代警察和现代警察。

一、萌芽时期的警察

从氏族公社向奴隶社会过渡的过程中，氏族武装从全民不脱离生产的武装，逐步向职业的、听命于首领或贵族的、不参加生产的独立武装力量转化，氏族武装力量被用于干预本族内部关系的功能逐渐增强，这就意味着警察力量的萌生和逐渐强化。在警察的萌芽时期，同时伴生的有监禁行为、审判行为的萌芽。

二、古代警察

古代警察经历了奴隶社会和封建社会两种不同社会形态的漫长时期。在奴隶社会和封建社会中，警察职能是由军队、审判机关、行政机关的官吏分别掌管的。在奴隶社会和封建社会中执行警察职能的机构和官吏，称为古代警察。这一时期，虽然世界各国警察的发展状况不尽一致，但都存在一些共同的特点。

（一）西方古代警察职能的产生与发展

西方警察职能的雏形，一般认为产生在古罗马和古希腊的雅典这两个国家原始社会解体和奴隶制国家建立的时期。这时行使警察职能的人往往是兼职的，没有明确的警察身份。例如，古希腊雅典有由步行和骑马的弓箭手组成的宪兵队，古罗马有保卫州长的护卫官。这些机构和人员虽然不同于现代的警察，没有警察称谓，却发挥着逮捕人犯、执行刑罚、维护社会治安的作用。

进入封建社会，大部分国家仍由地方行政长官兼管司法、治安和税务工作，有些地方行政长官分派居民轮流守夜，注意消防和治安状况。

到了中世纪，英、法等国王室权威日盛，警察职能才日渐统一。公元 10 世纪，在英格兰王国的领土上开始划分为若干个郡，郡又划分为若干个百户区，百户区下是若干个十户区。十户区设十户长，由各户户长轮流担任。十户区是最小的行政区，又是最基层的治安组织。在十户长的领导下，所有成年人都有义务维护本十户区的治安秩序，也有权将违法犯罪者逮捕并送交百户区法庭或郡法庭审判。1285年，英王爱德华一世颁布了著名的《温彻斯特法令》，创设了警务官这一职务，要求每个百户区推举出两名守法平民作为警务官，带领邻居和巡夜看守维护本地区的法律和治安。1361 年，英王爱德华三世颁布的一项法令又建立了治安法官制度。该法令规定："为了维护治安，英格兰的每个郡都将任命一位爵士和三四名郡内知名人士为治安法官，并由一些熟知法律的人协助他们。治安法官有权管束罪犯、暴徒和其他不法分子，根据这些人的罪行并依照法律和惯例，决定对他们的追踪、逮捕和适当的刑罚。"① 14 世纪以后，法国开始在各大城市建立骑警队，并于 1666 年在巴黎设置了"警察总监"。这一时期是英、法两国警察职能统一、成熟的时期。此时警察制度由萌芽状态进入了持续发展的时期。

（二）中国古代警察职能的产生与发展

中国古代警察制度的产生历史悠久、源远流长。在中国古代虽然没有出现过现代警察制度的形式和内容，但出现过类似于或近似于现代意义上的警察组织、人员及职能。中国警察职能、组织及人员的产生起源于原始社会解体和夏王朝建立时期。据《史记·五帝本纪》和《尚书·尧典》记载，继尧之后，舜任部落首领时，已处在原始社会末期，出现了阶级和国家的雏形。当时部落联盟的权力机关——长老议事会中设有九种官职，其中"司徒""士"是我国最早有记载的执行警察职能的两种官职。"司徒"由契担任。据《尚书·尧典》记载，"契，百姓不亲，五品不逊，汝作司徒，敬敷五教在宽。"意思是，作为司徒之官要负责教化百姓，传播五品伦常之教，使其遵守尊卑等级秩序，消除争端和仇恨，维护社会秩序。"士"由皋陶担任，主要职责是对付"蛮夷猾夏"和"寇贼奸宄"（《尚书·尧典》记载："帝曰：皋陶，蛮夷猾夏，寇贼奸宄，汝作士，五刑有服"）。其中，"蛮夷猾夏"是指夷族的入侵，"寇贼奸宄"则是指侵犯人身和财产的各种犯罪。根据这一载录，由皋陶担任的"士"官兼负有对外防御和对内运用刑罚的兵、刑两大职责。《论衡·是应篇》中写道："皋陶治狱，其罪疑者，令羊触之，有罪则触，无罪则不触。"这种神明裁判的断案方法从一个侧面说明了皋陶具有调查犯罪事实的警察职能。因此，有人称皋陶是中国历史上第一个司法官。

夏朝警察的职能由"六卿"官制中的司徒、司马和士来行使，司徒兼掌民事的职能，司马兼负武装警察和边防警察的职能，士兼掌刑侦和狱警的职能。

商朝警察的职能是夏朝的延续，无多大变化；西周执行警察职能的主要官员是司徒、司马和司寇。司徒和司马的职能未变，司寇掌管狱讼和纠察，夏朝的"士"，在西周为司寇的属官。

春秋以后，警察职能在国家中的地位和作用不断得到强化和提高，分工也越来越细。据《周礼》记载，执行警察职能的官职有：司民，"掌登万民之数"，即管理户口登记；司稽，主管巡市、察禁、捕盗；司烜、司爟，主管火禁政令和防火的消防工作；掌囚、掌戮，负责看守囚犯、执行刑戮；禁暴氏，负责用武力禁止暴乱；野庐氏，负责车辆、船只运行及道路通畅等。

中国古代警察职能的产生，是随着奴隶制国家的产生而产生；中国古代警察职能的发展，是在奴隶社会的末期随着整个封建社会的发展而发展。

秦始皇统一中国后，国家机关的分工越来越细，行使警察职能的机构，从中央

---

① ［英］菲利浦·约翰·斯特德. 英国警察. 何家弘等译. 群众出版社，1990：9.

到地方，已有系统性的体现。在朝廷，有掌管殿门和皇帝出巡警戒的郎中令，掌管宫门的卫屯兵，负责宫廷巡查的卫尉，还有专管皇后警卫的卫尉和掌管太子警卫的卫率等。京师的治安由中尉和内史兼管。在地方，郡有都尉，县有县尉，分别协助郡守和县令管理地方的军事与治安。乡、里设都亭和亭管理治安。秦代的都亭和亭是我国历史上设置最早的专门治安机构。同时，秦代还建立了一系列相应的制度，如户籍登记制度，成丁博籍制度，什伍联防、连坐互保和告密制度，通行凭证制度，消防制度，外邦人入境贸易登记制度，外邦入境牲畜检疫制度和治安官吏考核奖惩制度等。

汉代承袭了秦代的治安机构设置和治安管理制度，机构进一步扩大，制度进一步完善。

唐代的宫廷警卫由南衙十六卫和北衙六军负责。京师治安由左右金吾卫掌管。唐代的警卫制度和治安制度日趋完善，同时还制定了相应的治安法规，建立了责任追究制度。

宋代基本沿袭唐制，治安机构较为突出的变化是在京师设左、右巡司和在全国遍置巡检司。巡检司是地方的专职警察机构，在朝廷不设总机构。与巡检司平行的还有县尉司，属地方的治安机构。宋代基层治安管理在王安石变法后普遍实行保甲法，其作用就是进行巡逻警戒，以"觉察奸伪，止绝盗寇"。

辽、金、元均系少数民族统治者建立的政权，都设有警卫宫廷的机构，在京师有警巡院之设，负责维护管内的治安。元代设"大都路兵马都指挥使司"，专管京城盗贼奸伪之事。

明代宫廷警卫由十二卫担任，其中锦衣卫的地位最显赫，是皇帝的耳目。京城分中、东、西、南、北五城兵马司。永乐年间设东、西厂和锦衣卫，合称"厂卫"，由宦官提督，直属皇帝，成为凌驾于治安、司法机构之上的秘密警察组织。

清代宫廷侍卫由侍卫处总管，负责京师治安的机构主要有步军统领衙门和五城兵马司。地方治安另设道员、巡检；各省还由绿营执行地方保安任务。此外，清政府为了控制和镇压人民，维护其统治秩序，还强化了保甲制度。

综观西方和中国的古代警察，它们的共同特点主要表现在四个方面。

1. 军警不分、警政合一。警察的职能尚未集中于一个统一的专门机关，由军队、行政机关、审判机关分别掌管。例如，奴隶社会时期的古希腊的宪兵队、古埃及的保安队、古罗马的保卫官等。封建社会仍然由地方行政长官兼理司法、治安。在居民中实行"联保连坐"。英国从中世纪开始，就在居民中实行10人为一组、10组为一个百人团的"联保连坐"制度。我国奴隶社会由军队和行政官吏共同行使对奴隶阶级专政的职能。封建社会基本上是军警不分、警政合一。这是古代警察最显著的一个特点。

2. 行使职权在法律上极不严格，神权、皇帝或长官的意志起决定作用。皇帝、行政长官或宗教组织完全可以凭自己的意志作出某种处罚和判决。警察的行为多凭长官的意志而无明确的法律依据。权大于法、言大于法、法外行权是常见的现象。皇帝的意志、各级行政长官的意志对警察行为起着主导作用。这从根本上决定了警察行为具有很大的随意性，经常是放纵了坏人、冤枉了好人。

3. 刑讯逼供是法定的办案手段。在古代，对犯人的虐待和残酷的刑罚，对犯人家属、证人的盘剥勒索司空见惯，草菅人命屡见不鲜。刑讯逼供是家常便饭，甚至还明确写进了法律，作为办案的法定手段。

4. 私刑、私狱普遍存在。奴隶主、地主、宗族头人有权使用私刑执行惩罚。大量违背统治阶级意志和违反统治秩序的问题都通过私刑解决。私刑制度成为古代警察制度的阶级基础和执行警察职能的重要补充。在漫长的奴隶社会和封建社会，实施人身强制的权力还没有完全集中于国家的警察手中。

三、近代警察

（一）西方近代警察制度的建立与发展

近代警察发端于西欧，是资本主义发展的产物，是社会生产力迅速发展和社会分工日益细化的必然结果。近代警察之所以在西欧国家产生，其原因主要在于以下几方面：一是维护发展资本主义所必需的统治秩序和社会秩序，必然要强化警察职能；二是商品经济的发展促进了城市的扩大和城市经济、社会生活复杂化，城市需要专业警察的有效管理；三是随着资本主义经济的快速发展，犯罪空前增长，迫使资产阶级不得不创造新的警察与治安制度来维护其统治以及一般的社会秩序；四是人权思想、法治理论、民主要求排斥古代私刑制度，要求对人身的强制统一由国家警察力量依法施行。一般认为西方近代警察制度最早出现于英国和法国。

1. 西方近代警察制度的萌芽。受资产阶级革命不彻底性等因素的影响，进入资本主义社会的英国一方面沿用中世纪旧的警察制度，另一方面进行警察制度的改革，为近代英国警察制度的最终建立奠定了基础。1597 年，英国为了满足资本主义原始积累的需要，颁布了惩治流浪者和长期乞丐的法令，并设立了独立于军事组织以外、独立行使警察权力的治安法官。1714 年，英国颁布的《镇压骚乱法》规定：聚众 12 人以上，并举行超过 1 小时的非法暴动骚乱集会，使公共安宁秩序遭到破坏时，只要有治安法官签署的一个命令，就可以驱散或实行镇压。在治安法官的命令下，警官或巡警杀死了集会者也不予追究。这是西方近代警察制度的雏形。

2. 西方近代警察制度的建立。1789 年，法国资产阶级革命推翻了国王路易十六的统治，建立了资产阶级政权，根据制宪会议决定实行资产阶级共和国的警察行政制度。在每个县设置保安官，主要负责辖区的治安秩序。这时的警政、军队及审判机关都有了区别。1790 年 8 月，依法设置了地方自治团体的市政警察，在巴黎市区按分区成立了 48 个警察分局。法国雅各宾专政的第一共和国，颁布了《1793年宪法》，并设置了公安委员会，对保卫新生的共和国发挥了一定的作用。1796年，热月党组成的督政府于 10 月 24 日颁布法律，对警察的职权作了规定：警察必须以维护公共秩序、个人的自由权利与安全为目的。并从组织上开始提出行政警察和司法警察两种基本形式，赋予警察执行警告、预防、取缔、驱散、镇压、罚款、行政拘留、提起公诉的权力。1799 年拿破仑执政时期，建立起统一的资产阶级共和国，实行中央集权制。1800 年创建巴黎警察总局，这是近代第一个专设的警察机关。1801 年又在全国地方建立了专门的警察机关，由政府的内务部统一领导，形成了全国统一的警察体系。

1825 年，英国出现了第一次经济危机，社会秩序动荡不安，资产阶级为了对付人们的反抗和社会犯罪，建立了专职的分散于社会各层面的、昼夜执行勤务的警察制度。1829 年，英国的内政大臣罗伯特·比尔根据《大都市警察法》建立了大伦敦警察厅，这是英国历史上第一支着制式服装、享有国家薪俸的正规职业警察。大伦敦警察厅的建立既是英国也是世界近代警察制度建立的标志。1856 年议会通过了《郡市警察法》，该法规定所有的郡、市都必须按照大伦敦警察厅的模式建立正规的警察机关；地方政权负责任命郡、市警察局局长，但任命郡警察局局长前必须报内政大臣批准；内政大臣对郡、市警察的工作享有一定的监督权；郡、市警察局局长负责警察局的日常管理和指挥。这样，英国不仅把近代警察制度推广到了全国，而且奠定了后来英国警察管理体制的基础。

美国 1776 年独立后，地方治安保持着居民守望制。1838 年仿效英国建立波士顿警察局，1845 年纽约警察局建立，1854 年费城警察局建立。城市警察局的建立标志着近代美国专职警察制度的建立。

此后，在英法警察制度的影响下，其他资本主义国家专职警察系统也先后建立起来。

近代警察体制受英、法警察体制的影响，主要有地方自治型与中央集权型两种体制，也称为警察海洋派系和大陆派系。

地方自治型警察体制，又称分散型警察体制，这种警察体制没有全国统一的警察机关，警察不实行中央集权制，而是分属地方政权管理。这种制度以英国为代表，受其影响的国家有美国、加拿大、澳大利亚、新西兰等。

中央集权型警察体制，又称国家警察体制。这种警察体制强调中央对警察实行集中统一的领导和管理，警察组织内部实行自上而下的垂直领导，地方政府一般不直接管理警察。这种制度以法国为代表，受其影响的国家有德国、意大利、日本、土耳其等。

（二）中国近代警察制度的建立与发展

中国近代警察制度属于资产阶级警察制度的范畴，但与西方国家警察制度不完全相同，具有半殖民地半封建性质。

中国的警察行政始建于清朝末年。1840 年的鸦片战争，是中国从封建社会沦为半殖民地半封建社会的历史转折点。自此，中国社会开始发生根本变化。当时中国民族资本主义经济有所发展，要求政治与法律有所改革。就在民族矛盾与阶级矛盾异常尖锐之时，资产阶级改良主义的维新运动兴起，清政府为了维持自己的统治，于 1901 年（光绪二十七年）宣布实行"新政"。其中改良司法、举办警政，是"新政"的内容之一。从某种意义上说，正是由于清末的司法制度改革，才使得近代警察制度得以发展并逐步臻于完善。但是，我们应该认识到，清末创办警政，是保护列强在华利益的需要，是清政府维持其腐朽统治、镇压国内人民反抗斗争的需要。随着清王朝的覆没，辛亥革命后的南京临时政府及北洋政府时期，中国的警政建设有了较大的发展，从中央到地方基本上建立起了较为统一的警察体制。

1. 中国近代警察制度的萌芽。1840 年鸦片战争以后，帝国主义列强通过不平等条约先后在中国沿海口岸建立租界，将其本国的政治经济制度包括警察制度移植到租界来。它们各自在租界地设立了所谓"巡捕房"或"安民所"，行使警察职能，从而使西方近代警察制度直接施行于中国的部分特定领域。中国人正是从这些"国中之国"中最早认识西方警察的。从 19 世纪 90 年代起，早期资产阶级改良派和戊戌维新派的许多有识之士在提出各种改革措施的同时，也纷纷呼吁在中国创办警察制度。1898 年"戊戌变法"期间，湖南按察使黄遵宪把建立近代警察制度视为一切新政的根基，于是他在维新之士谭嗣同和湖南巡抚陈宝箴的支持下，仿效日本警视厅和英、法等国在上海租界地的巡捕房，于 1898 年 6 月在长沙创设了湖南保卫局。由于"戊戌变法"的失败，保卫局也仅存数月即夭折。尽管它存在的时间不长，然而，湖南保卫局作为戊戌变法运动的一项重要成果，是维新派在理论和实践领域的双重收获，并从而揭开了中国近代警察制度的序幕，是中国近代警察制度的萌芽。

2. 中国近代警察制度的建立。1900 年，八国联军侵占北京后，在北京各城区分别设立"安民公所"，雇华人充当巡捕，掌管警察及修缮道路等事务。1901 年清政府为了京师地区的安全，仿效"安民公所"设立了"善后协巡总局"，不久便被裁撤，后筹建"工巡总局"，既负责京师治安，又兼管工程设施和审理民事、刑事案件，实际上是一个警察、市政、司法的混合体。1905 年 10 月，清政府为统一控制和领导全国的警察系统，下令撤销"工巡总局"，在中央设立巡警部，作为全国警政的最高管理机构，下设警政、警法、警保、警学、警务，直辖京师司法、内务、治安事宜，这是中国历史上最早的专职中央警察机关。1906 年 9 月，清政府实行官制改革，将巡警部改名为民政部，下设警政司、民治司，负责治安管理、编审户口、保甲等事宜。自此直迄清亡，中央警政机关一直为民政部。

在地方，民政部下设的内、外城巡警总厅专门负责京师警政，如涉及治安管理的由其下设的行政处负责；涉及违警处理的由司法处负责。为统一各地警察机构，1907 年清政府决定省设巡警道，州、县设巡警署，管理当地的治安工作。

在这期间，清政府还先后由巡警部、民政部、内外城巡警总厅制定发布了一系列警务法规，如《违警律》《外勤巡警章程》《户口管理规则》《管理危险物品规则》等。

至此，全国上下，一个较为完整的警察组织体系大体形成，中国近代警察制度已经产生。

3. 中国近代警察制度的发展。1911 年的辛亥革命结束了长达两千多年的中国封建统治，建立了中华民国。但是资产阶级革命成果很快被以袁世凯为代表的封建买办反动势力所篡夺。在北洋军阀统治时期，警察制度在清末警察体制的基础上进一步强化，体系更为庞大。首先在中央设立内务部，内设总务厅和民治、职方、土木、礼俗、卫生和警政六司。其中警政司是全国警政管理机关，其地位远远高于其他各司。因为袁世凯一向认为"警政为内务之首"，维护统治秩序和社会安宁是内务部的首要职能；而且内务部其他各司的职能也是通过警政司自上而下的警察系统执行的。1913 年初，将原"内、外城巡警总厅"合并为"京师警察厅"，直属内务部，管理京城及四邻的警察事务。警察厅下设总务、行政、司法、卫生、消防、勤务督察等处，分别负责以下事项：巡警业务；集会、结社、出版刊物的管理和检查，户口调查，外事及市场管理；缉捕犯罪人，预审，押解，保释，赃物保管，违警处罚及司法警察的训练、考核；食品卫生管理，防疫，药品管理，毒物化验；消防及人员管理；稽查各分区警察署的工作情况和履行职务情况。在京城内各区设立警察署，下设警察分驻所和派出所。同时保留并改组了步军统领衙门，加强军事警察职能。民国初年地方警政相当混乱，基于"统一警政"、"集中警权"的考虑，从 1912 年到 1918 年进行了长达 7 年之久的警政改革，在各省分别设立了主管警察行政的全省警务处和主管警察实务的省会警察厅，商埠设警察厅或警察局，县设警察所，统一定型了全国的地方警察机构。1913 年后颁布了大量的警察法律，如《京师警察厅官制》《地方警察厅官制》《县警察所官制》《治安警察条例》《违警罚法》等。经过几年的调整充实，警察机构、队伍进一步扩大，已形成一个严密的、多层次的警察网络。

1927 年，蒋介石发动反革命政变，国民党政府对警察组织进行了改组和扩充。内政部是全国警察的最高主管机关，下设警政司，管理各种特务、警察等，成为全国警察行政管理的最高机构。而后又将警政司改为警察总署。除南京设警察厅外，各省设民政厅和警务处，市县分别设警察局、基层派出所。警察种类增多，如司法警察、矿业警察、渔业警察、森林警察、铁路警察、公路警察、税务警察等。国民党反动政府不断强化其警察和特务组织，使其成为欺压人民的工具。

近代警察制度与古代警察制度相比较，具有以下明显的特点：

第一，警察行政职能独立化。这一时期警察职能已主要集中于专门的警察行政机关，改变了历代军警不分、警政合一的现象。警察的职能从军队、行政、司法中独立出来，单独由专门的警察行政机关行使。也就是从这时起，Police 才专指警察行政，成为近代共同使用的"警察"称谓。

第二，警察机构建立的专门化。从中央到地方都设有警察机关的专门机构，组成了一个多部门、多层次行使治安行政权力的强大的国家机器。

第三，强调法治。该时期警察机关的建立、警察体制的确定、警察职权的内容及警察任务的划分，都以国家宪法和法律为依据，依照特定警察规章制度进行，强调警察职能由法定的机关依照法定的职权行使，排斥无法定职权的机关与人员滥施人身强制、侦查、审讯等行为。

第四，警察服装、符号的统一化。近代警察着统一的制式服装，统一穿着具有国家权力象征意义的制式服装，佩戴表示管辖范围和职权大小的警种、衔级符号。警察的制式服装和符号，是国家赋予权力的象征，是公开执行警务的标志，有利于警察分散执勤，有利于公众要求警察进行救助。

四、现代警察

一般认为，现代警察制度产生于 20 世纪初。当时的美国尽管已经建立了专门的近代警察机构，但是存在严重的问题，致使其效率低下、腐化成风。其主要根源在于地方政治对警察及警务的不良影响。当时美国地方政治实行"政党分肥制"（Spoils System），即在地方选举中获胜的党派，有权把该党派人员或其支持者安排到包括警察局在内的任何政府部门担任任何职务。政党分肥制直接导致了人员素质差、工作效率低、指挥管理不畅等问题。为解决这一根本问题，美国进行了规模宏大的警察专业化运动，总目标是"警察脱离政治（政党），政治（政党）脱离警察"。这场持续了半个世纪之久的警察专业化运动，既标志着美国也标志着西方警察进入了其发展的现代时期。此后现代警察经历了多次改革，不断地把警务革命推向高潮，同时涉及并影响了整个世界。

（一）现代警察的特点

与近代警察相比，现代警察具有以下特点：

1. 加强现代化建设和集中统一的指挥。现代科学技术的飞速发展，促进了社会经济的发展。交通、通信工具等的现代化，在促进经济发展、改善人们的物质生活与精神生活的同时，也为犯罪手段的智能化和犯罪分子的作案、逃匿、组织、联系提供了有效手段。有鉴于此，世界各国警察制度，无论其管理体制是实行中央集权制，还是实行地方自治制，都致力于加强集中统一的指挥与协同作战，提高作战能力，并且不断改善、更新警用武器、警械、交通工具及通信装备，努力将最新的科技成果迅速、全面地应用到警务工作中，形成警察人员与科技成果相结合的新工作机制和警务模式，以提高警务工作的效率与效能。

2. 实现情报与治安行政和刑事侦查分开。在加强治安行政管理和刑事侦查工作的同时，强化情报和反间谍工作。一些国家在警察系统内设立专门的机构执行情报和反间谍工作，如法国国家警察总局下设公安局和防谍局，英国伦敦警察厅下设情报局等。也有一些国家除在警察机关内设反间谍部门外，另外专门设置情报机构和国家安全机构，如美国除成立联邦调查局外，专门设立了中央情报局和国家安全局等。中国在公安部之外单独设立国家安全部。

3. 建立防暴警察组织。各国纷纷组建反恐怖特种警察部队用以应付各种暴力犯罪和国际恐怖组织活动、营救人质等。这种组织和部队的人员基本上是在原有的警察特别是武装警察中精选出来的，之后均进行了专门技术和战术技能训练。为适应地空立体作战需要，防暴警察组织一般配备包括直升机、装甲车、防暴排暴武器与警械等各种先进装备和现代信息指挥系统。

4. 注重社区警务。社区警务作为第四次警务革命的潮流，是20世纪70年代发端于英国、美国、加拿大、澳大利亚等国家，随后又先后被德国、法国、日本、新加坡等国家借鉴创新而兴起的一种以治本为主、治标为辅的警务发展战略。其基本特征是以预防和减少犯罪为目标，警务工作的重心由传统的事后打击转移到事前防范，依靠社会公众的力量来抑制犯罪，由此达到社会治安的良性循环。经过30多年的实践，西方国家广泛推行的社区警务，已收到明显的成效，在一定程度上实现了密切警民关系、增强公众安全感和遏制犯罪的预期目的。社区警务被越来越多的国家所认识和接受，成为当今适应时代要求的警务战略和世界警政发展的潮流。

5. 建立严格的、正规的警察人员录用制度与警察教育训练，使警务人员的素质有明显提高。20世纪初，现代警察创立伊始，由于没有招募警察的标准，缺乏系统的培训，新警察自身素质及执法效率低下，在公众中形象不佳。这就促使一些国家包括中国在内开始建立警察培训机构，出台警察培训政策和标准。目前许多国家都具有严格的、配套的警察考试招募制度，实行分层次的警察晋升与培训相结合的制度。

6. 对警察工作进行全方位的科学研究。运用科学的理论、原则和方法设计警察的组织机构、管理警察人员、规划警察的勤务制度等，使警察管理与业务工作的科学化水平有了质的飞跃，出版了大批警察科学理论著作和警察培训教材，涌现了大批警察科研成果。

7. 国际警察交流与警务执法合作不断加强。随着当今世界各国之间的经济、文化、科学、技术、人员的交流日益频繁，各国均面临着新的犯罪形势的考验，犯罪呈现出国际化、智能化、有组织化、恐怖化等新的特点和发展趋势。加强国际警务合作已经成为很多国家的共同愿望，尤其是在面对包括恐怖主义、跨国犯罪等非传统安全威胁时，各国警方意识到，传统的画地为牢的执法方式，在对付日益国际化的犯罪中已经力不从心，唯有各国警方加强警务交流与合作，才是预防和打击国际性犯罪的唯一有效途径。目前，世界各国对各种犯罪，特别是在有组织犯罪、毒品犯罪、计算机犯罪、恐怖主义犯罪和邪教犯罪等几种危害极大的犯罪领域加强了国际间的警务合作与交流。这种国际间的合作与交流，有双边及多边的形式。国际刑警组织在其中做了大量卓有成效的工作。

（二）国际刑警组织

国际刑警组织（International Criminal Police Orgnization，ICPO）是一个在世界范围内以协调预防和打击国际刑事犯罪为目的的国际组织机构，负责预防犯罪研究、传递犯罪信息、协调各国打击跨国犯罪，并对成员警方进行技术培训等。国际刑警组织成立于 1923 年，最初名为国际刑事警察委员会，总部设在奥地利首都维也纳。"二战"期间，其组织迁到德国首都柏林，一度受纳粹组织控制。"二战"后，该组织恢复正常运转，总部迁到法国巴黎。1956 年，该组织更名为国际刑事警察组织，简称国际刑警组织。1989 年该组织总部迁到法国里昂。

　　国际刑警组织的机构包括全体成员国代表大会、执行委员会、秘书处和国家中心局。全体成员国代表大会为其最高权力机关，由各成员国代表团组成；执行委员会由大会选出的 13 名成员国的代表组成，负责监督大会决议的执行情况、准备大会的工作日程、监督秘书长的管理情况等；秘书处由秘书长和该组织的技术、行政人员组成，负责执行大会和执行委员会的决议、编辑各种刊物、通缉作案逃犯等；国家中心局是该组织在各国的常设机构，主要负责各国警方同国际刑警组织各成员国之间的合作。目前国际刑警组织已拥有 188 个成员国①，其规模仅次于全球最大的国际组织——联合国。国际刑警组织总部建有一个存有 200 余万名国际刑事罪犯材料的资料档案库和一座用以鉴定货币及其他有价证券真伪的实验室。它传送的国际通报分别以红、蓝、绿、黄、黑、紫、白等色标示轻重缓急和内容主题。国际刑警组织的电子邮件网络系统每年可处理 100 万封阿拉伯文、英文、法文和西班牙文的各种"通报"。出版物有《国际刑事警察评论》（每年 10 期）和《伪币和伪造物》（技术期刊）。

　　国际刑警组织的宗旨是保证和促进各成员国刑事警察部门在预防和打击刑事犯罪方面的合作。它的主要任务是：汇集、审核国际犯罪资料，研究犯罪对策；负责同成员国之间的情报交换；收集各种刑事犯罪案件及罪犯的指纹、照片、档案；通报重要案犯线索、通缉、追捕重要罪犯和引渡重要犯罪分子；编写有关刑事犯罪方面的资料等。

　　国际刑警组织每年召开一次全体成员国代表大会，并经常举行各种国际性或地区性研讨会。该组织日常与各国国家中心局保持密切关系，组织国际追捕。"红色通缉令"是该组织在打击国际犯罪活动中使用的一种紧急快速通缉令。

　　中国于 1984 年加入国际刑警组织，同年组建国际刑警组织中国国家中心局。1995 年，国际刑警组织第 64 届全体成员国代表大会在北京举行。多年来，中国始终与国际刑警组织之间保持着密切联系。

【小结】

　　警察是一个历史范畴，是人类社会发展到一定阶段的产物。在警察起源问题上，历史上有两种完全不同的观点，一种是以柏拉图、霍布斯、洛克等为代表的警察起源观。他们认为警察是自然而然产生的，甚至认为警察伴随着人类社会的产生而产生，是一种典型的"警察自然起源观"。另一种是马克思主义的警察起源观。

---

①　卢国学. 国际刑警组织. 社会科学文献出版社，2003：导言 1，正文 428.

马克思主义认为，警察并非自然产生，警察和国家一样古老，是伴随着国家的产生而产生的。没有警察的国家和没有国家的警察同样是不可思议的。

警察是在一定历史条件下产生的。生产力的发展、私有制的出现是警察产生的经济条件；阶级矛盾的不可调和以及统治阶级内部矛盾的不可调和是警察产生的阶级条件；维护统治秩序和惩罚犯罪的客观需要是警察产生的社会条件；国家机器的形成是警察产生的政治条件。

警察产生以后经历了漫长的发展过程。首先经历了氏族公社到奴隶社会过渡时期的警察萌芽阶段。从奴隶社会到近代警察行政产生以前是古代警察时期。古代警察具有军警不分、警政合一，法律不严格，刑讯逼供和私刑普遍存在等特点。从资产阶级警察行政产生到 19 世纪末是近代警察时期。近代警察发端于西欧，近代警察制度最早形成于英国，其显著特点是职能专门化、机构独立化、执法法制化、服装统一化。现代警察产生于 20 世纪初，以美国为代表。现代警察时期加强了现代化建设和集中统一指挥，实现了情报与治安和刑事侦查分开，建立了防暴警察组织和严格正规的警察人员录用及警察教育训练制度，全方位地开展了警察的科学研究，开始实施社区警务，发展了国际警察之间的交流与合作。国际刑警组织在该阶段应运而生。

【思考题】

1. 试分析警察的起源。为什么说"警察是伴随着国家的产生而产生的"？
2. 警察产生的历史条件是什么？
3. 试比较古代警察与近代警察的区别。
4. 现代警察有哪些特点？为什么说现代社会加强国际之间的警务合作越来越重要？

第二章　我国人民公安机关的
建立与警政建设

【教学重点与难点】

1. 公安机关创建及各时期的主要公安保卫组织；2. 新中国成立前与新中国成立后的公安警政建设；3. 各时期公安工作的成就。

人民公安工作有着光荣的历史，其产生与发展是同中国共产党领导的新民主主义革命和社会主义建设紧密联系在一起的，经历了一个由创建到不断壮大的发展过程。在新民主主义革命时期，随着党的组织、人民军队和革命政权的建立，组建了我党的公安保卫机关。中华人民共和国成立后，公安保卫工作不断向前发展，积累了丰富的经验。本章主要介绍从第二次国内革命战争时期公安机关的创建到抗日战争、解放战争时期公安工作的发展以及新中国成立后我国公安机关的建设与发展。

‖第一节　新中国成立前的公安机关与警政建设‖

一、第二次国内革命战争时期的公安机关与警政建设

（一）工农民主政权建立前的保卫组织

第二次国内革命战争时期，是中国共产党领导的人民公安机关的创建时期。中国共产党在建立初期，没有设立专门的保卫组织。1927 年，蒋介石、汪精卫先后发动"四一二""七一五"反革命政变，大肆镇压革命运动，屠杀共产党员和革命群众，妄图把中国共产党扼杀在摇篮之中。据统计，从 1927 年蒋介石发动"四一二"反革命政变到 1928 年上半年，被杀害的共产党人和革命群众达 31 万余人。[1]新中国成立后据民政部和组织部门统计，从 1927 年"四一二"反革命政变到 1932 年的五六年间，全国至少有 100 万以上的共产党员和革命群众被杀害。[2] 面对国民党反动派的白色恐怖，中国共产党的生存和发展受到极为严重的威胁。党的工作被

---

① 中共中央党史研究室. 中国共产党历史. 上卷. 人民出版社，1991：214.

② 柴夫. 中统兴亡录. 中国文史出版社，1989：4.

迫由公开斗争转入隐蔽斗争。为了生存、发展和革命斗争的需要，中国共产党人逐渐认识到为了坚持革命，必须隐蔽和保护自己。1927 年 8 月，中共中央从武汉秘密迁至上海，同年 12 月，周恩来同志负责中共中央军委工作，在特务工作处的基础上建立了党的第一个保卫机关——中央特科。

1. 中央特科的机构设置。1927 年 12 月，中央特科在上海成立后，由当时任中央军委书记的周恩来同志亲自领导和主持。中央特科先后下设四个科：一科，又称总务科，科长洪扬生。它的职责是：负责为中央布置各个秘密机关和联络点，置办各种必要的家具和办公用品；每当中央在上海举行重要会议，要负责安排会场。此外，总务科还要为中央机关筹集经费，并且利用各种社会关系出面以合法方式营救被捕同志。二科，又称情报科，陈赓和潘汉年先后担任科长。情报科的任务是掌握敌人动向，以便抢在敌人动手之前采取行动，以保障中央机关和党的领导人的安全。向苏区通报军事情报也是情报科的职责。三科，又称行动科，当时又被称为"打狗队"，由顾顺章兼任科长，主要职责是打击特务、处置叛徒、保护和营救被捕的中央领导人，以保障中央机关的安全。当时很出名的打狗队——"红队"（"红色恐怖队"的简称）的成员主要是上海工人和红军中的神枪手。中央特科的主要活动地区除中央所在地"上海以外，还同时兼顾及各中央分局所在的一些重要的大、中城市"①。四科，又称交通科，科长是李强。这个科最初的职责是负责秘密的交通联络，以及护送党的领导人进入苏区。从 1928 年起，主要负责建立和管理秘密无线电台，沟通中共中央与共产国际以及与各个苏区之间的通信联络，后来这个科改为无线电通信科。

2. 中央特科的任务。

（1）中央特科以情报工作为核心，迅速掌握敌情动态。在中央特科建立不久，党中央就决定，各级"得派遣一二个极忠实的同志到国民党党部以及某种反动机关做侦探和破坏的工作"②。中央特科根据党中央这一决定精神，采取各种方法，在外国租界，在国民党警特机关，甚至在南京国民党最高特务机关——国民党中央组织部"党务调查科"，都建立了情报关系。例如，1928 年年底，中央特科派遣钱壮飞打入了国民党中组部"党务调查科"，任特务头子徐恩曾的机要秘书。这样，呈送徐恩曾的文电，首先看到的往往是钱壮飞，钱壮飞利用这种便利条件，获取了大量机密情报。1931 年 4 月，中共中央政治局候补委员、中央特科的主持人顾顺章在汉口被捕叛变，由于工作关系，顾顺章掌握有我党的大量机密，对中央机关和中央领导人的情况可谓了如指掌。顾顺章叛变后，武汉国民党特务很快便把这一消息电告南京最高特务机关。正在"党务调查科"值班的钱壮飞截获此情报后，立即通过秘密渠道报告给党中央，周恩来等果断采取紧急措施，使党中央避免了一次

---

① 韩泰华. 中国共产党——从一大到十五大. 上册. 北京出版社，1998：291.

② 中共中央文献研究室. 周恩来传（1898－1949）. 中央文献出版社，1998：202.

重大损失。中央特科建立的这些情报关系，对保卫党的机关和党的组织，对打击敌特、内奸的破坏活动，起了很大作用。

（2）建立秘密电台。1928年秋天，在周恩来的直接领导下，由张沈川、李强负责建立中共地下无线电台，培训报务人员。1929年10月起在上海首次筹建中共第一个秘密无线电台，周恩来亲自编制第一本密码，1931年9月利用在反"围剿"中缴获的电台，取得了与上海中央电台的联络，从而沟通了党中央经香港与中央苏区的无线电联系，同年向中央苏区和鄂豫皖、湘鄂赣等苏区输送出自己培训的无线电报务人员。这些电台的建通，在加快中共中央与共产国际的联络，使党中央与各地红军、各苏区间快速掌握敌情、互相联络等方面，发挥了极其重要的作用，促进了中国革命形势的发展。

（3）惩处、镇压叛徒。叛徒的出卖活动，严重地威胁着我党的安全，党的许多机关被破坏，许多同志被逮捕和杀害。中国共产党人认识到要保证党中央和革命同志的安全，要在白区更好地生存和斗争，必须"对自首而反攻的叛徒，号召党内外群众共起处以死刑"①。中央特科镇压叛徒的原则强调一个"快"字，避免暴露自己，对那些仍然躲藏在革命队伍里的内奸的惩处，采取隐秘方式，秘密处决，以防惊动密布的敌探。例如，1928年4月，中央临时政治局常委罗亦农因秘书何家兴出卖而被捕牺牲。周恩来组织中央特科营救失败后，指示除掉内奸。4月25日，陈赓亲率数名队员来到何家兴居处，以办喜事为幌子，在鞭炮声掩护下迅即严惩了叛徒。当年8月，由于叛徒戴冰石的出卖，我党的一处秘密机关被敌人破获，中央特科掌握确凿证据后，便把戴冰石约到一个旅馆，秘密处决。1929年8月，中央军委秘书白鑫叛变革命，造成中央政治局候补委员彭湃等四人被捕，周恩来亲自指挥中央特科武装拦截囚车失败后，便同关向应、陈赓等制订出惩处受到国民党反动当局庇佑的叛徒白鑫的周密计划。11月11日晚，中央特科人员设伏袭击，把走出住处正欲上车的白鑫击毙，待到租界捕探前来查勘时，执行任务的特科人员早已撤离现场。

中央特科对叛徒的严厉镇压使叛徒进一步出卖党组织的活动大为收敛，为党中央和革命同志的安全消除了不少隐患。

（4）营救被捕同志。在对敌斗争中不时有中共党员被国民党反动派逮捕，如不及时营救，很快就会被国民党当局杀害。在营救被捕的党员和领导人方面，中央特科尽量使用各种办法，如利用敌人的司法程序进行合法斗争，给他们聘请知名律师，在法庭上据理力争；利用敌人营垒内部的腐败，打通关节，从而获得人身自由；有时甚至考虑在敌人解押途中动用武力施行解救等。通过这些措施，中央特科营救了许多党的干部。例如，1929年11月，中央委员任弼时在开会地点被捕。中

---

① 中央档案馆，中共中央文献研究室. 中共通告第69号//中共中央文件选集（4）. 人民出版社，2013：423.

央特科惊悉后立即组织多方营救。洪扬生用 100 元现洋买通了巡捕房探长陆连奎，与此同时，陈赓让鲍君甫去公共租界找关系斡旋，中央特科还请来律师出庭辩护。经设法营救，一个多月后，任弼时被释放出狱。1931 年春，中共中央政治局委员关向应在上海被捕，同时被敌人抄去一箱机密文件。中央特科利用这箱文件做文章，通过鲍君甫的关系，情报科副科长刘鼎装扮成鉴定文件的专家前去"鉴别"，结果把至关重要的材料都拿了回来。敌人抓不住有力证据，便不再重视此案，关向应半年后获释。

（5）保卫中共中央机关和重要活动的安全。中共六大后，决定把中共中央总部迁至上海。中央特科为保证中共中央机关的安全，建立了许多党的秘密机关和掩护据点，以确保中央机关的安全。当中共中央领导人陆续到达上海后，中央特科的工作重点就转移到直接保卫高层领导和重要活动的安全上。

3. 中央特科的历史功绩。中央特科从 1927 年 12 月成立到 1933 年 1 月，随着中共临时中央政治局迁入中央革命根据地瑞金，中央特科也中止了工作。中央特科存在的时间不长，规模也不大，组织不甚健全，可它作为中国共产党最早的安全保卫组织，在中国共产党安全保卫史上留下了浓重的一笔。首先，它开了中国共产党安全保卫工作的先河，积累了丰富的安全保卫经验。中央特科的历史表明，中国共产党从一开始就将安全保卫工作置于党的直接领导之下，培养了以"龙潭三杰"钱壮飞、李克农、胡底为代表的一大批隐蔽战线的保卫干部，这对以后公安保卫工作的发展起了重大的历史作用。其次，它保卫了中共中央机关和中央领导同志的安全，使中国革命有了可靠的领导保证。再次，它收集了大量有价值的情报，在对敌斗争中，特别是在"反围剿"斗争中发挥了重要作用，挽救了红军，挽救了党。最后，镇压了一批背叛革命、出卖党的领导干部的叛徒，避免了更大的损失。

（二）工农民主政权建立后的保卫组织

第一次国内革命战争失败后，中国共产党领导的革命进入了创建红军和建立农村革命根据地的土地革命时期。从 1927 年秋收起义到 1930 年，在全国先后创立了十几个革命根据地，在各根据地建立之初，先后建立起肃反委员会，它的主要任务是维护根据地的社会治安秩序、镇压敌人的破坏活动、巩固革命政权。它是党领导的保卫组织，行使了一定的警察职能，但还不是正式的公安机关。肃反委员会兼有公安与司法两方面的职能，这是为适应当时革命斗争的需要而建立的一种临时性的公安保卫组织，这种缺乏专门机关切实指导的群众性保卫组织，有着不可避免的局限性，工作基本上是发动和领导人民群众对反动势力实行直接的镇压和斗争。随着统一的苏区中央政府的成立，为满足革命根据地法制建设的需要，工农民主政权必须加强和完善专政机关的建设，于是在各革命根据地政权原有的肃反委员会基础上建立了国家政治保卫局。

1. 国家政治保卫局的建立及其工作。1931 年 11 月，中华苏维埃共和国中央临时政府在江西瑞金成立，与此同时，以原来的苏区中央局保卫处为基础，组建了国家政治保卫局，负责苏区革命政权、军队的保卫工作和社会治安工作，局长由邓发担任；1932年1月，中央苏区又颁发了《中华苏维埃共和国国家政治保卫局组织纲要》，规定了国家政治保卫局的组织机构及职能。

在组织机构方面，国家政治保卫局在苏区中央政府所属的省、县及红军中建立了国家政治保卫局的分局，区以下调特派员。国家政治保卫局及所属分局内部一律实行上下对口的原则，分别建立侦察部、执行部、总务部。侦察部下设侦察科和检查科，执行部下设执行科和预审科。在侦察部下有其严密的工作网，在执行部下设政治保卫队。此后不久又增设了负责军队保卫与情报工作的红军工作部和白区工作部。国家政治保卫局很快就形成了自上而下的纪律严明、组织严密的工作系统。

在工作方面，国家政治保卫局按照《中华苏维埃共和国宪法大纲》的规定，在临时中央委员会的管辖下，执行侦察、压制和消灭政治上、经济上一切反革命组织活动、侦探缉捕盗匪等任务，还有保卫工农群众的合法权益和保卫苏维埃政权的使命。为此，中央执行委员会赋予它对一切反革命和盗匪有侦查、逮捕、预审的权力。实际上，国家政治保卫局在革命根据地，不仅担负着侦察处理反革命和一切重大刑事案件的工作，而且也担负了诸如出入境检查、水陆交通检查等治安行政管理方面的工作。

国家政治保卫局的工作，一直持续到1937年1月，党中央迁到延安成立陕甘宁边区政府，该局为特区保安处所取代。

2. 对国家政治保卫局的评价。国家政治保卫局是中国历史上第一个代表人民大众利益的公安保卫机关，具有鲜明的新民主主义国家政权专政工具的性质，它在本质上完全区别于一切反动政权的警察机关，是我国有史以来警察职能的一次历史性转变，具有划时代的历史意义。从它诞生之日起，就同当时的国民党警察机关横征暴敛、压迫人民、镇压革命形成了鲜明的对照。国家政治保卫局开创了人民公安保卫事业，并为保卫革命根据地作出了重要贡献。

但是我们还应看到，由于当时根据地初创，公安保卫工作缺乏经验，国家政治保卫局照搬苏联国家政治保卫局的机构设置和组织原则，实行局长单一集权制，坚持单线垂直领导原则，国家政治保卫局及其分局与特派员享有一定的特权，同级党政军领导无权过问。国家政治保卫局成了失去监督和制约的特殊机构，成为凌驾于党政军各机构之上的"钦差大臣"。国家政治保卫局主持苏区的肃反工作，取得了一定的成绩，清除了一些反革命分子，保卫了根据地的各项建设工作。但是由于夸大敌情，怀疑一切，破坏革命法制，大搞刑讯逼供，把错误的肃反路线和干部政策中的宗派主义纠缠在一起，使党和红军、苏维埃的许多领导人以及干部、战士被杀害，给党和革命带来难以估量的损失。

二、抗日战争时期公安机关与警政建设

抗日战争时期，抗日民主政权的警政机构与中国共产党的各级社会部以及人民武装的锄奸保卫部门，当时一般称为锄奸保卫机关。伴随着抗日根据地抗日民主政权的建立，除陕甘宁边区保安处是从土地革命战争时期的肃反保卫机关直接演变过来的以外，其他抗日根据地的抗日民主政权的锄奸保卫机关都是在抗日民主根据地的形成过程中逐步建立的。各锄奸保卫机关在抗日锄奸保卫工作方面的基本任务是：贯彻党的动员千百万民众全面抗战的路线，以日本帝国主义为主要敌人，严厉镇压日本特务和汉奸、奸细，打击国民党特务的破坏活动，巩固抗日根据地的民主政权，保卫党和抗日军民的安全，为巩固抗日民族统一战线、配合抗日武装、战胜日本帝国主义的侵略而斗争。

（一）公安保卫组织机构的发展变化

1. 陕甘宁边区政府保安处。第二次国共合作时期，陕甘宁抗日根据地改为隶属国民政府的边区政府，国家政治保卫局改为陕甘宁边区政府保安处，负责陕甘宁边区的锄奸保卫肃特工作。保安处机关设三部，一部（曾称局、部、科）负责保卫，二部负责侦察，三部负责地方（后为审讯），还有干部处、办公室。早期，一部、二部合为一部，担任一部领导的先后有谢滋群、布鲁。保卫与侦察分开后，师哲、赵苍璧等人担任一部领导，王凡、李启明等人担任二部领导，白栋才任三部领导，叶运高负责审讯。保安处下辖各县的保安科。县保安科负责对汉奸、特务的侦查、缉捕以及人民锄奸组织的指导工作，实行双重领导，既服从县委、县政府的领导，又服从边区保卫处的领导。县保安科下属的保安队，又是县政府的唯一武装力量；保安科管理的看守所，又是县级的监狱。陕甘宁边区辖有 5 专区、22 县、1 市，到处都有保安力量。

2. 延安市警察队。1937 年 1 月 13 日，毛泽东率中共中央机关从保安进驻延安。当时，敌特活动十分猖獗。为保证中央和地方党政军机关的安全，1937 年 10 月，延安市公安局建立，公安局设治安、社会、司法等科以及警察队、骑警巡逻队和一个派出所。1938 年 5 月，经中央决定成立了延安市警察队，由延安市公安局领导，全称"陕甘宁边区人民警察"，简称"边警"。首任队长邹理智，曾担任过中央保卫处特务队机枪班的班长；指导员陈昌奉，曾是毛泽东的警卫员；副队长张智理也来自保卫处，曾当过特务队 2 排 5 班的班长。延安市警察队是我党领导下的第一支正式着装的人民警察队伍。警察队统一着制式黑色警服，帽子与八路军的式样一致，不戴帽徽，领章是铝制的，正面有"边警"两个字，即"边区人民警察"的简称；专门负责市区街道的治安、交通秩序，配合清查户口、旅店以及党政机关和集会的警卫等工作。

3. 中共中央社会部。1939 年 2 月 18 日，中共中央发出《关于在党的高级组织内成立社会部的决定》，决定建立中共中央社会部，部长康生，副部长李克农。该

决定指出：目前日寇汉奸及顽固分子用一切方法派遣奸细，企图混入我们的内部进行阴谋破坏工作，为了保障党组织的安全，中央决定在党的高级组织内，成立"社会部"。① 社会部下设侦查、治安、情报、干部保卫和中央警卫团等机构。

中共中央社会部的主要任务是：第一，有系统地与汉奸敌探作斗争，防止他们混入党的内部，保证党的政治军事任务的执行和组织的巩固。第二，有计划地派遣同志和同情分子，利用一切机会、一切可能打入敌人的内部，利用敌人中一切可能利用的人，以加强敌人内部的工作达到保卫自己的目的。第三，搜集敌探、汉奸、奸细活动的具体材料和事实教育同志，提高同志的警惕性。第四，管理机要部门的工作，保障秘密工作的执行。第五，经常选择和教育可以做此种工作的干部。② 中共中央社会部的建立，推动了党政军各系统、各抗日根据地锄奸保卫工作的开展。

社会部机构在党内自成体系，从中央到地方层层设立。县社会部之下，设区社会部、乡保卫委员会、保卫小组。

（二）公安双重领导体制的形成

第二次国内革命战争时期国家政治保卫局实行"垂直领导"、"独立系统"，给党和革命造成了严重的影响。抗日战争时期为了正确处理好公安机关与党委、政府的关系，找出一种适合中国国情的公安领导体制，中共中央明确要求各级党组织和公安保卫机关必须认真总结第二次国内革命战争时期政治保卫局实行"垂直领导"、脱离党委和政府监督，在"肃反"中犯严重扩大化错误的深刻教训；提出了必须加强党对公安保卫工作的领导，反对"垂直领导"，并采取组织措施保证贯彻执行，1939 年 8 月 25 日和 10 月 10 日，中共中央先后作出《中央政治局关于巩固党的决定》和《中央关于反奸细的决定》。在决定中强调指出：各级党委要将反奸细斗争作为政治上、组织上的重要任务，责成党委书记、军队首长，对此工作首先负责，不要将此重要任务仅仅划给少数人担任，要把这个部门视为党的工作不可分离的组成部分。纠正个别的保卫人员留恋过去离开党的领导而形成独立系统的观点。为了从政治上、组织上加强党对公安工作的领导，保证党对公安工作的绝对领导，中共中央在党的高级组织内成立社会部的同时，还从中央局到地委成立保卫委员会，确立了党对公安保卫工作的领导关系。同时明确了公安机关与地方党委、政府以及上级公安机关的关系，确立了党委和政府对公安机关的双重领导关系。各级公安机关是同级政府的组成部分，公安机关在向同级党委和上级公安机关报告工作的同时也向同级政府报告工作，正确地解决了公安机关与各级党委和政府的关系问题，形成了后来成为我国公安工作根本原则的"条块结合，以块为主"的双重领

---

① 参见中国人民大学中共党史学资料室．中共党史教学参考资料（抗日战争）（中）．人民出版社，1979：495－498.

② 参见中国人民大学中共党史学资料室．中共党史教学参考资料（抗日战争）（中）．人民出版社，1979：495－498.

导体制。

（三）锄奸工作"九条方针"

抗日战争时期，日本帝国主义和国民党反共顽固派不断派遣汉奸和特务潜入边区，进行渗透、策反、情报、暗杀等破坏活动。从1941年到1944年，陕甘宁边区周围密布敌特机关53个，特务据点57个，特务训练班2个，边区内有特务据点14个，潜入边区的职业特务和发展的特务共700多人。为了彻底肃清汉奸和特务对边区的阴谋破坏活动，边区政府开展了轰轰烈烈的群众锄奸运动，建立起了从乡到村有群众广泛参与的锄奸组织和网络。陕甘宁边区在1939年建立了700多个乡锄奸委员会、9000多个锄奸小组，出色地保卫了边区革命政权的安全，创造了专门机关与群众路线相结合的成功经验。

1943年，中共中央在延安整风运动的后期对革命队伍的干部进行了一次普遍性审查，主要任务是以清查特务为主，同时全面审查所有的干部。通过这场斗争，把隐藏在内部的特务清查出来，把党的干部队伍状况弄清楚，做到心中有底、心中有数。这是符合当时革命斗争形势需要的，但由于"左"的思想影响，作为中央社会部部长的康生在这次运动中错误地估计了形势，夸大敌情，发动了所谓"抢救运动"，对于所谓的"失足者"大搞"逼供信"，制造了大批冤假错案，导致"审干运动"中的肃反扩大化，使革命力量遭到了巨大的损失。在延安，仅仅半个月就挖出了所谓特嫌1400多人。被"抢救"的重点，主要是来自国民党统治区的党员、曾被国民党逮捕监禁过的党员、外来的知识分子干部。有的县外来的知识分子干部，几乎全被打成"特务"。例如，子长县39个外来知识分子干部，有37个被打成"特务"，并被组成"国民党县党部"。许多重要的领导干部也被"抢救"，如陶铸、孔原、钱瑛等。河南、四川、甘肃、浙江、湖北、贵州等10多个省的地下党被打成"红旗党"，许多干部惶惶不可终日。

针对上述情况，为纠正"抢救运动"的错误，保证整风运动的健康发展，1943年8月15日，毛泽东为党中央起草了《中共中央关于审查干部的决定》，提出了著名的"首长负责，自己动手，领导骨干与广大群众相结合，一般号召与个别指导相结合，调查研究，分清是非轻重，争取失足者，培养干部，教育群众"①的"九条方针"。此后，为了防止发生错案，毛泽东同志提出"少捉不杀"的原则。他说，只有少捉不杀，或少捉少杀，才可以保证最后不犯错误。留得人在，虽有冤枉，可以平反（确实冤枉的必须平反，绝无犹豫余地）。多捉多杀则一定会犯不可挽救的错误。同年12月27日，毛泽东同志又在关于肃反工作的一段批语中明

---

① 中共中央关于审查干部的决定//中共中央文选选集（1943—1944）．中共中央党校出版社，1991：93－96．

确指出"一个不杀大部不抓是此次反特务斗争中必须坚持的政策"①，防止和纠正了肃反扩大化的错误。"九条方针"的提出为我党公安保卫工作确定了一条正确的路线，成为日后长期指导我国公安工作的一条重要方针。

三、解放战争时期公安机关与警政建设

解放战争时期，威胁人民民主政权和影响解放区治安形势的因素有很多，其中最主要的是国民党的情报、骚扰和破坏活动。为了窃取解放区的情报，策应其军事行动，国民党招募、培训了大批特务，以各种办法潜入解放区和革命队伍内部，进行破坏活动和军事谍报活动。据统计，解放战争初期，东北就有公开的与秘密的政治土匪武装近 25 万人。

在解放区与国民党统治区的交界地带，国民党在进行军事进攻的同时，收罗土匪、流氓、地主、恶霸，组织"还乡团"、"清乡团"等各种反动武装和"谍报队"、"突击队"等组织，对解放区进行各种破坏活动。

由于国民党政府的反动统治和长期战乱，新收复的城市经济萧条、黄毒泛滥、匪盗四起，治安形势十分严峻。面对这种复杂的斗争形势，为加强组织建设、提高队伍素质，各解放区相继对所属公安机构进行了调整和改组，以利于统一机构的设置，统一政令。其中，东北、华北解放区对公安工作的性质、任务、机构设置、从警条件和纪律守则等作了较详细的规定，这为新中国成立后统一的警政建设提供了许多宝贵的经验。

1946 年 4 月，东北民主联军进驻哈尔滨，成立人民政权，建立了哈尔滨市公安局。随后，中共东北局和各地人民政权也建立了东北局社会部和各级人民公安机关。1949 年 1 月，东北公安总处改为东北公安部，东北各省设立公安厅。1948 年5 月，华北局社会部和华北人民政府公安部建立。1949 年 7 月，中央决定在华北局社会部和华北公安部基础上组建中央军委公安部。西北解放区、华东解放区人民政府公安厅也相继成立，中南和西南地区的人民公安机关，随着解放战争的彻底胜利和新中国的成立而逐步建立起来。各级公安机关在党和人民政府的领导下，有力地配合了人民解放战争，保卫了人民革命政权，对于夺取新民主主义革命的胜利起到了重要作用，为新中国成立后的公安工作建设奠定了坚实可靠的基础。

---

① 中共中央关于反特务斗争必须坚持少捉少杀、少提不杀的指示（1943 年 12 月 27日）//中共党史教学参考资料（抗日战争）（下）. 国防大学出版社，1986：386.

‖ 第二节　新中国成立后的公安机关与警政建设 ‖

一、新中国成立后17年的人民公安机关与警政建设

1949年10月1日，中华人民共和国成立。10月9日，中央人民政府委员会任命罗瑞卿为中华人民共和国中央人民政府公安部部长，杨奇清为副部长。10月15日召开了第一次全国公安会议，研究解决了统一全国公安组织机构和公安机关的工作任务问题。11月1日，公安部正式成立，地方各级公安机关在全国范围建立，在巩固我国新生的人民民主专政政权方面发挥了重要的作用。

新中国成立初期，土匪、恶霸、特务、反动党团骨干分子和反动会道门头子五个方面的反革命活动十分猖獗。1950年，全国发生各种刑事案件50余万起，平均发案率为9.3‰，社会治安极其混乱。据统计，当时流散在社会上的土匪有40余万，职业特务7700余人，国民党和三青团成员650余万，封建会道门27种，道徒1360万。为此，中共中央在全国范围内开展了剿匪、反霸、取缔反动会道门组织、封闭鸦片烟馆、查封妓院等斗争，使新中国的犯罪高峰迅速消退，到1956年，发案率下降到2.9‰。

1957年6月25日，《中华人民共和国人民警察条例》（以下简称《条例》）公布施行。《条例》规定，中华人民共和国人民警察属于人民，是人民民主专政的重要工具之一，是武装性质的国家治安行政力量。人民警察的任务是依照法律惩治反革命分子，预防、制止其他犯罪分子的破坏活动，维护公共秩序和社会治安，保护公共财产，保护公民的权益和合法利益，以保卫人民民主制度，保障国家社会主义建设顺利进行。

从1949年到1966年，共召开了14次全国公安工作会议，及时传达了党中央、毛主席对公安工作的指示，研究贯彻党中央为公安工作制定的系列路线、方针和政策，布置各个时期公安工作的任务，总结交流公安工作的经验。17年间，我国公安工作取得了辉煌的成就。

第一，在全国范围内建立健全了公安组织机构。公安部成立后，在中央和各大行政区建立公安部（后改为公安局，1954年6月撤销）；在省、自治区、直辖市建立公安厅（局）；在省辖市建立公安局；在县市建立公安局；省、自治区公安厅在各地行政公署设立派出机构——公安处；直辖市、省辖市在各区设立派出机构——公安分局；各县市公安局和分局在街道、城镇设公安派出所，乡村设公安特派员；在工矿、企业、文化、教育等部门设保卫局、处、科或特派员。

在建立人民公安机关的同时，还组建了人民公安部队。1949年12月第一届全国公安工作会议召开，制定了《整顿各级人民公安武装力量的方案》，决定建立人民公安部队，以加强各地的社会治安工作。1950年1月至5月，全国各地公安武

装统一整编为"中国人民公安部队",隶属于各级公安机关。1950 年 9 月 22 日,中共中央军委发布了《关于成立公安部队领导机构的电令》,任命罗瑞卿为首任司令员兼政治委员,程世才为副司令员。

第二,清除反动势力的"残渣余孽"和旧社会遗留下来的"污泥浊水"。先后开展了禁烟、禁毒、封闭妓院、改造妓女、收容改造乞丐、取缔反动会道门和打击封建把头等活动,把一个腐败不堪的旧社会改造成一个新社会。

第三,开展镇压反革命运动。整个运动从 1950 年 10 月开始,到 1953 年 6 月结束,严厉打击了土匪、恶霸、特务、反动党团骨干分子和反动会道门头子五个方面的反革命分子,保卫了土地改革、抗美援朝及社会主义改造的顺利进行。

第四,改造了大量战争罪犯。公安机关在党的正确路线指引下,把日本战犯、伪满战犯、国民党战犯、伪蒙疆战犯改造过来,取得了巨大成功。1956 年 6 月至 8 月,所有日本战犯分三批被释放回国,归国战犯发表了《告日本人民书》,表达了终生忏悔、反战和平的立场。从 1959 年开始,对国民党战犯、伪满战犯分批特赦,到 1975 年全部特赦释放。

第五,保证了党的路线、方针、政策的贯彻执行,保卫了社会主义革命和社会主义建设的顺利进行,并创造了著名的"枫桥经验"。1963 年 7 月,浙江诸暨县枫桥区所辖 7 个公社进行社会主义教育运动,依靠和发动群众开展对敌斗争。7 个公社中有"地富反坏"四类分子 911 人(严重违法 163 人),群众要求逮捕的有 45 人。7 个公社组织斗争会,坚持摆事实、讲道理,不打不骂,允许斗争对象申辩,没有逮捕一个人,放在当地由群众监督改造,没有交给公安司法部门就将四类分子制服改造了。1964 年,中共中央向全国各地转发了浙江省委总结的"枫桥经验",这就是"发动和依靠群众,坚持矛盾不上交,就地解决,实现捕人少,治安好"。1964 年 2 月,公安部召开第十三次全国公安工作会议,推广了"枫桥经验"。"枫桥经验"为社会治安管理创造了一种崭新的模式,为正确处理改革、发展、稳定的关系提供了宝贵的经验。

二、"文化大革命"对人民公安机关与警政建设的冲击

1966 年至 1976 年的"文化大革命",给国家和人民带来了深重的灾难,也使公安工作遭到了极大破坏。

(一)公安工作受到严重冲击

林彪、江青反革命集团为了篡党夺权的需要,全盘否定公安工作、否定公安队伍,煽动彻底砸烂公安机关。时任公安部部长的谢富治公然鼓吹"砸烂公检法",说"整个 17 年来的公安工作相当多的是没有按照毛主席思想办的","毛主席思想在我们公安政法系统没有占到统治地位","不把原来那一套政治、思想、理论、组织方面的坏东西彻底砸烂,就永远跟不上毛主席思想","现在公安机关如果不

彻底改变，不把旧机器彻底打碎，要转变过来是困难的"。① 此后，在全国范围内刮起了一股"砸烂"公安机关、残害人民警察、揪斗治保积极分子以及乱放在押犯人的狂风恶浪，使人民公安工作遭受巨大的破坏。在公安机关内部的"造反派"也成立了形形色色的"战斗队"，同社会上的"造反派"相互呼应，展开了内部的夺权斗争。一时间，各级公安机关的领导干部被诬以种种罪名，许多人被关押、被隔离审查，制造了许多重大冤案；其余的则被"靠边站"、挨批判，工作陷于停顿状态。

（二）《公安六条》及其严重后果

"文化大革命"运动开始后，各造反组织之间的派性斗争恶性发展，武斗规模逐步升级，无故打死、打伤人的事件不断发生，各种刑事案件也骤然增多。中共中央、国务院于 1967 年 1 月 13 日发布了《关于在无产阶级文化大革命中加强公安工作的若干规定》（简称《公安六条》）。它是在整个"文化大革命"期间，指导公安机关进行职能活动的、具有临时法规效力的重要文件。

《公安六条》的主要内容如下：第一条，对于确有证据的杀人，放火，放毒，抢劫，制造交通事故，暗害，冲击监狱和管制犯人机关，里通外国、盗窃国家机密，进行破坏活动等现行反革命分子，应当依法惩办。第二条，凡是投寄反革命匿名信，秘密或公开张贴、散发反革命传单，写反动标语，喊反动口号，以攻击污蔑伟大领袖毛主席和他的亲密战友林彪同志的，都是现行反革命行为，应当依法惩办。第三条，保护革命群众和革命群众组织，保护左派，严禁武斗。凡袭击革命群众组织，殴打和拘留革命群众的，都是违法行为。一般的，由党政领导和革命群众进行批判教育。对那些打死人民群众的首犯，情节严重的打手，以及幕后操纵者，要依法惩办。第四条，地、富、反、坏、右分子，劳动教养人员和刑满留场（厂）就业人员，反动党团骨干分子，反动会道门中的小道首和职业办道人员，敌伪的军（连长以上）、政（保长以上）、警（警长以上）、宪（宪兵）、特（特务）分子，刑满释放、解除劳动教养但改造得不好的分子，投机倒把分子和被杀、被关、被管制及外逃的反革命分子的坚持反动立场的家属，一律不准外出串联，不许改换姓名、伪造历史、混入革命群众组织，不准背后操纵煽动，更不准他们自己建立组织。这些分子如有破坏行为，要依法严办。第五条，凡是利用大民主或者用其他手段，散布反动言论，一般的，由革命群众同他们进行斗争，严重的，公安部门要和革命群众相结合，及时进行调查，必要时，酌情处理。第六条，党、政、军机关和公安机关人员，如果歪曲以上规定，捏造事实，对革命群众进行镇压，要依法查办。

《公安六条》是由林彪、江青把持的"中央文革小组"组织起草的，它以堂皇的政治口号和通用的公安术语，掩盖着推行"左"倾路线的实质，具有鲜明的政治倾向性。凡是反对"左"倾路线的，则被冠以各种"反动"罪名，遭到严厉镇

---

① 引自 1967 年 8 月 7 日谢富治在公安部工作人员大会上的讲话。

压。特别是谢富治等一再强调，凡是反对林彪、江青，反对中央文革的人都当作反革命追查惩办，使许多反对林彪、"四人帮"倒行逆施的人，甚至说话不慎、喊错口号的人，也遭到残酷镇压，造成一片恐怖。"文化大革命"结束后，中共中央于1979年2月17日撤销了这个错误文件。

在极端困难的情况下，广大公安民警一方面同林彪、江青两个阴谋集团的倒行逆施行为作斗争，另一方面仍坚守岗位，做了许多有利于社会安定的工作。1971年9月，林彪集团覆灭后，极"左"路线得到一定程度的纠正，人民警政建设又出现转机。部分下放的公安干部的工作得到恢复，侦查力量得到充实，劳改工作得到整顿。

（三）对公安工作进行军事管制

1967年12月9日，中共中央、国务院、中央军委、中央文革小组《关于公安机关实行军管的决定》规定，为防止各地公安机关档案的丢失或转移，一律由人民解放军接管；各地公安机关不论由机关内部或外部"造反派"已经夺权的，仍应实行军事管制。1968年年初，对公安部进行彻底改组。最后由以军队调到公安部的41名干部为骨干，加上公安部留下的近百人，分别组成专案（负责中央交办的专案和公安部的专案）、政工、侦破（负责指导侦破工作）、治安（负责指导治安工作）、行政五个办公室，其余人员离开机关集中起来搞斗、批、改。公安部与地方公安机关的联系也被割断，公安部直属的6所人民警察学校全部被撤销或停办。一段时间内，公安机关完全被"造反派"夺权。

三、新时期人民公安机关与警政建设

（一）新时期公安工作重心和指导思想

1978年党的十一届三中全会作出了将全党工作重心转移到社会主义经济建设上来的战略决策。全国公安机关也随即把公安工作的重点迅速转移到保卫社会主义现代化建设上来，实现了公安工作指导思想的战略性转变。1992年邓小平"南方谈话"后，公安工作的发展目标是建立与社会主义市场经济相适应的公安工作运行机制、队伍管理体制和警务保障机制。党的十六大确立了"三个代表"重要思想的指导地位，作出了全面建设小康社会的重大战略决策，公安机关进一步明确了新世纪、新阶段担负的巩固共产党执政地位、维护国家长治久安、保障人民安居乐业的重大政治和社会责任。党的十七大提出了科学发展观、构建社会主义和谐社会的战略思想，公安机关按照这一思想，结合公安执法实践，集中开展了社会主义法治理念教育活动，有力地推动了新时期公安工作和队伍建设的步伐。党的十八大进一步提出了新的历史条件下推进中国特色社会主义建设、全面建成小康社会和全面深化改革的战略目标，公安机关认真贯彻这一精神，坚持对党忠诚、服务人民、执法公正、纪律严明，不断提高履职执法能力，开展了一系列有利于公安工作和队伍建设的活动，公安工作向更好更快的方向发展。

（二）改革开放以来公安工作取得的主要成就

1. 改革公安工作运行机制。建立了人民警察巡逻制度和 110 快速反应机制，实施派出所刑侦工作改革、城乡社区警务战略和信息主导警务战略。

2. 改革行政管理模式。改革了户籍管理制度，先后实施了居民身份证制度、城镇暂住人口管理制度等；改革了道路交通和消防管理工作，组建公路巡警队上路统一执法、流动执勤，构建了"政府统一领导、部门依法监督、单位全面负责、群众积极参与"的消防工作新格局；改革了出入境边防管理工作，逐步放宽了出入境限制；推出了一系列便民利民的措施。2003 年 8 月，公安部在户籍、交通、出入境、消防管理等方面推出了 30 项便民利民措施。2005 年，公安部在全国范围内组织开展了公安局长大接访活动，并建立了以"一把手"接访制度为核心的信访工作长效机制，有效地维护了群众的合法权益。公安行政管理工作实现了由重管理、轻服务向管理与服务并重的转变。

3. 强化队伍管理和队伍建设。在队伍建设上，公安机关秉承政治建警、依法治警、从严治警的方针，作出了不懈努力，取得了较好的效果。

第一，进行了公安机关体制的改革。1982 年 6 月 19 日，根据《中共中央批转公安部党组关于人民武装警察管理体制问题的请示报告的通知》精神，中国人民解放军担负地方内卫任务及内卫执勤的部队移交公安部门，同公安部门原来实行义务兵役制的边防、消防等警种统一起来，重新组建中国人民武装警察部队。1983 年 4 月，中国人民武装警察部队总部在北京成立。1983 年 6 月，国家成立国家安全部，把原来长期由公安部管辖的反间谍和对外情报工作移交国家安全部，同时把公安机关的监狱、劳改、劳教的管理工作移交司法部门。1986 年 10 月，将交通部门掌管的公路工作移交公安机关，城乡道路交通管理工作统一由公安机关掌管。1999 年 1 月，根据打击走私犯罪的需要和 1998 年 7 月全国打击走私工作会议作出的在中央建立缉私警察的决定，国家海关总署走私犯罪侦查局成立，受海关总署与公安部双重领导，以海关总署为主，列入公安部序列，各地海关设走私犯罪侦查分局。2003 年 1 月 1 日，海关总署走私犯罪侦查局更名为海关总署缉私局。2013 年，国家海洋局及其中国海监、公安部边防海警、农业部中国渔政、海关总署海上缉私警察的队伍和职责整合，重新组建国家海洋局，以中国海警局名义开展海上维权执法，接受公安部的业务指导。

第二，改进了公安管理体制。1991 年以来，公安机关本着"转变职能、理顺关系、精兵简政、提高效率"的原则，先后对县市公安机关内设机构、企事业单位公安机构体制，公安边防检查体制，公安部内设机构及职能任务进行了调整和改革。在改革的实践中，经济犯罪侦查、证券犯罪侦查和网络监管、反恐怖、边防、禁毒、国际执法合作等一批新的职能应运而生，并不断得到加强。2003 年，第二十次全国公安会议进一步明确，省、市、县三级公安机关主要领导由同级党委常委或政府副职兼任，城市公安分局、公安派出所由上级公安机关直接管理。2006 年，国务院颁布的《公安机关组织管理条例》明确了上级公安机关对下级公安机关的领导、指挥关系。

第三，加强了队伍的正规化建设。1983 年召开的全国公安改革工作会议首次提出了加强公安队伍正规化建设的要求。2003 年 11 月召开的第二十次全国公安会议，进一步明确了"四统一五规范"的正规化建设要求。在正规化建设进程中，《人民警察法》《人民警察警衔条例》《公安机关组织管理条例》《公安机关人民警察内务条例》《关于规范公安机关人民警察职务序列的意见》等一系列法律法规和制度规范陆续实施，人民警察录用、辞退、培训、考核、任用、晋升、奖惩、抚恤以及警种岗位工作规范等一系列配套的具体制度和办法不断完善。

第四，加强了队伍专业化建设。1995 年，公安部颁布实施《公安机关人民警察培训暂行规定》，要求民警上岗、授衔、晋升警衔和晋升职务都必须经过培训。2001 年，颁布实施《公安机关人民警察训练条令》，把教育训练与民警的任用、晋升挂钩，实现了教育训练的制度化。2003 年以来，全国公安机关普遍推行了民警上岗和首任必训、职务和警衔晋升必训、基层和一线民警每年实战必训的"三个必训"制度，组织开展了全警大练兵和抓基层、打基础、苦练基本功活动，进一步健全了人民警察教育训练机制，为积极构建具有公安特色的大教育、大培训工作体系奠定了基础。2008 年 8 月，公安部按照中央关于司法体制改革的总体部署，启动了公安院校招录培养体制改革试点工作。

第五，加强了公安法制化建设。1995 年，《人民警察法》颁布实施，为全面实现公安工作和队伍建设的法制化奠定了良好基础。进入新世纪，随着依法治国方略的深入实施，公安立法工作进程进一步加快，《道路交通安全法》《治安管理处罚法》《居民身份证法》《禁毒法》等一批涉及公安工作的重要法律法规相继出台。2008 年，公安部制定了《推进公安机关执法规范化建设的指导意见》，推动各级公安机关积极探索规范执法行为的有效途径，对公安机关办理刑事案件、治安案件和实施行政管理的程序、形式进行了规范，逐步构建起覆盖各执法领域和执法环节的执法规范体系。

第六，加强了和谐警民关系建设。通过实施社区和农村警务战略、提出便民利民措施、建立警风监督员、群众推选最喜爱的人民警察、表彰树立努力构建和谐警民关系亲民爱民先进典型等形式，不断巩固和扩大了公安工作的群众基础。

第七，加强了公安队伍思想政治建设和廉政建设。按照从严治警的要求，公安机关恢复重建了纪检监察机构，推出了"五条禁令""三个严禁"等一系列整顿警风的重大举措。1997 年，国务院发布《公安机关督察条例》，公安机关督察制度和督察队伍应运而生，并相继建立了警务督察、警务公开、派驻督察专员和督导组、特邀监督员等一系列配套的监督制约机制，有力地提高了公安队伍的执行力。

改革开放以来，全国公安机关积极适应经济社会发展要求、主动顺应人民群众期待，不断推进公安工作改革创新。例如，在警务运行方面健全完善了 110 警务指挥机制、治安巡逻防控机制、打击犯罪工作机制和警务合作机制；又如，在治安、户籍、边防、消防、出入境、交通等行政管理方面进行改革探索，出台了一系列便民利民措施，受到了广大人民群众的欢迎。党的十八大以来，习近平总书记多次听取公安工作汇报、研究公安工作，并就深入推进公安改革、进一步加强和改进新形势下的公安工作和公安队伍建设作出重要指示，为全面深化公安改革指明了前进方向。

公安工作经过三十多年的建设和发展，取得了巨大的成绩，也积累了宝贵的经验。这些经验概括起来主要是"九个必须始终坚持"，这就是必须始终坚持党的绝对领导、听从党的指挥；必须始终坚持围绕中心、服务大局；必须始终坚持立警为公、执法为民；必须始终坚持打防结合、预防为主；必须始终坚持专群结合、依靠群众；必须始终坚持科教强警、素质强警；必须始终坚持从严治警、依法治警；必须始终坚持强基固本、夯实基础；必须始终坚持解放思想、改革创新。只有这样，公安工作才能始终充满活力。

【小结】

我国公安机关和公安工作具有悠久而光荣的历史，经历了一个由创建到不断发展的历程。大革命失败以后，为了确保党中央的安全，1927 年 12 月，在周恩来的亲自领导下，我党在上海建立了中央特科。这是中国共产党历史上第一个公安保卫组织。中央特科在党中央 1933 年迁往苏区后机构逐步萎缩，1935 年结束工作。1931 年 11 月，以原来苏区中央局保卫处为基础，组建了国家政治保卫局。这是我国最早的人民革命政权的公安保卫机关。1935 年 10 月，国家政治保卫局的工作被新组建的西北政治保卫局接管。

抗日战争全面爆发以后，建立了大批敌后抗日根据地和抗日民主政权，公安机关也随之建立。这一时期主要的公安组织机构有陕甘宁边区保安处，1937 年 10 月建立的延安市公安局，1938 年 5 月成立的"陕甘宁边区人民警察"（又称延安市警察队，简称"边警"），1939 年 2 月成立的中共中央社会部。其中陕甘宁边区人民警察是我国历史上最早的一支正规的人民警察队伍。抗日战争时期针对当时社会部部长康生发起的所谓"抢救运动"，毛泽东同志及时提出了著名的"九条方针"。同时，我国公安工作双重领导体制在抗日战争时期也初步形成。

解放战争时期，公安工作的重点逐步从农村转入城市，配合解放军完成军管城市的任务，摧毁国民党旧的警察机关，对旧警察进行改造，建立人民公安机关，为建立统一的中央公安机关作了准备。

新中国成立后，1949 年 10 月 9 日，中央人民政府任命罗瑞卿为第一任公安部部长，杨奇清为副部长。10 月召开了第一次全国公安会议，讨论并确定了新中国成立后的公安机构和一个时期内公安工作的主要任务。1966 年"文化大革命"爆发前，17 年的公安工作取得了巨大成就。十年"文化大革命"，使公安工作遭到彻底破坏。十一届三中全会后到现在，公安工作进行了一系列卓有成效的改革，也积累了丰富的经验。这些经验概括起来就是"九个必须始终坚持"。

【思考题】

1. 简述国家政治保卫局的性质及其教训。
2. 简述党在抗日战争时期建立的人民公安机关。
3. 简要分析新中国成立后 17 年公安工作的主要成就。
4. 改革开放以来我国公安工作取得了哪些成就? 积累了哪些经验?

第二编　公安的本体

第三章　公安的本源

【教学重点与难点】
1. 警察的本质；2. 公安的本质；3. 公安第一客体；4. 社会治安组织；5. 公安行为四要素及其作用。

‖ 第一节　公安的本质 ‖

在马克思主义哲学中，本质是与现象相对应的范畴，是指事物的内部规律性。它体现了事物诸要素之间内在的必然联系，是事物的根本属性。本质与现象是构成事物的统一的、不可分割的两个方面。任何事物的本质都要通过一定的现象表现出来，而任何现象又都是从一定的方面表现出来的事物本质。现象是本质的个别的、具体的表现，本质是同类现象中的一般的、共同的特征。要认识事物的本质，必须通过对现象的分析、综合和抽象，揭示各种现象之间的内在联系。

一、警察的本质

警察的本质，是警察现象所固有的、内在的、必然的联系，是警察的内在规律性和根本性质。

马克思主义警察起源观认为，警察是阶级社会的产物，是伴随国家的产生而产生的。在不同的社会历史阶段、不同的国家，警察具有各自的特点，然而其共同的本质没有变，即警察是国家政权中按照统治阶级的意志，依靠暴力的、强制的、特殊的手段维护国家安全和社会秩序的武装性质的治安行政力量。

（一）警察是国家政权的暴力组成部分，是阶级专政的重要工具之一

马克思主义认为，国家在其本质上是阶级统治的组织，是阶级统治的工具。一般来说，经济上占统治地位的阶级在政治上也占有统治地位，这个统治阶级掌握了国家权力，利用国家来压迫被统治阶级，维护统治阶级的利益。正如列宁所指出的那样："国家是一个阶级压迫另一个阶级的机器，是迫使一切从属的阶级服从于一个阶级的机器。"①

① 列宁选集. 第 4 卷. 人民出版社，1995：33.

国家的阶级统治要靠暴力来实现。国家权力具有高度的强制性，其权力行使是以暴力强制为基础的，这是国家实行阶级统治的物质保证，所以国家都设有军队、警察、法庭、监狱等暴力机关。可见，警察是国家政权的暴力组成部分，是阶级专政的重要工具之一。

（二）警察是维护统治秩序的武装性质的国家治安行政力量

每个社会都存在矛盾冲突，为了维持社会正常运行，必然有调节社会关系和控制社会矛盾的调控机制。从这种调控的角度看，社会历史的发展过程可以视为一种调控过程。实际上，社会调控机制的发展，就是统治阶级进行统治的历史进程。而警察正是社会调控机制的一种强制性力量，具有以强制手段维护社会秩序、维护统治阶级权益的调控职能。

警察是国家政府依法设立的专门负责国家安全与社会治安秩序的机关，它是国家治安行政机关，但它又不同于其他行政机关，它拥有大量的强制性权力和手段，在特定条件下可以依法使用武器、警械，这都反映了警察是具有武装性质的国家治安行政力量。

上述警察的本质，反映了警察的双重性——警察的阶级性和公共性，这是由国家政权的双重性决定的。马克思主义对国家学说的最大贡献，就在于其依据历史唯物主义原理和政治发展的历史经验揭示了国家政权的本质——阶级性与公共性的统一。为稳定阶级统治，统治者往往会超越狭隘的阶级利益，将其代表的阶级利益和社会整体利益结合起来，有时为了社会整体利益，甚至不惜牺牲统治阶级的局部利益，以缓和阶级矛盾，促进社会发展。所以，国家政权除了维护统治阶级的根本利益之外，还需考虑社会共同利益，因而具有公共权力的性质。阶级性和公共性共存于一个政治共同体中，二者必然互相包含、互相渗透，不可能表现阶级性时没有公共性，或表现公共性时没有阶级性[①]。国家政权的双重性在不同的历史时期表现不尽相同，当被统治阶级的反抗危及统治秩序时，国家政权就会对被统治阶级实行无情的镇压；当阶级对立趋向缓和、社会稳定发展时，国家政权往往以中立者的面貌出现，管理社会公共事务，维持社会正常发展。理解国家政权的阶级性和公共性及二者的辩证关系，对正确把握警察的本质有十分重要的意义。国家政权的阶级性和公共性决定了警察本质的双重性：警察既是实施阶级专政的工具，又是维护社会公共安全的重要力量。

二、公安的本质

警察的本质指的是一般的、世界的警察的共同特征。而公安的本质，则是指特殊的、中国的社会主义警察的本质，这就是：公安机关是人民民主专政的重要工具，是武装性质的国家治安行政力量和刑事司法力量（详细阐述见本书第四章

---

① 胡大成，周家骧等.警察政治学.南京大学出版社，2004：8.

"公安机关的性质和宗旨"）。

　　从国家性质上看，中国的社会主义性质决定了其公安机关人民警察的本质。《宪法》第1条第1款明确规定："中华人民共和国是工人阶级领导的、以工农联盟为基础的人民民主专政的社会主义国家。"毛泽东同志指出，对人民的民主方面和对反对派的专政方面，互相结合起来，就是人民民主专政。公安机关作为国家政权的重要组成部分，作为国家权力的执行机关，因而也具有了相应的性质，即公安机关是人民民主专政的工具。1957年颁布的《人民警察条例》规定："中华人民共和国人民警察属于人民，是人民民主专政的重要工具之一，是武装性质的国家治安行政力量。"2007年1月1日施行的《公安机关组织管理条例》第2条也明确规定："公安机关是人民民主专政的重要工具，人民警察是武装性质的国家治安行政力量和刑事司法力量，承担依法预防、制止和惩治违法犯罪活动，保护人民，服务经济社会发展，维护国家安全，维护社会治安秩序的职责。"

　　（一）警察的本质属性——阶级性，在我国表现为社会主义警察的人民性

　　人民性是公安机关人民警察的本质属性。一个国家的国体和政体决定了这个国家警察的"特色"，按照我国《宪法》规定："中华人民共和国的一切权力属于人民"，人民当家做主是我国的立国之本。社会主义警察的人民性实质上是"一切权力属于人民"的宪法原则在警察活动中的具体体现，是中国社会主义警察的根本宗旨。"一切权力属于人民"也称人民主权原则或主权在民原则，它集中地表达了国家的一切权力属于人民、来源于人民并服务于人民的政治理念，在社会主义中国，它包括四项内容：

　　1. 国家权力（包括警察权力，下同）来自人民的授予，即权为民所赋，这是人民主权原则的要义所在，也是宪政理论逻辑的基本前提。

　　2. 国家权力属于人民，但不一定由人民直接行使，而是一般由人民定期选举的代表和机关来行使。

　　3. 人民能对国家权力进行有效监控。国家权力须依人民的意志行使，并随时接受人民的监督，人民能对国家权力的非法行使进行有效的"抵抗"。人民主权原则意味着，宪政对国家权力与公民权利（可视为人民主权的实现形式）进行了严格的划分，并认定国家权力从属于公民权利而且是公民权利的产物。公民权利是目的，国家权力是手段，即国家权力存在的全部理由在于对公民权利实现的有效保障。

　　4. 主权在民的"民"为掌握国家政权的统治阶级及其同盟者，而不是泛指全体公民。我国《宪法》规定："中华人民共和国是工人阶级领导的、以工农联盟为基础的人民民主专政的社会主义国家"，"社会主义的建设事业必须依靠工人、农民和知识分子，团结一切可以团结的力量"，这一点也是马克思主义的国家学说与

资产阶级"社会契约论"的国家学说的区别之处[①]。

（二）社会主义警察是阶级性和公共性的有机统一

中国目前处于社会主义初级阶段，剥削阶级作为一个阶级已经被消灭，虽然阶级斗争仍在一定范围内长期存在，并且在一定范围内还有可能激化，但已不构成社会的主要矛盾。当代中国社会主义社会的主要矛盾是落后的生产力和人民群众日益增长的物质文化需求之间的矛盾。因此，在新的历史时期，我国的社会主义警察仍具有双重性质，只是新中国成立之初强调以阶级性为主，而现在更多地体现出公共性。在这里必须特别指出的是，强调警察的公共性并不是否定其阶级性。从这个意义上讲，社会主义警察的本质可以表述为：人民警察是人民民主专政的重要工具，是依法维护公共秩序的强制性力量。依法维护秩序，就是依照法律维护人民的公共秩序和安全利益，体现了阶级性和公共性的有机统一，突出了人民警察为人民的本质内容。

‖ 第二节 公安的客体与主体 ‖

1992 年，国家社会科学基金资助项目"公安学基础理论研究"第一次提出了公安主体与公安客体的理论，即"以公安客体为一方，公安主体为一方，以及它们之间互相作用的关系为联结点的'H'型基本框架"[②]。在我国的公安控制行为中，实施公安控制的是公安主体，被实施公安控制的是公安客体。公安学基础理论正是从反映公安主体与公安客体的基本关系的公安现象入手，探索公安工作规律，以及公安主体如何适应公安工作规律、能动地控制公安客体的行为等理论问题。

一、公安客体

所谓公安客体，即在我国的公安控制中公安行为作用的对象。

公安控制的第一种对象，即公安主体惩罚和处置的对象。它们是对国家、社会和公民有侵害性的客体，称为公安第一客体。

公安控制的第二种对象，即公安主体的维护对象。它们是受犯罪和违法行为侵害的客体，是公安主体保护和服务的对象，称为公安第二客体。

（一）公安第一客体

在公安第一客体对公安第二客体构成的治安危害中，公安第一客体是首动的一方。有了实施治安侵害行为的一方，才有被侵害行为侵害和需要予以公安保护的一方。因此，对公安客体的认识，必须从公安第一客体开始。

---

① 程小白. 试论中国特色社会主义警察学的逻辑起点与范畴体系. 江西警察学院学报，2011（1）.

② 戴文殿. 公安学基础理论研究. 中国人民公安大学出版社，1992：1.

1. 公安第一客体的含义。公安第一客体，即侵害国家安全、社会秩序和公民利益构成治安危害的社会因素的总和。

所谓治安危害，即触犯公安法规所酿成的社会危害。对于国家安全、社会秩序和公民利益构成危害的社会因素甚多，并不能都称为公安第一客体。只有其中构成治安危害的，才属于公安第一客体的内容。

公安第一客体，有四个基本类别：

（1）刑事犯罪。这是治安危害中表现为刑事关系的部分，是公安第一客体中危害性最大的部分。

（2）违反治安管理。这是治安危害中表现为行政关系的部分，是介于一般的社会越轨与刑事犯罪之间的一种社会现象。

（3）群体性事件。这是指聚众共同实施的违反国家法律、法规、规章，扰乱社会秩序、危害公共安全、侵犯公民人身安全和公私财产安全的行为。群体性事件直接冲击社会公共秩序，危害社会稳定，造成社会经济损失，往往具有系统性社会混乱的潜在风险。

（4）治安事故。主要是指交通事故、火灾事故、爆炸事故、中毒事故等。

以上四者有联系、有交叉，但因危害的性质、对象、范围及处理手段不同而有明显的区别。

2. 公安第一客体的要件。构成公安第一客体必须同时具有以下四个要件：

（1）有社会危害性事实，即已给国家安全、社会秩序和公民利益造成损害或可能造成损害。

（2）有行为责任者，即构成治安责任，责任者为个人或社会组织。区别于虽有社会危害性，但无责任者的自然灾害、无责任者的意外事故、无责任者的自杀事件等。

（3）违反公安法规。

（4）有必要依法采取公安行为实行防治。

以上四个要件中，第一条有社会危害性事实和第二条有行为责任者为绝对性要件，任何法律规定都包含这两条，并且这两条是法律确认其违法性的客观根据。第三条、第四条则为相对性要件，是意志性条件，是依据公安法规确认其有违法性并需由公安机关处理者。

（二）公安第二客体

公安第一客体的侵害对象，也就是我国社会中需要由公安主体进行维护的对象，对公安主体来说，它们就是公安第二客体。

1. 公安第二客体的含义。公安第二客体，即面对公安第一客体的治安危害，由公安主体所保护、管理和救护的社会因素。

那些面临社会危害的因素，但并非公安第一客体实施治安危害者，不列入公安第二客体，如国家面临的来自国外的武装侵犯、国家行政行为上的错误给社会带来的行政性危害、民事关系上因侵权行为导致受害方遭受到的损失，以及因技术上的失误危及人身与财产安全等，受害者均不是公安第二客体。只有那些受刑事犯罪行为、违反治安管理行为以及群体性事件、治安事故侵害的社会因素，才构成公安第二客体。

2. 公安第二客体的基本内容。公安第二客体有着复杂的内容。其基本内容有以下六个方面：

(1) 国家安全。包括中国共产党的领导，人民民主专政政权，社会主义制度，国家主权和领土完整，等等。公安机关必须同一切妄图推翻中国共产党的领导、颠覆人民民主政权，破坏国家的独立、完整和统一的国内外敌对势力进行坚决的斗争。

(2) 社会主义建设事业。包括社会制度的经济基础、上层建筑和社会生产力的全面发展。这里既包含政治关系，又包含经济关系；既包含物质成果，又包含精神成果。社会主义建设的成败与速度，关系中华民族的前途，关系国力的盛衰，关系人民民主专政政权的巩固。同各种危害社会主义建设事业的违法犯罪势力进行斗争是公安主体的历史性任务。

(3) 公民合法权益。人民是发展社会主义建设事业的历史动力。其合法权益的实现，是调动社会主义建设积极性的基本前提。广大人民是社会建设成果的创造者，也是当然的享有者。对公民的人身权利、民主权利和其他一切合法权益的侵犯，就是对社会生产力的破坏，就是对他们享有建设成果权利的侵犯。所以，保护公民的合法权益是公安主体的神圣职责。

(4) 稳定的社会环境和协调的社会秩序。社会主义建设和人民积极性、创造性的充分发挥，需要良好的社会环境、安定团结的政治局面、安宁有序的社会生活、健康的生态环境和安全。惩治违法犯罪的破坏性行为，维护社会稳定、公共秩序，是公安主体的繁重任务。

(5) 历史成果与自然资源。祖先遗留的历史成果是我国的文化宝库，我国丰富的自然资源是我国人民生存、繁衍和建设的自然条件与物质条件。违法犯罪分子对历史文物和自然资源的破坏，给国家带来的是历史性损失。保卫历史成果与自然资源是公安主体的重要责任。

(6) 国家与社会的规范。一切适应当前社会关系的、有利于社会主义建设的法律规范、政策规范、制度规范、纪律规范、道德规范等，都是维系国家生活、社会秩序的重要纽带，它们是违法犯罪行为的直接对立物。违法犯罪行为从不同角度、不同程度地侵犯着各种规范。维护公安法规所确认的各种规范是公安主体的法律责任。

在以上六个基本方面中，凡属公安第一客体侵害的、公安主体维护的对象，即构成公安第二客体。

（三）公安第一客体与公安第二客体之间的基本关系

社会治安状况，从根本上讲，反映的是公安第一客体与公安第二客体之间的关系。它们之间的对立统一关系，表现为尖锐对立，同时又互相联系、互为前提，在一定条件下还会互相转化、互相渗透。二者的基本关系主要表现在以下方面：

1. 公安第一客体与公安第二客体是侵害与被侵害的关系。

（1）公安第一客体是首动的方面。公安第一客体是侵害行为的主动实施者，是造成治安危害后果的首动责任者。公安第一客体的侵害行为，是造成社会治安问题的主导方面。公安第二客体是公安第一客体侵害行为的被动受害者，是治安危害后果的承受者。

侵害者与被侵害者是不容混淆的。尽管许多案件、事件、事故的矛盾关系错综复杂，情节扑朔迷离，但在办案时，首要的是从侵害与被侵害关系上分清公安第一客体与公安第二客体，查明侵害与被侵害的具体事实过程。一切办案过程以及各种保卫和防范工作，都是从这个基本关系出发的。

估测一个地区在一段时间内的治安状况，也要紧紧围绕侵害与被侵害的关系，从量与质两个方面进行分析与综合，要反映侵害行为的烈度，还要反映受害损失的严重程度。只有进行全面的分析与综合才能准确地反映治安状况。

（2）两者是互不相容、尖锐对立的关系。对公安第二客体来说，公安第一客体是异己的力量。公安第一客体的存在与发展，有不以公安第二客体为转移的因素。公安第一客体的侵害，对公安第二客体的正常存在与发展起着否定、阻碍、破坏、干扰的作用，并引起公安第二客体死亡、毁灭、伤害、损失、紊乱、不安、阻滞等消极与破坏性后果。公安第二客体受到这种侵害后，自觉产生依靠自身力量或依靠公安主体改变自己的被动地位而采取主动措施的需求和行为。公安第一客体的侵害性，是无情的、不可调和的。公安第二客体的任何容忍、退让，都无益于摆脱这种尖锐的对立关系。

（3）公安第一客体对公安第二客体的侵害表现为可能威胁的广泛性和现实威胁的具体性。公安第一客体对公安第二客体可能威胁的广泛性，呈现"身影"现象。公安第一客体就像"身影"一样紧随公安第二客体。在人们的建设活动与生活过程中，时时处处都存在可能的治安威胁，因此，人们需要治安保障是普遍的客观要求。但是，在我国，由于公安第一客体受到多方面社会因素的控制和制约，其侵害性是受到限制的。实际发生的违法犯罪行为、治安事故等，是具体地、个别地发生的。可能治安威胁的广泛性和现实治安危害的具体性，要求我们把治安保障的常备性与个案处理的及时性、准确性结合起来。

2. 公安第一客体对公安第二客体具有一定的依存关系。公安第一客体作为公安第二客体的对立物，并不是绝对独立地存在与发展的。当然，二者之间存在与发展的依存关系是相互的。

（1）"赘瘤"现象。公安第一客体像病瘤一样，常常是从公安第二客体那里滋生出来，吸取对自己有用的养分，再加倍地侵害公安第二客体。例如，犯罪分子利用先进的科学技术成果进行的新型犯罪及高科技犯罪等。公安第一客体的生存、发展以及取得进行治安危害的条件，是依赖于公安第二客体的。

（2）"反用"效应。公安第一客体把公安第二客体为自己造福的手段用作对公安第二客体实施侵害的手段。成果的创造者成为自己成果的受害者。甚至有的专门用于对付违法犯罪的手段，也被违法犯罪分子"反用"。

（3）"同步"效应。随着社会的发展，在某些方面形成公安第一客体与公安第二客体同步发展的状况。随着公安第二客体的发展，公安第一客体的侵害目标、侵害手段不断发展，治安危害的内容和造成的损失亦不断增加。

3. 公安第二客体对公安第一客体的斗争具有不平衡性。公安第二客体面对公安第一客体的侵害和威胁，需要采取多种形式的斗争，既有自力进行的，又有需要依靠和配合公安主体进行的。这种斗争既有必然性，又有不平衡性。这种不平衡性表现为：

（1）公安第二客体常常居于相对的治安劣势。在微观上，公安第一客体的侵害性实力是各不相同的，是不平衡的。同样，公安第二客体的自卫反侵害能力也是不平衡的。在没有公安主体的维护之下，公安第二客体难以形成充分的自卫力量，常常处于相对的治安劣势，大多难以应付公安第一客体多方面的治安侵害。这就决定了公安第二客体加强自防能力的必要性，特别是加强公安主体维护能力的必要性。

（2）公安第二客体的治安要求往往表现出不同程度的后发性。正如社会意识落后于社会存在一样，公安第二客体的治安要求落后于现实的治安危害。公安第二客体治安要求的强弱与现实治安危害的烈度成正比，公安第二客体形成治安要求的速度与其自身威胁感成正比。面对同样的治安危害，不同的公安第二客体有不同的自身威胁感。有的在自身直接受到侵害时才有自身威胁感；有的则在其他公安第二客体受到侵害时就已产生自身威胁感；当然也有的自身已直接受过侵害，仍然麻木不仁，不产生自身威胁感。这种不同程度的自身威胁感产生了不同程度的治安要求，其治安保障要求表现为不同程度的后发性。而实施治安保障，必须付出相当的治安投入，这往往是一件让人不情愿的事，在现实中表现为对治安危害的侥幸性或忍受性。各种组织或个人追求治安保障的积极性和主动性是不平衡的。

4. 公安第一客体与公安第二客体的某些因素之间可以互相转化。其表现分为有害转化和有益转化。一方面，公安第二客体某些因素向公安第一客体转化，为有害治安的转化现象。其中有人的转化，如从守法公民转化为违法犯罪分子；有行为的转化，如从履行职务责任转化为职务犯罪或疏忽大意发生治安灾害事故责任；有物品作用的转化，如用于生产、运输、科研的工具和原料，在案件或治安灾害事故中引出破坏性后果造成治安灾害事故。另一方面，公安第一客体某些因素向公安第二客体转化，为有益治安的转化现象。绝大多数违法犯罪分子是可以做到有益治安转化的。

在某些公安第一客体与公安第二客体之间存在相互渗透的关系。违法犯罪分子从其实施的违法犯罪行为来说，属于公安主体的防治对象，列入公安第一客体之中；从其合法权益来说，又受到公安主体的依法保护。当违法犯罪分子的合法权益受到侵害时，这种被侵害的权益也属于公安第二客体。

二、公安主体

公安主体是相对于公安客体而言的。它是实施公安控制、作用于公安客体的社会力量。

（一）广义的公安主体

广义公安学认为，公安主体即公安行为的实施者，是依据公安法规系统进行公安控制的社会力量，包括国家公安力量及其指导下的社会治安组织。

1. 国家公安力量。国家公安力量，即我国的人民警察。对国家公安力量有两种意义上的认识：狭义上的国家公安力量专指我国的公安机关及其人民警察；广义上的国家公安力量是指《人民警察法》中界定的人民警察，包括公安机关、国家安全机关的人民警察及监狱、人民法院、人民检察院的司法警察等。

我们对国家公安力量的认识，一般侧重于狭义的认识。

2. 社会治安组织。社会治安组织，即在国家公安力量指导下有组织地从事公安控制的社会力量，包括单位内部保卫组织、治保会、基层自治组织、保安服务公司等。社会治安组织是人民警察的社会辅助力量，在服务社会、维护社会治安、预防和减少违法犯罪方面发挥了积极的作用，也在一定程度上化解了我国现阶段警力不足的突出矛盾。

综观世界警务的发展，警务社会化已然成为警务改革的历史趋势和必然选择。传统的警务理念常常把警务等同于警察的工作，约翰·安德逊在《警务自由》中指出，"狭义警务是指警察队伍所干的事情"。但随着经济的发展、社会结构的变迁，以及由此导致的社会安全需求的多样化，人们认识到警察工作只是警务的重要组成部分，警务的概念不应再局限于警察的工作。在我国，一般认为，警务社会化就是将一些没必要由公安部门独家提供的服务性职能转移给民间的人或民营组织，使优势警力资源从烦琐的工作中解放出来从事打击犯罪、维护治安的警察核心工作，以此整合全社会的治安防范资源，达到社会治安的优化治理，即把治安防范工作融于经济和社会生活的各个方面①。我国在此方面已有诸多尝试，如开展社区警务、实行治安承包、发展保安服务业等。从这个意义上讲，公安机关指导下的社会治安组织是警务社会化的主要力量。因此，在加强国家公安力量建设的同时，不能忽视社会治安组织的建设。

---

① 刘安媛．评析英美警务社会化发展．湖南公安高等专科学校学报，2009（1）．

必须注意的是，警务社会化绝对不能简单等同于警察（警务）私有化。依照马克思主义理论，警察是国家的工具，是国家机器的重要组成部分，故警察不可能私有化。而随着社会的发展，社会治安需求愈来愈显现出多元化（多样化）趋势，为了满足不同阶层人们的不同治安需求，提供国家公共治安力量（警察）所无暇顾及也不应提供的治安服务，填补这一"真空"的非政府治安力量便应运而生并日益发展①。

此外，国家公安力量与社会治安组织的原则界限不能混淆。国家公安力量是实现国家警察权的专门力量。只能由国家力量来行使的警察权不能"大权旁落"。我们强调公安机关与社会治安组织相结合，绝不是双方的原则区别可以混淆。这在我国历史上有惨痛的教训。"文化大革命"出现的群众专案组，到处搞所谓"群众专政""群众侦查""群众预审""群众看守"等，这是对社会主义民主与法制的严重破坏。近年来，群众治安组织执勤当中滥用权力、违法乱纪的问题时有发生，造成了恶劣影响，应当坚决杜绝。

（二）狭义的公安主体

狭义公安学认为，公安主体仅指从事公安控制的国家公安力量。

本书主要从狭义角度阐述公安主体，即研究公安机关的性质、职能、任务、职责、权力等方面的特殊性。

三、公安主体与公安客体的基本关系

公安主体与公安客体之间存在十分复杂的关系，这里只研究其最基本的关系。

（一）公安客体对公安主体的决定作用

公安主体按照公安法规和政策及各项业务工作，能动地调整着两个公安客体之间的关系。在此过程中，公安主体发挥着明显的主导作用和支配作用。但是，公安主体应当是什么样的，应当怎样发展，应当采取什么对策、发挥什么作用，并不是公安主体自己随意决定的，而是取决于公安客体的状况。在公安主体与公安客体之间的互相作用的因果链条上，公安客体是两者关系中起决定作用的方面。公安主体要从公安客体的实际出发，发挥自己的能动控制作用。

1. 公安客体的存在与发展是公安主体存在与发展的前提。从历史过程来看，有了违法犯罪行为和维护统治秩序的需要，警察行为才成为必需，这是为历史和逻辑所共同证明的。当存在公安第一客体对公安第二客体的侵害，而公安第二客体凭借自身力量不足以克服这种侵害，需要国家力量加以干预时，国家的警察行为就是始终不可缺少的。

这种因果关系至今仍在重复着。一种新的侵害行为造成一种新的被侵害客体，于是一种新的公安主体也就应运而生了，如对付计算机犯罪的专业机构就是按照这

---

① 汪勇．警察勤务论．中国人民公安大学出版社，2001：262.

种逻辑产生的。

公安主体的发展显现出一定的历史阶段性，这取决于两个客体之间对立与斗争关系发展的历史阶段性。新中国成立初期开展的镇压反革命运动，是在大量残余反革命势力向新生的人民政权猖狂进攻的情况下，公安战线必须进行的一场革命同反革命的大决战。在取得决定性胜利后，随着国家转入社会主义革命和建设的新的历史时期，公安主体也与此相适应发生了历史性的转折。

2. 公安客体对公安主体规定性内容的决定作用。

第一，对公安主体的性质、任务、职能的决定作用。在我国，把破坏人民民主专政政权、破坏社会主义建设、危害人民的势力和人员作为惩治对象，我国公安机关的性质是人民民主专政的工具，并由此决定了与资产阶级国家警察不同的任务与职能。

第二，对公安主体结构的决定作用。我国的公安机关设置什么样的机构和采取什么样的体制，也要从两个公安客体的矛盾关系出发。其部门分工同样如此，有的是从公安第一客体出发的，如国内安全保卫部门，主要是对付危害国家安全方面的犯罪；有的是从公安第二客体出发的，如警卫部门和铁道、交通、民航、林业、海关部门的公安机构，都是按其保卫对象的特点进行分工的。

第三，对公安主体手段的决定作用。违法犯罪行为的欺骗性、隐蔽性，决定了公安主体要采取特殊的调查手段进行侦查、审讯和使用技术侦查措施。违法犯罪的暴力性，决定了公安主体要采取强力的打击手段。公安第二客体的不同地位、特点和安全要求，决定了公安主体应采取不同的保卫手段。

第四，对公安投入的决定作用。向公安主体投入的要素（如组织的、意识的、实物与经费的、信息的），既取决于公安第一客体侵害行为的数量与严重程度，也取决于公安第二客体的治安要求。公安主体是靠公安投入来加强的，而公安投入是以两个客体之间的矛盾关系为根据的。公安投入不是一次性的，公安投入的发展是以公安两个客体关系的发展为前提的。当然，公安投入的状况，还受到国家与社会发展状况的制约。

第五，对公安主体决策的决定作用。公安工作的宏观决策、微观决策，都要从两个公安客体的各自状况以及两者之间的关系出发。公安主体的决策，要从两个客体及其矛盾关系的宏观态势出发，要分别研究每类客体中构成成分的状况与变化，要逐个分析每个案件、事件、事故中两个客体之间的具体的矛盾关系。

以上研究说明，公安主体必须从两个公安客体的实际出发设计自己、决定对策。准确地认识公安客体的状况，对公安主体设计自身建设规划和制定正确对策有着决定性的意义。因此，调查、分析、认识公安客体，忌带片面性，对两个客体都要进行调查研究；忌带表面性，要深刻分析它们之间的矛盾关系；忌带虚假性，任何虚报、浮夸、形式主义的情况报告都难免给决策带来失误。

（二）公安主体对公安客体的能动控制作用

公安主体在依照公安法规维护国家安全与社会治安秩序方面，对公安客体有很强的能动控制作用。

1. 公安主体的权力反映了国家意志的权威性。公安主体是国家与人民意志的代表者。它有党和政府的正确领导，有国家依法赋予的权力，其行使权力的权威性是不可抗拒的，是以绝大多数人民的支持和整个国家力量为强大后盾的。公安主体力量的源泉是党、国家和人民。它在人力上、智力上、物力上、信息上拥有违法犯罪势力不可比拟的优势。所以，在调整两个公安客体之间的关系方面，公安主体能发挥出主导的、强有力的作用。

2. 公安主体有揭露事实、认识真相、制止和惩罚违法犯罪的强大能力。处理案件、事件、事故，适用法律的前提是事实清楚、证据确凿。公安主体在从事侦查、调查、审查、获取证据方面有着专门的力量和现代化的手段。公安主体还拥有多种强制手段，足以制止违法犯罪行为，迫使其失去继续进行非法侵害的行动条件，接受法律制裁，并有足够的打击力度制止和消灭顽抗的暴力行为。公安主体还有多种教育改造措施，以促进违法犯罪分子的有益转化。

3. 公安主体有实施保卫、救护、警戒、防范的各种手段。通过这些手段的运用，能够满足被保护客体的人身、财产、秩序、信息、资源以及政治、经济关系方面的安全要求，并对有可能受到治安危害威胁的客体实施各种防范措施。

我国的公安主体是用马列主义、毛泽东思想、邓小平理论和"三个代表"重要思想武装起来的力量，有过硬的政治素质，有高度的组织性和纪律性，有强大的战斗力，有高效能的领导、指挥、协同作战能力，既能集中统一行动，又能分散执行勤务。

当认识到公安主体对公安客体有重大的能动控制能力，能够有力地干预两个公安客体之间的关系时，还有必要说明，公安主体并不能只靠自身力量绝对有效地完全实现控制作用。除公安主体自身力量的有限性之外，还由于两个公安客体的发生和发展中有许多不以公安主体为转移的因素。公安第一客体的某些因素从社会中衍生异化而来。公安主体依法处置违法犯罪分子，可以限制和减少违法犯罪，但不能靠自己的力量铲除违法犯罪的社会根源。公安第二客体日益发展的治安要求，对公安主体的发展有很大的推动作用，但公安主体不能靠自己的力量绝对有效地完全满足公安第二客体的治安要求。

（三）公安主体与公安客体的对立关系

1. 公安主体与公安第一客体之间存在制裁与反制裁的对立关系。违法犯罪分子为了逃避制裁，同公安主体进行谋略与实力的较量。有的犯罪分子对公安民警实施种种报复；有的犯罪分子对公安主体的制裁手段采取种种反制裁手段。有时形成"道高一尺，魔高一丈"的"循环相克"的过程："对策——反对策——新对策——新反对策……"这是一场旷日持久的斗争。

2. 公安主体与公安第二客体在根本利益一致的基础上，也存在矛盾。公安主体与公安第二客体之间也存在矛盾，甚至有时会形成对立。例如，公安主体的加强与发展，落后于公安第二客体安全保障的要求，治安状况不佳，引起公众的不满和指责；公安主体工作的差错，引起公众的不满；公安第二客体对公安主体不积极协助，甚至盲目地阻挠公安主体执法等。

人们很容易看到公安主体与公安第一客体的对立关系，而往往对其与公安第二客体的对立关系估计不足。我们要正视这个矛盾，并要妥善地加以解决，这是密切警民关系、警民一致共同加强同违法犯罪作斗争的必由之路。

总之，公安主体必须从公安客体的实际出发，正确地解决公安主体与公安客体之间的矛盾对立关系，能动地发挥公安控制作用。

‖ 第三节　公安行为 ‖

公安主体是通过自己的社会行为来控制公安客体的，有必要从行为规律上更深刻地理解公安工作。从行为科学的角度来看，所谓公安工作，实则为国家运用警察的手段来保卫国家安全、维护社会治安秩序的一种治理社会的行为。国家需要以外交的行为调整本身与国际的关系，还需要以政治的、经济的、行政的、教育的、法律的以及公安的等专门的行为来治理国家。所以公安行为是我国所必不可少的治理国家的行为。

一、公安行为的概念

（一）广义的公安行为概念

从学理意义上提出的广义的公安行为，是指我国凭借武装的、行政的、司法的手段克服治安危害并动员社会治安组织维护国家安全与社会治安秩序的行为。因此，凡是依据公安法规对付违法犯罪的行为，维护国家安全与社会治安秩序的行为，都属于公安行为。这个概念就不仅仅局限于公安机关的职权范围。

（二）狭义的公安行为概念

从法定意义上提出的狭义的公安行为，是就我国人民公安机关所从事的工作来说的。因此，狭义的公安行为，是指公安机关为了调整有关国家安全与社会治安秩序的社会关系，依据公安法规所采取的行政性、刑事性和武装性的行为，是公安机关依法履行职责、行使警察权力的行为。

本章是从狭义角度阐述公安行为的。

二、公安行为的特点与类型

（一）公安行为的特点

公安行为区别于一般行政行为，也区别于一般司法行为。其主要特点是：

1. 特定性。公安行为是公安机关及其人民警察所作出的行为，只有公安主体才能行使警察职权，而并非任何组织或个人都可以作出公安行为。换言之，非公安主体的行为不能称为公安行为。因此，主体的特定性是公安行为的一个重要特征。

2. 单方性。公安机关与公安行为相对人的地位是不平等的。作为公安行为主体，公安机关的地位优于相对人，它与公安行为相对人之间是建立在领导与被领导、指挥与被指挥、管理与被管理、支配与被支配、强制与服从的关系之上的。因此，公安机关作出公安行为，是国家单方面意志的体现，是单方行为，无须行为对象一方同意或接受。这种行为的单方性，是公安行为的基本特征。

3. 法律性。公安行为是公安机关及其人民警察依法行使警察职权的行为，是一种执法活动，公安行为的适用对象、条件均有法律明确规定，同时公安行为的步骤、方式等都必须严格遵守法律规定的程序，做到程序公正、结果公正。另外，只要公安行为合法、正确、适当，它必然产生一定的法律效力。在特定的条件下，警察的言行立即产生法律效力，在场的公民都必须无条件地服从。例如，交通警察用手势、信号指挥交通，驾驶员、行人必须服从指挥；为了扑救火灾，防止其蔓延，避免和减少国家集体财产和人民生命财产的损失，火场总指挥员下令拆除与火场毗连的建筑物，等等。

4. 强制性。公安行为的强制性与前述两个特点是相联系的。公安行为是国家权力的具体表现方式，以国家强制力为后盾，这种强制力使公安行为具有权威性。公安行为一经作出，相对人必须无条件执行，拒不执行的，由公安机关强制执行，执行中可以依法采取强制措施，在特定情况下，还可以使用武器、警械进行强制。

（二）公安行为的类型

从不同的角度可以对公安行为的组成要素进行不同的分类。从行为主体层次角度区分，有个体、群体、组织领导者行为；从效果区分，有正确的公安行为和过错的公安行为；从现实与未来角度区分，有预测性行为，也有现行行为，等等。

1. 从性质上划分。根据公安机关的治安行政管理和惩治犯罪的职能，其实施行为的性质可以分为公安行政行为、公安刑事行为、武装方面的行为（军事行为）。公安行政行为，是指公安行政管理方面实施的公安行为；公安刑事行为，是指在同刑事犯罪作斗争的过程中实施的行为，即刑事诉讼行为；武装方面的行为，是在执行武装任务、使用武装手段中实施的行为。三者既有区别，又有交叉。

2. 从内容上划分。公安行为内容很多，根据其内容的性质和轻重缓急程度，可以分为例行性公安行为、制裁性公安行为、对策性公安行为、应急性公安行为。例行性公安行为，属于公安机关常规照章办事的行为；制裁性公安行为，是对违反公安法规尚不够刑事处罚的人（自然人、法人）给予行政处罚；对策性公安行为，是对犯罪分子和犯罪嫌疑人采取对策性措施；应急性公安行为，是在抢险救灾、对付重大暴力犯罪和处置重大复杂的群体性事件等紧急状态下，采取的非常措施和特殊行为。

3. 从行为主体上划分。公安行为主体，是指有独立法律资格、有效地行使公安职责与权力的组织或个人。从这个角度，公安行为可分为公安机关的行为，公安领导指挥者的行为，公安民警个人的行为。公安机关是国家公安行为的总代表，公安机关的公安行为，是公安机关内部全部组织和人员的公安行为的总和。公安领导指挥者的行为是特殊个体行为和群体行为的综合，同时还是一种职业行为。公安机关领导人作为公安机关整体行为的总代表，对其领导的公安机关整体行为负责，既对政府负责，也对社会广大民众负责。公安民警个体是施行公安行为的最小单元，公安民警个人的行为是没有脱离公安机关整体性公安行为的个人的公安行为。由于公安工作的分散性，公安民警常常分散执行任务，甚至个人执行任务，但其公安行为始终代表公安机关。

从不同角度划分公安行为种类，有利于根据不同性质和不同情况，依法采取相应的公安行为，使公安行为正确、合法、适当。

三、公安行为的基本要素与作用

公安主体实施公安行为需要许多方面的工作条件，其中最基本的四个方面的条件是：必须通过特定的公安组织机构；必须运用公安政策、法律及业务知识技术等；必须拥有不可缺少的公安装备；必须掌握准确的公安信息。有了这样的组织、意识、实物、信息因素的结合，才能构成能动地解决治安问题的社会行为。所以，公安行为是在公安组织要素、公安意识要素、公安实物要素与公安信息要素全面、协调的结合中实现的。

（一）公安行为基本要素的内容

公安组织要素，即公安行为主体的社会结构形态，表现为有组织的社会实体。其内容主要是公安机关及其人民警察。在广义的角度上还包括公安机关指导下的保卫组织、社会治安保卫组织以及它们的成员。

公安意识要素，即支配公安行为的精神形态，表现为与公安有关的社会意识。其内容主要是有关公安工作的理论、政策、法律、制度、纪律、警察价值观和警察精神、文化与教育训练、公安科学技术、工作计划与方案、公安预测与决策意见等。

公安实物要素，即保障公安行为的可感物质形态，表现为与公安有关的社会物质产品。其内容主要是公安组织的工作场所及设备、武器、警械、监禁场所及设备、专业技术设施、制式服装、教育训练场所及设备、公安民警的给养及福利设施等。

公安信息要素，即为公安行为作导向的信息形态。其内容包括在开展案件调查、现场勘查、人口管理、110接处警、入户调查、巡逻防范、治安管理、交通管理等日常警务活动过程中产生的有关人员、案（事）件、物品、机构、证据、线索、图像、声音等各种业务信息资料，还包括社会各个层面、各个领域、各个角落的各种社会信息，以及各种信息资源的汇集整合、交流共享机制。

以上四者全面地构成了与公安有关的社会结构形态、精神形态、可感物质形态和信息形态。四者的结合构成公安行为的必备条件，并付诸实践。

（二）公安行为基本要素的作用

公安行为基本要素的内在联系体现出相互依存、相辅相成的关系。

1. 公安组织要素的作用。公安组织要素是能动地掌握和运用其他三要素的社会力量。公安工作依法调整有关国家安全和社会治安秩序的社会关系，必须通过公安组织要素的社会行为来实现。其他三个要素都不可能离开公安组织要素来独自发挥这种调整社会关系的作用。

在诸要素中，人的要素是首要的。公安队伍始终是最活跃、最能动的因素，是影响公安战斗力的决定性因素。公安战略策略的谋划、警务战术方法的选择与运用、公安法律的适用、群众工作的开展、武器警械装备性能的发挥、公安信息技术的操作与情报信息的研判应用等，都是人的能动因素的发挥。正如恩格斯所言："枪自己是不会动的，需要有勇敢的心和强有力的手来使用它们。"①

公安组织要素作用的发挥，取决于它的必要数量、质量和组合水平。

（1）公安组织要素的必要数量是发挥作用的基础。调整社会关系、依法处理案件是人对人的工作，要逐人、逐案地做工作。一定的行政区域需要一定的公安机构，一定的人口状况需要一定数量的公安民警。这种数量上的需求，是客观的，是具有绝对意义的。

公安组织与人员的合理数量，应依据其辖区人员的数量、地理社会环境、治安状况、国家财政投入及社会资金的支持等多种层次因素确定。公安机关人民警察的数量，既不是越多越好，也不是越少越好，而是由需要与可能来决定的。需要的量是客观的、绝对的；可能的量则是主客观相结合的、相对的。如何根据不同层次的因素确定合理的数量，是在实践中需要研究的一个重要问题。

（2）公安组织的素质，决定其发挥作用的水平。公安队伍的素质，是公安组织要素与公安意识要素相结合的产物。它反映了某个公安组织或人员在执行政策、法律，遵守道德、纪律，运用业务、技术等方面所达到的水平。由于所达到的水平具有一定的稳定性，所以虽然它是公安组织要素与公安意识要素相结合的结果，仍可以把素质归入组织要素之中。

公安队伍素质的高低，可以影响对数量的需要。队伍素质高，人少可以多办事；反之，人多也是少办事。但是素质是在一定的数量基础上发挥作用的，低于不可少的限额，就不能执行公安任务。没有起码的警力，难以达到执法要求，不能实现有效的公安控制。在具有起码限额的警力的情况下，其素质越高，则战斗力越强。

---

① 马克思恩格斯军事文集. 第5卷. 战士出版社，1982：81.

（3）公安组织要素的组合影响战斗力，优化的组合会产生战斗力。公安战斗力的生成是一个有机系统，不仅要求实现公安战斗力的各要素必须齐备，而且要求实现公安战斗力要素之间的最佳结合，达到构成要素之间的技术状况和技术水平的匹配。在信息化条件下，虽然构成公安战斗力的基本要素还是人、科学技术、武器警械装备及其组合方式，但获取、传递、处理、利用和控制信息的能力，不仅成为构成公安战斗力的核心要素，而且深刻地改变着公安战斗力诸要素及其结合方式的内涵。信息化条件下公安战斗力的构成方式可以用公式表示：

公安战斗力 =（人 + 武器警械装备 + 体制编制等）× 信息（能力）[①]

2. 公安意识要素的作用。公安意识要素对公安机关的性质具有一定的决定作用。公安机关通过公安理论指导工作实践；通过贯彻执行公安政策和公安法规体现人民民主专政工具的性质，体现武装的、刑事的、治安的行政机关的性质。

公安意识要素对公安工作有指导作用，其从认识上、方针上统一全体公安民警的工作目标，从知识上、技术技能上提高公安民警的工作能力，提高公安民警掌握和运用公安实物要素、信息要素的水平。

公安意识要素对公安行为有规范作用，其从政策上、法律上、职业纪律和职业道德上确定公安机关及其人民警察的行为规范。

公安意识要素是公安机关战斗力生成的重要因素。公安文化作为一种软实力，在凝聚警心、激励斗志、陶冶情操、展示形象、推动公安队伍建设方面发挥着不可替代的重要作用。公安部党委强调，公安机关应在坚持政治建警、从严治警、从优待警的同时，树立文化育警、文化强警的理念，大力加强和改进公安文化建设，进一步激发公安队伍的凝聚力和战斗力。[②]

3. 公安实物要素的作用。公安实物要素是其他三个要素发挥实际作用的物质基础。恩格斯指出，"暴力的胜利"是"以暴力所拥有的物质资料为基础的"[③]。对付犯罪的暴力，必须依靠警察的暴力。警察应拥有超过犯罪暴力的物质技术手段。

公安机关的性质也要通过公安实物要素来体现。使用的工具不同是劳动分工的基础。公安机关作为武装性质的治安行政与刑事司法机关，是同专门拥有武器、警械、技术侦查装备、刑事监禁场所、治安拘留所、治安管理设施密切相关的。公安实物要素匮乏，意味着警察职能不能实际地、充分地体现出来。公安机关的性质不仅靠理论的说明和法律的确认，还必须拥有充分的公安实物要素来保证其自身职能的实现。公安实物要素的专门拥有，是公安机关区别于其他机关的一个标志。公安

---

① 张兆端. 论加快转变公安战斗力生成模式. 中国人民公安大学学报，2013（4）.

② 公安部召开党委扩大会议 孟建柱出席并讲话. [2011 - 10 - 24]. http://society. peo-ple. com. cn/GB/223276/15989669. html.

③ 恩格斯. 反杜林论//马克思恩格斯全集. 第20卷. 人民出版社，1971：186.

机关内部的各业务部门拥有不同的专门设施，也是公安业务分工的物质根据。

公安实物要素是形成现实的公安战斗力的物质条件。公安民警使用的武器、警械、侦查器材、监禁设施和工具，使其体力得以提升和加强。公安民警的给养和保健的供给，使其体力得以恢复和延续。公安民警的技术和技能训练，如射击、驾驶、击技等，也必须应用先进的教育培训装备，并有良好的给养和保健的供应为其保障。正像有人说的，神枪手是子弹"喂"出来的。

公安实物要素的某些内容是执行公安法律法规的直接要求。例如，法律既然规定公安机关有行使逮捕、拘留的权力，就必须有符合法律规定的监禁场所；法律既对拘留审查规定有严格的法律期限，就必须保证有交通、通信以及检索犯罪档案等方面的物质条件。

公安实物要素还为公安信息要素提供物质载体，为公安信息的收集、传递、储存、处理、反馈提供物质技术条件。当前，公安信息化建设项目多，资金投入量大，可谓前所未有。在公安信息化基础设施建设、硬件设备的配置与管理中，重建轻管、重建轻用、建而不用的现象时有发生，硬件建设与业务工作脱节，致使公安信息化效益无法全面发挥。公安实物要素虽不是决定因素，但其对公安工作的重要影响可见一斑。

强化公安实物要素，首先取决于经费的多少。这方面的经费主要来自国家和地方财政。我国公安实物要素水平较低，与我国的财力水平有关。在国家现有的财力水平基础上，一方面要尽可能增加公安经费；另一方面要勤俭办公安，使有限的财力发挥最大程度的作用。

4. 公安信息要素的作用。公安信息要素是公安主体系统内部互相联系的中介信号。公安组织要素、公安意识要素和公安实物要素，彼此之间都靠信息互相联系起来。没有公安信息，诸要素就无法形成有机的整体，如同一盘散沙。

公安信息是公安决策、依法办案、调整社会关系的根据。掌握公安信息的量与质，以及对它的科学处理与正确应用，与公安行为的能动性成正比。重证据、重调查研究，实际就是掌握和运用公安信息的问题。国际刑警组织认为，"如果没有完备的档案就不会有高效率的警察活动"，所以他们建立了国际刑事犯罪档案部，为各国警察机关提供国际性的刑事犯罪情报信息。

随着信息技术的广泛运用，犯罪与反犯罪的较量更多、更集中地体现在对科技信息手段的运用上，斗争的主动权更多、更集中地反映在对信息的掌握应用上。一些重大突发性事件之所以未能及时发现与防范，一个重要原因就在于情报信息不灵。美国"9·11"恐怖事件就反映出情报信息零碎分散、无法整合共享的问题。信息的最大价值就在于快速的流动和广泛的共享，信息屏蔽、相互封锁，必然导致公安机关在打防控工作中的部门协作出现阻隔，降低信息化效能。公安机关要真正做到耳聪目明，就必须牢固树立"情报信息主导警务"的理念，以情报信息平台建设、专业机制建设为重点，切实解决沟通不畅、综合研判水平低、地区和部门间共享互通困难等问题，使每个地区、部门、警种都能根据治安防控、反恐防暴、打击犯罪等业务需求，及时获取情报信息资源，真正实现跨区域、跨部门、跨警种信息关联、资源共享。

2013年1月召开的全国公安厅局长会议强调："要深化信息化建设应用，坚持以信息化引领警务实战，努力从根本上推动公安机关战斗力生成模式的转变，坚持以信息化服务社会公众，让数据多'跑腿'、让群众少跑腿，坚持以信息化提升基础工作水平，不断提高动态化、信息化条件下基层基础工作的层次和水平。"①

强化公安信息要素是永无止境的，必须确立以信息化主导警务模式，实现信息化建设应用与公安基层基础工作的有机融合，实现基础工作信息化、信息工作基础化；以信息化推动公安工作体制、机制创新，实现资源配置合理化、决策指挥科学化；以信息化引领公安工作现代化，实现警务工作由传统粗放型向集约高效型转变，进一步提高公安机关的整体效能，不断提升公安机关维护国家安全的能力、驾驭社会治安局势的能力。

【小结】

古今中外的警察具有共同的本质，而公安的本质则是指特殊的、中国的社会主义警察的本质。以公安行为为研究起点，以实施公安控制的公安主体为一方，以被实施公安控制的公安客体为一方，由此形成公安基础理论研究的"H"型理论框架，从反映公安主体与公安客体的基本关系的公安现象入手，探索公安工作规律，以及公安主体如何适应公安工作规律、如何能动地控制公安客体的行为等理论问题。

【思考题】

1. 正确认识"古今中外警察的本质是相同的"的含义。
2. 分析公安第一客体与公安第二客体的关系。
3. 如何正确认识公安主体与公安第二客体之间的矛盾关系？
4. 结合公安工作实际谈谈公安行为各要素的作用。

① 郭声琨在全国公安厅局长会议上强调：以党和国家工作大局为重 以最广大人民利益为念 在新的历史起点上开创公安工作新局面. 人民公安报, 2013 – 01 – 20.

第四章 公安机关的性质和宗旨

【教学重点与难点】
1. 公安机关的性质；2. 公安机关的宗旨。

‖ 第一节 公安机关的性质 ‖

2007 年 1 月 1 日起施行的《公安机关组织管理条例》第 2 条规定："公安机关是人民民主专政的重要工具，人民警察是武装性质的国家治安行政力量和刑事司法力量……"此处的人民警察与公安机关在性质上是一致的。据此，公安机关的性质，是人民民主专政的重要工具，是武装性质的国家治安行政力量和刑事司法力量。

这一表述反映了公安机关的阶级属性和组织属性。公安机关是人民民主专政的重要工具，体现了公安机关的阶级属性；公安机关是具有武装性质的国家治安行政和刑事司法专门机关，体现了公安机关的组织属性。这与我国其他国家行政机关有明显差别。

一、公安机关的阶级属性

公安机关是人民民主专政的重要工具，具有鲜明的阶级属性，并体现为人民性。公安机关的阶级属性表明了公安机关的阶级本质，是公安机关性质的核心内容和本质特征，也是公安机关的根本政治属性。

（一）公安机关性质必须与我国国体一致

国体，即表明国家根本性质的国家体制，是由社会各阶级在国家中的地位决定的。也就是说，体现统治阶级意志的国家性质决定了警察机关的性质。我国《宪法》第 1 条第 1 款明确规定："中华人民共和国是工人阶级领导的、以工农联盟为基础的人民民主专政的社会主义国家。"国家的性质决定了我国公安机关的性质，它只能是也必须是人民民主专政的工具。它要求公安机关必须坚持对人民实行民主，保护人民的利益；对极少数危害国家、危害人民利益的敌对势力、敌对分子实行专政。

（二）公安机关在国家政权中占有重要地位

公安机关是我国政治上层建筑的重要组成部分，它与军队、法庭、监狱等共同构成国家暴力机构，是维护国家安全和社会稳定、巩固人民民主专政政权的重要支柱力量。毛泽东同志在 1949 年就指出："我们现在的任务是要强化人民的国家机器，这是指人民的军队、人民的警察和人民的法庭，借以巩固国防和保护人民的利益。"① 周恩来同志也曾指出，国家安危，公安系于一半。这些论断都充分说明了公安机关担负着保卫国家安全和人民利益的重大责任，是国家政权的重要组成部分。

（三）公安机关必须忠实执行国家意志

国家意志，即占统治地位的统治阶级的意志。统治阶级的意志上升为国家意志，集中体现于国家的政策与法律。我国是人民当家做主的人民民主专政国家，工人阶级和广大人民群众的意志上升为国家意志所形成的国家政策和法律，是一切国家机关和国家公务人员活动的行为准则，是公安机关全部工作的出发点；国家和人民赋予公安机关的任务，是公安机关全部工作的总根据、总目标。公安机关依据国家的政策和法律，代表国家行使权力、履行职责，完成国家和人民赋予的任务，执行国家和人民的意志。

公安机关是人民民主专政的工具，就是要保卫中国共产党的领导，保卫社会主义制度的不可侵犯，要坚持把巩固共产党的执政地位、维护国家政治和社会稳定、促进社会公平正义、保障人民安居乐业作为公安机关的重大责任与任务。

公安机关的阶级属性要求人民警察必须坚持站在工人阶级与广大人民群众的立场上，防止搞"警察非政治化"；坚持对敌对势力、敌对分子实行专政，防止打击惩治不力；坚持对人民实行民主，防止脱离群众、伤害群众；坚持廉政勤政，防止腐化变质。

二、公安机关的组织属性

我国公安机关是具有武装性质和刑事司法属性的国家治安行政机关。公安机关作为国务院和地方各级人民政府领导下的行政职能部门，是国家行政机关的重要组成部分。但是在组织属性上，它不同于一般的国家行政机关，而是具有武装性质和刑事司法属性的国家治安行政机关。

（一）公安机关具有武装性

公安机关具有武装性质，是公安机关作为国家暴力机器的显著标志，也是区别于一般行政机关的一个显著标志。公安机关的武装性主要体现为：

1. 暴力性。公安机关是国家政权中的暴力工具。公安机关用武装手段维护国家安全与社会秩序，以警察暴力对付犯罪暴力，担负武装战斗、平暴、警卫、反

---

① 毛泽东选集．第 4 卷．人民出版社，1991：147.

恐、处突、押解、戒严等武装任务。

2. 军事性。公安机关按照国家制定的统一装备标准，配备武器、警械及其他装备设施，人民警察拥有依法使用武器、警械的权力；公安机关实行军事化管理，建立战斗性的组织机构和勤务体制，实行集中统一的领导和指挥，强调严格的组织纪律；拥有一套严格的考核选用、业务培训、任职、衔级晋升、监督、保障、抚恤等制度；构成公安力量的中国人民武装警察部队，更是一支正规的国家军事力量，是国家武装力量的重要组成部分。

3. 强制性。公安机关是国家机器的重要组成部分，其职责的履行和警察权力的行使是以国家政治与法制的强制力为后盾和保证的。在公安机关正确行使法定职责权限的范围内，任何社会组织、团体和个人都必须无条件地接受其合法管理、制裁、控制。当然，对于公安机关超越法定职责权限范围滥用权力、滥施暴力，侵害人权等问题，国家相关机构、社会组织、团体和个人可依法实施监督。

（二）公安机关是国家治安行政力量

公安机关是国务院和地方政府领导下的职能部门，是国家行政机关的重要组成部分。公安机关是国家行政机关，又不同于一般的行政机关。公安机关是国家的治安行政管理机关，行使国家的治安行政管理权。治安行政管理是国家治安法律确认和赋予的、属于国家社会治安秩序方面的行政管理，是整个国家行政管理的重要方面。治安行政管理涉及国家和社会生活的方方面面，直接关系着社会治安秩序和社会稳定。公安机关与国家其他行政机关分工明确、各司其职。公安机关的治安行政管理活动需要其他行政机关的支持与配合，同时为其他行政机关的行政管理提供坚强后盾和保障。

（三）公安机关是刑事司法力量

公安机关作为特殊的国家行政机关，同时具有刑事司法属性，它是国家主要的侦查机关，参加刑事诉讼活动并起重要作用。

1. 公安机关参与刑事诉讼活动，承担一定的刑事司法职能。根据我国《刑事诉讼法》，刑事诉讼程序分为立案、侦查、起诉、审判和执行五个阶段，公安机关主要承担立案、侦查、拘留、执行逮捕、预审等工作和部分刑罚执行的任务。公安机关通过立案，使刑事案件开始进入刑事诉讼程序；对已经立案的刑事案件进行侦查，收集、调取犯罪嫌疑人有罪或者无罪、罪轻或罪重的证据材料；对犯罪事实清楚、证据确实充分的案件，向人民检察院提出起诉意见；对被判处拘役、剥夺政治权利的罪犯执行刑罚。

2. 公安机关在刑事诉讼中具有重要地位。公安机关的刑事司法工作与人民检察院、人民法院等司法机关的刑事司法工作相辅相成、同样重要。按照我国《刑事诉讼法》规定，人民法院、人民检察院和公安机关进行刑事诉讼，应当分工负责、互相配合、互相制约，以保证准确有效地执行法律。公安机关依法行使侦查权，人民检察院依法独立行使检察权，人民法院依法独立行使审判权，严格按照分工履行各自职责。三者在各司其职的基础上通力合作、互相支持，又互相监督和制约，以保证准确地适用法律。公安机关承担了大量刑事侦查工作。《刑事诉讼法》规定，刑事案件的侦查由公安机关进行，法律另有规定的除外，即除法定由人民法院直接受理和由人民检察院、国家安全机关、军队保卫部门、监狱、走私犯罪侦查机关自行侦查的案件外，绝大部分的刑事案件由公安机关首先立案、侦查。由此可见，公安机关在刑事诉讼的全过程中处于"第一道工序"，是起诉、审判工作的基础，直接关系到整个办案的质量和刑事诉讼任务的完成。这一阶段是同犯罪作斗争最尖锐、最复杂的阶段，也是工作最艰苦、最危险的阶段。

公安机关的组织属性要求我们必须坚持政府机关的本质，防止引入商品关系；坚持公安机关的特点，防止成为一般行政机关；坚持职权界限，防止越权行为；坚持依法行政，防止滥用职权。

三、正确认识我国公安机关性质的意义

正确认识我国公安机关的性质，是树立科学的人民警察观的基础。

（一）公安机关的性质是公安机关诸规定性因素中的决定性因素

公安机关的性质是确定公安机关任务、职责、权力的依据；是制定公安工作的路线、方针、政策的依据；是制定公安队伍建设基本方针的依据。正确认识公安机关的性质是正确理解公安机关宗旨、职能、任务、职权、体制、机构、工作、政策、法制、业务等规定性因素的前提。

（二）明确公安机关的性质，有利于维护公安机关的形象

一切公安工作都应以符合公安机关的性质为出发点，所有人民警察的言行都应以符合公安机关的性质为标准。各项公安工作均要坚持党和政府的领导，取得各部门及广大人民群众的配合支持，接受人民的监督，保持公安队伍的纯洁性，维护公安机关的形象。

（三）明确公安机关的性质，有利于公安机关正确行使职权

地方各级党委和政府只有明确公安机关的性质，才能避免出现要求公安机关从事超越职权范围活动的情况，才有利于公安机关正确行使职权；公安机关及其人民警察只有正确明确公安机关的性质，才能自觉遵守职业纪律和职业道德，更好地行使职权。

‖ 第二节　公安机关的宗旨 ‖

一、公安机关宗旨的含义

所谓宗旨，就是从事某项工作主要的意旨和目的。全心全意为人民服务是中国共产党的根本宗旨，也是公安机关的宗旨。

为人民服务这一思想，是毛泽东思想的重要组成部分。党的七大把"中国共产党人必须具有全心全意为中国人民服务的精神"写入了党章。"全心全意为人民服务"从此成为中国共产党的立党宗旨。不仅如此，"为人民服务"还写入了宪法，成为国家机关工作人员的法定义务。

之后我党历届领导人也都坚持并不断阐述和发展了"全心全意为人民服务"的思想。邓小平强调："党的全部任务就是全心全意为人民服务"，他反复强调要以"人民拥护不拥护""人民赞成不赞成""人民高兴不高兴""人民答应不答应"来检验"全心全意为人民服务"的效果，并于1985年提出"领导就是服务"，从而把执政党的领导作用和全心全意为人民服务紧密地联系起来。江泽民明确提出："政治问题，从根本上说，就是对人民群众的政治态度和同人民群众的关系问题……就是要时刻摆正自己同人民群众的位置，时刻牢记为人民服务的宗旨。"又说："抓党的作风建设，出发点和落脚点都要归结到始终代表最广大人民的根本利益上来，归结到立党为公、执政为民上来，归结到关心群众疾苦、全心全意为人民服务上来。""贯彻'三个代表'重要思想，关键在坚持与时俱进，核心在坚持党的先进性，本质在坚持执政为民。"胡锦涛强调，党员干部一定要做到权为民所用、情为民所系、利为民所谋。"全心全意为人民服务是我们党的根本宗旨。我们党的根基在人民，血脉在人民，力量在人民……能不能坚持全心全意为人民服务的根本宗旨，是衡量一名党员是否合格的根本标尺。"习近平同志指出，要加强对权力运行的制约和监督，把"权力关进制度的笼子"。"任何人行使权力都必须为人民服务、对人民负责并自觉接受人民监督。"人民群众是我们国家的主人，是决定我国前途命运的根本力量，人民群众的支持和拥护是我们党的力量源泉和胜利之本。

2003年，在贯彻落实党的十六大战略部署，进一步加强和改进公安工作新的历史条件下，党中央下发了《中共中央关于进一步加强和改进公安工作的决定》（中发〔2003〕13号，以下简称《决定》），第二十次全国公安会议同时召开。《决定》和第二十次全国公安会议明确提出了"执法为民"是公安机关执法思想的核心；指出在各项执法工作中，公安机关和人民警察要真正把人民群众的呼声作为第一信号，把人民群众的需要作为第一选择，把人民群众的利益作为第一考虑，把人民群众的满意作为第一标准，带着对人民群众的深厚感情去执法、去工作，坚决维护人民群众的合法权益；要改进户籍管理、出入境管理、边防管理、交通管理、消防管理等公安行政管理工作，更好地为人民服务，切实做到人民公安为人民。2017年5月19日，习近平同志在接见全国公安系统英雄模范立功集体表彰大会时的讲话指出，全国公安机关和公安队伍应"牢固树立'四个意识'，坚持人民公安为人民……要牢固树立以人民为中心的发展思想，着力推进立体化、信息化社会治安防控体系建设，从严从实从细抓好保稳定、护安全、促和谐的各项工作，维护社会公平正义，不断提升群众安全感和满意度"。这既是党中央在新世纪对公安机关宗旨的进一步强调，也是对公安机关坚持为人民服务宗旨提出的具体要求。

党的十六大报告指出，贯彻"三个代表"重要思想，关键在坚持与时俱进，核心在坚持党的先进性，本质在坚持执政为民。贯彻党的十六大精神，公安机关就要认真实践全心全意为人民服务的宗旨。公安机关作为巩固共产党执政地位的重要力量，坚持全心全意为人民服务的宗旨主要是通过完成法律赋予的光荣任务和履行法律赋予的神圣职责来体现的。因而维护国家安全，维护社会治安秩序，保护公民的人身安全、人身自由和合法财产，保护公共财产，预防、制止和惩治违法犯罪活动，管理社会和服务人民就是公安机关坚持全心全意为人民服务的主要内容。

党的十七大报告指出，要坚持人民是历史创造者的唯物主义观点，坚持全心全意为人民服务，坚持群众路线，真诚倾听群众呼声，真实反映群众意愿，真情关心群众疾苦，多为群众办好事、办实事，做到权为民所用、情为民所系、利为民所谋。

党的十八大报告指出，要坚持以人为本、执政为民，始终保持党同人民群众的血肉联系。为人民服务是党的根本宗旨，以人为本、执政为民是检验党一切执政活动的最高标准。任何时候都要把人民利益放在第一位，始终与人民心连心、同呼吸、共命运，始终依靠人民推动历史前进……更好地反映群众呼声，维护群众合法权益。

二、新时期公安工作践行宗旨的要求

（一）牢固树立宗旨意识

牢固树立宗旨意识，忠实践行人民公安为人民的庄严承诺。服务人民，是坚持以人民为中心发展思想的根本要求，是践行人民公安为人民根本宗旨的重要体现。公安机关要摆正自己的位置，明确公安机关的权力是人民赋予的，公安民警与人民群众的关系是公仆与主人的关系，是服务与被服务的关系。要从思想上认识到人民群众的巨大作用，从内心深处拉近与人民群众的距离，不断增进与人民群众的感情，赢得人民群众的拥护和支持。

（二）坚持群众利益至上

全心全意为人民服务，一个最基本的要求就是坚持一切从人民群众的根本利益出发。公安机关担负着打击敌人、惩治犯罪、保护人民、服务群众的重要职责，最终目的都是实现好、维护好、发展好最广大人民的根本利益，必须始终把党和人民的利益放在心中最高位置，牢固树立、自觉践行以人民为中心的发展思想，把人民满意不满意、答应不答应、高兴不高兴作为判断和衡量公安工作的根本标准，切实做到人民公安为人民。

（三）认真履行岗位职责

公安机关人民警察坚持全心全意为人民服务的宗旨，就是要在本职工作中恪尽职守、爱岗敬业，同时不断从群众需求和利益出发，不断创新工作内容，主动为群众排忧解难，高质量地做好本职工作。公安机关要积极适应人民群众对社会公共安全的新要求，坚持以人民期盼为念、为人民利益而战，紧紧围绕人民群众反映强烈的突出治安问题，深入开展对各类违法犯罪的打击整治，持续深化对各类安全隐患的排查治理，不断创新完善立体化、信息化社会治安防控体系，切实当好推进平安中国建设的主力军、保障人民生命财产安全的守护神，不断提升人民群众的安全感和满意度；要积极适应人民群众对维护自身权益的新关切，坚持维权与维稳相统一，健全完善社会矛盾风险预警和多元化解机制，积极推动完善群众利益协调和保护机制，进一步加强对各类矛盾纠纷的排查调处和依法治理，切实维护好人民群众合法合理的利益诉求，最大限度地增加社会和谐因素，最大限度地减少社会不和谐因素。

（四）提高执法服务质量

公安机关和人民警察面对新形势和新任务，要高度重视和加强公安队伍建设，努力适应社会形势发展的要求，积极进取，与时俱进，努力开展多方面、高质量的便民、利民活动，改善服务态度，扩大服务领域，为人民群众提供更多更好的服务，让人民群众满意。公安机关要积极适应人民群众对高品质公共服务的新需求，坚持寓管理于服务之中，不断优化服务管理流程、提高服务管理效能，深入推进事关人民群众切身利益的户籍制度、居住证制度、异地办证制度、车检驾考制度等各项"放管服"改革和"互联网＋公安政务服务"意见的落实，继续研究推出更多服务经济社会发展、方便群众办事创业的新举措，着力扩大改革受益面，进一步增强人民群众的获得感和舒适度，努力用公安机关及其人民警察的辛勤指数提高人民群众的幸福指数。既要坚持严格、公正、规范执法，又要坚持理性、平和、文明执法，真正融法、理、情于一体，使人民群众既感受到法律的权威、尊严，又感受到公安机关的关爱、温暖。

（五）接受人民群众监督

群众满意是公安工作的最高追求。人民群众满意是做好公安工作的标准。公安机关工作做得好不好，广大群众最有发言权，公安机关应该坦诚接受群众监督。

公安机关接受人民群众监督，一要增加工作的透明度，依法办事，廉洁勤政；二要主动访民意、听民声，听取群众的意见和批评，努力提高公安机关服务群众的水平，树立公安队伍的良好形象；三要坚持开展"大走访"开门评警活动，把公安工作的评判权交给群众，让群众评判公安工作，以此激发公安民警增强密切联系群众、主动服务群众的内在动力。

【小结】

公安机关是人民民主专政的重要工具，体现了公安机关的阶级属性；公安机关是具有武装性质的国家治安行政和刑事司法专门机关，体现了公安机关的组织属性，与我国其他国家行政机关有明显差别。公安机关的性质决定了公安机关的宗旨是全心全意为人民服务。

【思考题】

1. 结合实际，谈谈如何正确认识公安机关的性质。
2. 新时期公安工作应如何践行公安机关的宗旨？

第五章　公安机关的职能和任务

【教学重点与难点】
1. 公安机关的专政职能和民主职能；2. 公安机关的任务。

‖ 第一节　公安机关的职能 ‖

所谓公安机关的职能，是公安机关在维护公共安全过程中所具有和发挥的社会效能或作用。公安机关的职能是国家本质和国家职能的内在要求与具体表现，国家本质和国家职能的性质决定了公安机关职能的性质、基本内容和实施方式。

国家的职能一般分为对内、对外两个方面。其对内职能可划分为政治统治职能和社会管理职能两个基本方面。政治统治职能是国家运用暴力、法制等强制力量，控制被统治阶级，镇压被统治阶级反抗的职能。社会管理职能就是国家对社会的经济、科学文化教育、公共福利事业、公共安全事业等公共事务加以管理的职能。国家的政治统治职能和社会管理职能是相互依存、密不可分的。一方面，社会管理职能是政治统治职能的基础，正如恩格斯所说："政治统治到处都是以执行某种社会职能为基础，而且政治统治只有在它执行了它的这种社会职能时才能持续下去①。"国家只有通过社会管理职能处理好各种社会公共事务，缓和阶级冲突，才能保证自己的政治统治。另一方面，政治统治又是国家社会管理职能的前提，国家只有有效地镇压敌对阶级的反抗，才能保持社会秩序的稳定，从而才能有效地实施社会管理职能。国家主要的对外职能是组织国防，防御外来的侵袭和颠覆，调整国与国之间的关系，保护本国利益不受侵犯。

公安机关作为国家机器的重要组成部分，在实施国家的政治统治职能和社会管理职能中发挥着至关重要的作用。一方面，它是国家打击犯罪的重要手段之一；另一方面，它是国家管理和维护社会公共安全事业的专门职能系统，其对社会治安秩序的管理和对刑事犯罪的侦查控制，能够为经济社会发展和人民安居乐业创造稳定的治安环境。它拥有国家法律赋予的权力，在一般的行政手段不足以解决矛盾时，公安机关以其强制性的力量来保障国家统治与管理活动的顺利进行。从社会调控的

---

① 马克思恩格斯选集. 第 3 卷. 人民出版社，1995：523.

角度而言，公安机关作为国家调控机制中的一个组成部分，始终是按照国家的意志行使着调控社会的基本职能。

公安机关的职能，是公安机关性质外化的表现。公安机关是人民民主专政的重要工具之一的性质属性，决定了公安机关的基本职能。

一般来说，从不同的角度来看，公安机关的职能有不同的分类：

从处理国家的内外关系来看，公安机关的职能可分为对内职能和对外职能；

从公安机关业务工作手段来看，公安机关有侦查职能、保卫职能、武装职能、治安行政管理职能等；

从公安机关担负任务的作用来看，公安机关有打击犯罪、维护治安、行政管理、服务人民的职能；

从社会控制的角度来看，公安机关具有执行法律、维持秩序和公共服务三个方面的职能；

从调整国家根本政治关系的作用来看，公安机关具有专政职能和民主职能。

尽管从不同角度出发，对公安机关职能的表述不尽相同，但考察这些职能的内容，它们之间或是意思相近，或是具有交叉、包含的关系。其中公安机关的专政、民主职能，从根本上体现了公安机关的性质，是对其他职能表述的高度概括，而从不同角度表述的职能又都是对专政和民主这两个职能的展开与具体化。因此，公安机关的基本职能，是指从政治关系角度认识的专政职能和民主职能。

一、公安机关的专政职能

公安机关的专政职能，是指公安机关依法对危害国家安全的敌对势力、敌对分子和严重危害社会治安秩序的犯罪分子进行镇压、制裁、改造和监督，以巩固人民民主专政，保障人民权利的社会效能。

公安机关的专政职能是由国家政治统治职能所决定的，其任务是解决有关国家安全和社会治安中的敌我矛盾，其实质是代表国家和人民对敌人实行政治统治。在社会发展的不同阶段，公安机关的专政对象不同，它是随着历史的发展和阶级关系的变化而变化的。现阶段公安机关的专政对象是国内外蓄意破坏和推翻社会主义制度、严重危害人民利益的敌对势力、敌对分子；危害国家安全和严重破坏、扰乱社会治安秩序的刑事犯罪分子。

现阶段公安机关的专政对象有复杂的表现，主要有以下特征[①]：

1. 他们采取的敌对性行为威胁国家、社会、人民或民族的安全、生存、完整与发展，属于对抗性的敌我矛盾，具有最大的危害性。这决定了同他们斗争的尖锐性。

2. 他们反国家、反人民、反社会、反民族的行为具有蓄意性，有处心积虑、

---

① 康大民. 公安队伍应当把学习人民民主专政理论提上重要日程. 公安学刊，2008（2）.

长期蓄谋的思维特征。其犯意不是偶发的、过失的，而是顽固的。这决定了同他们斗争的不可妥协性。

3. 面对强大的政权和群众，除了疯狂行动者，他们大多采取潜伏性、伪装性手段，有的甚至采用长期隐蔽的战略，培养继承力量。这决定了同他们斗争的长期性。

4. 他们除了发展组织之外，力求社会化，蒙蔽群众，作群体性扩展（如反动会道门组织、"法轮功"等邪教组织）。对敌对势力的斗争往往涉及部分群众，政治的斗争又连带了社会问题，形成了两类不同性质矛盾的交叉。这决定了同他们斗争的高度复杂性。

5. 积聚和发展破坏性手段。当代特别是具有危害性、扩张性的犯罪组织，极力发展其犯罪的手段和装备。大规模杀伤性武器也被恐怖犯罪集团利用。一些大规模的犯罪组织网罗人才，注意尖端科技的发展动向，实现"犯罪现代化"。

6. 具有严重的腐蚀性。那些严重的贪污腐化分子、严重的经济犯罪分子以及黑社会性质组织不但是社会的"蛀虫"，而且以腐朽意识毒化社会。因此，在意识形态领域存在尖锐的斗争。

公安机关的专政手段是依据法律和政策对专政对象实行镇压、制裁、控制、改造。公安机关的专政并不等同于暴力打击。专政是阶级对阶级的统治关系，体现这种统治关系的手段是多种多样的，并不仅仅是暴力打击。正如列宁所说："无产阶级专政的实质不仅在于暴力，而且主要不在暴力。"[①] 毛泽东同志在《论人民民主专政》中也曾指出，人民对专政对象实行专政，是在"压迫这些人，只许他们规规矩矩，不许他们乱说乱动"。这些都体现了政治统治中专政手段的多样性。

在构建社会主义和谐社会的大环境中，要最大限度地实现社会的公平、正义，公安机关不能有丝毫懈怠，必须居安思危，增强维护国家安全和社会稳定的紧迫感，增强忧患意识，在意识和行为上自觉强化公安机关的专政职能，维护国家安全和社会治安秩序，维护公民的合法权益。

二、公安机关的民主职能

党的十八大报告提出，要在中国共产党成立一百年时全面建成小康社会，在新中国成立一百年时建成富强、民主、文明、和谐的社会主义现代化国家。这既是党迈向新征程的目标，也是对公安机关履行民主职能提出的具体要求。

公安机关的民主职能，是指公安机关依照国家政策和法律，对人民的民主、安全和合法权益进行保护的社会职能。因此，公安机关必须服从人民的意志，全心全意为人民服务，密切联系和依靠人民群众，调动人民群众的治安积极性，正确处理有关国家安全和社会治安方面的人民内部矛盾。

---

① 列宁选集．第3卷．人民出版社，1984：857.

公安机关民主职能的实质，就是人民参与社会治安管理，公安机关与人民群众共同用民主的方法解决人民内部矛盾。民主职能反映了公安机关与人民的关系。民主职能是我国公安机关本质属性的又一个具体体现。没有民主职能，就不是人民的公安机关。

（一）公安机关民主职能的主要内容

1. 依靠人民。人民群众是社会主义现代化建设的主力军，也是保卫国家安全和维护社会治安的基本力量。公安机关要发动和组织人民群众参与治安管理、与违法犯罪作斗争，要建立健全维护社会治安的民主机制，包括参与机制、监督机制、群防群治机制等，这是公安工作的基础。

2. 保护人民。公安机关要依法充分运用各种公安专业手段，打击敌人，惩治犯罪，处罚违法，防治群体性事件及治安事故，保护人民的人身权利、民主权利和财产权利，做人民的忠诚卫士。

3. 教育人民。公安机关要采取多种形式，对人民群众进行公安政策和公安法制的宣传教育，普及法律知识，增强责任意识。通过调解纠纷、对一般违法犯罪分子进行教育挽救等方式，教育人民遵纪守法。用民主的方法、说服教育的方法调整人民内部关系，解决人民内部矛盾。

4. 管理社会公共安全事务。在社会治安方面，公安机关通过执法、宣传、预防、监督、控制、协调和服务等多种行政管理活动，为人民群众的生产、工作、学习、科研、娱乐等社会生活创造正常的秩序和良好的环境。

5. 服务人民。公安机关要真正把人民群众的呼声作为第一信号，把人民群众的需要作为第一选择，把人民群众的利益作为第一考虑，把人民群众的满意作为第一标准，要满腔热情地为人民群众提供优质高效的为民、便民服务，全心全意地服务于人民，当好人民的公仆。

（二）公安机关民主职能的特点

我国公安机关的民主职能，主要具有以下三个特点。

1. 直接性。公安机关是国家政权中与人民群众联系最直接、最紧密的一个部门。公安机关及其人民警察依法履行职务、调整治安中的社会关系、维护公民的合法权益、限制取缔非法行为的活动，直接作用于个人、家庭和社会组织。公安工作直接涉及公民和社会组织的切身利益，从而使公民和社会组织对公安工作有直接的感受，有直接的评价。公安机关的形象问题、警民关系问题，实际上大多能在公安机关履行民主职能过程中反映出来。

2. 广泛性。公安工作的广泛社会性，决定了公安机关民主职能的广泛性。哪里有人民群众，哪里就有公安工作。民主职能是面向全社会的绝大多数人的。每做一项决策、制定一部法规都要广泛充分地考虑全社会和全体人民的利益与需要。同时，社会各界和公众对公安机关及其工作的态度也是多种多样的。公安机关在工作中也要广泛运用法律、行政、经济、教育、服务等多种手段，有针对性地开展深入、细致的工作。因此，公安机关履行民主职能时，工作面宽，工作量大，对象广泛。

3. 公开性。公安机关民主职能方面的工作绝大部分都是公开进行的。随着社会主义民主与法制建设的发展，人民群众要求对公安机关和公安工作有更多的了解。而公安机关要动员人民群众参与、协助、支持、监督公安工作，也需要主动向社会公开宣传公安机关及其工作，作出与公民利益直接相关的规定也应向公众公布或征求意见，以求得公众的广泛理解并达成共识，这体现了公安机关与人民群众利益上的一致性和公安机关对人民群众高度负责的精神。公安机关的"窗口"单位向群众公开办事制度、报告办事进程、公示办事结果等，都是重要的民主措施。除机密性警务之外，实施警务公开，增加公安工作的透明度，有利于公安机关的勤政廉政建设。

总之，我国公安机关民主职能的发挥，归根结底是要实现人民在治安方面的当家做主的主人翁地位。充分发挥我国公安机关的民主职能，有助于调动人民群众的治安积极性，有助于人民群众监督公安机关及其工作。

三、专政职能与民主职能的关系

公安机关的专政职能与民主职能，体现着对立统一的关系，它们既有区别，又有联系。

（一）专政职能与民主职能的区别

公安机关专政职能与民主职能的区别主要表现在两个方面：一方面，对象不同。对谁实行专政，对谁实行民主，这是一个丝毫不能颠倒的政治原则问题。公安机关专政的对象是敌人，民主的对象是人民，二者之间有着原则性区别，绝对不能混淆。另一方面，方法不同。由于公安机关专政和民主的对象不同，处理的方法也就有区别。毛泽东同志认为："人民民主专政有两个方法。对敌人来说是用专政的方法，就是说在必要的时期内，不让他们参与政治活动，强迫他们服从人民政府的法律，强迫他们从事劳动并在劳动中改造他们成为新人。对人民来说则与此相反，不是用强迫的方法，而是用民主的方法，就是说必须让他们参与政治活动，不是强迫他们做这样做那样，而是用民主的方法向他们进行教育和说服的工作。"① 也就是说，要针对不同的对象，采取不同的方法，解决不同性质的矛盾。

（二）专政职能与民主职能的联系

专政与民主是一个问题的两个方面。专政与民主不仅具有同一性，存在于一个矛盾的统一体中，是相互依存、缺一不可的有机整体，而且是相互渗透、相互促进的。邓小平同志指出："只有绝大多数人享有高度的民主，才能够对极少数敌人实行有效的专政。""只有对极少数敌人实行专政，才能充分保障绝大多数人民的民

---

① 毛泽东选集．第 5 卷．人民出版社，1977：28.

主权利。"① 专政职能是民主职能的基本保障，民主职能是专政职能的社会基础。公安机关对敌专政越有力，人民的民主、安全与合法权益就越有保障；公安机关对人民的民主实现得越充分，对敌人专政的社会基础就越牢固、深厚，对敌人的专政就越有效。

有必要特别强调的是，民主对于专政具有主导决定意义：人民民主的原则决定了专政的方向和作用。这是一个严格的政治命题——专政不能背离人民民主原则，绝不允许把专政的矛头指向人民民主制度或用以解决人民内部矛盾。公安工作的任务常常概括为"打击敌人，保护人民"，就是对公安工作的民主职能与专政职能相结合的完整体现与原则界定。这种基本关系决定了公安机关的民主职能与专政职能必须紧密地、正确地结合起来。

只有充分发挥公安机关的基本职能，才能更好地构建社会主义和谐社会。2005年2月19日，胡锦涛同志在中共中央举办的省部级主要领导干部提高构建社会主义和谐社会能力专题研讨班上的讲话中指出了建设和谐社会的基本方向：我们所要建设的社会主义和谐社会，应该是民主法治、公平正义、诚信友爱、充满活力、安定有序、人与自然和谐相处的社会。这六个方面都与公安机关密切相关。可以说，公安机关既是构建社会主义和谐社会的重要建设力量，又是构建社会主义和谐社会的重要保障力量。公安机关应为实现党的这一目标更好地发挥公安机关的职能作用。

‖ 第二节　公安机关的任务 ‖

公安机关的性质与职能，决定了公安机关的任务，并通过公安机关的任务来体现。公安机关的任务确定了公安工作的基本内容和基本目标，明确了公安机关应该干什么，达到什么基本要求。

公安机关的任务，是指公安机关在国家法律所确定的管辖范围内，为实现一定的目标所承担的工作内容。公安机关的任务有着丰富、广泛的内容，它是党和国家的总任务、总目标的组成部分。从宏观上讲，它是为了保障党和国家在各个时期中心工作的顺利实现，保卫党和国家在不同历史阶段的中心工作的。不同的历史时期，党和国家的中心工作因政治、经济形势的变化而各有侧重，公安机关的任务必须随着党和国家的中心工作的转变而进行相应的调整。从微观上讲，公安机关的任务是由我国颁布的有关法律确认的，并随着党和国家中心工作的转移而通过法律加以调整的。由于公安组织是由不同层次、不同部门组成的系统，所以，可以将公安机关的任务依据不同的部门、不同的专业、不同的时间和空间作不同的划分：从时间上分，有目前任务和长远任务；从范围上分，有局部任务和全局任务；从层次上

---

① 邓小平文选. 第2卷. 人民出版社，1994：333.

分，有基本任务和具体任务。

一、公安机关的基本任务

《人民警察法》第 2 条明确规定，公安机关的基本任务是：维护国家安全，维护社会治安秩序，保护公民的人身安全、人身自由和合法财产，保护公共财产，预防、制止和惩治违法犯罪活动。

（一）维护国家安全

国家安全是一个关系国家生死存亡的根本问题。国家安全主要包括国家政治安全、经济安全、文化科技安全、军事安全、社会公共安全、网络信息安全等。国家安全，即一个国家的政权、主权、社会制度和领土完整不受侵犯的状态，这是构成国家的最基本的条件，是公安机关所维护的所有社会关系中最重要的关系。维护国家安全是国家许多部门的工作，如军队、国家安全机关、外交部等，都在政治军事等领域维护着国家安全。公安机关则主要依据公安法律、法规，运用警察手段维护国家安全。在当前国际与国内复杂的形势下，各种敌对势力、敌对分子从各个领域、各个方面，运用多种手段对我国实施各种破坏活动。由于在形式上他们主要采取的是隐蔽手段，并以合法活动作掩护，具有蒙蔽性和复杂性，因而也就更具有危险性，如"法轮功"的蔓延和发展，就是典型的证明。所以，公安机关及其人民警察必须以维护国家安全为首要任务，在复杂多变的形势下站稳政治立场，加强隐蔽战线的斗争，注意相关情报信息的收集，加强同国家安全机关的合作与联系，确保国家安全不受侵犯。

维护国家安全，就是保卫我国人民民主专政政权和社会主义制度不受侵犯，保卫我国的国家主权和领土完整不受侵犯。维护国家安全主要包括以下三个方面的内容。

1. 积极防范危害国家安全的违法犯罪行为的发生。要对公民和组织进行教育，增强他们的国家安全意识，以自觉维护国家安全，同危害国家安全的违法犯罪行为作斗争；还要堵塞工作和制度上的漏洞，防范境内外敌对势力、敌对分子的渗透颠覆等破坏活动，使他们无隙可钻。

2. 及时发现和制止危害国家安全的违法犯罪行为，将其遏制在萌芽状态，以避免造成危害国家安全的严重后果。

3. 坚决打击和惩治危害国家安全的违法犯罪分子，使他们得到应有的惩罚，同时也警戒其他不法分子，震慑和减少危害国家安全的犯罪行为。

（二）维护社会治安秩序

社会治安秩序是社会秩序的一个特殊范畴，是指专门由公安法律、法规所确认和维护的社会秩序。社会治安秩序的好坏，直接关系到社会稳定。党中央一再强调"稳定压倒一切"，邓小平同志也指出，"中国的问题，压倒一切的是需要稳定"。社会稳定是国家建设、发展的前提，更是构建社会主义和谐社会的前提。公安机关维护社会治安秩序，就是要维护社会的稳定。在当前的社会形势下，各种破坏社会稳定的因素依然存在，有时还会以一种尖锐的矛盾形式表现出来，形成各种各样的案件、事件。当前各类案件、事件频繁发生，群体性事件层出不穷等，都证明了社会治安形势的严峻。社会治安不稳定，国家的经济建设，人民群众的生产、生活秩序都不可能稳定。

公安机关维护社会稳定主要就是维护治安秩序的稳定。公安机关维护社会治安秩序的工作主要有以下四个方面的内容。

1. 积极防范和制止危害社会治安秩序的违法犯罪行为。要对公民进行法制宣传，增强公民的法律意识，使他们自觉地同危害社会治安秩序的违法犯罪行为作斗争。充分发挥公安机关的职能作用，调动社会各方面力量，运用各种手段，进行社会治安综合治理，建立社会防范机制。人民警察对于已经发生的危害社会治安秩序的违法犯罪行为，应当行使法律赋予的职权，坚决予以制止。

2. 坚决惩治危害社会治安秩序的违法犯罪分子。公安机关要依法坚决打击、制止那些扰乱、破坏社会秩序、生产秩序、工作秩序、教学科研秩序和人民群众生活秩序的违法犯罪分子。

3. 全力维护社会稳定，积极预防、妥善处置群体性事件，依法化解社会矛盾和群众纠纷，巩固和发展安定团结的政治局面。

4. 依法进行维护社会治安秩序的行政管理，努力创造安全、文明、和谐的良好社会治安环境。

（三）保护公民的人身安全、人身自由和合法财产

保护公民的人身安全，就是保护公民的生命权、健康权不受侵犯，依法惩治杀人、伤害、抢劫、绑架、强奸、拐卖妇女儿童、刑讯逼供等侵犯公民人身权利的违法犯罪活动。

保护公民的人身自由，就是保护公民的身体自由、人格尊严、住宅、通信自由和通信秘密等不受侵犯。根据国家法律，具体包括：公民的身体自由不受侵犯，即公民的人身不受非法逮捕、拘禁，不被非法剥夺、限制自由及非法搜查身体；公民的人格尊严不受侵犯，即禁止用任何方法对公民进行侮辱、诽谤和诬告陷害；公民的住宅不受侵害，即公民的住宅不得随意侵入，不得随意搜查，不得随意查封；公民的通信自由和通信秘密受法律保护，除因国家安全或者侦查刑事犯罪的需要，由公安机关或检察机关依照法律规定的程序对通信进行检查外，任何组织或者个人不得以任何理由侵犯公民的通信自由和通信秘密。

公民的合法财产，是指公民通过合法程序取得的、公民自己享有所有权的个人财产。包括公民的合法收入、房屋、储蓄、生活用品、文物、图书资料、林木、牲畜和法律允许公民所有的生产资料以及其他合法财产。公安机关保护公民合法财产，就是要按照法律规定，通过治安行政管理活动对公民的合法财产提供管理和服务，对侵害公民合法财产的治安案件、治安事故以及违法犯罪活动进行预防、打击

和惩处。公安机关加强对公民合法财产的保护，有利于坚持和完善基本经济制度，促进非公有制经济发展；有利于保障公民权利的实现，推进依法治国；有利于调动广大人民群众的积极性和创造性，全面建设小康社会。

（四）保护公共财产

公共财产，是指国有财产、劳动群众集体所有的财产、社会公共设施、国家自然资源与生态、国家历史文物、用于扶贫等公益事业的社会捐助和专项基金的财产。在国家机关、国有公司、集体企业和人民团体管理、使用中的私人财产、无主财产等，也属于公共财产。

社会主义国家的公共财产，是国家的财富资源，是我国社会主义经济基础的主要组成部分，是经济建设的基础和主要力量，同时也是犯罪分子袭击的重点对象。随着我国经济的快速发展，侵财性犯罪越来越多，其中针对公共财产的犯罪也越来越频繁，数额越来越巨大，给国家和集体造成了重大损失。保护公共财产，就是要求公安机关要保证国家、集体的各种财富不被侵占、分割，严禁任何组织和个人采用任何手段占有或破坏公共财产，保护社会主义市场经济运行秩序。特别是要防止、打击生产销售伪劣商品、走私、破坏金融管理秩序、金融诈骗、危害税收征管、侵犯知识产权、扰乱市场秩序、侵犯财产等威胁国家、集体公共财产和公民合法财产安全的非法经济、金融活动，对因火灾、地震等自然灾害和严重污染、各种交通工具失火、爆炸、房屋倒塌等治安事故、生产事故造成的财产损失要奋力扑救，尽可能地减少和挽回损失。

公共财产是社会发展和人民生活的物质条件，是国家全部上层建筑及其活动的物质保障。社会主义的根本任务是发展生产力，增强人民民主专政国家的综合国力，满足人民日益增长的物质和文化生活需要。社会主义公共财产神圣不可侵犯，保护社会主义的社会生产力和公共财产，是公安机关担负的国家赋予的重要任务。

（五）预防、制止和惩治违法犯罪活动

违法犯罪活动是危害国家安全、侵犯公民权利、威胁社会稳定和破坏公私财物的反社会行为。违法犯罪活动侵害了法律所保护的社会关系，因此，要承担法律责任，应受到法律惩治。预防、制止和惩治各种危害国家、社会和人民群众利益的违法犯罪活动，是公安机关和其他司法机关共同担负的尤为重要的任务。

预防、制止和惩治违法犯罪活动，就是要求公安机关要努力防范所有可能发生的各种违法犯罪活动，大力加强治安预防、控制工作和基层基础工作，建立群防群治的公民自治安全防范、巡逻守望体制和法制宣传、社会帮教、人民调解组织；对正在发生的违法犯罪活动，要建设以110报警服务台牵头的预警情报网络和以巡逻队伍为骨干的多警种有机配合的快速反应机制，形成社会整体防范与社会联动体系，提高侦破各类刑事案件、抓获现行犯罪分子、制止突发事件的能力；对已经发生并对国家、人民生命财产造成巨大侵害的严重危害国家安全犯罪、严重暴力犯罪和严重经济、金融犯罪，必须依法从重、从快、严厉惩罚。对回归社会的刑满释放人员及违法人员要关心帮教，提高矫治成功率，降低重新犯罪率。

预防、制止和惩治违法犯罪活动，是一项系统工程，在充分发挥公安机关职能作用的同时，应调动社会各方面的力量，齐抓共管，进行综合治理。要对全社会、全体公民加强法制宣传教育，提高自觉守法意识和治安责任意识，加强经常性治安行政管理，综合治理社会治安问题，切实落实"打防并举，标本兼治，重在治本"的战略方针。

二、新时期公安机关的主要任务

2014 年 1 月 7 日，习近平总书记在中央政法工作会议上强调："要把维护社会大局稳定作为政法工作的基本任务，把促进社会公平正义作为政法工作的核心价值追求，把保障人民安居乐业作为政法工作的根本目标"。这段论述明确提出了新时期政法机关，包括公安机关的主要任务。

（一）维护社会大局稳定

维护社会大局稳定是公安工作的永恒主题。在这个大题目下，不同历史时期，维护社会稳定的工作重心和工作方式会有所不同。公安机关要真正实现新时期维护社会稳定工作的理念创新、思路创新、方法创新，切实履行好维护社会大局稳定的职责，确保社会既充满活力又和谐有序。

1. 正确理解和处理好维护稳定与维护权益的关系。新时期公安机关要履行好维护社会大局稳定的职责使命，必须正确处理好维护稳定与维护权益的关系。当前，我国正处于社会矛盾凸显期，维护社会稳定，是公安工作的基本任务，但很多地方片面强调维稳而忽视了维权。习近平总书记对于维稳与维权的论述，抓住了本质，"形式上的社会稳定并不是真正的稳定，只有建立在充分体现社会公平正义基础之上的社会稳定才是真正的稳定，才能真正实现国家的长治久安"。

公安机关要把维护人民群众的合法权益作为维护社会稳定的出发点和落脚点。有人认为维护稳定与维护权益是一对矛盾，这显然是认识上的偏差，把两者对立起来，不但增加了维护稳定的难度，降低了维护稳定的有效性，更可能使维护稳定偏离法治的轨道。事实上，维护稳定与维护权益是统一的，只有人心安定，社会才能安定。所以，维护权益是维护稳定的基础，维护稳定的本质就是维护权益。维护稳定首先要把群众的合理合法诉求解决好，建立和完善对维护群众切身利益具有重大作用的制度，强化法律在化解社会矛盾中的权威地位，使群众由衷地感到权益得到了公平对待。

2. 保障社会秩序与增强社会活力并举。中央政法工作会议提出，要创新社会治理方式，努力建设平安中国。创新社会治理方式，是我国社会主义社会发展规律的客观要求，也是我们党的社会建设理论和实践上的一次新的飞跃。管理与治理仅一字之差，治理体现的是系统治理、依法治理、源头治理、综合施策的基本原则。社会治理是一门科学，管得太死一潭死水不行，管得太松波涛汹涌也不行。要让整个社会既充满活力又和谐有序，必须善用法治思维和法治方式进行社会治理，使社会治理法治化、规范化、科学化；必须变单纯的自上而下的管理方式为自上而下与自下而上相结合的治理模式，尊重人民群众的主体地位和首创精神，组织动员社会力量共同参与社会治理，在党委的领导下，发挥政府主导作用，鼓励和支持社会各方面参与，实现政府治理和社会自我调节、居民自治的良性互动。真正做到依靠群众就地化解矛盾，发动全社会一起做好社会稳定工作。

当前，我国社会大局是稳定的，但影响社会稳定的因素仍然存在。要始终保持清醒头脑，强化底线思维，牢固树立稳定是根本大局、维护稳定是重大责任的观念，充分发挥公安机关的职能作用，全力维护社会大局稳定。

（二）促进社会公平正义

社会公平正义，就是社会各方面的利益关系得到妥善协调，人民内部矛盾和其他社会矛盾得到正确处理，社会公平和正义得到切实维护和实现。党的十八届三中全会强调，全面深化改革必须以促进社会公平正义为出发点和落脚点。习近平总书记指出，公平正义是政法工作的生命线，司法机关是维护社会公平正义的最后一道防线。政法战线要以实际行动维护社会公平正义，让人民群众切实感受到公平正义就在身边，并明确提出政法工作要以"促进社会公平正义"为核心价值追求。

1. 公平正义的实现要求公安工作必须始终立足于人民群众的权益保护。"决不允许对群众的报警求助置之不理，决不允许让普通群众打不起官司，决不允许滥用权力侵犯群众合法权益，决不允许执法犯法造成冤假错案"，真正做到"一碗水端平"。深入推进社会治安综合治理，坚决遏制严重刑事犯罪高发态势，积极惩治各种损害人民群众合法权益的违法犯罪行为，维护社会大局稳定，保障人民群众安居乐业。

2. 公平正义的实现要求公安机关加强自身权力监督。公安机关办理具体案件，必须加强自身权力监督，不仅要在违法犯罪行为的查处过程中充分保障各方的合法权利，更要杜绝冤假错案的发生。只有这样，公安工作才能做到保护公民合法权利和打击违法犯罪相结合，做到让人民群众满意，真正实现社会公平正义。

促进社会公平正义是维护社会大局稳定的基石，也是实现人民群众安居乐业的保证，进而才能为实现中华民族伟大复兴的中国梦提供坚实的环境和制度保障。

（三）保障人民安居乐业

保障人民安居乐业体现了"以人为本"的核心思想。在我们党的理论创新体系中，坚持"以人为本"，就是"始终把最广大人民的根本利益作为党和国家一切工作的出发点和落脚点，实现好、维护好、发展好最广大人民的根本利益，不断满足人民日益增长的物质文化需要，做到发展为了人民、发展依靠人民、发展成果由人民共享，促进人的全面发展"。"以人为本"是对各行各业都具有普适性的管理要旨，自然也应当成为公安工作的核心理念。把"以人为本"理念具体落实到公安工作中，一个很重要的方面就是在警察建设和公安工作的社会服务价值取向中，应当始终坚持和践行"立警为公，执法为民"的宗旨，即一切警察建设和公安工作，都要以最大限度地维护广大人民的公共安全利益为出发点和落脚点，不断增强公众的安全感。可见，保障人民安居乐业是公安工作的根本目的所在，是人民警察根本宗旨的必然要求和体现。

在人的多层次需求中，除生存需求外，更重要的便是安全需求。特别是随着生活水平的提高、财富的增加，人民对安全的需求也与日俱增。很难想象在一个毫无安全保障的社会里，人类怎样实现自身的可持续发展；同样很难想象，在一个社会治安不好、犯罪案件频发的地区，人们如何集中精力搞建设。安居乐业作为人民生活、工作的起码标准，作为一种社会发展的环境保障，顺应了人民群众的愿望和要求，以全心全意为人民服务为宗旨的公安机关，没有任何理由不尽力满足人民群众安居乐业的要求。

公安机关必须全面发挥职能作用，竭尽全力为人民创造安居乐业的社会生活环境。一是要打牢执法为民的思想基础，带着对人民群众的深厚感情去执法、去工作。广大公安民警要自觉摆正自己的位置，端正对人民群众的态度，从最基本的环节抓起，从最基础的工作入手，切实提高保障人民安居乐业的过硬本领。二是要下大气力解决人民群众反映强烈的突出问题，坚决维护人民群众的合法权益。要采取有针对性的措施，解决诸如报警求助拖延、刑讯逼供、滥用强制措施、群众办事难、小区治安环境恶化等突出问题，为人民的安居乐业提供有力的保障。"民惟邦本，本固邦宁"，人民安居乐业，国家才能安定有序。公安机关和广大民警要把人民群众的事当作自己的事，把人民群众的小事当作自己的大事，从让人民群众满意的事情做起，从人民群众不满意的问题改起，为人民群众安居乐业提供有力保障。

人民安居乐业是维护社会稳定大局和促进社会公平正义的终极目的所在。没有人民的安居乐业，维护社会稳定、促进公平正义都只是空谈。

【小结】

公安机关的基本职能是专政职能与民主职能。二者既有区别，又有联系。正确认识公安机关的职能有利于公安机关正确履职和完成工作任务。公安机关的职能，决定了公安机关的任务，并通过公安机关的任务来体现。新时期公安机关要把维护社会大局稳定作为基本任务，把促进社会公平正义作为核心价值追求，把保障人民安居乐业作为根本目标。

【思考题】

1. 论述公安机关基本职能的辩证关系。
2. 如何正确理解新时期公安机关的主要任务？

第六章 公安机关的职责与权力

【教学重点与难点】

1. 公安机关的职责、义务、权力的概念和内容；2. 公安机关职责行使中存在的问题及解决；3. 公安机关权力的实施与控制。

‖ 第一节 公安机关的职责与义务 ‖

一、公安机关人民警察的职责

公安机关的职责，是指公安机关及其人民警察为实现公安机关的对敌专政职能和对人民民主的职能，完成公安机关的任务，在法定范围内所应承担的责任和义务。公安机关人民警察的职责是由公安机关的性质和任务决定的，是公安机关基本任务的具体化。根据《人民警察法》的有关规定，公安民警必须履行以下主要职责。

（一）预防、制止和侦查违法犯罪活动

结合社区警务工作的开展，有效地预防、发现、打击、制止和减少各种刑事犯罪活动，遏制和侦查重大刑事案件，是公安机关所担负的一项经常性的重要任务。各种刑事犯罪活动直接破坏了社会治安秩序，危害了国家、集体和公民个人的生命与财产安全，妨碍了社会主义经济建设，干扰了改革开放的进程。因此，公安机关必须适应新形势下改革开放的要求，坚持打防并举，全面提高同刑事犯罪作斗争的能力，有效地预防、减少各种严重刑事犯罪活动。

（二）维护社会治安秩序，制止危害社会治安秩序的行为

社会治安秩序包括生产秩序、生活秩序、工作和学习秩序等，公安机关应加强对公共场所、特种行业、危险物品、户口等各项治安行政的管理工作，消除、减少发生犯罪和危害社会治安的各种不安定因素，扫除丑恶现象，提高控制社会治安的能力，创造和维护一个良好的社会秩序。这也是公安机关的一项经常性的重要任务。

（三）维护交通安全和交通秩序，处理交通事故

道路交通是国民经济建设与发展的重要命脉，依法管理城乡道路交通是公安机

关的一项经常性的重要任务。随着改革开放的深入，出现了车辆增多，人、财、物大量流动的情况。在这种情况下，搞好交通管理，维护好交通秩序，进一步提高车速，货畅其流，保障安全，对维护社会治安秩序、服务社会主义现代化建设有着重要的意义。同时，这也是保护公民生命和财产安全的有效途径。

（四）组织、实施消防工作，实行消防监督

公安机关依法对建筑工程、森林、易燃易爆物品、电力与通信设施等进行有效的消防管理和消防监督、审核，实施紧急状态下的扑救工作是保护国家、集体和公民个人财产与利益的重要保障。特别是要采取各种人防、物防、技防手段和措施，加强消防意识的培养和消防知识的宣传，严防恶性火灾事故的发生，维护国家和社会秩序的持续稳定，为改革开放和经济建设顺利进行创造良好的治安环境。

（五）管理枪支弹药、管制刀具和易燃易爆、剧毒、放射性危险物品

我国法律规定，违法制造、买卖、运输或持有、携带枪支弹药的，由公安机关依法予以责令停业整顿或者吊销枪支制造、配售许可证件，扣留、收回、收缴枪支及持枪证件，构成犯罪的，依法追究刑事责任。

非法制造、销售、携带和私自保存管制刀具的，公安机关应予以取缔，没收其刀具，并按照《治安管理处罚法》予以治安处罚。妨害公共安全行为情节严重、触犯刑律的，依法追究刑事责任。

对易燃易爆化学物品，有剧毒、放射性的危险物品，在生产、运输、存储、销售、使用等过程中，都必须向公安机关或相关部门申办相关手续，经过严格审批备案后，持证方可从事相关活动。否则，视为违法经营，公安机关依法予以收缴、注销或销毁。造成严重后果的，依法追究刑事责任。

（六）对法律、法规规定的特种行业进行管理

依照法律、法规规定，旅馆业、刻字业、废旧金属收购业、典当业、小件物品寄存业、机动车修理业、运输业、印章刻制业、出租车运营业等，都属于特种行业范围。以上行业的开办，必须事先向公安机关提出书面申请及提供相关资料，分别由县、市公安机关或省级公安机关审核后颁发营业许可证，才能从事营业活动。

（七）警卫国家规定的特定人员，守卫重要的场所和设施

为了防止敌人的阴谋暗害和自然、治安事故的危害，公安机关还担负着保卫党和国家领导人、首脑机关、重要集会及来华的外国元首、政府首脑等重要外宾安全的职责，以及负责外国驻华使领馆的安全警卫工作。这是公安工作的重要组成部分，是公安机关肩负的一项十分严肃而光荣的政治任务。

（八）管理集会、游行、示威活动

公民的集会、游行、示威权是宪法规定的公民的合法权利。集会、游行、示威的主管机关是集会、游行、示威举行地的县（市）公安局、城市公安分局。游行、示威路线经过属同一市、州的两个以上县（市、区）的，主管机关为市、州公安机关。游行、示威路线经过两个市、州的，主管机关为省公安厅或者省公安厅委托

的市、州公安机关。

举行集会、游行、示威未依照法律规定或者申请未获许可，或未按照主管机关许可的目的、方式、标语、口号、起止时间、地点、路线进行以及在进行中出现危害公共安全或者严重破坏社会秩序情况的，人民警察应当予以制止，不听制止的，人民警察现场负责人有权命令解散；拒不解散的，人民警察现场负责人有权依照国家有关规定，决定采取必要手段强行驱散，并对拒不服从的人员强行带离现场或者立即予以拘留。

（九）管理户政、国籍、出入境事务和外国人在中国境内居留、旅行的有关事务

我国公安机关依法承担对我国居民实行户政管理、公民出入境管理、外国人入出境管理及台湾居民通行证件签注和延期办证等职责。

对于法律规定的不准入境的外国人、不准出境的中国公民，公安机关可依法进行管理和处置，以维护国家安全，维护社会治安秩序，保护公民的人身安全、人身自由和合法财产，预防、制止和惩治违法犯罪活动，保障改革开放和社会主义经济建设的顺利进行。

（十）维护国（边）境地区的治安秩序

国（边）境管理工作是具有武装性质的国（边）境安全保卫工作，是国家安全保卫工作的一个重要方面，是公安保卫工作的重要组成部分，具有执行人民民主专政和处理边境涉外事务的职能。

国（边）境管理的基本任务是：在沿边、沿海地区，依照国家法律和政策，通过专门机关和广大人民群众相结合的途径，武装警卫国（边）界，加强治安管理和对敌斗争，防范和打击潜入潜出的敌人和其他犯罪活动，正确处理边境涉外事务，维护国（边）境地区的社会秩序，维护国家主权、领土完整，保卫国家安全，保障国家社会主义现代化建设顺利进行和边疆民族地区的经济发展。

（十一）对被判处拘役、剥夺政治权利的罪犯执行刑罚

公安机关除了承担打击、制裁违法犯罪和保护、服务人民的任务之外，还承担着对被判处拘役、剥夺政治权利的罪犯执行刑罚的职责，这在维护社会治安秩序、化消极因素为积极因素、进行公安控制、加强社会主义法制建设、宣扬社会主义的人道主义等方面具有十分重要的意义。搞好这项工作，是党和人民的重托，是历史赋予公安机关的光荣任务。

（十二）监督管理计算机信息系统的安全保护工作

随着科学技术的不断进步，计算机技术手段越来越广泛地被运用于社会生活的各个领域，加强对计算机信息系统的安全保护，进行科学、系统的监督管理是公安机关面临的一项新的职责。为了防止"黑客"和"病毒"的入侵与破坏，预防违法犯罪分子利用计算机从事诈骗、盗窃、传播反动迷信和黄色信息等活动，公安机关必须积极应对，以全面推动"金盾工程"建设为契机，把公安信息化建设作为

重要战略任务，构建公安计算机信息网络安全系统，设置网络治安管理警察，与计算机专家共同开发、研制计算机信息系统安全保护的程序与产品，有效地保障社会主义经济秩序，促进社会主义物质文明、政治文明与精神文明建设，进一步推动现代警务机制的建设。

（十三）指导和监督国家机关、社会团体、企事业组织和重点建设工程的治安保卫工作，指导治安保卫委员会等群众性组织的治安防范工作

随着社会的变革与转型，党的工作重心已转移到经济建设上来，国家机关、社会团体、企事业组织和重点建设工程等经济文化保卫工作处在一个十分重要的地位。根据《全民所有制工业企业法》和全国人大常委会《关于加强社会治安综合治理的决定》，以及公安部《关于企业单位公安机构改革实施办法》，内部单位和国家重点建设项目的保卫工作必须进一步加强。与此同时，还要结合社区警务建设的开展，大力加强对治安保卫委员会等群众性组织的指导工作，为全面实现社会治安综合治理而共同努力。

（十四）法律、法规规定的其他职责

随着社会主义建设和改革开放步伐的不断加快，公安机关承担的历史任务也日益繁重，党和国家将依法根据需要赋予公安机关新的、更加神圣的职责。

此外，《人民警察法》还规定了公安机关在救护、扶助、调解等公益方面的责任义务，要求人民警察遇到公民人身、财产安全受到侵犯或者处于其他危难情形时应当立即救助；对公民提出解决纠纷的要求应当给予帮助；对公民的报警案件应当及时查处。人民警察应当积极参加各种抢险救灾活动。①

《人民警察法》第19条还明确规定："人民警察在非工作期间，遇有其职责范围内的紧急情况，应当履行职责。"这一规定，一方面指出人民警察在遇到职责范围内的紧急情形时，即使在非工作时间也必须履行职责，不得借口不在工作时间而逃避履行职责；另一方面也确认了人民警察在非工作时间对紧急情形履行职责的合法性，它表明维护国家安全和社会秩序、保护人民群众的合法利益是人民警察的全时性职责，作为一个职业警察，即使在非工作时间，遇有其职责范围内的紧急情况，也应当履行职责。

二、公安机关人民警察的法定义务

（一）人民警察义务的概念和特点

人民警察的义务，就是人民警察在行使权力、履行职责的过程中必须作出或者不得作出一定行为的约束。

人民警察的义务具有以下特点。

1. 人民警察的义务主体具有特定性。人民警察的义务是基于人民警察的职务

---

① 参见张开贵等．公安学基础理论新编．中国人民公安大学出版社，2004：118.

关系而产生的，这决定了承担和履行人民警察义务的主体是特定的，即人民警察义务的承受主体仅限于人民警察。

2. 人民警察的义务具有平等性。人民警察在法律上的义务是平等的，即一方面，作为人民警察，无论其职务高低、资历深浅、警种是否相同，都要履行法律所设定的人民警察义务；另一方面，国家公安机关、检察机关、司法机关及其他机关对人民警察的公务行为实行监督，对任何民警的违法行为都要追究法律责任。

3. 人民警察的义务具有国家任用性。人民警察的权力、义务来源于国家的任用行为，只有得到国家选任，建立了国家对人民警察的任用关系时，被任用者才必须遵守和履行人民警察的义务，一旦脱离了与国家的任用关系，则其不再具有人民警察的身份，也不再承担人民警察的义务。

（二）人民警察义务的内容

《人民警察法》第 20 条对人民警察在履行职务过程中的行为要求作出了规定，明确了人民警察的义务。

1. 秉公执法，办事公道。秉公执法，办事公道，其核心就是一个"公"字，即要做到出于公心，不为权势、金钱、私情和其他私利所动，刚正不阿，公正无私，不偏不倚，不枉不纵，在执法办案和办理一切事务中坚持"以事实为根据，以法律为准绳"和"公民在法律面前人人平等"的法制原则，维护社会主义法制的尊严。

要做到秉公执法，办事公道，必须具备较高的业务水平和政策水平，有较强的法律意识和法制观念、较高的法律素质和执法水平。凡是法律规定禁止做的事情，人民警察坚决不做；凡是法律规定必须做的事情，人民警察带头去做；凡是法律赋予人民警察的职权，必须依照法律规定去行使。在执法过程中坚持实事求是，重证据、重调查研究，忠于事实，正确适用有关法律，做到不枉不纵、依法办事、清正廉明，排除各种社会关系和人情的干扰，抵御金钱、美色等各种诱惑。

2. 模范遵守社会公德。社会公德是一定社会中被社会所有成员共同确认并自觉遵守的基本道德准则，它是在社会人际交往和社会公共生活中形成的，反映社会人际交往和社会公共生活的要求，调整人们在社会人际交往和社会公共生活中的行为的道德准则。社会公德是所有社会成员必须普遍遵守的行为准则。

人民警察是社会公共利益的捍卫者，是社会秩序的维护者，是正义、公正的象征，这就决定了模范遵守社会公德是人民警察义不容辞的义务。人民警察模范遵守社会公德具有重要意义：有利于人民警察履行其维护社会秩序的职能，增强其执法的权威性；有利于推动和促进良好的社会风气与社会秩序的形成；有利于提高人民警察自身的素质，在人民群众心中树立起人民警察的良好形象，赢得人民群众的尊敬、信任和支持。

3. 礼貌待人，文明执勤。人民警察必须做到文明办事、礼貌待人，接待群众要热情耐心、态度和蔼，杜绝"冷、硬、横"。执勤中要依法办事，不卡压，不刁难，不恶语伤人，不冷嘲热讽，不讲粗话、脏话，对犯罪嫌疑人、犯罪分子实行文明管理，不打骂、不体罚虐待，实行人道主义。

4. 尊重人民群众的风俗习惯。我国幅员辽阔、民族众多，各地区、各民族都有自己的风俗习惯，人民警察必须执行党和国家的民族政策，尊重各地区、各民族的习俗，做维护民族团结的典范。

三、职责与相关范畴的关系

公安机关作为国家为实现国家安全和社会稳定，依照法定程序和特殊模式组合起来的，具有特殊职权、功能和高度权威性的社会系统，其性质、职能、任务、职责、权力关系密切，彼此相互依赖，互为依据、实现方式和条件，既有联系，又有区别，为便于准确把握，下面进行简要阐述。

公安机关是人民民主专政的重要工具之一，是具有武装性和刑事司法性的国家治安行政管理机关，这是公安机关的性质，是公安机关区别于人民军队、人民检察院、人民法院及其他国家行政机关的根本属性。

公安机关的职能，是指公安机关对国家和社会应发挥的效能与作用。其基本职能包括依法对蓄意破坏和推翻社会主义制度、严重危害人民利益的敌对势力、敌对分子实行镇压、制裁、控制、改造，以巩固人民民主专政，保卫人民的权利的对敌专政的职能，以及公安机关依靠人民、保护人民、教育人民、管理社会公共安全事务、服务人民的民主职能。

公安机关的任务，是指公安机关在国家法律所确定的管辖范围内，为实现一定的目标所开展的工作内容，其基本任务是维护国家安全，维护社会治安秩序，保护公民的人身安全、人身自由和合法财产，保护公共财产，预防、制止和惩治违法犯罪活动，保卫社会主义制度，保障改革开放和社会主义现代化建设的顺利进行。公安机关肩负着巩固共产党执政地位、维护国家长治久安、保障人民安居乐业三大政治和社会责任。

公安机关的职责指的是公安机关依法在管辖范围内应承担的责任和义务，具有法律性、有限性、责任性的特点。首先，公安机关的职责是由国家法律和法规所确认的，具有法律性。其次，公安机关的职责是有范围的，超过范围，就是越权，具有有限性。最后，公安机关及其人民警察必须依法履行职责，如不履行职责或滥用职权，将受到纪律乃至法律的追究，具有责任性。

公安机关的权力，是公安机关在国家规定的职责范围内依法可以行使的权威性措施和手段。它与国家其他权力一样，具有支配和要求服从的意义。公安机关的各项权力都由国家法律和法规规定。反映国家意志、行使公安权力是一种法律行为，必须在法律规定的职责范围内依法定程序进行，具有突出的法定性。公安机关以暴力为后盾，可以采取行政的、刑事的强制手段和措施。特别是对违法犯罪分子依法可以采取人身方面的强制措施，实施对象只能服从，具有特殊强制性。公安权力只限于公安机关及其工作人员使用，其他任何机关、团体和个人都无权行使，具有特许性。公安机关的意思表示，是国家意志的单方面表示，不以当事人是否同意为条件，具有单向性。

公安机关的性质是公安机关诸因素中的根本性决定因素，并由此决定公安机关的任务和职能。而公安机关的性质与职能，则是通过公安机关的任务体现出来的。公安机关的职责是公安机关基本任务的具体化，是由公安机关的性质和任务确定的。也就是说，公安机关的性质、职能，决定了公安机关的任务，而公安机关的性质、任务则决定了公安机关的职责。性质、职能、任务和工作是通过履行职责和行使权力来体现与完成的。

职责，是指任职者为实现一定的组织职能或完成工作使命在管辖范围内应承担的责任和义务。职能，是指人、事物、机构所应有的作用。职责强调应该做什么，职能强调能够做什么。公安机关的任务和职能是通过公安机关及其人民警察履行职责和行使权力来实现的。职责确定权力的目的与范围；权力是实现职责的措施、手段。职责，作为法定的责任义务，在文件中常表述为"应该"做什么、"必须"做什么。权力，作为国家赋予的可用手段，在文件中常表述为"可以"采取什么措施、"有权"采取什么手段。

公安机关的性质是确定公安机关任务、职责、权力的依据，是制定公安工作路线、方针、政策的依据，是制定公安队伍建设基本方针的依据。正确认识公安机关的性质是正确理解公安机关的宗旨、职能、任务、职权、体制、机构、工作、政策、法制、业务等规定性范畴的前提。只有明确公安机关的性质，才能避免出现要求公安机关从事超越职权范围活动的情况，才有利于公安机关正确行使职权。

公安机关归属于国家政府行政机关的这一特定组织属性决定了公安机关必须坚持国家行政机关实施公共管理、为社会提供公共服务的本质，要防止在公安工作中引入商品关系；坚持公安机关的特点，防止当成一般行政机关；坚持职权界限，防止越权行事；坚持依法行政，防止滥用职权。

四、职责履行中存在的问题及解决

（一）公安机关履行职责中存在的问题

"立足于本职干好工作，是实现公安工作科学发展的内在要求。尽管形势不断变化，但公安工作始终有其本职的核心内容，所以要特别注重干好本行、本业、本职。"[①] 随着我国法治建设的推进和社会文明程度的提高，作为构建和谐社会、维护社会稳定的专门力量，国家行政执法和刑事执法的重要执法主体之一，公安机关依法履行职责，充分发挥其职能作用，已然成为社会发展对公安机关提出的基本要求和全社会的关注焦点。而公安机关近年来通过"公安大接访"活动，"构建和谐

---

① 贺电. 推进公安工作科学发展的思考. 当代法学，2011（2）.

警民关系、大力推进公安信息化建设、加强执法规范化建设"三项建设活动，"群众工作能力，理性、平和、文明、规范执法能力，基层实战能力，驾驭复杂局势能力，舆论引导能力"公安机关领导干部提高五个能力活动，"社会矛盾化解、社会管理创新、公正廉洁执法"三项重点工作活动，"公安机关大学习、大讨论"集中教育活动，"为何从警、如何做警、为谁用警"大讨论活动，"大学法、大培训、大练兵"活动等一系列专项活动的开展，提高了公安队伍的整体素质和执法办案能力，执法质量和水平有了显著提升，但在职责履行方面距离法治的目标和人民群众的要求仍有差距，存在以下问题。

1. 意识理念的落后和错误导致不履行或不认真履行职责。公安机关职能作用的发挥是通过公安机关及其人民警察在具体的执法活动中履行职责得以实现的，改革开放的深入，民主法制建设步伐的不断加快，要求公安机关及其人民警察在执法办案中必须与时俱进，不断更新执法意识，树立先进的执法理念，才能确保正确履行职责，发挥公安机关的职能作用。然而，在部分警察身上，法律意识、证据意识、程序意识、人权保障意识、服务意识未能形成，以人为本和人性化执法的理念、法治理念、执法为民的理念、依法行政的理念未能确立，而一些落后的传统执法观念没有得到及时的更新，以言代法、以权代法、唯长官意志和权力执法、以审代查、重口供轻证据等错误理念却依然存在。导致在现实中一些公安机关及其人民警察不履行或不认真履行《人民警察法》第6条规定的公安机关及其人民警察的十四项法定职责。这在当前一些基层公安机关中表现得尤为明显。具体表现在法律知识匮乏，执法方式简单、粗暴，接待群众缺乏耐心，不及时处理群众的报警，不及时立案、调查，对群众保护人身、财产权利的求助不理不睬，对公民依法申领证件、执照故意刁难，无故拖延，接到故意伤害案件的报案后，不是由具有执法权的民警出警，而是直接安排给无专业警察素质的治保会或协警去处理，延误时机，导致加害人逃避制裁、受害人合法权益得不到保护等诸多公安机关及其人民警察未能正确履行职责的情形出现。甚至因公安机关及其人民警察不履行法定职责而引发的行政诉讼和国家行政赔偿案件时有发生，给公安机关的形象和声誉造成了不良的影响。

例如，2003年，某县公安局因未对处于危难中的公民实施及时求助而被人民法院判令承担相应的国家行政赔偿责任，该局副局长被人民检察院以涉嫌构成玩忽职守罪立案侦查，最终作出相对不起诉决定。

2009年，云南省昆明市某县看守所因存在"牢头狱霸"殴打、体罚在押人员等监管不到位、管理混乱等公安机关不履职尽责及不认真履行法定职责的问题，导致犯罪嫌疑人李某被"牢头狱霸"殴打受伤致死，引发轰动全国的"躲猫猫事件"。该县看守所涉嫌渎职犯罪的民警被追究刑事责任，其他相关人员被行政处理，云南省公安机关通过媒体公开向死者家属致歉。

2. 履行职责过程中执法缺乏规范性。随着公安执法规范化建设的深入，以及

《公安机关办理行政案件程序规定》《公安机关办理刑事案件程序规定》《公安机关执法细则》的严格执行，公安机关在履行职责过程中，执法的规范性有了相应的制度保障，但在实际工作中不规范执法的情况仍时有发生。例如，执法主体方面，安排协警、保安、见习生、实习生进行讯问并制作笔录，甚至参与办案；执法动机方面，办"权力案""金钱案""指标案""人情案"，为了创收而办案，为了完成案件数而办案，对打架、吵架、民间纠纷等没有经济利益，既"浪费"时间又无"油水"可捞的治安案件，民警互相推诿，不愿办理，而对抓嫖、抓赌等有经济利益的、"油水多"的案件则争着办理，借办案之机吃拿卡要，有的甚至索贿受贿、贪赃枉法；执法实体方面，定性不准、主要证据不足、适用法律不当、处理不公甚至明显失当；执法程序方面，执法程序启动不规范、先调查后立案、先进行处罚后作出处罚决定、当场处罚不出示证件、处罚决定书不及时送达、该立案不立案、该撤案而不撤案、该采取侦查措施不采取、该解除侦查措施不解除、滥用强制措施、超期羁押、随意扣押、该收集的证据不收集或不及时收集、该鉴定的不鉴定、该勘查现场的不勘查、证据取舍随意性大，甚至收集证据手段不合法，刑讯逼供、诱供时有发生，讯问违法犯罪嫌疑人时不履行告知义务，没有告知当事人应享有的权利和应履行的义务，或未全面告知等；在执法态度方面，仍存在冷、硬、横、推，不理性、不平和的问题，一些民警往往以"管理者"自居，在处理案件时态度粗暴，对群众情绪不善疏导，导致一些案件处理的结果是案虽结了，事却不能了，甚至埋下了隐患。

3. 大量非警务活动的承担。所谓非警务活动，指的是公安机关从事的，不属于《人民警察法》和公安部《110接处警工作规则》规定范围的，本不应由公安机关承担的各种社会事务活动。尽管《人民警察法》对人民警察的职责范围有着明确的规定，一方面，某些地方政府党政领导动辄对公安机关发号施令，让公安机关过多地参加一些与自身职能无关的非警务活动。例如，以综合治理之名出现的泛滥的征地拆迁、催讨税款、计划生育罚款等活动的联合执法，因公安机关有强制措施权、处罚权，要求公安机关"撑场面""造声势"，起到震慑作用。这些非警务活动不仅占用了大量警力，还转嫁了矛盾，使其他部门的行政争议转化为警民矛盾。甚至要求公安机关参与一些与公安职责完全无关的各类商业性活动的安保工作。另一方面，因一些社会性事务一旦性质发生转化，就可能危及社会稳定，所以非警务活动和警务活动往往在实践中很难有一个清晰的界定，公安机关在每天接处的110报警中，绝大多数都是非警务活动，尽管维护了社会稳定，提升了警察在民众心中的满意度，但也给警力严重不足的公安机关带来了巨大的压力。

例如，对于一些应由政府、国土资源部门、法院处理的征地拆迁事务，虽然《2011年公安机关党风廉政建设和反腐败工作意见》明确指出，"各级公安机关要把维护党的政治纪律放在首位，要认真贯彻国务院严格征地拆迁管理工作的有关要求，严禁公安民警参与征地拆迁等非警务活动，对随意动用警力参与强制拆迁造成严重后果的，严肃追究相关人员的责任"，但现实却是，公安机关总是难免参与征地拆迁或者由此引发的各种事件，成为收拾"烂摊子"的"清道夫"。这是因为，社会转型过程中所形成的不同利益群体之间的利益冲突是影响社会稳定的重要因素，当利益冲突发生时，鉴于公安机关特有的强制力，公安机关总被置于矛盾冲突的前沿，公安机关在维护秩序的同时充当冲突群体的调解者。特别是在政府与其他社会群体发生利益冲突时，为了减缓行政执法的阻力，一些地方党委、政府滥用其对当地公安机关"块"的领导权，以"综合治理"、"联合执法"的名义，要求公安机关参加政府其他行政职能部门进行的行政执法，如农村征地、城市拆迁、市容整顿、工商管理、烟草收购，甚至动用警力解决计生、上访问题。公安机关和人民警察因其国家执法者的身份，常被视为政府的代言人，直接承受着不满和怨气的发泄，客观上被置于与人民群众对立的各种矛盾冲突的第一线，导致警民关系紧张，公安机关陷入公众信任危机。

再如，110 指挥中心的建立，是为了提高公安机关对违法犯罪的快速反应和处置能力，为了对人民群众"救急、救难、救险"。然而，公安 110 出警免费、迅速、服务周到，以及"有困难找警察"及"有警必接、有难必帮、有险必救、有求必应"口号的提出，导致人民群众误以为"有求必应"就是公安机关的职责所在，但凡有事就拨打 110，无论是否属于公安机关职责范围以内的事，均向人民警察求助。有的人使用 ATM 机被吞卡，就拨打 110 报警，而这本为银行事务；有的人在公共场所丢失个人物品，就找警方启动用于侦查破案的监控设备，寻找失物；有的人因噪声扰民报警，而建筑工地产生噪声，本归属环保部门管理；家庭纠纷、债务纠纷、劳资纠纷、医疗事故纠纷、生产安全事故纠纷等，这些原本归属社区、劳动社会保障部门、卫生部门、安监部门管理，或应通过司法程序，由法院裁决的社会事务因其他相关部门不积极主动履行自己的职责，当事人往往首选报警，要求公安机关处理。

《公安机关人民警察内务条令》第 32 条规定："公安民警应当热情为求助的群众提供必要的帮助……"《人民警察法》第 21 条规定："人民警察遇到公民人身、财产安全受到侵犯或者处于其他危难情形，应当立即救助；对公民提出解决纠纷的要求，应当给予帮助；对公民的报警案件，应当及时查处。人民警察应当积极参加抢险救灾和社会公益工作。"但由于对"其他危难情形""必要的帮助"等缺乏明确的界定，而其法定性又意味着如果拒绝履行就可能构成违法，公安机关往往为了不使老百姓失望，为了避免被指责不作为只得花费大量的时间和精力去处理，每天都有大量公安民警在各个非警务现场疲于奔命。

过多的非警务活动带来三大危害。首先，对公安机关和政府公信力会造成不良影响。公安机关"越俎代庖"越权插手一些职责以外的事务，不仅影响警察执法的严肃性，损害警民关系，同时，因在非警务活动中滥用警力和滥用强制措施更是造成了公众对整个政府形象的质疑。其次，导致公安机关正常警务工作得不到群众的理解和支持。因公安机关被频繁地推向征地拆迁等联合执法第一线，公安机关客观上成为政府不作为、乱作为的"替罪羊"，损害了公安机关在公众中的形象，使警民关系恶化、警察权威下降，警察在正常执法执勤时难以取得公众对公安执法的理解和支持。最后，非警务活动大量占用警力资源，使得有限的警力难以集中于正常的警务工作。110 的设立在提高公安机关打击现行违法犯罪活动、处置各类突发事件的快速反应能力的同时也为群众提供了快捷、有效的"急、难、险"综合服务。然而公众对警察的预期远远超出了公安机关的职责和精力，对"有困难找警察"的误读使得非警情报警巨量存在，接、处这些非警情报警已然给正常的警务活动带来了巨大压力和影响。

4. 超越职责范围行使职权或滥用职权。对于这一类的问题，本书将在本章第二节中的"公安机关权力的实施与控制"部分予以详述，在此不再赘言。

（二）问题的解决

确保公安机关及其人民警察正确履行职责，要求公安机关民警必须要切实增强"四个意识"——政治意识、大局意识、核心意识、看齐意识。增强政治意识，就是要坚定理想信念，坚定对马克思主义的信仰，始终坚持正确的政治方向，贯彻党的路线方针政策不含糊，始终做政治上的明白人。增强大局意识，就是要善于从全局高度，用长远眼光观察形势、分析问题，自觉在顾全大局的前提下做好本职工作。增强核心意识，就是要深刻认识到中国共产党是领导中国特色社会主义事业的核心力量，要相信党、依靠党，任何时候不能反党、不能叛党。要自觉维护党中央委员会和中央政治局对全党实行集中统一领导，必须坚决地、不折不扣地贯彻执行党中央的路线方针政策。要坚决听从以习近平同志为核心的党中央的指挥，绝不妄议中央、绝不搞阴谋诡计，把智慧和力量凝聚到实现以习近平同志为核心的党中央提出的各项任务目标上来。增强看齐意识，就是要经常、主动地向党中央看齐，向党的理论和路线方针看齐，在思想上、政治上、行动上同党中央保持高度一致。自觉向习近平总书记看齐，向党的理论和路线方针政策看齐，向党中央决策部署看齐，锲而不舍地抓好公安机关各项工作的推进落实，深入分析当前公安工作中存在的问题，从思想认识、工作方法等方面深刻剖析原因，进一步加强思想引导，准确把握公安工作的规律特点，有针对性地进行改进。通过强化"四个意识"，坚持人民公安为人民，全面加强正规化、专业化、职业化建设，做到对党忠诚、服务人民、执法公正、纪律严明，紧紧围绕维护国家安全和社会稳定总任务，进一步提振精气神、凝聚正能量，以更加坚定的信念、更加高昂的斗志、更加过硬的作风，全力以赴地投入到维护国家安全和社会稳定的各项工作中，圆满地完成好党和人民交给的各项任务，决不辜负党和人民的重托与期望。

第一，更新观念，树立正确的执法意识和先进的理念。确立法律至上意识、人权保障意识、服务意识、证据意识、程序公正意识，建立起以人为本和人性化执法理念、法治理念、执法为民理念。在处理法律与权力的关系上，摒弃以往根深蒂固的权力至上思想，改变部分民警习惯按领导意志办事的陋习，重视法律的要求，做到法律面前人人平等，切实从保障人权、维护公民合法权益出发来执法，杜绝以权代法的现象。全面掌握执法领域的相关法律知识，并能做到熟练运用，在各项执法活动中，都能"以法律为准绳"，使每一起案件的办理都依法依规、客观公正。强化证据意识，按照证据规格的要求，做到依法主动、及时、客观、全面、公正、细致地收集与案件有关的各种证据，并注重对证据的来源、真实性进行审查，使收集的各种证据之间能互相印证，形成一个完整的证据体系。坚决防止因取证不及时造成拖案、积案，坚决防止因取证不客观、不全面、不公正而造成冤假错案。树立程序公正意识，克服"重实体、轻程序"的错误倾向和"只问结果，不要过程"的实用主义思想，转变重职权、轻人权的观念，以及重领导批示、重经验而轻法律的观念，严格执行程序法，用程序法来保障实体法的顺利实施。强化以人为本和人性化执法、执法为民的执法理念，要认识到保护公民的合法权利才是执法的最终目的，那些漠视公民权利，认为只要是在打击犯罪，就可以不顾违法嫌疑人和其他公民的合法权益，为了稳定大局侵犯一些人的权利也在所难免的想法和行为都是错误的，要做到"权为民所用，利为民所谋"，强化执法为民的理念，把实现好、维护好、发展好广大人民群众的根本利益作为执法工作的出发点和落脚点，把人民群众满意作为公安执法工作的最高标准。构建和谐警民关系，严格执法，热情服务群众，在人民警察与人民群众之间形成一种相互支持、相互理解的良性互动。

第二，加强教育培训，全面提高警察素质。强化警察法律业务素质的培养提高，加强民警对执法工作相关法律法规的全面掌握及对以执法程序和工作规范为重点的业务知识的熟练运用，全面提升公安队伍的整体素质。

第三，强化执法规范化建设。规范执法环节，推进公安执法规范化、法制化。对公安机关的每一个执法行为、执法环节、执法措施制定明确、严密、标准、可操作性强的规定，使执法工作规范化、标准化、法制化、正规化。严格规范执法依据，使每一项执法活动都有充分、准确、具体的法律、法规和政策依据。严格规范执法程序，使每个执法民警都明确执法职责，减少执法工作的随意性和偏差。严格规范执法行为，使民警明确在执法活动中应该如何做，哪些应该做，哪些不应该做，并在具体工作中自觉遵守，逐步形成良好、规范的行为模式。严格规范执法监督和责任追究制度，监督从110接处警、现场取证等方面入手；严把执法"源头关"，从执法办案网上流转、网上审批、网上管理入手；严把"过程关"，从规范卷宗和涉案财物管理入手；同时，严把执法"结案关"。为适应新的执法要求，必须有完善的执法制度，保证每一项执法活动都有章可循、有规可依。建立领导和民警的执法责任制度，确保执法办案质量。坚持制度建设，以规范化建设带动公安工作的正规化。针对公安执法工作实际和存在的问题，制定一系列执法的规范性文件、制度和执法守则等，如执法责任制，案件评查考核制，案件办理终身制，案件审核把关制，办理案件主办科员制，一案一评制，执法过错责任追究制，信访案件受理、移交、承办、督办、回复、执行责任制等。通过制度建设，将民警的所有执法行为纳入规范化管理轨道。强化执法管理，推进整体执法水平稳步提高。建立一整套能够兼顾公平与效率的科学、系统、有效的执法管理体系。在充分运用案件审核、执法检查、执法质量考评、责任追究等现有手段的基础上，变事后考评为全过程管理，变单一方式、间或性监督为全方位、逐一执法环节的监督，对执法实行全流程、全过程管理，严把证据关、定性关、程序关、文书关，以保证每一起案件都合法、公正。以执法办案和监督信息系统为平台，用信息化手段支撑、保证对执法办案的管理，用信息化手段提高执法规范化建设的效率。进一步拓宽执法管理的思想和视野，科学设置执法办案的工作标准以及相应的权力机制，防止权力滥用现象的发生。完善公安执法监督制度，强化执法监督。要充分认识加强执法监督工作既是实现公安法制化的需要，也是适应社会民主法制发展的需要，更是促进依法治警的需要，要切实转变各级领导和广大民警的思想观念，增强自觉接受监督的意识。既要理顺公安内部执法监督工作关系，进一步落实执法责任制和执法质量考评机制，落实公安行政复议、听证和国家赔偿制度，也要健全外部监督机制，主要接受权力机关、检察机关、社会各界和人民群众的监督，不断增强监督实效。实行警务公开，开设多种投诉、举报渠道，实施计算机监督管理等，以丰富监督形式。

第四，科学化解非警务活动压力。端正执法理念，牢记警察职责，大力加强法制宣传，提高公民包括各级领导的法制意识，加强警务公开，做好宣传工作，争取各级领导和人民群众就公安机关和人民群众对非警务活动说"不"的理解和支持；规范警察执法机制，依法界定110职责范围，解决非警务活动过多过滥问题，为110"减负"。强化社区警务建设，注重警方主导下的民力资源的挖掘，巧借社会各界力量处理非警事务；加强对社会矛盾纠纷的预警研判，防微杜渐，对非警务活动中的一些易于转化成治安案件、刑事案件或群体性事件的矛盾纠纷提前介入和主动工作，从源头上预防和减少社会不稳定因素，筑牢维护社会稳定的第一道防线。在加强和创新社会管理的背景下，准确定位公安机关在社会管理中的角色，科学化解公安机关的非警务活动压力，以确保公安机关集中精力做好治安管理、刑事侦查和控制犯罪等本职工作，提升公安机关工作效率和战斗力。

‖ 第二节　公安机关的权力 ‖

一、警察权及特征

（一）警察权的概念

警察权，亦称警察权力，一般是指主权国家用以维护国家安全和社会治安秩序，预防、制止和惩治违法犯罪活动而依法实行的强制力量。在我国，警察权是指国家依法授予公安机关、国家安全机关等警察机关以及公安机关、国家安全机关、监狱、劳动教养管理机关的人民警察和人民法院、人民检察院的司法警察履行维护国家安全和公共秩序的职能所必需的各种权力，包括履行警察刑事职能和行政管理职能过程中所运用的一切权力的总称，亦即警察职权。

警察权属于国家政治权力的范畴，体现的是国家的意志，是国家公共权力的重要组成部分和分设形态，其权力的来源及其作用的后果均归属于国家。警察权源于国家的赋予，是警察机关依法取得并依法在警务活动中实施的权力，是实现警察职能、完成警察任务的保证。

（二）警察权的特征

为对公民作为人其生而应当享有的基本人权予以切实的保障，国家通过法律赋予了本国公民相应的公民权。所谓公民权，《辞海》给出的定义是：公民依法享有的人身、政治、经济、文化等方面的权利，指的是每个公民都依法享有政治权利和民事权利。《宪法》规定：公民有选举权和被选举权；有言论、出版、集会、结社、游行、示威的自由；有宗教信仰自由；有人身自由不受侵犯、人格尊严不受侵犯、住宅不受侵犯的权利；有通信自由和通信秘密受法律保护的权利；有对任何国家机关和国家工作人员提出批评和建议，并对他们的违法失职行为向国家机关提出申诉、控告或者检举的权利；有劳动的权利和义务；有休息的权利；在年老、疾病或者丧失劳动能力的情况下有从国家和社会获得物质帮助的权利；有受教育，进行科学研究、文学艺术创作和其他文化活动的权利；妇女在政治的、经济的、文化的、社会的和家庭的生活等各方面享有同男子平等的权利。《民法通则》规定，公民的民事权利包括财产所有权、债权、知识产权、人身权（生命健康权）、姓名权、名称权与肖像权、名誉权与荣誉权、自由权、隐私权、家庭成员之间的身份权等。

为了更有效率地维护社会秩序和保障公民权利，国家以其强制力要求公民将一部分自由和权利让渡给警察权。所以，从本质上分析，警察权实质上是一个国家的公民对其享有的公民权的让渡。一个国家警察权的大小和公民权的大小往往是成反比的，警察权越大，公民权让渡得就越多，从而公民权被侵夺的可能性就越大。警察权扩张，公民权就会受到限制；而对公民权的保障，又会对警察权形成制约；保持一定限度的警察权，是现代国家实现法治社会的共识，但如果超越了某种限度，就会构成对公民权的伤害与威胁。例如，警察权一旦被滥用，结果就是公民权的缺失。对警察来说，"法无授权"即禁止，对公民来说，"法无禁止"即自由，一个国家的警察权的大小往往和这个国家的法治程度成反比例关系，法治程度越高的国家，警察权越小，而在一个警察权相当庞大、在社会中占有垄断地位的国家中，它的法治程度一定是比较低的。

保障公民权利、维护社会秩序是警察权存在的理由和根本价值，只有把保障公民权作为确立警察权的核心，达到警察权和公民权的平衡，才可能实现警察权和公民权的统一。

警察权因其来源及作用而具有法定性、执行性、强制性、单方性、不可处分性等基本特征。

1. 法定性。法无明确授权不得为之，警察权是法定权力，为法律所设定，警察权的行使必须合法，不得超越警务活动的范围而涉及其他领域。

2. 执行性。警察权从根本上说是执行法律、执行权力机关意志的一种国家权力，警察权的运用必须对国家权力机关和主管部门负责。

3. 强制性。警察权以国家法律为后盾，是受到国家强制力支持的。因此，警察权在实施过程中其权力作用对象有服从义务，有关机关有协助职责。

4. 单方性。警察机关依法对国家安全、社会治安秩序进行管理，体现国家和人民意志，警察权的行使是单方行为，而非双方行为，警察权的实施不以权力相对方的意志为转移。

5. 不可处分性。警察机关有权实施警察权，但无权对它作任何处分，警察机关不得自由转让警察权，除符合法定条件，经法定程序外，警察机关不得自由放弃职权，否则必须承担法律责任。

二、公安机关的权力及特征

公安机关的权力，是公安机关及其人民警察在维护国家安全和社会治安秩序时，通过执法活动体现和贯彻国家意志的强制性权威手段。公安权力从性质上看，属于国家公权力，公安权力的行使就是行政职权的行使。公安权力作为一种国家权力，具有法定性、强制性、特许性、单向性的特点。

三、公安机关权力的构成

公安机关的权力主要由治安行政管理权、刑事执法权、紧急状态非常措施实施权、警械武器使用权四方面所构成。

（一）治安行政管理权

治安行政管理权，是指国家通过立法赋予公安机关进行治安行政管理的权力，包括治安行政处置权、治安行政处罚权、治安行政强制权。

1. 治安行政处置权。治安行政处置权，是指公安机关在公共场所管理、道路交通管理、消防管理、危险物品管理、特种行业管理和出入境管理等治安行政管理活动中，为了维护社会秩序和公共安全，依法对特定的人、物、事、场所采取的命令、禁止与取缔、许可等权力行为。治安行政处置权的内容是命令、禁止与取缔、许可等。

（1）治安行政命令，是指公安机关为了维护社会治安秩序和公共安全，依法向负有特定义务的人发出的作为、不作为和约束的指令。这种命令又称"警察命令"。由于警察命令是公安机关为执行治安法规而直接采取的命令行为，所以与普通行政命令不同。

（2）治安行政禁止与取缔，是指公安机关依法对于某些违反治安管理规定、扰乱社会秩序、妨害公共安全的行为宣布禁止，予以取缔，并对违禁者予以法律制裁的权力。

（3）治安行政许可，是指公安机关在治安行政管理中，根据公民、法人和其他组织的请求，允许或否定其请求的权力。这种权力通常表现为决定、审核、批准、登记等形式，概括地说，都是对某种请求（请求实行某种与治安相关的行为）的许可或不许可。

2. 治安行政处罚权。治安行政处罚权，是指公安机关人民警察对不履行治安管理法规确定的义务或者危及社会治安秩序，情节轻微、尚不构成刑事处罚的行为所实施的一种处罚，包括警告、罚款、治安拘留、限期出境和驱逐出境、扣留和没收许可证件等。法律依据有《治安管理处罚法》以及《道路交通管理条例》等一系列法律、法规。

3. 治安行政强制权。治安行政强制权，是指公安机关和人民警察在依法进行治安行政管理和实施治安行政处罚时，为达到使行为人履行法定义务或接受处罚的目的，对不履行法定义务或不服从治安行政处罚的人所采取的人身和物品的强制手段。治安行政强制权包括盘问权、保护性人身约束权、强制戒毒权、收容教育权等。主要手段有强制传唤、强行带离现场和强制拘留、强制隔离、约束特定的人、盘问检查等。

（1）盘问权。包括当场盘问和留置盘问。为维护社会治安秩序，公安机关的人民警察对有违法犯罪嫌疑的人员，经出示相应证件，可以当场盘问、检查；经盘问、检查，对于被指控有犯罪行为、有现场作案嫌疑、有作案嫌疑且身份不明、携带的物品有可能是赃物情形的，可以将其带至公安机关，经该公安机关批准，对其继续盘问。对盘问人的留置时间，自带至公安机关之时起不超过24小时。在特殊情况下，经县级以上公安机关批准，可以延长至48小时，并应当有盘问记录。对于批准继续盘问的，应当立即通知其家属。对于不批准继续盘问的，应当立即释放被盘问人。经继续盘问，公安机关认为对盘问人需要依法采取拘留或者其他强制措施的，应当在前款规定的期间作出决定；在前款规定的期间不能作出上述决定的，应当立即释放被盘问人。

（2）保护性人身约束权。公安机关的人民警察对于严重危害公共安全或者他人人身安全的精神病人，可以采取保护性约束措施；对醉酒的人正在危害他人、破坏社会治安秩序的，公安机关的人民警察可采取保护性措施，将其约束至酒醒。

（3）强制戒毒权。公安机关对于吸食、注射毒品成瘾的人员，可以依法决定送其到强制隔离戒毒所，通过为戒毒人员提供科学规范的戒毒治疗、心理治疗、身体康复训练和卫生、道德、法制教育，开展职业技能培训，帮助吸毒人员戒断毒瘾。

（4）收容教育权。公安机关对于查获的卖淫嫖娼人员，可以决定给予半年以上两年以下的收容教育。这同时也是一种治安处罚。

1991年，全国人大常委会发布的《关于严禁卖淫嫖娼的决定》规定，对卖淫、嫖娼的，可以由公安机关会同有关部门强制集中进行法律、道德教育和生产劳动，使之改掉恶习，期限为六个月至二年。1993年，国务院发布了《卖淫嫖娼人员收容教育办法》。收容教育作为对卖淫嫖娼人员集中进行法律教育和道德教育、组织参加生产劳动以及进行性病检查、治疗的行政强制措施在实践中有着广泛的运用。

但收容教育作为一种强制手段，因其并非紧急的、临时的强制措施，并与行政强制法有冲突，无论是在学术界或是在实践中都一直争议不断。可以预见，在不远的将来，在合适的时机，收容教育制度也将完成其历史使命，被依法废止。

（二）刑事执法权

刑事执法权，是指国家通过立法赋予公安机关对违法犯罪活动进行侦查、拘捕、执行部分刑罚的权力，包括刑事立案权、刑事侦查权、刑事强制权、刑罚执行权。

1. 刑事立案权。立案是我国刑事诉讼的一个独立程序，是刑事诉讼活动的开始。只有经过立案，公安机关的侦查活动才有合法的依据，才能行使侦查权。公安机关应根据刑事诉讼法的有关规定，按照刑事案件的管辖范围行使立案权。

2. 刑事侦查权。刑事侦查权是公安机关及其人民警察为了查明案情而运用相应的侦查措施和侦查手段的权力。包括：讯问犯罪嫌疑人（包括使用传唤、拘传手段）；询问证人；对与犯罪有关的场所、物品、人身、尸体进行勘验或检查；对犯罪嫌疑人以及可能隐藏罪犯或者犯罪证据的人的身体、物品、住处和其他有关的地方进行搜查；对可以证明犯罪嫌疑人有罪或者无罪的物品或文件进行扣押（包括扣押邮件和冻结存款）；为了查明案件而对某些专门性问题进行鉴定（包括指派和聘请有专门知识的人进行鉴定）；对应当逮捕而在逃的犯罪嫌疑人进行通缉；根据有关规定，可以采取技术侦查措施；侦查终结后，向人民检察院提出起诉意见。

3. 刑事强制权。刑事强制权是为了保证刑事诉讼活动的顺利进行，对犯罪嫌疑人和被告人采取的限制人身自由的措施。包括：对可能判处管制、拘役或者独立适用附加刑，可能判处有期徒刑，采取取保候审、监视居住不致发生社会危险性的，公安机关有权决定和执行取保候审、监视居住；对于符合规定情形的现行罪犯或者重大嫌疑分子，公安机关有权先行拘留；对有证据证明有犯罪事实，可能判处徒刑以上刑罚的犯罪嫌疑人、被告人，采取取保候审、监视居住等方法，尚不足以防止发生社会危险性而有逮捕必要的，公安机关有权提请人民检察院批准并执行逮捕，人民检察院或人民法院决定逮捕的犯罪嫌疑人和被告人，也由公安机关执行逮捕。

4. 刑罚执行权。刑罚执行，是法定机关将人民法院已经发生法律效力的判决、裁定付诸实施的活动。依照刑法和刑事诉讼法的规定，公安机关有权依照人民法院的判决，负责以下刑罚的执行：

（1）对被判处有期徒刑的罪犯，在被交付执行刑罚前，剩余刑期在三个月以下的（由看守所代为执行）；

（2）拘役；

（3）剥夺政治权利；

（4）驱逐出境。

（三）紧急状态非常措施实施权

紧急状态非常措施实施权，是指公安机关及其人民警察为了维护国家安全和社会治安秩序，保护人民生命财产免受损失，在出现意外突发的治安事件、特大暴力犯罪和特大治安灾害事故的情况下，依法实施的非常措施和特殊办法。

1. 优先使用权。优先使用权，是指公安机关的人民警察因履行职责的紧急需要，经出示相应证件，可以优先乘坐公共交通工具，遇交通阻碍时，优先通行。公安机关因侦查犯罪的需要，必要时，按照国家有关规定，可以优先使用机关、团体、企事业组织和个人的交通工具、通信工具、场地和建筑物，用后应当及时归还，并支付适当费用；造成损失的，应当赔偿。

2. 交通管制权。交通管制权，是指为了维护社会治安秩序，在特殊的情况下所采取的强制性控制交通的措施。县级以上人民政府公安机关，为预防和制止严重危害社会治安秩序的行为，可以在一定的区域和时间，限制人员、车辆的通行或者停留，必要时可以实行交通管制；公安机关的人民警察可以采取相应的交通管制措施。

3. 现场管制权。现场管制权，是指县级以上人民政府公安机关经上级公安机关和人民政府批准，对严重危害社会治安秩序的突发事件，可以根据情况实行现场管制。在此情况下，公安机关的人民警察可以采取必要手段对相关人员强行驱散，并将拒不服从的人员强行带离现场或者立即予以拘留。

4. 紧急状态执行权。紧急状态执行权，是指在发生严重危及国家的统一、安全或者社会公共安全的动乱、暴乱或者严重骚乱，不采取非常措施不足以维护社会秩序、保护人民生命和财产安全的紧急状态时，国家可依法决定由人民警察、人民武装警察执行紧急状态任务。

（四）警械武器使用权

警械武器使用权，是指人民警察制止违法犯罪行为，可以采取强制手段，根据需要，可以依照《人民警察使用警械和武器条例》的规定使用警械；使用警械不能制止，或者不使用武器制止，可能发生严重危害后果的，可以依照该条例的规定使用武器。警械武器使用权包括警械使用权和武器使用权。

1. 警械使用权。警械使用权，指的是人民警察在遇有法律规定的情形下，经警告无效，可以使用警棍、催泪弹、高压水枪、特种防暴枪等驱逐性、制伏性警械。这些规定情形有：①结伙斗殴、殴打他人、寻衅滋事、侮辱妇女或者进行其他流氓活动的；②聚众扰乱车站、码头、民用航空站、运动场所秩序的；③非法举行集会、游行、示威的；④强行冲越人民警察为履行职责设置的警戒线的；⑤以暴力方法抗拒或阻碍人民警察依法履行职责的；⑥袭击人民警察的；⑦危害公共安全、社会秩序和公民人身安全的其他行为，需要当场制止的；⑧法律、行政法规规定可以使用警械的其他情形。在这些情形下使用警械，以制止违法犯罪行为为限度。

2. 武器使用权。武器使用权，指的是人民警察判明有下列暴力犯罪行为的紧急情形之一，经警告无效，可以使用武器：①放火、决水、爆炸等严重危害公共安全的；②劫持航空器、船舰、火车、机动车或者驾驶车、船等交通工具，故意危害公共安全的；③抢夺、抢劫枪支弹药、爆炸、剧毒等危险物品，严重危害公共安全的；④使用枪支、爆炸、剧毒等危险物品实施犯罪或者以此相威胁实施犯罪的；⑤破坏军事、通信、交通、能源、防险等重要设施，足以对公共安全造成严重、紧急危险的；⑥实施凶杀、劫持人质等暴力行为，危及公民生命安全的；⑦国家规定的警卫、守卫、警戒的对象和目标受到暴力袭击、破坏或者有受到暴力袭击、破坏的紧迫危险的；⑧结伙抢劫或者持械抢劫公私财物的；⑨聚众械斗、暴乱等严重破坏社会治安秩序，用其他方法不能制止的；⑩以暴力方法抗拒或者阻碍人民警察依法履行职责或者暴力袭击人民警察，危及人民警察生命安全的；⑪在押人犯、罪犯聚众骚乱、暴乱、行凶或者脱逃的；⑫劫夺在押人犯、罪犯的；⑬实施放火、决水、爆炸、凶杀、抢劫或者其他严重暴力犯罪行为后拒捕、逃跑的；⑭犯罪分子携带枪支、爆炸、剧毒等危险物品拒捕、逃跑的；⑮法律、行政法规规定可以使用武器的其他情形。

四、公安机关权力的实施与控制

（一）公安机关权力实施的原则

权力是政治范畴的强制力、职责范围内的支配力和人际关系中的特定影响力，在各种形态的社会中，掌握权力的主体总要利用这一力量驾驭客体，使客体服从自己，以实现自己的政治统治和根本的经济利益。17世纪英国思想家洛克曾经说过："在所有国家权力中，行政权力是最桀骜不驯的……有着极大的随意性和广阔的空间。"而警察权相比其他行政权力，由于其本质上是公民权对警察权的让渡，作为一种特殊的国家公共权力，具有暴力性质的强制性特征，它能制约、剥夺公民人身自由、财产权利，它比任何其他行政权力更具有膨胀性、扩张性、攻击性和侵犯性。具有警察权共性特征的公安机关权力的行使必然会对公民个人自由与权利产生一定的影响和限制，因而，对公安权力的制约既是保证公安机关及其人民警察顺利实施公安决策的需要，也是实现公安机关性质和任务所必需的，更是加强公安队伍建设的必要举措。因此，公安机关权力在行使实施中必须严格遵守以下原则。

1. 公共原则。人民警察在实施、行使权力时必须以维护公共秩序为必要，只有出于维护社会公共秩序的需要才能行使，除此以外，公安机关权力的实施不得干涉他人行为。严格限制介入私人领域，不得侵犯私人生活，不得侵犯私人住所以及不得干涉民事关系。

2. 责任原则。首先，公安机关权力只有对那些破坏公共秩序进行违法犯罪活动的责任者才能行使，如果对非责任者行使警察权，就是警察权的滥用；其次，警察机关及其警务人员权限的行使都必须有相应的法律责任相对应，权责一致，有权必有责、用权受监督、侵权要赔偿。

3. 比例原则（适度原则）。公安机关权力实施仅止于维持公共秩序必要的最低限度。公安机关行使权力的权限应当与违反秩序行为产生的危害成正比例关系，即维护的公共利益越重大，权限也越大，反之亦然。公安机关及其人民警察实施权力时采取的措施及方法应适度，不能超过必要的限度，应尽可能使相对人的权益受到的损害降到最低。公安机关权力的行使要符合适当性、必要性、相称性的要求。

4. 程序原则。公安机关及其人民警察在行使公安机关权力时应当严格按照法定执法程序的规定进行。公安机关权力的行使涉及对公民个人自由与权利的限制，因此只有经过法定程序才能保证权力行使的正当性。例如，公安机关及其人民警察在案件调查过程中采取的查封、扣押、传唤、讯问、询问等都应严格按照法律规定的一般程序要求进行，严禁在执法过程中违反程序。

（二）公安权力被超越职责范围行使或滥用的问题

在公安工作实践中，公安机关及其人民警察超越职责范围行使职权或滥用职权的情况时有发生，主要表现为以下几种情形。

1. 超越职责范围行使职权。公安机关权力的行使主体只能是法定的专门机关及其成员——公安机关及其人民警察，而且警察权必须有法律的明确授权才能行使，即"法无明文规定不可为"。然而，在公安工作实践中，却时常会有某些公安机关或人民警察超越本机关、本部门、本警种的职权范围行事；接受某些地方政府的随意派遣，参与强制征地、拆迁、计划生育、征税等非警务活动；超越法律授权擅自变更、转让警察权，动用协警、保安、实习生等无执法权的人员从事警务活动等。

2. 滥用自由裁量权。为了提高治安行政管理的效率，法律赋予了公安机关及其人民警察在行使处罚权方面很大的自由裁量的空间。由于各种违法行为的性质、情节和社会危害性不尽相同，法律在规定各种处罚种类、幅度等方面更是必须赋予执法者一定的自由裁量的权力。然而，在公安工作实践中却存在个别执法人员在行使自由裁量权时，不是依据具体违法行为的实际性质、情节和社会危害大小等选择处罚种类和幅度，而是受人情、金钱、权力等因素的影响错误地利用手中的自由裁量权，使得本该重处的轻处，本该轻处的重处，严重影响了法律的威严和执法公信力。

3. 滥用处罚权。乱罚款现象仍然存在，在办理赌博、卖淫嫖娼等案件中，以罚代刑、以罚代教的现象屡禁不止。

4. 滥用强制措施权。在公安工作实践中，滥用强制措施权首先是适用强制性措施的随意性大，如对嫌疑对象强制传唤，超过法定时限还进行非法关押。其次是随意扣押处置涉案财物，如不按规定审批登记就扣押、久不处置等。最后是强制措施的错误适用或滥用，如在治安案件调查过程中，对需要作为证据使用的被害人的财产只能登记，却错误地适用扣押。

5. 滥用侦查权。为达到某些个人目的（如报复、毁损他人名誉），对无足够证据，达不到立案条件的人作为犯罪嫌疑人立案侦查；将法律赋予的权力当作一种"特殊商品"与相对人进行交换；办案过程中对嫌疑人进行诱供、变相体罚、刑讯逼供、超期羁押等。

（三）公安权力的控制

警察是国家维持统治秩序和社会安全的必要工具，任何一个国家、社会及人民都需要一支强有力的、能够保障社会安宁和百姓平安的警察队伍，也必然会赋予警察强大的权力以保证其职责的履行。然而，"个人的行为天生要使效用最大化，一直到他们受到抑制为止"[①]，公共选择理论指出，"一方面，人的行为动机是自利的，任何个人，不论他是购买商品的消费者，还是提供商品的生产者，或者是某一政治团体的领袖，他的行为动机都是自利的，时刻关心的是他的个人利益；另一方面，在行动上，他又是理性的，能够最充分地利用他所能得到的，关于所处环境的信息，诸如价格、品质等，来最大化自身利益"[②]，警察作为人，不可能脱离人的特性和本能。享有公共权力的警察作为政府官员，在强大寻租的诱惑下，"为了谋求经济利益，主动利用手中的行政权力来创造租金的"[③]"政治创租"便频频发生。"寻租是公职人员为实现其私利而违反制度和法律的一种权力滥用行为"，"寻租的基本形式是政治权力与经济支援之间的交换，其实质是权钱交易"，寻租行为"从本质上讲，它是公共权力的非公共利用，对于政府来说，它也是政府存在和发展的一个毒瘤，如果任腐败发展，将会导致政府的灭亡"[④]。

罗德·艾克顿指出"权力导致腐败，绝对权力导致绝对腐败"[⑤]，警察权力的过于强大和不被控制甚至滥用，则必然会侵害社会或者人民的权益，"权力没有制约就会失衡，不加监督就会滥用，没有对行政主体及其行政行为有效的监督机制，依法行政就是一句空话"[⑥]，但是，"只要有适当的法律与制度构架，个人追逐他们自己利益的行为可以无意识地产生有利于整个社会利益的结果"[⑦]。将权力关到笼

---

① ［美］詹姆斯·M. 布坎南. 自由、市场和国家. 北京经济学院出版社，1988：19.
② ［美］詹姆斯·M. 布坎南. 自由、市场和国家. 北京经济学院出版社，1988：19.
③ 黄恒学. 公共经济学. 第二版. 北京大学出版社，2009：164.
④ 黄恒学. 公共经济学. 第二版. 北京大学出版社，2009：167.
⑤ ［美］詹姆斯·费舍尔. 权力没有过错——用权力实现有价值的目的. 京华出版社，2006：1.
⑥ 徐增辉. 新公共管理视野下的中国行政改革研究. 中山大学出版社，2009：110.
⑦ ［美］詹姆斯·M. 布坎南. 自由、市场和国家. 北京经济学院出版社，1988：19.

子里是文明社会的必然选择。提高公安机关人民警察的素质，实现公安队伍的正规化建设，强化内外部监督等以实现对公安机关及其人民警察权力进行控制的具体措施将在本书中各章予以详述。在此，将对公安机关权力的控制从原则控制、程序控制、司法控制等方式方面进行简要阐述。

1. 原则控制。公安机关及其人民警察在实施和行使权力时必须严格遵循职权行使的公共原则、比例原则、责任原则、程序原则等权力实施的基本原则，绝不允许违背原则行使权力。特别是比例原则，要求公安机关及其人民警察在采取任何措施时，都要具有适当性、必要性和对称性，以避免警察的自由裁量权、强制措施权的滥用。

2. 程序控制。程序所具有的一大重要功能就是对权力拥有者权力实现方式的有效限制，如果没有程序的限制和规范，权力的享有者受制于执法者个体的知识结构、能力、兴趣、需要等个性特征，往往根据个人偏好和需要实现权力的价值，从而难以保证公平正义的实现。某些公安机关及其人民警察在行使公安权力时还存在一定的重实体轻程序、重口供轻证据的倾向，为追求行政效率往往不顾对相对人权利的保护，致使侵犯相对人人权的案件屡屡发生。有些公安人员仍然奉行"由供到证"的办案思路，仍以获取犯罪嫌疑人的口供作为办案的中心环节，特别是在用合法方式难以取得犯罪嫌疑人供述的情况下，往往使用非法的方式以求"突破"。例如，个别公安机关为了突破案件获得有罪供述，往往采取多种"变相刑讯逼供"，严重侵犯了嫌疑人合法权益甚至基本人权。严格规范执法程序，强化程序正义，从而规范执法行为，规范权力行使的过程，用程序正义来确保权力行使的规范化和标准化，是避免和防止公安权力滥用的有效方式。

随着新修订的《刑事诉讼法》于 2013 年 1 月生效，我国的证据制度、强制措施、侦查措施、辩护制度等都有了重要的完善，对司法实践中存在的刑事程序滥用问题从根本上有了立法层面上的防范，进一步完善了对公安机关权力的程序控制。例如，新《刑事诉讼法》强化了对人权的保障，明确规定公民不被强迫自证其罪，"严禁刑讯逼供和以威胁、引诱、欺骗以及其他非法方法收集证据"，并规定了对非法证据的排除规则，规定在现有证据材料不能证明证据收集的合法性时，人民法院可以通知侦查人员或者有关人员出庭说明情况，有关人员应当出庭，或人民法院认为必要的情况下可以要求人民警察就其执行职务时目击的犯罪情况作为证人出庭作证；为防止变相拘禁犯罪嫌疑人，规定传唤、拘传犯罪嫌疑人时应当保证犯罪嫌疑人的饮食和必要的休息时间；强调采取刑事拘留措施 24 小时之内必须将犯罪嫌疑人送看守所羁押，防止刑讯逼供行为发生；规定"根据侦查犯罪的需要，经过严格的批准手续，可以采取技术侦查措施"，从而对技术侦查措施的合法性明确授权，规定经过合法审批使用的技术侦查措施所获材料将具备证据可采性，成为合法证据使用；完善了侦查阶段的辩护制度，明确了辩护律师在侦查阶段的会见权和通信权，还有会见犯罪嫌疑人时不被监听的权利，但律师会见涉嫌危害国家安全犯罪、恐怖活动犯罪和特别重大贿赂犯罪的在押犯罪嫌疑人，应当经侦查机关许可；规定辩护律师可以依回避规定要求回避、申请复议，辩护人认为在侦查期间公安机关收集的证明犯罪嫌疑人、被告人无罪或者罪轻的证据材料未提交的，有权申请人民检察院、人民法院调取，犯罪嫌疑人及其法定代理人、近亲属或者辩护人有权申请变更强制措施。辩护律师在侦查期间可以为犯罪嫌疑人代理申诉、控告，辩护人、诉讼代理人认为公安机关、人民检察院、人民法院及其工作人员阻碍其依法行使诉讼权利的，有权向同级或者上一级人民检察院申诉或者控告。

3. 司法控制。"有权力的人们使用权力一直到遇有界限的地方才停止。要防止滥用权力，就必须以权力约束权力。"[①] 司法权因其独立性和裁判性，对于一些国家来说，历来是约束警察权滥用的最佳选择。现代社会，司法权对警察权进行控制已成为社会发展的时代潮流和趋势，世界上许多国家和地区的宪法及相关法律文件都对此作出了明确规定。但由于诉讼制度和历史、文化及社会传统的不同，不同国家和地区的规定也不尽相同。

司法权对警察权的控制有事前控制、事中控制和事后控制。

无论是在行政执法过程中还是在刑事侦查中，凡是采取涉及对公民人身自由、财产予以限制和剥夺的措施，都应当由中立的司法部门的法官或检察官进行审查，经授权后才能实施，否则就是违法，应承担相应的后果。这就是司法权对警察权的事前控制和事中控制。例如，1994 年通过的《世界刑法学协会第 15 届代表大会关于刑事诉讼法中的人权问题的决议》第 5 条和第 8 条提出："根据无罪推定原则，审前羁押必须根据法官命令才能实施，而且应根据案件的具体情况来做出决定。""影响被告人基本权利的任何政府措施，包括警察采取的措施，必须有法官授权，并且可受司法审查。""除第八条所述情况外，任何由警察采取的措施或起诉机关的关于强制措施的决定，均应在 24 小时内取得法官的认可。"德国的侦查法官制度通过法律赋予侦查法官审批调查行动和强制措施权，从而保证了侦查法官对侦查活动的严格监督控制。德国的"检察官指挥侦查"的"检警一体化"体制，使得检察机关成为侦查程序的主宰者，德国刑事诉讼法赋予其从立案这一侦查的最初阶段到移送起诉这一侦查的最后阶段全程的主导地位，享有完全的侦查指挥权和对侦查的监督权。侦查工作由检察机关负责，侦查活动由检察官负责指挥，警察只负责具体侦查工作的实施。[②]

我国《宪法》规定，人民法院是国家的审判机关，人民检察院是国家的法律监督机关，公安机关是法定的行使侦查权的机关。人民法院、人民检察院和公安机关办理刑事案件，分工负责、互相配合、互相制约，三机关各司其职、相互制衡，保证准确、有效地执行法律。案件侦查过程中，只有审查批捕由检察机关控制，其

---

① ［法］孟德斯鸠. 论法的精神. 张雁深译. 商务印书馆, 1961: 154 – 156.
② 贾甲麟. 德国侦查权司法控制机制之借鉴. 河南司法警官职业学院学报, 2013（2）.

他任何行动及措施均由公安机关自行决定。侦查措施和手段的运用均由公安机关负责人审批，立案权与决定侦查终结的权力由公安机关负责人具体行使，具体的调查行为与大部分的强制措施也由公安机关负责人或者主管刑侦工作的负责人决定具体实施。

我国人民检察院作为国家法定且唯一的法律监督机关，对公安机关权力行使的司法控制是对公安机关案件侦查的事前和事中控制，主要表现在一般性监督、审查批准逮捕监督、移送起诉监督三个方面。

人民检察院的一般性监督主要以对违法犯罪嫌疑人合法权利的保护限制规范公安机关的权力，防止其扩张和滥用权力。强化人民检察院的司法监督，首先，要监督公安机关确保律师的实质辩护权的实现，形成积极的控辩平衡，真正落实侦查阶段的律师法律辩护权，如会见权、会见不被监听、非法证据排除申请权等，提升侦查阶段控辩的对抗性，保障犯罪嫌疑人的合法权利。其次，要监督公安机关尊重犯罪嫌疑人的基本人权和诉权，改变要求犯罪嫌疑人自证其罪，在侦查办案中重口供、轻证据，过度依赖犯罪嫌疑人口供的情况，杜绝任何形式的诱供、刑讯逼供、非法取证。

我国人民法院在案件侦查的事前和事中不承担司法控制责任，人民法院的司法控制功能主要体现在事后控制。通过对公安行政诉讼案件、国家赔偿案件的审理，人民法院通过对公安机关及其人民警察的强制性行为进行事后审查实施监督和权力控制。当公安机关及其人民警察的相关行为不符合法律规定时，人民法院可以将其否决并及时恢复公民的正当权利进而予以国家行政赔偿。

【小结】

公安机关的职责指的是公安机关及其人民警察为实现公安机关的对敌专政职能和对人民民主的职能，完成公安机关的任务，在法定范围内所应承担的责任和义务。根据《人民警察法》的规定，公安机关及其人民警察必须履行的主要职责包括预防、制止和侦查违法犯罪活动，维护社会治安秩序，制止危害社会治安秩序的行为，维护交通安全和交通秩序，处理交通事故等十四项职责。人民警察的义务，就是人民警察在行使权力、履行职责的过程中必须作出或者不得作出一定行为的约束，具有主体特定性、平等性、国家任用性等特点，其具体内容包括：秉公执法，办事公道；模范遵守社会公德；礼貌待人，文明执勤；尊重人民群众的风俗习惯。公安机关人民警察的权力，属于国家公权力，是公安机关及其人民警察在维护国家安全和社会治安秩序时，通过执法活动体现和贯彻国家意志的强制性权威手段，具有法定性、强制性、特许性、单向性的特点，主要由治安行政管理权、刑事执法权、紧急状态非常措施实施权、警械武器使用权四方面的权力构成。公安机关在职责履行和职权行使过程中存在的主要问题有意识理念的落后和错误导致不履行或不认真履行职责、履行职责过程中执法缺乏规范性、大量非警务活动的承担、超出职责范围行使职权或滥用职权等。要确保合法、高效地发挥公安机关的职能作用，第一，要更新观念，树立正确的意识和先进的理念；第二，要加强教育培训，全面提高警察素质；第三，要强化执法规范化建设；第四，要科学化解非警务活动的压力。要依靠原则控制、程序控制、司法控制等多种权力控制手段的综合运用强化对公安权力的控制。

【思考题】

1. 联系实际，试论公安机关职能、职责、职权三者之间的关系。
2. 从新《刑事诉讼法》的视角论述公安权力的程序控制和司法控制。

第七章 公安机关的组织机构及管理体制

【教学重点与难点】

1. 公安机关的组织机构；2. 公安机关的管理体制；3. 公安机关组织机构改革的探索。

‖ 第一节 公安机关的组织机构 ‖

一、公安机关设置的原则

公安机关是国家行政机关的一部分，其机构必须依法设立，既要遵循机构设置的普遍原则，又要遵循公安机关机构设置的特殊原则。公安机关机构设置的原则主要有：精简、统一、高效，与国家行政区划相适应，与国家政府机构体制相适应，与公安机关任务和职责相适应。

（一）精简、统一、高效

"精简、统一、高效"是我国政府一切组织机构设置的基本原则，公安机关机构设置也必须遵循这一原则。

我国《宪法》第27条第1款规定："一切国家机关实行精简的原则，实行工作责任制，实行工作人员的培训和考核制度，不断提高工作质量和工作效率，反对官僚主义。"

"精简、统一、高效"原则的核心和目的是高效，基础是精简和统一。只有精简、统一，才能避免机构重叠、职责不清、效率低下的弊病。公安机关要在组织、职能、编制、工作程序等方面实现法定化。严格控制机构膨胀，坚决裁改冗员，按《人民警察法》的要求严格把住进人关，依法考核和任免干部，引进竞争机制，建设高素质的公安民警队伍。

（二）与国家行政区划相适应

各级公安机关的设置要与国家行政区划相适应。我国目前的行政区划，分为省、自治区、直辖市；自治州、设区的市；县、自治县、不设区的市、市辖区；乡、民族乡、镇。公安机构的设置要与行政区划的管辖范围相适应，不设跨行政区的公安机构。

（三）与国家政府机构体制相适应

中华人民共和国国务院，即中央人民政府。国务院下设各部和各委员会，公安部是政法方面的部门之一，领导和管理全国公安工作。县级以上各级人民政府依照法律规定的权限，管理本行政区域的公安等行政工作。乡、民族乡、镇的人民政府执行本级人民代表大会的决议和上级国家行政机关的决定与命令，管理本行政区域的行政工作。这就是说，在管理体制上县级以上人民政府才设公安机关，乡镇一级政府只是执行上级国家行政机关的决定、命令和进行管理，不单独设置公安机关。我国有些方面的工作由于性质的特殊，须由国务院有关部按系统集中统一管理，如铁路、交通、民航、林业、海关等。与此管理体制相适应，在这些部设专门公安机关，并领导下属相当于县级以上管理部门的公安机关。

（四）与公安机关任务和职责相适应

任务是建立机构的依据，职责是设置机构的要求。公安机关内部的机构设置应从公安机关在国家行政机关中所承担的任务和履行的法定职责出发，根据实际需要建立相应的机构。

二、公安机关组织机构的设置

（一）国家公安部——中央公安机关

公安部全称为中华人民共和国公安部，是国家最高行政机关——国务院的组成部分，掌管全国的社会治安和国内安全工作。

（二）地方各级公安机关

1. 省、自治区、直辖市人民政府公安厅（局），是省级行政区人民政府的职能部门。

2. 自治州、计划单列市、地级市人民政府公安局，是介于省和县（市）之间的一级政府职能部门。

3. 县、自治县、县级市公安局、市辖区公安分局，是该级政府的职能部门。

地方各级公安机关作为本级政府的职能部门，负责管理本辖区的治安秩序和公共安全及对违法犯罪活动的查处。

（三）专门公安机关

铁道、交通、民航、林业、海关等部门由于其业务工作有较强的流动性和专业性，所以新中国成立以来即按系统建立公安机构。也就是说，在铁道部、交通部、民航总局、林业部、海关总署设公安局和犯罪侦查局，统一管理本系统的治安秩序和公共安全，查处业务活动中涉及的违法犯罪活动。各专门公安局或犯罪侦查局，是所属部（总局、总署）的职能部门，受主管部（总局、总署）领导，同时又作为国家公安部的一个专业局列入公安部序列，实行双重领导、以主管部门领导为主的体制。专门公安局或犯罪侦查局按照其主管部门的行政管理体制，下设公安处（侦查分局）、分处（侦查支局）。这些下属机构与其驻在地的地方公安机构发生公安业务关系，相互协作，但没有行政隶属关系。

随着经济体制改革和政治体制改革的深入进行，在以国家司法体制改革为背景不断深化的公安机关组织机构改革中，专门公安机关管理体制亦发生变化，详见本节"公安机关组织机构改革探索"部分。

（四）公安派出机构

1. 基层公安派出所。我国《公安派出所组织条例》规定："为了加强社会治安，维护公共秩序，保障公民权利，市、县公安局在辖区内设立公安派出所。公安派出所是市、县公安局管理治安工作的派出机关"，"公安派出所在市、县公安局或公安分局的直接领导下进行工作"。派出所的设置要贯彻"工作需要，方便群众，有利工作，布局合理"的原则。此外，各专门公安机关根据工作需要，要设置专门公安派出所。

2. 其他公安派出机构。为了加强对下级公安机关的指导、检查和督促，必要时，公安部和省、自治区公安机关可以依法设立派出机构。派出机构受派出单位直接领导，与下级公安机关只有指导关系，没有行政领导关系。

（五）专业警种

世界各国的警种繁简不一，有的国家警种较少，有的国家警种繁多。俄、英、美、日等国的警种共有 85 个之多，仅英国就有 43 个，美国也有 30 多个。按照我国《人民警察法》的规定，人民警察从宏观上分为以下几个警种：公安机关的人民警察，国家安全机关的人民警察，监狱、劳动教养管理机关的人民警察，人民法院的司法警察，人民检察院的司法警察。这五大警种之中又可分若干专业警种，如公安机关的交通警察、刑事警察、巡逻警察、户籍警察、外事警察、消防警察、边防警察、铁路警察、水上警察等。

我国警察的警种建设，特别是公安机关人民警察警种的建设尚不规范。在公安机关人民警察队伍中，有公务员编制的，有事业编制的。有些警察，如从事警察教育、科研、机关文秘、纪检、后勤等项工作的尚不能科学地确立为某一警种，有待今后逐步加以完善。警种的专业化建设将随着人民警察工作的专业化发展而逐步得以规范。

三、公安机关组织机构改革探索

公安机关的组织机构改革，指的是围绕公安业务工作的开展、在设置或撤销具体工作单位及其内部各种组织和部门等方面所实施的，适应各级公安机关在不同时期职责任务的需要，以实现人、财、物、信息等要素资源的科学合理配置，形成结构相对稳定的高效实体为目的的变革。

公安机关组织机构改革的目标是，通过改革，逐步形成与社会主义市场经济体制和社会治安形势相适应，信息灵敏、快速高效、便于分散执勤与合成作战的公安工作运行机制，逐步形成与国家政治体制和行政体制相衔接，事权划分明晰、机构设置合理的公安管理体制，逐步形成与国家人事制度改革相配套，人尽其才、能上能下、充满活力的队伍管理机制，逐步形成与经济社会发展相协调，有利于公安职能充分发挥的警务保障机制。

改革开放三十多年来，从中央公安机关到地方公安机关在机构方面推出的各项改革举措主要是围绕着公安机关职能的充分发挥和效率的提高而进行的，公安部门相继出台了一系列公安机关机构改革的具体方案。改革的核心内容主要是公安机关机构的增加或减少、机构名称设置的变化（如"警察署"的成立、新增"巡警队"等专业机构），职能权责、机构规格等级的调整（如"侦审合一"、经侦部门设立），人员编制、隶属关系、行政预算、结构形式等。其中，公安110指挥中心的诞生、巡警队伍的建立、禁毒机构和监所管理机构的增设、警务督察部门的设置、警务保障体制的形成、社区警务工作室的建设、特警队的成立等，反映出改革开放以后我国公安机关机构改革与时俱进、逐步完善，形成了一个具有中国特色并与公安机关职能相一致的、行业特征突出与专门业务明确的专门机关机构体系。

（一）改革开放三十多年来公安机关组织机构改革概况

1998年刑事侦察部门分离为刑事侦查部门、经济犯罪侦查部门、禁毒部门，取消国内安全保卫部门对刑事案件的管辖权，预审、劳改部门并入刑事侦查部门；1975年成立铁道部公安局，1979年更名为铁路公安机关；1971年成立交通运输部公安局，1979年更名为航运公安机关；1980年1月1日中国人民边防武装警察部队正式成立，其编制、经费归公安部统一管理和供给；1980年7月9日，国务院批准中国民航总局设立公安局，1981年成立中国民用航空局公安局；1982年6月19日，中央决定将实行兵役制的武装、边防、消防三个警种合并组建中国人民武装警察部队，实行公安部门的分级管理、分级指挥的体制；1983年将国家安全方面的职能移交给国家安全部门，将劳动改造、劳动教养职能移交给司法行政部门；1984年5月3日国务院批准成立林业部公安局，1986年更名为林业公安机关，1998年更名为国家林业局森林公安局；1991年10月31日经中央机构编制委员会批准，公安部成立文化保卫局、技术侦察局；1992年8月召开的全国公安厅局长会议要求建立和完善大中城市民警巡逻体制和指挥系统，随后全国各地逐步建立和完善了巡逻体制与110指挥中心；1994年8月11日，国务院批准成立户政管理局；1995年3月3日，国务院、中央军委作出武警部队领导管理体制调整，决定武警部队属于国务院编制序列，公安边防、消防、警卫列入武警序列，由国务院、中央军委双重领导，实行统一领导管理与分级指挥相结合的体制；1986年，成建制地接受了交通监理职能，各级公安机关成立了交警部门；1997年7月，公安部全面调整侦防体制，将预审工作并入刑侦工作中，撤销预审机构，实行侦审合一的刑事办案新模式，设立兼跨数个派出所辖区的刑警中队，全面负责案件的侦查和预审工作，取消派出所的刑事侦查权，派出所不再承担案件侦破任务，以建立"社区警务"为载体，集中精力加强防范、管理和控制工作；部分地方实行交巡警合并。

1998 年，江苏、上海、福建等部分地区的公安机关实施交巡警合一的改革；1999 年成立海关总署走私犯罪侦查局，2003 年更名为海关总署缉私局；2000 年成立公共信息网络安全监察部门（网络安全保卫部门），专门负责非法侵入计算机信息系统案和破坏计算机信息系统案的管辖；2001 年在维护国家安全方面增加了反恐怖职能，成立了特警队；2002 年成立出入境管理部门（由刑事侦查部门过渡），专门负责骗取出境证件案、出售出入境证件案、边境和沿海地区（限于地、市行政辖区）以外发生的组织他人偷越国（边）境案、运送他人偷越国（边）境案的管辖；2005 年经济犯罪侦查部门在北京、大连、上海、深圳、成都、武汉设立证券犯罪侦查局直属分局，专门负责欺诈发行股票、债券案，内幕交易、泄露内幕信息案，上市公司提供虚假财会报告案，操纵证券、期货交易价格案，操纵证券、期货市场案的管辖。

随着国家机构改革、体制改革的推进，1994 年《国务院批转公安部关于企业事业单位公安机构体制改革意见的通知》（国发〔1994〕19 号文件）和《公安部企业事业单位公安机构体制改革实施办法》实施，专门公安机关的机构和体制改革在全国范围内轰轰烈烈地展开了。

根据民航体制改革的总体要求，按照政企分开和精简、统一、高效的原则，理顺民航机场公安管理体制，规范和强化机场公安执法职能和空防安全管理职能，为保障民用航空安全、推进民航事业快速发展提供强有力的保障，作为专门公安机关的民航公安服从民航体制改革总的要求和原则，启动了机构改革。

2005 年《云南民航公安机构改革方案》印发实施，按照机场公安机构随机场下放的原则，原由民航云南省管理局管理的公安机构随同机场下放，一并移交云南省人民政府管理，列入地方公安机构建制序列。原民航云南省管理局公安局及其直属的昆明机场派出所、昆明机场候机楼派出所、西双版纳机场公安分局、丽江机场公安分局、大理机场公安分局、芒市机场公安分局、保山机场公安分局、思茅机场公安分局、昭通机场公安分局改变隶属关系，移交云南省公安厅直接领导和管理。原民航云南省管理局公安局更名为云南省公安厅民用机场公安局（以下简称机场公安局）；将现由临沧市公安机关领导和管理的临沧机场公安分局，由迪庆机场航站管理的民警，一并划归机场公安局领导和管理，列入云南省公安厅建制序列的机场公安机构，同时接受民航总局和民航西南地区管理局公安局的指导、检查、监督。机场公安局仍作为云南机场集团公司航空安全委员会的成员单位。在公安业务上，机场集团公司要积极配合、支持机场公安局的执法工作；在日常工作中，机场公安局要服从、服务于机场集团公司的经济建设，为机场提供良好的空防安全和地面治安保障。在履行各自职责的基础上，加强协作配合，处理好相互间的关系。涉及双方工作关系的具体事宜，由省公安厅和机场集团公司研究确定。

2009 年 6 月 30 日，山东省公安厅机场公安局举行挂牌仪式，标志着原来隶属于民航部门的民航山东省管理局公安局正式变更为省公安厅的直属机构。原山东省设立的隶属于民航部门的民航山东省管理局公安局、青岛机场公安分局、烟台机场公安分局改变隶属关系，列入地方公安机关序列。其中原民航山东省管理局公安局改建为省公安厅机场公安局，作为省公安厅的直属机构，由公安厅直接领导；原青岛机场公安分局、烟台机场公安分局则分别列入青岛市公安局和烟台市公安局序列。

从 2002 年起，全国各省民航公安机构以民航总局深化管理体制改革为前提，以国家司法体制改革为背景，先后进行了深度的机构改革，民航公安并入地方公安机关，民航公安作为专门公安机关的历史宣告结束。

1949 年随着中央政府铁道部的成立，成立了铁道部公安局，作为公安部的派出机关，负责领导全国铁路公安保卫工作。1953 年初公安部成立第十局，即交通保卫局，统一领导全国铁道、公路、航运、邮电系统的公安保卫工作。1954 年秋，铁道部公安局并入公安部十局，直到 1966 年在"文化大革命"中被摧残瘫痪。1970 年 7 月铁道部与交通部合并。1971 年由于铁路治安混乱，经交通部、公安部报请国务院批准，同年 8 月 17 日成立交通部公安局，并着手恢复铁路公安工作。1975 年国务院决定恢复铁道部，随即成立了铁道部公安局，同时由公安部重新纳入业务局序列，仍为第十局，在铁道、公安两部领导下负责全国铁路公安保卫工作，属于专门公安机关。

2009 年开始，铁路公安启动机构、体制改革，铁路公安陆续转为公务员编制，2013 年 3 月，根据第十二届全国人民代表大会第一次会议审议批准的《国务院机构改革和职能转变方案》，铁道部被撤销，成立铁路总公司和国家铁路局，后者归交通运输部管理。2013 年 3 月 14 日，在中国铁路总公司成立暨铁路干部大会上正式明确，原铁道部公安局更名为铁路公安局，铁路公安局党政工作受中国铁路总公司领导。

虽然铁路警察的工作地点主要集中在列车上、铁路沿线和车站，但由于工作性质和铁路安全的需要，中央政法委、公安部作出了由铁路总公司代管铁路公安局的决定。但是铁路总公司作为企业管理铁路公安机关，显然并无法律授权，且违背了政企分开的改革初衷，铁路公安机关的改制尚需进一步深入进行。

1982 年 6 月 19 日，根据《中共中央批转公安部党组〈关于人民武装警察管理体制问题的请示报告〉的通知》精神，中国人民解放军担负地方内卫任务及内卫值勤的部队移交公安部门，同公安部门原来实行义务兵役制的边防、消防等警种统一组建中国人民武装警察部队。作为国家武装力量的组成部分，受中共中央、国务院、中央军委统一领导。1983 年 1 月 25 日，国务院任命了武警部队领导人，李刚任中国人民武装警察部队首任司令员，公安部部长赵苍璧兼任首任政治委员，武警总部机关在北京成立并开始办公。1983 年 4 月 5 号，中国人民武装警察部队正式成立。此时，武警部队的领导体制简称为"一统二分"，即由国务院、中央军委统一领导，各地公安机关分级管理、指挥，但以"两分"为主。1985 年 1 月 1 日，原属基建工程兵的水电（成立于1966年8月）、交通（成立于1966年8月）、黄金（成立于1979年3月）部队列入武警部队序列，在武警总部设立水电、交通、黄金指挥部。1988年2月4日，黑龙江、吉林、内蒙古的武装森林警察（始建于1948年，时称武装护林队。1954年改编为护林警察大队。1956年除黑龙江省保留森警处建制，其他省、区护林警察大队撤销，改为营林员。1962年黑龙江省森警处改为森警支队，吉林省恢复组建森警大队。1963年内蒙古自治区恢复森警支队，吉林省森警大队改为支队。森警部队战士于1978年起实行义务兵役制，连、排职干部从1980年12月起按军队现役干部管理。1988年1月13日起森警部队全部实行现役制），也列入武警部队序列，在林业部设立森林警察办公室。

1985年8月，公安部先后发出《关于改善和调整边防体制的通知》和《关于改进和加强消防部队领导管理的几项规定》的通知，分别将全国边防武装警察和消防武装警察从武警总部划出，归各级公安部门领导。

1995年3月，国务院、中央军委再次对武警部队领导管理体制作了重大调整，将原来"一统二分"的体制改为"两统一分"，即由国务院、中央军委统一领导、统一管理与各级公安机关分级指挥相结合的体制。这一调整，使中央军委进一步加强了对武警部队的领导。1996年12月，根据武警部队编制人数较多、地理位置特殊、任务较重等特点，中央军委决定将武警部队总部由副大军区级升格为正大军区级，并于1995年至1999年先后将全国各省、自治区、直辖市总队升格为副军级。1999年，原武警北京市第一总队（1993年升格为副军级）和第二总队合并，重新组建武警北京市总队（正军级，下辖第1、第2师及若干直属支队）。

为了进一步加强武警部队建设，1996年10月，中央军委先后将解放军陆军部队的14个步兵师转隶武警部队序列，直属武警总部领导管理，作为武警内卫部队的机动部队。1999年年初，又将原列入在武警部队序列，隶属于国家有关部委领导的水电、黄金、交通、森林部队，明确交由武警总部领导。1999年7月组建武警总部森林指挥部。

武警部队经过多年的调整扩充，已成为一支拥有三类八个警种的多警种、遍布全国各地、规模庞大的武装力量。

2016年1月1日，中央军委印发《关于深化国防和军队改革的意见》，文中指出"武装警察部队指挥管理体制和力量结构。加强中央军委对武装力量的集中统一领导，调整武警部队指挥管理体制，优化力量结构和部队编成"。自此，开启了中国人民武装警察部队的全面改革，改革计划截至2018年完成，并将原"中国人民武装警察部队"改为"中国人民武装警备部队"。

（二）公安机关组织机构改革的意义

改革开放三十多年来，公安机关在机构职责、编制规模、机构名称、人员数量、内部关系、层次结构等方面的改革逐渐体现出新世纪、新阶段公安行政职能调整的时代特征，公安工作逐步实现正规化建设，公安管理体制和组织机构不断完善。通过建立和完善民警巡逻制度和指挥体系，形成了以指挥中心为龙头、以巡警和派出所警力为骨干的以快制快、以动制动的快速反应机制，增强了诸警种协同作战和控制社会面治安秩序的能力，通过公安机构改革，已初步建立起适应新时期公安工作需要的公安组织体系，通过派出所改革和刑侦改革，推广实施了"社区警务"战略和侦审合一，基本构建起打防控体系。公安机关机构改革与时俱进，通过改革，提高了公安工作效率，增强了服务能力，顺应了时代的潮流，回应了人民群众对人民公安的期望，符合社会对公安工作的要求，有力提高了公安机关维护国家安全和社会稳定的能力，其成效是显而易见的。

（三）改革中存在的问题

1. 存在改革怪圈。公安机关机构改革存在一个令人感到遗憾的现象：改革开始，减少编制和机构，改革过后不久就又增加机构，造成"精简——膨胀——再精简——再膨胀"的怪圈。

2. 机构改革与警察勤务方式转变脱节。机构改革的目的在于促进警察勤务方式的改变，提高公安机关的战斗力、服务能力和效率。然而，公安机关警察巡逻体制的建立，产生了一个新警种，却未能展现出预期的勤务方式的根本性变革。

3. 改革缺乏系统性。对社会主义市场经济条件下公安机关职能转变的重要性和必要性认识不够充分，"服务"意识仍需强化，公安机关机构改革的重点还停留在如何强化打击犯罪能力方面，对高速发展的社会主义市场经济需要公安行政管理强有力的支持和较为宽松的管制认识不足，虽然在特种行业管理、出入境管理、户籍管理、交通管理、消防管理、边防管理六大公安行政管理方面也出台了许多改革举措，但在积极主动提升公安机关服务社会主义市场经济的发展方面仍显不足。

机构设置与人事安排是密切关联的，公安机关机构改革必然带动公安机关的人事调整，只进行机构改革，却没有与之相配套的人事制度改革，结果就是：围绕精简机构和人员展开的公安机构改革却使得机构规格越改越高，机构规模越改越大，机构数量越改越多，与改革的初衷背道而驰。

（四）改革中应注意的问题

1. 将公安机关机构改革纳入公安改革的整体设计中进行。公安机关机构改革是一项系统性工程，牵一发而动全身，需要系统论、信息论、心理学、社会学、行政管理学、犯罪学、侦查学、博弈论、人力资源管理理论等先进理论的科学指导。需要对国际的、国内的刑事犯罪和社会治安形势进行深入的调查研究，掌握其现状和犯罪趋势，全面分析研究在新的形势下公安工作所面临的挑战及公安机关在机构设置方面存在的问题。需要认真学习和借鉴国外先进经验，并深入领会其精髓，而不是简单地从形式上照搬其做法。改革要通盘考虑，公安机关机构改革与公安机关的管理体制改革、人事制度改革、警务模式改革等必须作为一个系统工程进行整体设计，而不能"只见树木不见森林"，为机构改革而进行机构改革。

2. 科学处理好公安机关权力的扩张和限制问题。公安机关机构改革要科学处理好公安机关权力的扩张和限制问题。为了打击犯罪、侦破案件，有必要对公安机关的权力进行扩张，为了保障人权、保障公民的合法权益，有必要对公安机关的权力进行限制。在公安机关机构改革中，如何在公安机关权力的扩张和限制之间寻找到恰当的平衡点，对于公安机关的机构改革能否得到人民群众的支持和社会的认可、能否取得成功意义重大。

3. 有效处理公安专业人才储备的严重不足和公安工作对专业人才的客观需求之间的矛盾。随着科学技术的快速发展，犯罪的全球化和高科技化使得公安机关在预防和打击犯罪方面对专业技术的要求越来越高。对工商、税务、金融、证券、计算机、网络等领域违法犯罪的预防、发现和打击依赖于有熟悉和精通该领域业务知识的高端专业人才。因此，如何通过对公安机构的科学设置，解决公安专业人才储备的严重不足和公安工作对专业人才的客观需求之间的矛盾，已然是未来公安机构改革必须处理的一个重点问题。

‖ 第二节　公安机关的管理体制 ‖

一、世界各国警察管理体制的主要类型

体制，是指国家机关、企事业单位在机制设置、领导隶属关系和管理权限划分等方面的体系、制度、方法、形式等的总称，即国家机关、企事业单位等的组织制度。

管理体制，指的是组织的整体与部分以及各层级之间管理与被管理、指挥与被指挥关系的一种组织制度。

警察管理体制，指的是一个国家依法或依政令确立的各级政府与警察机关之间、不同层级警察机关之间的管理与被管理、指挥与被指挥关系的国家行政组织制度。

一个国家采用何种警察管理体制同许多因素有关，其中这个国家的历史传统、政治体制、经济发展状况、文化特征、自然地理情况等均对其警察体制的类型产生影响。但由于警察机关是国家行政机构的一个重要组成部分，政府与警察机关之间的关系的本质反映的仍然是一个国家不同层级政府间的关系。因此，对警察管理体制产生直接和决定性作用的，是一个国家结构形式基础上的国内政府间关系。因此，不同国家的警察管理体制大不相同，警学界一般根据各级政府与警察机关以及不同层级警察机关之间所具有的管理与被管理、指挥与被指挥关系，将世界各国的警察管理体制划分为三种类型：集权型警察管理体制、分权型警察管理体制、集权分权结合型警察管理体制。

（一）集权型警察管理体制

集权型警察管理体制（又称大陆模式或法国模式），指的是由一个国家的中央

政府以及其中的中央警察机关直接、统一地管理、指挥全国警察机关的一种警察管理体制。采用集权型警察管理体制的国家有法国、意大利。

集权型警察管理体制的特征是：

1. 有关全国警察活动及其警务活动的立法权完全由中央掌握，并由中央政府统辖的全国各级警察机关执行。

2. 中央政府在全国统一设立并管理、指挥警察机关，警察系统内上级机关对下级机关实行直接、全面（立法、人事、经费、警务）的管理、指挥（垂直领导）。

3. 地方政府不能干预警察事务，不参与管理、指挥地方警察机关或仅仅作为中央政府的代理在一定程度上参与指挥地方警察机关。

优点是：全国警察统一指挥、统一调度，工作协调一致，按统一的标准开展执法活动，警察行动的规模大、效率高，易于集中财力购买或自行研制最先进的科学技术手段与装备，能确保警察的总体效能得到最佳发挥。

缺点是：高度集权导致地方政府对社会治安管理参与的积极性和主动性受到削弱，过于庞大的警察机构导致难以对其实现有效监督，一旦内部出现问题或决策失误，容易造成无法挽回的影响和损失。

（二）分权型警察管理体制

分权型警察管理体制，指的是一个国家的中央政府和地方政府根据法律的授权各自分别管理、指挥中央警察机关和地方警察机关，从中央到地方的各层级警察机关均无隶属关系的一种警察管理体制。采用分权型警察管理体制的国家有美国、瑞士。

分权型警察管理体制的特征是：

1. 警察以地方自治为主，经费由地方财政负担，中央与地方的警察机关没有领导与被领导的关系。中央政府依法设立并管理、指挥中央警察机关，地方政府依法设立并全权管理、指挥地方警察机关。

2. 中央只负责有关中央警察机关及其警务活动的立法，涉及地方警察机关及其警务活动的法律由地方议会负责制定。

3. 全国没有统一的警察组织和警察制度，中央政府设立的中央警察机关只是执行特定法律的警察机关，而非全国警察的首脑机关。

优点是：较能体现地方自治和民主精神，不易产生警察专制或重大腐败、滥用职权等现象，提供的服务广泛而细致、优质。

缺点是：警察权力分散，缺乏联络沟通，协作性差，难以发挥整体效能，无法有效地对付犯罪，面对跨境犯罪显得软弱无力、工作效率低下；难以形成警务工作的规模效益，易造成资源浪费；执法权限、装备、待遇等标准不统一的问题所带来的诸多弊端使得其社会控制和管理能力与集权型警察管理体制国家相比较弱。

（三）集权分权结合型警察管理体制

集权分权结合型警察管理体制，指的是一个国家的中央政府除管理、指挥中央警察机关外，还与地方政府共同负责管理、指挥地方警察机关，且中央警察机关也可在一定程度上管理、指挥地方警察机关的一种警察管理体制。采用集权分权结合型警察管理体制的国家有英国、日本、德国。

集权分权结合型警察管理体制的特征是：

1. 中央议会负责有关全国性警察制度、警务活动的立法，地方议会负责地方治安问题的立法或不享有此项权力。

2. 全国有统一的警察制度，国家在全国设有统一的或大体一致的警察组织。

3. 中央政府既直接、全面地管理、指挥中央警察机关，又在一定程度上参与管理、指挥地方警察机关，即中央与地方实行双重领导，经费由中央和地方共同承担。

优点是：地方和中央政府联合管理警察工作，保证了警察机构可以统一地履行职责。集权和分权结合型的管理体制，既保证了中央对全国警察的统一领导和协调指挥，又充分保护了地方政府的积极性和主动性，地方自治有效地避免了垂直领导带来的中央忽视地方利益和特殊性的弊端，中央政府的监督又有效地防止了地方政府提供劣质服务，两者的相互监督起到了防止腐败的作用。

缺点是：在有效控制犯罪和充分保护公民自由权利两者间的平衡上较难掌握。

二、我国公安机关的管理体制

公安管理体制，是指公安机关的组织领导制度。由于公安工作是我国人民民主专政的重要方面，公安机关是国家行政机关的重要组成部分，所以公安管理体制不仅仅是公安机关自身的机构设置和权限划分，还包括党和政府对公安机关和公安工作的领导管理制度。

我国公安管理体制指党和政府对公安工作的组织领导体制，具体内容是"统一领导，分级管理，条块结合，以块为主"。

（一）统一领导，分级管理

这是指中央和地方对公安工作组织领导的制度。

1. 统一领导，就是全国的公安工作，统一受党中央和中央政府（国务院）的领导。因为我国是统一的社会主义国家，公安工作是政府工作的重要组成部分，必须"政出一门"。有关公安工作的法规和政策实际上是党的政策和国家的法规，公安民警是中华人民共和国统一建制的警察（我国台湾、香港、澳门地区除外），统一领导集中体现在公安工作的政令统一、建制统一方面。

2. 分级管理，就是地方公安工作受地方党组织和政府的管理。这是因为我国既是统一的国家，又是幅员广阔、多民族的国家，不可能事事都由党中央和国务院直接管理。我国《宪法》规定设立地方各级人民代表大会和地方各级政府，行使国家赋予的职权，管理地方事务。地方公安机关是地方政府的一个部门，因此地方公安工作受地方党委、政府的领导和管理。

统一领导和分级管理是辩证的统一。从管理科学来说，是层次和幅度的关系，即层次少，管理幅度就大，层次多，管理幅度就小，两者成反比关系，层次的多少与幅度的大小要从实际出发。为了有效管理，增加层次以减少幅度是必要的，即把全国划分为若干个省、自治区和直辖市，再在省、自治区、直辖市下划分若干大中城市和县（市），大中城市下划分区，在县（市）下划分乡、建制镇，形成"金字塔"形的管理体系。分级管理是为了确保统一领导，而要统一领导又必须分级管理。我国有着悠久的历史，长期形成的国家行政管理体制，即中央统一领导、地方分级管理。各个历史时期在集权和分权的程度上有时有所变化，但统一领导、分级管理的基本体制格局不变。

（二）条块结合，以块为主

这是指地方公安机关在实际工作中接受上级公安机关的"条"和地方党委、政府的"块"的双重领导的组织制度。

所谓"条"是指专业管理的体系。公安工作是一项专业性、政策性、时间性很强的工作，一些重大决策和措施必须全国统一。公安部作为国务院的一个职能部门，在党中央和国务院的领导下，对全国的公安工作进行管理，以求政令统一、上情下达、下情上达，发挥公安工作的整体功能，确保国家的安全和安宁。

所谓"块"是指地方公安机关隶属地方各级人民政府，是地方政府的一个职能部门，在地方党委和政府的领导下，维护地方的社会治安秩序，确保一方平安。

因此，地方公安机关和公安工作必须同时接受双重领导：一方面是上级公安部门的领导，另一方面是地方党委和政府的领导，这两方面的领导既有联系又有区别。其联系在于，不管哪一方面的领导，其内容都是有关公安工作的，其目的、方向是一致的；其区别在于"条"的领导是从全国整体着眼，突出专业性、政策性、时间性和统一性，而"块"的领导是从当地实际出发，着眼于具体的组织实施和安排，以保证地方工作有条不紊地进行，既有全国统一的一面，又有必要的灵活性。

对全国必须有统一的政策、法律以及公安专业性极强的要求和措施，既要按"条"的要求贯彻，又要在"块"的统筹下具体地组织实施。对有关地区性公共安全方面的具有地方特点的措施，既要按"块"的要求部署，又要上报公安部听取意见，从更高层次着眼，决定是否可行。因为公安工作总的目的是维护国家、社会的安全和安宁，有很强的政策性，但是它不是抽象的而是具体的，具有很强的地区性，因此在"条"和"块"的结合上必须以"块"为主。

明确"条块结合、以块为主"的关系，既有利于公安工作的统一，不会偏离方向，又有利于从实际出发，更有效地做好公安工作。

【小结】

我国公安机关机构设置的原则包括精简、统一、高效，与国家行政区划相适应，与国家政府机构体制相适应，与公安机关任务和职责相适应等。现行公安机构设置有：国家公安部、地方各级公安机关、专门公安机关、派出所等公安派出机构、专业警种、中国人民武装警察部队。改革开放三十多年来，公安机关机构改革不断深化、优化，但改革中存在改革怪圈、机构改革与警察勤务方式转变脱节、改革缺乏系统性等问题。进一步进行公安机构改革应注意将公安机关机构改革纳入公安改革的整体设计中进行、科学处理好公安机关权力的扩张和限制的问题、有效处理好公安专业人才储备的严重不足和公安工作对专业人才的客观需求之间的矛盾。世界各国警察管理体制的基本类型有集权型、分权型、集权分权结合型的警察管理体制，每一种类型的警察管理体制都各有利弊。我国公安机关管理体制的具体内容是"统一领导，分级管理，条块结合，以块为主"。

【思考题】

1. 试论我国公安管理体制的优越性。
2. 联系实际，谈谈你对公安机构改革的感受和看法。

第三编　公安的价值

第八章 公安机关的作用

【教学重点与难点】

1. 公安机关的作用及其合法有效地发挥；2. 公安机关职能作用的有限性。

‖ 第一节 公安机关作用的释义 ‖

所谓作用，指的是对人或事物产生的影响或其功能、效果。公安机关的作用，也就是公安机关的职能作用，指的是公安机关通过行使职权、履行职责、完成任务而对政权的巩固、国家的发展、社会的稳定、人民群众合法权益的保障产生的积极影响。

公安机关职能是公安机关对国家和社会应发挥的效能与作用。其基本职能是对敌专政的职能和对人民民主的职能。对敌专政和对人民民主是国家调整最基本阶级关系的职能，其他职能都是从这两个职能出发的，是这两个职能的展开和具体化。

公安机关作为保卫人民民主专政政权的、武装性质的治安行政力量和重要的执法力量，其作用体现在以下几个方面。

（一）公安机关是国家政权的重要支柱

周恩来同志指出："国家安危，公安系于一半。"公安机关是政治上层建筑的重要组成部分，是国家机器的重要组成部分，是保卫国家政权的重要支柱力量。国家安全是一切制度的基础，如果一个国家处于外部入侵或内部分裂和动乱的状态，人的基本生命、自由权都无法保障，社会稳定、经济发展便是奢谈。而确保人们可以集中精力地去发展经济与科学技术、推动社会的繁荣发展的前提则是政治稳定、国家的政权巩固。

一方面，公安机关担负着维护国家安全方面的神圣职责，对外联合各国警力，打击跨国犯罪，严防国外敌对势力的渗透，同时打击各类破坏我国主权和领土完整的民族主义者，维护国家的外部安全。对内联合国家安全机关等，侦办各类危害国家安全的犯罪，打击各类煽动民族分裂的极端民族主义和恐怖主义分子，努力打造一个安全的国家与稳定的政局。另一方面，公安机关为人民检察院、人民法院、工商管理、金融管理、网络安全管理等其他国家行为提供强有力的保障，从而起到保卫国家安全、维护政治稳定、巩固国家政权的作用。

（二）公安机关是维护社会和谐稳定的重要保障

社会和谐稳定是社会发展的前提条件，而社会和谐稳定又与国家安全和社会治安秩序紧密相关。社会稳定包括政治稳定、经济稳定、生活稳定、社会治安稳定等。事实证明，社会治安的不稳定，常常引起其他方面的不稳定，而其他方面的不稳定，又往往通过社会治安问题表现出来。如果一个国家各类违法犯罪泛滥，社会便会陷入无序状态，不但人们的正常生活得不到保证，政府也会因此失去它的信任基础，其直接结果就是政局崩溃，社会陷入混乱。只有使各类治安案件、刑事案件的发案率保持在一个可承受的范围内，公平正义得以实现，有良好的社会秩序，人民群众才有安全感，社会、经济各方面才能得以正常发展。

公安机关肩负着维护社会稳定、保障人民群众安居乐业的政治和社会责任，通过严厉打击各种刑事犯罪，抓捕犯罪嫌疑人；通过查处各类治安案件；通过在特种行业管理、出入境管理、户籍管理、交通管理、消防管理、边防管理等各类行政管理工作中严格执法；通过处理如洪水突发、交通事故、山体滑坡、生化威胁、群体性治安事件等各类突发事件，解救受困群众，使人民的权益得到保障；通过及时劝导调和、调解、化解各类社会矛盾，使人与人之间的关系趋于融洽，避免矛盾积聚并演化升级为恶性治安案件甚至犯罪，以此来构建一个诚信友爱的社会氛围，同时保护人民群众的生命和财产安全，维护社会治安，确保社会维持正常的运行秩序。也就是说，公安机关是维护社会基本稳定的核心力量。

（三）公安机关是实现国家经济职能的保证

国家的主要职能之一，就是组织社会经济活动，迅速发展社会生产力，搞好经济建设，较快地实现国家的繁荣富强。警察的组织活动为各国经济秩序的正常运转、为各国的经济繁荣一直发挥着不可替代的保证作用。我国正处于经济高速发展时期，但从计划经济转轨到社会主义市场经济的过程中，经济制度的不成熟、不完善的客观存在导致各类经济案件频发、高发，给社会主义市场经济带来了严重的威胁。公安机关通过侦办各类经济案件，以事关人民群众生命健康安全和国家经济发展的生产领域的打假工作为重点，深入开展烟酒、食品、药品、农资等领域的制假贩假侦查和打击犯罪工作，依法严厉打击金融犯罪，特别是证券期货、财税等事关国家经济安全领域的严重经济犯罪和非法集资传销等事关群众切身利益、影响社会稳定的严重经济犯罪，维护社会主义市场经济秩序和经济安全，为人们营造一个诚实守信的经济氛围，保证我国的经济迅速发展，保障国家的经济繁荣。

（四）公安机关在国家精神文明建设、民主法制建设中发挥着突出的作用

作为政治上层建筑的重要组成部分的公安机关，在国家的精神文明建设和民主法制建设中扮演着重要的角色，发挥着突出的作用。违法犯罪活动是一种社会病态，打击、预防违法犯罪的过程，事实上是减少和消除这一病态的过程。从这一意义上讲，公安民警是社会的医生，发挥着净化社会、促进整个社会精神文明建设的突出作用；另外，公安组织是国家的重要执法力量，维护着广泛意义上的国家法

律。公安执法过程，是对人民负责与对法律负责统一的过程，这对发扬社会主义民主和健全社会主义法制，从实际意义上贯彻执行依法治国的基本方略有着深远的历史意义。

‖ 第二节　公安机关作用的有限性 ‖

一、公安机关作用的有限性

运用国家治理理论和新公共管理理论于国家的行政体制改革问题的分析可见，"在我国，受长期高度一元化传统社会体制的路径依赖，在旧的社会体制解构向新的体制转轨的同时，处于传统依赖—解构—体制转轨三重张力中的政府对自身的管理职能定位不清，有限政府的理念没有确立，对行政管理、市场管理和社会管理职能划分不清，常常造成政府社会管理职能的越位、缺位和错位等现象"。而且"成为制约政府充分履行社会管理职能的制度因素，成为我国社会管理和社会管理体制进一步完善的瓶颈所在"[1]，于是，"遏制政府权力的滥用，防止政府逾越法律的界限侵害公民的权益，确立和维持一个在权力、作用和规模上都受到严格法律限制的有限政府"[2]，坚持"有限政府"和"服务政府"的理念，推动"全能政府"向"有限政府"的职能转变，已成为"十一五"以来，政府行政体制改革的主要内容。在市场经济条件下，我国的目标是建立"小政府、大社会"。有限政府职能的有限性，直接决定了作为政府职能部门之一的公安机关职能作用的有限性。

公安机关的职责具有法律性、政治性、行政性、有限性、责任性等特点。公安机关职责的法律性指的是公安机关的职责是由国家法律和法规所确认的，公安机关履行职责是法律所规范的，无法律规定的不能为，"法无授权"即禁止。公安机关职责的有限性指的是公安机关的职责是有范围的，超过范围就是越权，甚至是滥用职权。公安机关职责的法律性和有限性决定了公安机关作用的局限性，公安机关不是万能的，是不可以包打天下的，公安机关的职能作用是有限的。公安工作要"实现由不切实际的无限公安向科学的有限公安的转变，将公安工作权职清晰、节约警力、群众满意、警民和谐的内在要求落到实处"。[3]

例如，公安机关不得参与商业经营活动和介入经济纠纷的解决。1989 年 3 月 15 日公安部下发的文件《公安部关于公安机关不得非法越权干预经济纠纷案件处理的通知》〔〔89〕公（治）字 30 号〕中规定，严令各地公安机关不得插手经济纠纷案件，更不得从中牟利。公安机关不得以查处诈骗等经济犯罪案件为名，直接

---

① 周红云．社会管理创新．中央编译出版社，2013：9.

② 陈国权．社会转型与有限政府．人民出版社，2008：81.

③ 贺电，王琳琳．推进公安社会管理创新的思考．中国人民公安大学学报，2013（6）.

插手干预一些经济纠纷案件的处理，强行收审、扣押一方当事人做人质，替另一方逼索款物甚至按比例从争议金额中提成取利，并明确指出这是既干扰经济纠纷案件的依法公正处理，侵犯法人和公民的合法权益，又损害公安机关形象的严重违法行为。1992年公安部发布的文件《公安部关于严禁公安机关插手经济纠纷违法抓人的通知》明确规定，凡属债务、合同等经济纠纷，公安机关绝对不得介入；严禁滥用收容审查手段。在办理经济犯罪案件中，对于不符合国务院和公安部规定的收审条件的人，不得使用收审手段；坚决杜绝强行抓捕收审经济纠纷当事人作"人质"，逼债索要款物，彻底纠正"以收代侦"、"退款放人"的非法做法；各地公安机关不得以任何借口向报案单位和当事人索要办案经费，不准截留缴获的赃款用作办案经费和其他经费，不允许搞"办案提成"。1993年公安部下发的公通字〔1993〕65号文件《公安部关于禁止公安机关经商办企业和公安干警从事经营活动的规定》明确规定，各级公安机关的各业务处、科、室和基层股所队一律不准以任何形式经商办企业，从事经营活动；严禁在职公安民警在任何企业（包括公安机关以及其他部门、单位或个人办的企业）中兼职、任职。对已兼职的，要办理免职手续，不再保留原单位所任职务；严禁公安机关和公安民警在企业（包括公司、工厂、商店、摊点等）投资入股。凡已入股的，应立即撤出；不准帮助企业谈生意、签合同、推销产品，不准担任、充当企业的经纪人、顾问及保镖；不准利用公安机关的权力、条件（包括警用装备）等帮助公司、企业进行讨债、逼债和其他经营活动；严禁公安民警从事第二职业，不准搞停薪留职、留薪留职，不准利用职权和工作之便，从事各种直接或间接的经济活动，也不能为其家属子女、亲友提供经商方便，以权谋私；严禁各级公安机关和公安民警购买和炒买炒卖股票；公安机关无确凿证据不得采取任何强制措施，不得进行处罚，公安机关不得擅自从事非警务活动，公安机关非法定情形不得使用警械武器，公安机关未经批准不得动用技术侦查手段，等等。

树立和强化公安机关的职能作用，既是规范公安执法，减少非警务活动，避免公安机关职能泛化、权力扩张的需要，也是贯彻群众路线，通过广大群众的参与来维护社会治安，体现"警力有限，民力无穷"的具体要求。

二、公安机关作用超出其限度的常见情形

在公安工作实践中，存在公安机关职能作用泛化，对公安机关的要求超出其职能作用限度，或公安机关人民警察超越职责范围违规违法乱作为的情况。常见的情形具体表现为：被迫参与非警务活动、大量非警情报警的接处、超越职责范围行使职权或滥用职权等，对于这些在公安机关履行职责中存在的问题，本书在第六章已进行了具体的阐述和分析，在此不再进行重复的讨论。

‖ 第三节　合法、高效地发挥公安机关的作用 ‖

一、认真贯彻落实习近平总书记对公安工作提出的总要求，充分发挥公安机关的作用

"对党忠诚、服务人民、执法公正、纪律严明"是在习近平总书记接见参加2017年5月19日召开的全国公安系统英雄模范立功集体表彰大会代表时发表的重要讲话中对公安工作提出的总要求。"四句话、十六字"涵盖了公安工作和公安队伍建设的方方面面，体现了党性和人民性、价值导向和职业追求、发展目标和建设路径的高度统一，是一个相互联系、相辅相成的有机统一体。其中，对党忠诚是政治灵魂，决定着公安机关的政治站位，体现着政治建警的根本方针，是公安队伍第一位的政治要求；服务人民是根本宗旨，决定着公安机关的性质本色，体现着公安队伍的立警原则，是人民公安永远不变的路线遵循；执法公正是价值取向，决定着公安机关的履职方向，体现着法治公安的本质要求，是公安队伍必须坚守的职业追求；纪律严明是重要保证，决定着公安机关的治警方针，体现着纪律部队的管理特点，是打造过硬队伍的根本路径。这"四句话、十六字"总要求，是我们党在新形势下加强公安工作和公安队伍建设的总纲领，是公安机关建警治警的总方略、人民警察立警从警的座右铭，为我们推动公安事业发展进步提供了科学引领、指明了前进方向。

对党忠诚，是对各级公安机关领导班子、各级公安领导干部和广大公安民警、公安现役官兵第一位的政治要求。公安机关是人民民主专政的重要工具，是党和人民手中掌握的"刀把子"，必须旗帜鲜明地讲政治，牢固树立"四个意识"，切实筑牢忠诚警魂，更加坚定自觉地维护以习近平同志为核心的党中央权威和集中统一领导，更加坚定自觉地向以习近平同志为核心的党中央看齐，更加坚定自觉地在思想上政治上行动上同以习近平同志为核心的党中央保持高度一致，永葆绝对忠诚、绝对纯洁、绝对可靠的政治本色。要始终保持高度的思想自觉，不断强化理论武装，坚定"四个自信"——中国特色社会主义道路自信、理论自信、制度自信、文化自信。坚持不懈地用中国特色社会主义理论体系武装头脑，深入学习贯彻习近平总书记系列重要讲话精神和治国理政新理念新思想新战略，努力以理论上的清醒保证理想信念上的坚定，不断筑牢信仰之基、补足精神之钙、把稳思想之舵，进一步打牢高举旗帜、听党指挥、忠诚使命的思想根基。要始终保持高度的政治自觉，不断加强党性锻炼，切实提高政治能力，自觉把讲政治作为补钙壮骨、强身健体的根本保证，作为培养自我革命勇气、增强自我净化能力、提高排毒杀菌政治免疫力的根本途径，贯穿于党性锻炼的全过程，着力提升把握方向、把握大势、把握全局的能力，着力提升保持政治定力、驾驭政治局面、防范政治风险的能力。要始终保持高度的行动自觉，严守纪律规矩，做到令行禁止，切实把政治纪律和政治规矩挺在前面，不断增强政治敏锐性和政治鉴别力，毫不动摇地坚持党对公安工作的绝对领导，坚决捍卫中国共产党领导和社会主义制度，确保"刀把子"始终牢牢掌握在党和人民手中，永远做党和人民的忠诚卫士。

牢牢把握服务人民这一根本宗旨，忠实践行人民公安为人民的庄严承诺。服务人民，是坚持以人民为中心发展思想的根本要求，是践行人民公安为人民根本宗旨的重要体现。公安机关担负着打击敌人、惩治犯罪、保护人民、服务群众的重要职责，最终目的都是为了实现好维护好发展好最广大人民的根本利益，必须始终把党和人民的利益放在心中最高位置，牢固树立、自觉践行以人民为中心的发展思想，把人民满意不满意、答应不答应、高兴不高兴作为判断和衡量公安工作的根本标准，切实做到人民公安为人民。要积极适应人民群众对社会公共安全的新要求，坚持以人民期盼为念、为人民利益而战，紧紧围绕人民群众反映强烈的突出治安问题，深入开展对各类违法犯罪的打击整治，持续深化对各类安全隐患的排查治理，不断创新完善立体化、信息化社会治安防控体系，切实当好推进平安中国建设的主力军、保障人民生命财产安全的守护神，不断提升人民群众的安全感和满意度。要积极适应人民群众对维护自身权益的新关切，坚持维权与维稳相统一，健全完善社会矛盾风险预警和多元化解机制，积极推动完善群众利益协调和保护机制，进一步加强对各类矛盾纠纷的排查调处和依法治理，切实维护好人民群众合法合理的利益诉求，最大限度地增加社会和谐因素，最大限度地减少社会不和谐因素。要积极适应人民群众对高品质公共服务的新需求，坚持寓管理于服务之中，不断优化服务管理流程、提高服务管理效能，推出更多服务经济社会发展、方便群众办事创业的新举措，着力扩大改革受益面，进一步增强人民群众的获得感和舒适度，努力用我们的辛勤指数提高人民群众的幸福指数。

牢牢把握执法公正这一价值取向，不断提升公安机关的执法公信力。执法公正，是推进法治中国建设、维护社会公平正义的客观要求，也是公安机关执法活动必须始终坚守的核心价值追求。公安机关是国家重要的行政执法和刑事司法力量，几乎所有的工作都是执法工作、所有的活动都是执法活动，必须始终把维护公平正义作为公安工作的生命线，恪守法治精神、坚守法治定力、严守法律底线，切实当好推进依法治国的生力军，坚定不移做社会公平正义的维护者。要以正确的法治理念引领执法活动，坚持教育引导、典型引领、实践养成相结合，采取有效措施，积极引导广大公安民警把社会主义法治精神内植于心、外践于行，切实增强严格依法履行职责的观念、法律面前人人平等的观念、尊重和保障人权的观念，做到自觉遵法学法守法用法，坚持严格规范公正文明执法，努力让人民群众在每一起案件办理、每一件事情处理中都能感受到公平正义。要以严密的制度机制规范执法活动，紧紧围绕建设法治公安目标，狠抓中办国办《关于深化公安执法规范化建设的意见》落实，进一步健全执法制度、完善执法程序、强化执法管理、深化执法公开，持续推动执法规范化建设提挡升级，确保各项执法活动都在法治化、制度化、规范化轨道上运行，努力以程序公正来保障实体公正。要以有力的监督制约约束执法活动，紧紧围绕规范权力运行这一核心，紧紧抓住容易出现执法问题的重点岗位和关键环节，坚持外部监督与内部监督相结合，进一步深化执法权力运行机制改革，着力构建高效严密的执法管理监督和责任追究体系，做到铁面无私、秉公执法，确保不偏不倚、不枉不纵，最大限度地防止徇私枉法、执法不公等问题的发生，不断提升公安机关的执法公信力。

牢牢把握纪律严明这一重要保证，努力打造一支高素质的过硬公安队伍。纪律严明，是加强公安队伍正规化建设、提升公安队伍战斗力的重要保证。公安队伍是党绝对领导下的一支纪律部队，必须在纪律作风建设上有更高的标准、更严的要求，坚决贯彻落实全面从严治党、从严治警的各项部署要求，聚焦忠诚干净担当，践行"三严三实"标准，努力建设一支党和人民满意的高素质过硬队伍。要强化管党治党责任，建立健全党内政治生活、党内监督的责任制，严格落实党风廉政建设"两个责任"和领导干部"一岗双责"，进一步硬化党委纪委职责，实化管党治党任务，强化严管严治导向，切实把党建工作的责任链条紧起来、硬起来、严起来。要严肃党内政治生活，认真贯彻民主集中制，切实用好批评和自我批评武器，全面推动"三会一课"、民主生活会、组织生活会、党员领导干部过双重组织生活等党内生活制度的落实，着力增强党内生活的政治性、时代性、原则性、战斗性，推动实现党内监督常态化、制度化、规范化。要深化纪律作风建设，坚持不懈抓好中央八项规定精神的贯彻执行，严格落实从严治警的各项纪律规定，切实做到正风肃纪不停步、反腐惩恶不手软，不断把党风廉政建设和反腐败斗争向纵深推进，着力在公安队伍中营造风清气正的良好警风。要把从严治警与从优待警有机结合起来，积极争取党委和政府的支持，加强对公安工作的领导，加大综合保障力度，落实从优待警措施，对因公牺牲民警的家属特别是其中的老年人和未成年子女要给予特殊的关爱，努力做到用事业激励警心、用关爱温暖警心、用待遇慰勉警心，不断提高公安队伍的凝聚力、战斗力、创造力。

二、明确职能定位，确立公安机关作用有限的理念

首先，要完善立法，对公安机关的职责范围作进一步的明确界定。例如，《人民警察法》第6条中"法律、法规规定的其他职责"中的"其他职责"、第21条中的"其他危难情形"、"公民的报警案件"等概念亟须制定相应的法律法规或司法解释进行准确界定。否则，公安机关很难判断是否只要是拨打110的均属于公民的报警案件，都应当及时查处，哪些属于其他危难情形。对于《公安机关人民警察内务条令》第32条规定的"公安民警应当热情为求助的群众提供必要的帮助"中的哪些情况的求助属于公安机关必须要帮助的？以何方式？帮助到什么程度？法律规定的模糊必将导致执法者的无所适从，也使有意利用职能泛化实施"权钱交易"的人有了可乘之机，并使之成为腐败滋生的"温床"。因此，对这些问题亟须进行明确的规范界定。

其次，要准确掌握公安机关及其人民警察的职责范围，使人民警察清楚地知道该做什么，不该做什么，哪些属于警务活动，哪些属于非警务活动。应摒弃大包大揽式的工作方式，实现"全能"意识向"有限"意识的转变。对法定职责之外的事务，应严格执行《人民警察法》第33条的规定——"人民警察对超越法律、法规规定的人民警察职责范围的指令，有权拒绝执行，并同时向上级机关报告"，依法予以拒绝，对非警务的报警，耐心解释，告知报警者正确的问题解决途径和方法，减少非警务活动，合理调配和利用有限资源，做好本职工作，实现职责履行和职权行使的理性回归。

三、强化公安机关的全方位能力提升与充分发挥社会力量的作用并行

强化队伍建设。在公安工作中，队伍建设是根本，也是保证。要合法、高效地发挥公安机关的作用，关键是要造就一支政治坚定、业务精通、作风优良、执法公正的高素质的公安队伍。抓基层、打基础、苦练基本功，通过加强培训、加强管理，狠抓队伍建设，增强民警自主学习提高、建设学习型队伍的意识观念，学习政治思想理论、法律基本知识和治安基本业务知识，不断提高科学判断形势的能力、准确把握治安大局的能力、驾驭复杂治安局势的能力和严格、公正、文明执法的能力，加强民警素质建设，提高执法能力和水平。

建立科学的激励机制。运用行为学、心理学、激励理论等科学理论于公安机关绩效评估体系和标准的制定，真正做到对民警工作绩效的公正、客观评估，将待遇与民警的能力、水平和工作实绩挂钩。有相应的制度保障，对工作出色的民警不论年龄、工龄、职务均给予更多的物质和精神回报，并在职务升迁、职称评定以及各种先进的评选、表彰等方面予以政策倾斜。真正实现按绩效定报酬、按能力定级别，充分调动民警工作的主动性和积极性。

构建和谐警民关系。"警力有限，民力无穷"，公安机关必须转变执法理念、端正执法态度、强化服务意识，杜绝"冷、硬、横、推"不良现象，切实完善公安机关的办事程序，不断健全和推进便民、利民的措施，坚持"主动不被动，帮忙不添乱，握手不伸手"的原则，增强人性化的执法管理理念。公安机关既要依法履行法律赋予的职责，又要把严格执法与人性化执法有机地结合起来，寓管理于服务之中，寓执法于服务之中，将执法管理与服务工作有机结合。在政策法律的范围内，打破常规，急事急办，特事特办，为人民群众提供全方位的便捷服务，以形成亲民、安民、扶民、富民的和谐氛围。以热情的态度温暖民心，以务实的作风赢得民心，切实通过规范执法、热忱服务、良好治安秩序的营造、长期的"警民共建"等活动，努力取得社会各界和人民群众对公安工作的了解和支持，构建警为民、民拥警、警民鱼水一家人的平等、互信、合作的和谐警民关系，以有效借助和

充分发挥人民群众在社会治安管理中的主体性和积极性，为公安工作提供强大助力。

提高行政管理效能。进一步改进户籍管理、治安管理、交通管理、消防管理、出入境管理、边防管理等公安行政管理工作，简化行政审批手续。针对群众确实力所不及并且为"急、难、险"的情况在公安机关职能范围内完善"便民、利民"措施，同时，通过鼓励公众及媒体监督、完善内部制度建设等，将执法办案与管理服务有机结合，使执法工作更加规范，以更好地服务和谐社会的发展大局，进一步提高执法效能。

树立以信息为主导的警务理念，优化信息警务机制。以"金盾工程"建设为依托，建立健全信息预警机制，推进公安工作信息化。将人口、案件、违法人员、在押在逃人员、失踪人员、无名尸体、驾驶员、被盗车辆、枪支、物品、行业场所等基础资料信息化，为各项公安工作提供信息支撑。同时，加速与城建、房管、金融、证券、工商管理等其他行业和部门信息系统的整合共享力度，通过对信息库资源的网上查询、有效串并、自动比对等手段的优化，实现对违法犯罪高危人员活动轨迹的实时掌握和动态监控，为提高发现、控制和服务打击的能力提供坚实保障。建立健全公安情报信息研判制度，及时发现新情况、新问题，努力实现警务跟着警情走，警力随着警务动，最大限度地把握工作主动权。

公共选择理论提倡充分发挥社会力量的作用。在我国现阶段警力不足、警务资源严重匮乏的情况下，在强化公安机关自身执法效能的同时，要通过进一步完善保安服务社会化，探索将民政、医院、律师、心理咨询等相关机构纳入110指挥中心，与公安机关联动，处理非警情报警，以及减少公安机关的行政审批、发挥社区邻里守望联防的治安作用等，充分发挥社会力量的作用，提升社会治安综合治理的效能。

四、公安机关要在维护国家安全和政治稳定方面发挥作用

肩负保卫国家安全职责的公安机关要在维护国家安全和政治稳定上发挥作用。

首先，必须树立新的安全观念，清醒地判断局势，牢固树立维护国家安全的职能意识。冷战结束后，特别是以美国为首的西方资本主义国家陷入经济衰退，为获取新的经济增长而实施"重返亚太战略"，企图遏制中国的崛起，并洗劫中国改革开放三十多年来经济高速增长积累的巨额财富。它们搅动西海、南海、东海局势，通过各种途径输入西方思想文化和价值观念，意识形态领域的交锋十分激烈，隐蔽战线斗争尖锐复杂，西方敌对势力加紧对我实施"西化""分化"战略，"疆独""藏独"等民族分裂主义和恐怖主义组织活动频繁，"法轮功"等邪教组织的非法活动猖獗，境内外敌对势力和敌对分子相互勾结，合法手段与非法手段并用，插手人民内部矛盾，对人民内部矛盾实施激化和演变，利用各类群体性事件破坏社会稳定。经济安全、文化安全、信息安全、网络安全等非传统安全问题全面显现。只有

对国家面临的复杂形势进行全面、清醒而冷静的认识，才能沉着应对。

其次，公安机关必须构建完备的安全战略，坚决打击危害国家安全的渗透颠覆活动。针对安全保卫工作面临的新情况、新问题，应着眼于实际，尽快制定并不断完善安全战略及其工作规划。公安机关要始终站在对敌斗争第一线，坚决粉碎敌对势力和敌对分子的政治图谋，始终做到严密防范、严厉打击各种敌对势力的渗透颠覆活动，严密防范、严厉打击民族分裂势力、宗教极端势力、暴力恐怖势力的分裂破坏活动，严密防范、严厉打击"法轮功"等邪教组织的非法活动，严密防范、严厉打击利用和针对信息网络的违法犯罪活动。绝不允许危害国家安全和社会稳定的人员形成组织、坐大成势；绝不允许危害国家安全和社会稳定的活动形成气候。公安机关必须完善安全工作机制，以科学、协调、高效为要求，注重运用现代科学技术，整合安全保卫资源，建立灵敏的预警机制、统一的指挥机制、准确的控制机制和高效的处置机制。针对对敌斗争信息化的新趋势，加快建立法律规范、行政监管、行业自律、技术保障相结合的互联网管理体制，进一步完善公安新闻发布制度和重大突发事件新闻报道快速反应机制。

五、公安机关要在驾驭复杂社会治安局势、保障人民安居乐业方面发挥作用

肩负维护社会稳定、保障人民群众安居乐业职责的公安机关，要在驾驭复杂社会治安局势、保障人民安居乐业方面发挥作用。

首先，要积极适应动态环境下社会治安的新变化，深入研究、准确把握各种违法犯罪活动的规律特点，坚持打防结合、预防为主，专群结合、依靠群众，创新工作理念，完善工作机制，切实增强社会治安工作的主动性、针对性和实效性，切实提高对社会治安局势的控制力，确保社会治安大局安定稳定。

其次，要全力做好维护社会稳定的工作。公安机关必须切实强化政权意识和责任感，认真研究分析各类突发事件发生、发展的规律特点，建立完备的维护稳定的预测系统、完整的社会稳定信息系统、完善的教育疏导与处置系统。建立起信息收集、决策指挥、事件处置的系统性工作体系，保证信息的准确获得、防范的严密超前、决策的科学可行、处置的稳妥有效。继续完善不稳定因素预警机制，构建覆盖广、触角深、反应快的情报信息网络，密切关注在加强宏观调控、经济结构调整、国有企业改革等进程中可能出现的影响稳定的苗头性问题。努力做到及时发现、超前预警、加强分析研判，围绕稳定信息建立健全超前预警网络，切实增强维稳工作的预见性、前瞻性和互动性，及时向党委、政府和上级公安机关报告，并配合有关部门积极做好疏导化解工作，做到"早发现、早报告、早控制、早化解"，按照"发现得早、化解得了、控制得住、处置得好"的原则，切实将矛盾解决在基层和萌芽状态，防止性质恶劣、影响重大的突发事件发生。加强处置突发事件的实战训练，提高民警处置突发事件的能力。同时强化以110为龙头的实战指挥体系建设，进一步增强快速反应能力和整体作战能力。

再次，对严重刑事犯罪保持高压态势，严厉打击。公安机关打击职能的强弱，直接影响到社会治安大局的稳定，直接关系到社会公平正义的实现。因此，从维护社会稳定、保障人民群众安居乐业的目标出发，公安机关要控制好社会局势，必须坚决贯彻"严打"方针，加大打击力度，提高打击能力，为创建"平安社会"、实现社会的和谐打下坚实的基础。坚持"抓小抓早，露头就打"的原则，对以命案为首的严重刑事犯罪、以"两抢"为典型的街面犯罪、以黑恶势力为代表的有组织犯罪，杀人、绑架、强奸等各类暴力犯罪，要坚持主动出击、先发制人、严厉打击，提升公安机关的社会治安控制力。认真研究盗抢等多发性侵财犯罪的规律性，科学制定对策，加大打击盗抢犯罪的力度，以集中扫除治安乱源为目标，开展专项行动，增强人民群众的安全感。

最后，构建治安防控网。社会治安是一项系统工程，公安机关要从人防、物防、技防出发，继续抓牢社区群防、街面巡逻、重点部位监控、卡点堵截四个工作重点，不断严密人技互动的立体型动态治安防控体系。指导督促基层各部门落实安全防范措施，强调多警种协同作战，形成整体合力，适时开展联防整治。充分发挥群众的群防群治作用，大力发挥基层治保会、治安联防队、纠纷调解会、护矿队等各类群众性治安防范力量的治安防范作用。大力支持发展社区保安业，积极有效地发挥保安队伍协助公安机关维护社会治安的作用，积极推行"道路巡逻警区化、社区巡逻专业化、外围堵截屏障化、指挥调度实战化"的防控措施。充分利用基层组织的阵地效能，建立以巡防中队为骨干、社区为基础、其他警种和社会治安辅助力量为补充，以科技手段为支撑、点线面结合、人技物三防配套，全时空、多层次、立体化的社会治安防控体系。进一步强化治安管理、危险物品管理、特种行业管理、道路交通秩序治理，打造"以政府为主导、以公安为专门力量、以群众为基础、社会各方共同参与"的社会联动治安防控机制，增强警民联合的整体攻防能力，从源头上努力减少目标被侵害的可能性，增加犯罪的难度系数，使犯罪分子作案的机会和条件逐渐减少。

【小结】

公安机关的职能作用，指的是公安机关通过行使职权、履行职责、完成任务而对政权的巩固、国家的发展、社会的稳定、人民群众合法权益的保障产生的积极影响。公安机关作为保卫人民民主专政政权的、武装性质的治安行政力量和重要的执法力量，其作用体现在以下几个方面：公安机关是国家政权的重要支柱，公安机关是维护社会和谐稳定的重要保障，公安机关是实现国家经济职能的保证，公安机关在国家精神文明建设、民主法制建设中发挥着突出的作用。但有限政府职能的有限性，直接决定了作为政府职能部门之一的公安机关职能作用的有限性，而公安机关职责的法律性和有限性也决定了公安机关作用的局限性。要合法、高效地发挥公安机关的作用，首先，要明确职能定位，确立公安机关作用有限的理念。其次，要强化公安机关的全方位能力提升与充分发挥社会力量的作用并行。再次，公安机关要在维护国家安全和政治稳定方面发挥作用。最后，公安机关要在驾驭复杂社会治安局势、保障人民安居乐业方面发挥作用。

【思考题】

1. 简述公安机关的作用，并联系实际举例分析公安机关作用的限度。
2. 试论公安机关作用的发挥。

第九章　公安的价值目标

【教学重点与难点】

1. 警察价值；2. 警察价值体系；3. 公安价值追求。

‖ 第一节　警察的价值体系 ‖

警察活动是人类社会的一种特殊的价值活动，离开了警察的价值追求，警察就不会发展到今天。警察的价值与警察的功能、警察的任务和警察在社会中的角色是密切联系的，警察功能对社会产生的效应和影响力都取决于警察的价值追求和价值目标。警察价值必须建立在对警察价值内涵的认识和把握的基础上，对警察价值的科学评价对推动警察价值创造具有重要的意义。在我国，警察价值又称为公安价值。

一、警察价值的概念

（一）警察价值

学习和理解警察价值，首先要明确警察价值的概念；对警察价值的界定，又离不开对价值的理解。

价值，是指客体对主体的积极意义，即客体所具有的能够满足主体需要的属性和功能。这个概念表明了价值是关系范畴。"价值"是从人们对待满足他们需要的外界物的关系中产生的。[①] 它表示了主客体之间的关系。在主体与客体的关系中，主体的需要是价值得以生成的基础，主体通过需要的满足来追求自己的本质力量的实现，没有主体需要就无所谓价值。客体的属性是价值关系产生的客观条件。客体的属性包括客体具有的满足人多种需要的特定结构、功能。客体的属性、存在状况、发展规律为价值活动提供了客观内容，没有价值客体，就无所谓价值主体。不同的主体和客体的关系决定着价值异同。

警察伴随着人类走过了漫长的历史，人类为什么需要警察？人类对自己创设的警察寄予了怎样的期望？警察是否能满足人类的需要？警察是怎样满足人类的这些

---

① 马克思恩格斯全集．第 19 卷．人民出版社，1965：406.

需要的？警察在何种程度上满足了人类的需要？满足了人类的哪些需要？其评价的标准是什么？这些问题无一不是警察的价值问题。

警察价值，即警察通过警察实践以其特有的功能和属性满足社会主体的生存、发展、完善所产生的各种效应的总和。

警察的价值主体，是构成警察的价值关系的最首要的要素。警察的价值主体是建立警察的价值关系的根本，是警察的价值的前提性要素，没有警察的价值主体也就没有警察的价值。警察的价值主体首先是具体的人，一方面，警察是由特定的人创建的，另一方面，警察价值的评价总是由人作出的。因此，警察的价值主体是具体的人。其次，警察的价值主体也是抽象的人。这种人首先不是"人"的个别，而是人的整体，是全体人的总称。警察的产生与存在是整个人类社会发展变化过程中出现的历史现象，警察的产生并不是个别人努力的结果，它是人类阶级社会的产物。因此，作为警察的价值主体的人是具体与抽象的统一。

警察的价值客体，是警察的价值关系得以建立的又一要素。没有价值客体，价值就没有来源。任何价值都不过是价值客体对于价值主体的意义。警察的价值客体也包含两个方面，即抽象的客体与具体的客体。抽象的客体指有关警察的法律制度、法律规范、法规等，具体的客体指警察属性、警察组织。由于警察属性和警察组织是通过警察群体的行为活动来实现的，警察群体对社会主体或对某一个人就有价值的问题。因此，警察群体也是警察价值关系之中的价值客体。

价值客体是否能满足主体的需要，是认识价值客体存在、发展的重要问题，这个问题直接影响价值关系成立与否。因此，价值评价是发现和把握价值的重要手段。现实生活中，警察的客体是多层次的，这就决定着警察可以从多个角度、多个层面进行价值活动，从而成为多种身份的统一，每一个层面都显示着警察独特的价值。同时，警察具有客观性，要求社会主体只能基于警察的价值客体来形成自己的价值追求，并探索实现价值追求的手段，而不能超越警察的价值客体来形成自己的价值追求，故此对警察价值的评价应当是客观的。鉴于此，警察价值评价是科学界定和认知警察价值、满足社会主体的生存和发展的需要，同时也是推动警察实践不断实现警察价值的重要精神力量。

（二）警察价值的特征

警察作为一种社会现象，它始终与国家、阶级密切联系。因此，警察价值具有如下特征。

第一，警察价值的存在首先满足统治阶级需求。

警察是统治阶级的统治工具，这就意味着警察存在于社会中并作用于社会的价值首先必须满足统治阶级的需要，而警察的阶级属性是区别不同社会形态下警察价值的重要标志。在阶级的社会中，警察价值反映了警察与统治阶级之间的内在联系，警察以统治阶级的利益为出发点和归宿，从统治阶级的立场，根据统治阶级的利害标准和价值观念来调整社会主体之间的关系就是警察价值。这就意味着警察价值是客观存在的，但它不以全部社会主体的价值认识的意志为转移，统治阶级需要对警察价值的形成产生直接影响。

第二，警察的价值以警察的属性为基础。

警察的价值是以警察的属性为基础的，警察不一定通过"物的形式对人有用或使人愉快等的属性"来体现其价值，而是一种独特的社会现象。安全、稳定、秩序、和谐、公正和效率就是警察的属性，这些属性的目的在于为社会主体创造一个井然有序的社会环境，从而对主体满足其物质需要和精神需要的活动与行为施以保障、促进和指导，没有这些属性警察不可能具有相应的价值。警察特殊的属性提供了警察产生警察价值的可能性，是警察价值存在的内在根据。警察对社会主体的意义主要包括国家安全、社会治安秩序、人身安全、公私财产安全等。这些价值构成了警察所追求的理想和目的，因此，可以称为警察的"目的价值"[1]。正是这一特点，使警察价值明显地区别于其他一般的物质价值和精神价值。

第三，警察对社会主体效应有正负价值之分。

基于警察价值"主体"的多层次性，不同的主体之间，其利益和需要有些是相同或近似的，但也有些是不同的，甚至是相反的，特别是在阶级社会中，对立的两个阶级之间，其根本利益和需要往往互相对立、互相冲突，即使是同一阶级内部不同阶层的群体或个体之间，其利益和需要也往往存在不少差别甚至是矛盾。面对不同层次的主体，警察确定自身的价值和价值取向的选择点有所不同。警察面对不同层次的社会主体，行使着调整社会各种关系的普遍性职能，对于不同主体而言，它只有正负价值之分，而无有否效应之别。

二、警察的价值体系

价值体系是多种价值以多种结构方式整合形成的统一整体。警察的价值体系是由警察作为客体而产生的多种价值所组成的价值系统。不同的客体有不同的价值，只有警察作为客体所产生的价值才能被称为警察的价值，只有警察的价值才是构成警察的价值体系的元素。

警察的价值体系是由社会一般认可的价值所构成的。其中统治者往往把自己装扮成社会全体成员的代表，既有代表一般人民的一面，也有维护自己统治利益的一面，因此警察价值融入的价值期望往往就以复杂的状况呈现出来。但是，作为警察的价值体系，无论是在表面上还是社会整体上都是对警察价值追求的反映。

警察的价值体系结构由包括三个方面的警察价值体系构成，即警察制度的价值系统、警察观念的价值系统和警察评价的价值系统。

警察制度的价值系统，是指由一系列相关的具有稳定性的警察规范所构成的价值系统。警察制度的价值体系是以警察制度作为基础而建立的，它蕴含在警察制度

---

[1]　张兆瑞. 警察价值新论. 江西公安专科学校学报，2009（5）.

之中，立足于警察制度之上，既是警察制度的价值反映，也是警察制度的价值指导。所谓警察制度，是一定历史条件下形成的关于警察管理的原则体系、警察工作的各种具体规范的统称。① 警察制度的价值主要体现在：一是警察制度是保障国家内部秩序的重要维度，它体现了国家强大的暴力威慑效应。可以通过警察制度最大限度地保证警察的属性和功能在实践中满足社会主体对社会公共秩序的需求。二是警察制度为警察群体提供思想和行为模式，是警察行为的导向，它具有指导警察群体充分发挥警察功能以满足社会主体需要的作用。三是警察制度具有整合功能，作为警察规范体系的警察制度能协调警察群体的行为，调适人际关系，清除警察群体在活动中的障碍，促成警察群体治理社会公共秩序、安全任务的最终实现。四是警察制度能促进警察文化的积累与继承，推动警察群体创造新的警察文化。警察制度的价值系统是警察存在与发展需要的反映，在整个警察的价值体系中，警察制度的价值系统是最为稳定、最具有客观性质、最便于把握的价值系统。

警察观念的价值系统，是指由警察群体在长期的警察实践中形成的不同警察价值观构成的价值系统。警察价值观存在于警察群体对警察现象的观念之中，指导并反映着警察群体对警察现象的看法。警察观念的价值系统的效应主要表现为：一是通过警察群体自身形成的正确的警察价值观，使警察群体对警察目标价值达成内心认同，进而形成内在的左右行为主体的价值判断和行为指向。警察价值观对警察群体的思想道德和行为方式起着主导作用，即表现出先进的警察精神风貌和职业道德风范，为警察群体关注社会公共秩序提供动力。二是正确的警察价值观能引导警察群体进行各种警务活动，从而不断丰富和提高警察实践水平，满足社会主体对社会公共秩序有序化的需要。警察价值观是警察是非善恶的评判标准。如果说警察制度的价值系统蕴含于警察制度之中，那么警察观念的价值系统则蕴含于警察群体的思想深处。由于警察价值观不具有很强的强制性约束力，因而带有很大的主观适应"色彩"。警察观念的价值系统是整个价值体系中最活泼、最生动、最富于变化的部分。警察观念的价值体系的内容主要有忠诚、为民、公正、廉明、奉献。

警察评价的价值系统，是指警察价值中的价值主体结合自身需要对客体属性满足其需要的程度以及由此构建的价值关系进行分析、判断与选择构成的评价系统，其是依赖警察制度的价值系统和警察观念的价值系统而建立起来的。它存在于社会主体评价警察现象的各种情形中，是社会主体用以评价警察的准则体系或观念体系。它表现为警察价值主体对价值客体的态度，同时也表明了在警察价值主体与客体之间的关系中，客体能在多大程度上满足主体需要和愿望。通过警察评价，警察机关可以认识到既有警察制度的不足并修正，防止警察群体出现超越职权、违法执法的不当现象，也可以根据评价的结果促进警察群体积极探索、创造新的警察制度，从而不断促使警察制度的价值优化，推进法制文明。

---

① 参见鞠丽华. 论警察制度的吸引力. 江苏警官学院学报, 2009（1）.

警察评价主要以警察群体价值活动所产生的社会效果为价值评判标准，具体表现为：巩固党的执政地位，维护国家安全和社会治安秩序，保障人民安居乐业。

由于警察评价的主体是多层次的，个人、集体、集团、阶层、阶级、社会与人类都可以成为评价的主体，在现实社会中，不同社会主体的需要和利益可能存在差别，他们往往就是从自身利益角度出发而评价。因此，警察价值评价总是随着警察价值关系主体需要的变化而变化的，警察评价的价值系统状况如同警察价值观一样难以把握。

警察价值体系的三个价值系统是相对独立的，警察评价的价值系统则与前二者具有某种重合关系，更难以完全独立于前二者。

‖ 第二节　公安的价值目标 ‖

公安的价值目标，是指在警察价值关系中，作为客体的警察以社会主体的价值认识为基础，在整个公安工作活动过程中力求满足社会主体一定需要来体现公安的价值。

公安价值目标反映了社会主体对警察价值的追求和企盼，同时公安价值目标也受主体的世界观、人生观、价值观的影响和制约。由于警察所特有的国家意志性、社会规范性和有效性，更由于警察作为社会关系缓和器和社会控制工具的本质属性，公安的价值目标呈现出多个层面。

我国公安的价值目标主要表现在安全、稳定、秩序、和谐、公正、效率几个方面。

一、安全

安全，是指没有危险的一种客观状态。没有危险是安全的特有属性。任何属性都不能独立存在，而必须依附于一定的主体。因此，安全总是与一定的主体联系在一起的，安全是主体的一种客观状态，它往往不以主体的主观感觉为转移。安全作为人类的本能欲望，是人类与生俱来的客观属性，安全始终伴随着人类生存与发展的整个过程。人类围绕着安全问题所进行的斗争始终没有停止过，原始社会中人类社会面临的是来自自然界的危险，但是这种危险只是一种简单的客观状态。进入阶级社会，不同利益集团之间的权力斗争、利益冲突，民族之间的矛盾纠纷和社会犯罪问题的大量存在对人类社会的生存和发展构成危险，导致人类社会对安全的需要不断升级。这些危险一方面表现为对代表统治阶级的统治地位构成的直接威胁，影响统治阶级的利益和安全需要；另一方面表现为对社会群体（人）的正常生活和社会活动构成的危险和影响。国家是阶级矛盾不可调和的产物，是阶级压迫的工具，是社会在一个有形的组织中的集中表现，从它产生那刻起就面临安全需要的问题。创立一个机关来保护自己的共同利益、运用法律和暴力限制个人或集团的特殊利益对总体利益侵犯造成的危害、运用武力抵抗外部侵犯就成为国家和社会不同利益集体和个人的需要，即安全的需要。建立警察组织并通过警察的特殊手段开展特殊的活动，满足国家和社会不同利益集团和个人的安全需要是警察产生的一个重要的原因。警察对国家和社会群体（人）而言，其存在的价值直接表现为可以通过警察活动来减少对国家和社会不同利益集团和个人构成危险的因素，满足国家和社会不同利益集团以及个人生存、进行社会活动时的安全需要。这既是警察的价值，同时也是警察价值追求的目标。因此，作为人民民主专政的社会主义国家的警察，发挥自身的职能作用，满足国家和人民大众的生存和发展的需要，维系和促进国家与社会公共安全既是公安机关及其人民警察的重要任务，也是公安机关及其人民警察的安全价值。

二、稳定

稳定，即"稳固安定，没有变动"。稳定具体是指社会的可控和有序状态。社会有序是人类的生存条件之一，也是人类发展的需求。但是人类社会的发展进程往往与人类的主观愿望背道而驰，原始社会的人类为了生存，部落之间弱肉强食、战争频繁，社会处于极不稳定的状态。进入阶级社会，统治阶级以绝对的优势控制着社会，为了维护自身的统治地位和切身利益对被统治阶级实行暴力统治，压迫与反抗成为阶级社会不稳定的主要因素。现代社会由于改革和发展过程中所产生的矛盾和冲突成为现代社会的不稳定因素，为了保持正常的社会秩序，人类采取各种措施消除因社会矛盾和冲突造成的社会无序状态。可以说，稳定几乎与人类社会共始终。稳定的目的在于建构社会秩序的合法性、有效性和道德性，增进人们对社会秩序的自愿认同，促进人类社会的进步和发展，保障国家根本制度。因此，稳定由最初人类群体生存的基本需要，逐渐演变成为社会发展的基本条件和统治者最基本的目标追求。警察的政治性质决定了其天然地维护国家安全和社会政治稳定的属性，警察从诞生之后便成为国家消除危害国家安全与社会政治稳定的不利因素和预防社会无序状态的首要的经常的手段。现阶段，我国处于改革开放的转型时期，因利益格局调整而产生的各种社会矛盾和冲突，成为现阶段对我国社会稳定构成的最明显、最直接的威胁。稳定是当代中国的最高利益，是人民的最高利益。发挥警察职能作用以有效地缓和矛盾、化解矛盾，预防冲突、应对冲突，增强政府对社会的控制能力是人民警察的重要职责，有效保证维护国家稳定即是警察的价值追求。

三、秩序

秩序，是指人与人之间和谐的、有条理的状态，是组织化的存在和活动方式。秩序意味着某种程度的关系的稳定性、结构的一致性、行为的规则性、进程的连续性、事件的可预测性以及人身财产的安全性。建立秩序的目的归根结底是要创造一种生存和发展的条件。如果没有秩序，社会就会陷于混乱，社会就会停滞不前。反之，如若社会主体的价值活动都有组织地、具有目的性和方向性地进行，人们就不仅能在稳定的社会秩序中享受到生活的安宁，也能在秩序中创造自身的价值。因此，秩序和安全同是人类自身获得生存和发展的一种需要。

原始社会的人类活动只有适应自然界的规律，人类才能够生存下去，所以，原始社会人类关于秩序的需要受自然界的约束和支配。当人类社会形成社会群体、团体组织后，人的自然属性就变成社会属性，作为个体的人再也不能摆脱已经形成的社会关系而自由活动，为了维系人与人之间的正常和谐关系，约束由于私人欲望的扩张所引发的恶行，就成为人类建立社会共同秩序的客观需求。当国家出现后，社会秩序结构的缔造过程、秩序模式和价值必然发生变化。进入阶级社会后秩序的价值就被打上阶级的烙印。第一，社会秩序具有国家属性，并与国家形成紧密结合的统一体。国家是根据自己所属利益集团的需要而设立，而不是以社会全体成员的意志为转移，不是完全体现其他社会成员的秩序需要。第二，社会秩序主要由法律规范所构建和维系。一般依法设立社会主体的社会价值活动规范、权利和义务。第三，社会秩序由专门机关维系。由于国家构建社会秩序首先是为了自身需要，这样就造成了社会秩序在某个方面与社会部分成员的需要会产生背离和冲突，为满足"秩序安排"的要求，建立一个能够控制非正常状态的强权机构以发挥其制约作用，使之能够对在无序状态中的分散社会个体进行规范，就成为阶级社会秩序建立和维护的一个需要。作为国家机器组成部分的警察就成为国家依法调整社会各种利益关系、维系国家的社会秩序的工具，维系和促进社会秩序的正常和有序，预防、缓和各方矛盾和冲突，平衡各方面利益的关系，通过不同的警察手段引导社会成员对社会秩序的自觉遵守成为警察的使命。而维护阶级统治秩序、维护社会生活秩序、维护生产和交换秩序就是警察的价值追求。秩序和安全两者是密切联系在一起的，警察的秩序价值实现时其安全价值也就同时实现了。

四、和谐

和谐，是指世间的事物处于均衡、协调、平顺的发展状态，是指有关系的事物之间处于一种相互支持、相互吸引、相互融合的关系状态。[①] 人是社会的主体，社会是人赖以存在和发展的方式，在人类从低级向高级发展的历史进程中，人与人之间、人与社会之间始终充满着冲突和对立，但人类作为有自觉意识的生命体，面对冲突和对立往往采取有目的、有意识的能动性活动以改造社会、缓解对立和冲突，力求人与人之间的关系、人与社会的关系相互协调、平和。由于人与社会发展的动态性特征，人与人之间、人与社会之间的对立矛盾和冲突永远不会消失。只要存在每一个人对自身利益追求的因素，存在人们以分工、交换的方式进行物质生产的协作，只要存在人类理性的有限性，人们在社会生活中就会产生矛盾，就会存在利益

---

① 参见袁广林. 警察在和谐社会构建中的价值分析. 政法学刊，2006（5）.

分歧和对立，① 人类就必须不懈地在社会实践中寻找解决或缓解矛盾和冲突方式，于是承认事物的多样性、差异性和矛盾性，坚持"和而不同"的原则，尊重事物之间的差异性，处理各种错综复杂的矛盾，成为人类认识矛盾和冲突、解决矛盾和冲突的内在依据和专有方式。人与人之间需要和谐，人的社会实践需要和谐，构建和谐社会乃是人类社会发展的必然出路，是现代国家治理和发展的主要指导思想。

警察作为社会关系的调适器和社会控制工具，其构建和谐社会的和谐价值主要表现在：首先，警察的和谐价值就是维护社会稳定，保障和促进社会和谐。社会生活的和谐，有赖于稳定的政治环境和有条不紊的社会生活秩序，社会稳定是社会和谐的前提。目前我国正处于社会转型时期，影响我国社会不稳定的因素大幅度增加，加强对社会的控制，用专政的手段惩罚、规训、威慑和谐社会的对立面，维护社会稳定，是警察构建和谐社会的价值取向。其次，在我国经济社会发展中存在不同社会利益群体之间的矛盾，面对正义与秩序、自由与秩序、自由与平等、秩序与人权等冲突，警察必须从人性化的角度出发来调和人与人之间、人与社会之间、人与自然之间乃至国家之间的利益关系冲突，用立德至善、理性平和的思维方式去指导人们加强自身修养，实现自我完善，使社会成员达到一种和谐相处的状态，推动培育和践行社会主义核心价值观，凝聚起全国各族人民为中国特色社会主义事业共同奋斗的磅礴力量。最后，在和谐的价值引导下，对现行警察法律进行理性的修改、补充和完善，使警察实践活动满足人的需求，实现警察的和谐价值。

五、公正

社会的价值就是社会满足人类的某种需求；社会为了满足人类的各种需求，必然要形成符合人类思想和社会发展的价值体系。一切自然人固有的、内在的社会平等权利是人类生存和社会发展的基础与条件，而有限的社会自然资源与人类无限的占有欲望，使社会全体成员之间产生矛盾和利益冲突，这种矛盾由最初的人与自然的矛盾上升为个体与社会的矛盾。强调平衡和协调人与人之间、人与自然之间、人与社会之间的关系，保障每一个个体全面自由地发展便成为社会的价值追求，公正便成为协调社会全体成员互相之间的恰当关系的基本原则和价值标准。源于满足社会全体成员平等享受权利需要的公正，不仅是社会价值体系，还是警察的价值。公正反映了人类从道义上、法理上追求利益关系特别是分配关系合理性的价值观念，其中蕴含着人类对合理的秩序、社会规范和利益格局的诉求。所以，公正是一种社会制度的首要价值，不仅为社会经济保持持续增长提供稳定的环境，还为实现全社会的和谐和可持续发展提供保障。作为国家控制社会的工具，按照社会制度的正义原则，维系公正的社会关系是警察的崇高精神境界和行为准则，也是警察的价值追求。一方面通过警察法律、警察制度、警察政策来努力营造公正的社会环境；另一

---

① 参见袁广林．警察在和谐社会构建中的价值分析．政法学刊，2006（5）．

方面警察执法活动坚持司法公正和执法公正，不畏权贵，秉公执法，满足社会全体成员平等享受权利的需要。警察的公正价值是其和谐、稳定、效率和秩序等诸价值得以实现的前提和条件。

六、效率

效率，指的就是投入与产出或成本与收益之间的关系。效率是主体在改造客体过程中所表现出来的一种能力的大小或高低，是生产力水平的体现。社会主体总是期望自己的行为或者活动能够获得最佳的实际效果，但事实上人类活动的结果往往事与愿违。一方面社会主体的同一社会行为或者社会活动，在不同的条件下，采取不同的行为方式，取得的实际效果不一样；另一方面由于社会本身存在诸多矛盾和利益冲突等因素，这些因素在客观上不仅影响人类社会的价值活动，甚至影响人类社会价值活动的效应。高效率的生产力是价值创造不可或缺的基础条件。社会主体为了满足自身社会价值活动最大效率的需要，即建立警察机构调整人与人之间的社会关系、人与社会之间的关系。因此，保障社会主体的社会价值活动取得最佳的实际效果是警察的一项基本价值追求。

警察的效率价值的要求，一是要求警察对主体的意义，从安全、秩序、公正延伸到主体社会价值活动的效率上来，即警察所有的活动和全部警察制度，都是以有效地利用自身资源和社会资源最大限度地为社会主体能在其社会价值活动中增加财富提供便利。二是警察在自身资源有限的条件下，寻找最佳的方式，以最少的人、财、物和时间投入，高效率地调整好社会矛盾和利益冲突问题，实现警务活动的社会目的或社会功能及其程度的有机统一。三是采取各种措施来提高警察解决纠纷的程序的效率，从而尽快地解决纠纷，降低活动程序的成本。

【小结】

警察价值与警察的功能、警察的任务和警察在社会中的角色是密切联系的，警察功能对社会产生的效应和影响力都取决于警察的价值追求和价值目标。警察价值，是指作为警察价值客体的警察在社会生活中与不同层次的社会主体的意义关系，即警察通过警察实践以其特有的功能和属性满足社会主体的生存、发展、完善所产生的各种效应的总和。警察与国家、阶级关系密切，使警察价值具有鲜明的阶级性。警察作为客体而产生的多种价值共同构成了警察价值系统，作为警察的价值体系，无论是在表面上还是社会整体上都是对警察价值追求的反映。公安价值目标反映了社会主体对警察价值的追求和企盼，我国公安价值目标主要表现在安全、稳定、秩序、和谐、公正、效率几个方面。

【思考题】

1. 什么是警察价值？

2. 我国公安的价值目标是什么？

3. 简述警察价值的体系构成。

4. 警察价值评价系统的意义是什么？

5. 警察价值和警察价值观的区别是什么？

第四编 公安的运行

第十章　公安工作

【教学重点与难点】

1. 公安工作的概念；2. 公安工作的方法；3. 公安工作体系；4. 公安工作的特点。

‖ 第一节　公安工作的概念 ‖

公安的原意，是指"社会公共治安"或"社会公共安全"，公安工作是在国家法定的基础上，由专门的工作机构所承担的相应工作。从中华人民共和国成立之始，国家就在政府机构设置了公安部，由公安部负责国家公共安全工作。

公安工作，是指公安机关及其人民警察在党和政府的领导下，为调整和控制国家安全与社会治安秩序，运用政治、行政和法律的方法与措施，为实现国家政权的稳定和社会秩序的良好所进行的各种活动的总称。广义的公安工作，是指社会所有的有关公共安全工作的总称。特定的公安工作，是人民民主专政政权工作的重要组成部分，是在宪法指导下，依据国家法律法规，保卫国家安全、维护社会治安秩序、保障国家经济社会健康快速发展、保障民生幸福的专门工作。本章讨论的就是特定的公安工作。

新时期的公安工作，无论是在价值理念上、工作范围上，还是在勤务方式上都发生了巨大的变化。公安工作已成为贯彻政治、行政、法律多元价值结构的一项旨在确保政治稳定与社会治安秩序的专门工作。① 对公安工作概念的理解与诠释主要体现在以下几个方面。

一、公安工作是我国人民政府的重要行政行为

公安机关一直是我国人民政府的重要组成部分，在国家行政体系中具有十分重要的地位，从新中国成立到历届政府的调整，公安机关一直独立存在。从公安工作

---

① 王利斌. 对公安工作概念的重新认识. 中国人民公安大学学报（社会科学版），2009(4).

的历史看，中国共产党一直非常重视公安工作，特别是 2003 年 11 月，中共中央印发了《中共中央关于进一步加强和改进公安工作的决定》。同月在北京召开了第二十次全国公安会议，明确要求根据公安机关的性质、任务和工作特点，在公安机关的组织机构、勤务机制、管理方式、教育训练、监督制约、警务保障等方面实现标准化、程序化、法制化和科学化，使公安机关指挥畅通、内务规范、工作高效、保障有力。2017 年 5 月，习近平在全国公安系统英雄模范立功集体表彰大会上讲话指出，"全国公安机关和公安队伍要旗帜鲜明讲政治，强化责任担当，忠实履行职责使命，牢记以人民为中心的发展思想，贯彻落实总体国家安全观，全力以赴做好维护国家安全和社会稳定各项工作，维护社会公平正义，切实落实全面从严治警各项部署要求，不断提升人民群众安全感和满意度"。① 这些都为新时期推动公安工作和公安队伍建设的科学发展指明了道路。

公安机关是政府行政体系的有机组成部分，它与政府其他部门密切配合，运用和执行国家赋予的社会治安管理职权，完成政府对社会的行政管理职能。

二、公安工作是在宪法指导下，依据国家法律、法规保卫国家安全和维护社会秩序的专门工作，是一种法律活动

宪法是国家的根本大法，宪法所确立的国家性质、制度、公民权利等都是公安工作要维护和遵循的。2012 年 12 月 4 日，习近平同志在首都关于纪念现行宪法公布施行 30 周年大会上讲话时指出，"维护宪法权威，就是维护党和人民共同意志的权威。捍卫宪法尊严，就是捍卫党和人民共同意志的尊严。保证宪法实施，就是保证人民根本利益的实现"，"任何组织或者个人，都不得有超越宪法和法律的特权。一切违反宪法和法律的行为，都必须予以追究"。

公安工作是依据国家有关法律规范的专门工作，是一种执法活动，主要体现为公安机关根据国家行政法律、法规产生的行政管理职能所进行的行政执法活动；根据国家刑事诉讼法产生的刑事侦查职能所进行的刑事执法活动。这两个方面的执法活动既反映了公安机关的职能，又集中体现了公安机关的行政和司法属性。此外，公安机关自身管理上受国家公务员制度与人民警察法的约束；根据一定时期社会治安出现的特殊情况，公安机关会制定相应的法规及管理措施；用法律的手段监督国家法律的执行，也是公安工作法律活动所包含的内容。

三、公安工作的手段具有多样性

基于公安工作内容的多元结构，即由政治、行政、司法这三个方面结合起来的多元结构，公安工作的手段也呈多样性，即政治、行政、法律是实现公安工作社会

---

① 习近平. 始终坚持人民公安为人民 做到对党忠诚服务人民执法公正纪律严明. 人民日报，2017 - 5 - 20（1）.

功能的主要手段。

四、公安工作的目标具有特定性

公安工作的目标即实现国家政权的稳定和社会秩序的良好。新世纪、新阶段公安机关所担负的重大政治和社会责任，即巩固共产党执政地位、维护国国家长治久安、保障人民安居乐业和服务经济社会发展。在公安工作中旗帜鲜明讲政治，贯彻落实总体国家安全观，全力以赴做好维护国家安全和社会稳定各项工作，维护社会公平正义，创造安全稳定的执政环境和良好的社会环境，全力以赴推进国家治理体系和治理能力现代化的科学理论①正是公安工作的最高目标。

‖ 第二节　公安工作的方法 ‖

公安工作的方法，是指公安机关及其人民警察为实现维护国家政权稳定和社会治安秩序良好的目标和效果，将党的政策和国家法治理念同公安实践活动相结合而创造出来的一整套的科学的工作方式。

不同的公安工作内容和工作目标，其工作方法也有所不同，这里介绍几种主要的公安工作方法。

一、以事实为根据，以法律为准绳

以事实为根据，以法律为准绳，这既是我国法律适用的四大基本原则之一，又是公安工作普遍适用的基本方法。公安机关在开展各种执法活动以及在不同执法活动阶段，对案件或违法行为人作出最终的结论时，必须严格遵守法律规定和办案程序要求，结合违法行为的情节和社会危害程度，正确适用法律，以满足依法行政、公正司法的要求。

二、法律面前人人平等

法律面前人人平等是我国宪法的重要原则，同时也是公安机关的一种工作方法。首先，公安机关在各项公安工作中，对所有社会成员一视同仁，以同样的标准对待；对所有公民平等地适用法律；对所有公民的合法权益都平等地予以保护；对所有公民的违法或犯罪行为，一律平等地依法追究法律责任。其次，反对特权，不允许对在社会关系中处于弱势地位的公民有歧视。

三、专门工作与群众工作相结合

专门工作，是指由公安机关按照内部组织的职能和分工，通过采取专业技术、

---

① 郭声琨. 切实做到对党忠诚服务人民执法公正纪律严明. 人民日报，2017－6－2.

手段和措施而开展的维护国家安全和社会治安秩序，惩治违法犯罪专业化的活动。例如，刑事侦查、治安行政管理、消防管理等，这些工作具有专业性，只能由公安机关及其人民警察来完成。群众工作，是指人民警察深入群众中去，宣传群众、组织群众所进行的工作。它是人民警察的一项经常性工作，是全部公安工作的基础。

专门工作与群众路线相结合是公安工作的方针，是公安工作的重要工作方法。这种工作方法主要体现在，在公安工作中人民警察应积极发挥主观能动性，根据每个时期治安形势的突出问题或违法犯罪活动特点和趋势，主动想办法，及时拿出治理方案和采取专门措施，解决影响社会安定和政治稳定的各种问题。同时还必须虚心向人民群众学习，发挥群众智慧，最大限度地调动群众参与社会管理的积极性。只有依靠群众的支持和配合，人民警察才能发挥专政职能的作用，完成维护社会治安、惩罚违法犯罪的工作任务。

四、用民主的方式解决人民内部矛盾

采用民主的方式解决人民内部矛盾，是马克思主义的政治观。解决人民内部矛盾的民主方法是经过党内民主和人民民主专政的实践检验而被证明为正确有效的方法。公安工作中经常面对一些属于人民内部的矛盾纠纷问题，用民主的方法解决人民内部矛盾是人民警察开展公安工作的主要工作方法。

人民内部矛盾是人民内部在根本利益一致基础上产生的矛盾，其具体内容和表现形态总是随着社会发展和人民的内涵的变化而变化。随着改革和发展，人民内部矛盾的发展变化也表现出新的特点。其一，矛盾的主体日益多元化；其二，矛盾的形态和结构的变化也日益向着多层次性、复杂化方向发展；其三，人民内部矛盾在性质和程度方面也呈现为矛盾冲突的对抗性增强，某些冲突和事件具有群体性、组织化特征，在利益关系的变化过程中利益受到损失的群体逐渐成为矛盾冲突的主要力量。面对客观存在的人民内部矛盾，人民警察在公安工作中必须做到民主和法制有机结合，不可偏废。一方面在运用民主方法处理人民内部矛盾过程中，对群众要加强法制教育；另一方面在运用法律手段处理人民内部矛盾时，也必须有针对性地贯彻思想工作、讨论教育、批评帮助、治病救人的方法。人民内部矛盾是在人民利益根本一致基础上发生的矛盾，是非对抗性质的。解决这种矛盾，绝不能用专政的、强制的、压服的方法，而必须用民主的方法、教育和疏导等方法。人民内部矛盾的发展变化，要求我们在工作中要有新思路和新办法。但是无论什么办法都离不开用民主的办法解决人民内部矛盾的总原则和总方向，民主是正确处理人民内部矛盾的根本途径。也只有处理好这类矛盾，才能促进和保障我国最广大人民的根本利益的实现。

五、教育与处罚相结合

教育与处罚相结合的原则是我国治安管理处罚法的一项原则，也是公安机关治

安管理活动经常应用的一种工作方法。

教育与处罚相结合，是指公安机关的人民警察在实施治安管理处罚的过程中，对被处罚人进行说服教育，同时对被处罚的行为、处罚的理由和结果，在一定范围内以一定的方式告知社会公众。它包括三个方面的含义：一是教育与处罚均以违法行为的存在为前提。二是教育与处罚相结合，以教育为主。教育的方式主要是说服，通过教育将国家对治安管理、维护社会秩序和公民人身财产安全等的价值观念、标准凝结为固定的行为模式和法律规定而向人们灌输，使之渗透于或内化在人们的心中，并借助人们的行为进一步广泛传播。三是教育与处罚相结合，以处罚为辅。对违反治安管理的行为给予适当种类和幅度的处罚，使治安管理具有一定深度和广度的社会作用，成为调控社会、维护治安的有力保证。

在治安处罚过程中，既不能"重教轻罚"，也不能"轻教重罚"，只讲教育不谈处罚，这样法律的严肃性和尊严性将受到伤害，群众的财产安全也会受到威胁；为了处罚而处罚不讲教育，就会导致处罚不断而违法不断增加，背离了执法的目的，影响了执法的质量。

教育与处罚的关系。两者的相同之处即在于目的上具有一致性，教育和处罚都是为了实现社会"治安"这个目标；不同之处是表现形式不同，教育是一种方式，处罚则是一种手段。

六、严肃与谨慎相结合的工作方法

严肃与谨慎相结合的工作方法，其严肃，是指人民警察调查处理刑事案件和刑事犯罪嫌疑人时所持的态度。谨慎，是指人民警察在办理刑事案件过程中，以法律为准绳，做到情况明、步骤稳妥、精心组织和措施得当，以犯罪事实为根据，对刑事案件和犯罪嫌疑人的行为进行定性，做到不枉不纵、不错不漏。

同犯罪行为的斗争是尖锐的对抗，如果在处理犯罪问题的态度上不严肃，措施不得当，定性不准确，将不足以制服犯罪。同时，犯罪分子实施犯罪多采用隐蔽的手法，情节往往曲折复杂，任何简单和草率的行为都可能造成错误。因此，既讲严肃又谈谨慎才能确保公安刑事执法工作立于不败之地。严肃与谨慎相结合的工作方法是同刑事犯罪行为作斗争的规律性的要求。

七、争取多数、孤立少数的工作方法

争取多数、孤立少数的工作方法，主要强调在刑事执法工作中同刑事犯罪分子斗争的艺术。争取多数，是指人民警察在调查刑事案件时，要充分调动一切有利因素，化消极因素为积极因素，拯救多数，集中力量孤立和打击少数首恶分子和顽固分子。孤立少数，是指人民警察在调查刑事案件时，要以政策攻心，采取孤立、分化瓦解的方式、方法，使犯罪分子之间的力量分裂、离散，迫使他们认罪。

矛盾的特殊性决定了事物的本质，掌握了事物的特殊性，就找到了该事物与其

他事物的区别，重点也就自然显现出来了，也就找到了解决问题的钥匙。没有区别就没有方法，没有重点就没有策略。同违法犯罪作斗争也应区别对待、突出重点。违法犯罪分子不是铁板一块，他们的区别是客观存在的，把他们区别开来，找到他们各自的弱点，把他们内在的矛盾表面化，突出地加以强化，这样，即使再严密的犯罪组织和攻守同盟，也是可以瓦解的。讲究策略是刑事执法工作获胜的重要工作方法。

‖ 第三节　公安工作体系 ‖

公安工作体系，是指公安工作由哪些部分构成，其具体的工作内容是什么。公安工作是由多种分工、多个层次连接成的工作系统所形成的有机联系的整体。

一、公安领导工作

公安领导工作，主要是指由公安机关的领导所从事的工作。公安机关的领导通过政治领导、行政领导、业务领导和法制领导，贯彻党和国家的政策和指示，保证公安法规的正确实施，指导各项业务工作，指挥特定任务的进行，协调各部门的关系，加强公安机关的政治思想工作。

二、公安行政与公安舆情工作

公安行政工作作为公安机关领导的重要协助体系，从事决策落实、参谋咨询工作。其主要为领导工作起到信息服务、决策咨询、组织实施、检查落实、草拟文件、组织会议、新闻发布等作用，具有沟通上下、协助左右的枢纽性特点。随着与公安工作有关的社会热点事件的增多，随着互联网技术的普及，对以网络为主体的舆情掌控已成为公安行政工作极为重要的内容。

三、公安政治工作

公安政治工作应保证公安机关坚决贯彻党中央的政治路线、思想路线、组织路线，保证人民警察与党中央在思想上、政治上保持一致。应从政治上、思想上、法纪上、业务上、文化上和职业道德上全面进行公安队伍建设。坚持党对公安工作的绝对领导是公安政治工作的根本，公安政治工作也要随着公安工作的发展，在内容、方法和手段上不断创新，其中维护民警合法权益，加大抚恤力度，培养警营文化，关心民警身心健康应成为其工作的重要组成部分。

四、公安专业工作

公安专业工作是公安机关根据案件管辖的分工，由公安机关主要警种承担、公安技术手段支撑、情报信息主导的专门从事侦查危害国家安全案件、刑事案件、治安案件等，进行治安管理和打击预防犯罪、反恐处突以及相关专业基础建设的各项工作。我国公安专业工作的分工主要有：国内安全保卫、经济保卫、文化保卫、刑事侦查、治安管理、户政管理、交通管理、消防管理、边防管理、外事管理、网络安全管理、监所管理、特警防暴，以及铁道、民航、交通、林业、海关等方面的公安专业工作。

五、公安指挥工作

公安指挥工作作为具体的公安指挥实施系统，其主要负责领导指令的具体下达，各业务部门和专业工作的统一协调、调度和具体指挥，接受报案、报警，对突发事件和自然灾害事故的现场进行指挥、处置与救助等工作。各级公安机关的指挥中心和 110 报警系统是实施公安指挥工作的重要载体。近几年，通过公安实战提炼出的"扁平化指挥""靠前指挥"等理念是公安工作的新发展。

六、公安法制工作

公安法制工作主要是与公安各相关业务有关的公安法规工作，如依法提请逮捕、拘留，依法行使审批职权，检查监督执法情况，清理、汇编公安法规，为领导和业务单位提供法律咨询，进行公安法制宣传和公安法律文件的起草等工作。"维护公平和正义，是社会主义的核心机制之一，也是经济社会发展的重要目标之一。"[①] 自 2008 年以来，随着公安机关执法规范化的深入推进，各地公安机关都配备了公安专职法制员，他们的主要工作包括：检查民警是否严格按标准执法办案；对所有案件进行先期审核，检查其适用行政处罚、刑事处罚的裁决是否合理；抽查回访，等等。他们是基层执法的"第一道防线"，是保证执法质量的基础。

七、公安警务保障工作

公安警务保障工作主要是为上述各项工作提供经费、装备、应急保障等方面的服务和保障工作。公安警务保障工作取决于国家财力和地方财政收入的状况。改革开放以来，我国经济建设快速发展，为公安警务保障工作提供了强有力的支持，为公安警务活动提供了警务保障，让持续有效的专业管理全面服务于公安工作，为中国警务稳定、高速运转提供了血脉般的支持；经费保障有力、装备设施建设持续、随时保证应急处突，这是对警务保障持续发展的基本目标。严格财务管理制度、实行收支两条线、取消"小金库"、在财务投入与预算中确保"吃皇粮"、实施"210"工程是近几年公安警务保障工作的新发展。

---

① 贺电．准确把握警务形势　推动公安工作科学发展．四川警察学院学报，2013（10）．

八、处突反恐维稳工作

维护社会治安稳定是公安机关的基本职责，但进入本世纪以来，随着"9·11"事件的发生，以"东突"为主要代表的"三股势力"恶意出现。随着我国经济快步增长，以利益冲突为代表的矛盾凸显，以处突、反恐为主要内容的维护稳定工作更体现了其时间的特殊性和背景的国际性、全球性，这给公安机关的维护稳定工作提出了新的前所未有的挑战。可以预见，处突、反恐、维稳工作将成为公安机关非常重要的工作之一。

九、公安教育培训与科研工作

公安教育培训和科研是为公安机关提供人才培养和智力支持的专门工作。公安队伍素质的提高，在一定意义上取决于公安教育的质量。我国公安学历教育和公安训练工作近几年来已有了长足的发展，"战训合一""教、学、练、战一体化"的提出和实施，是教育训练质量提高的综合反映。

总之，公安工作体系是一个动态体系，它会随着经济社会的发展而发展，会随着刑事犯罪形势的变化而变化。例如，从一般犯罪到暴力犯罪和恐怖犯罪；从传统犯罪到经济犯罪、网络犯罪、跨国跨境犯罪；从传统维稳到现代维稳；从单警种作战、多警种警务合作到国内区域警务合作和国际警务合作；从人防、人防与技防相结合到"金盾"与"天网工程"的推出；从坐等上门、社区警务到"网上警局"和"微博警务"；从传统侦查、"招标破案"到"命案必破"、"清网行动"，等等。公安工作的动态体系特征，是由公安机关基本属性及特点所决定的。

‖ 第四节　公安工作的特点 ‖

公安工作有很强的政治性、法律性、战斗性、机密性等职业特征。与此相适应，公安工作更具有鲜明的特点。

一、国家性与社会性相结合

国家性，即公安工作与国家一致的特性，这是各国公安机关的共性。公安工作必须与党的路线、方针、政策、原则相一致，与国家的政策和法律相一致，公安机关应该成为国家忠诚的统治与管理的工具。这些都体现出公安机关与国体、政体和国家意志的一致性。社会性，即公安工作与社会是广泛联系的。公安工作的基本职能是在管理社会中依靠社会实现的。

二、隐蔽性与公开性相结合

公安工作对象具有隐蔽性和公开性的特点。一是犯罪分子的犯罪行为有的是隐蔽的，有的是在光天化日之下明目张胆地进行的，因此公安机关就要有针对性地将秘密工作和公开工作结合起来；二是为了广泛发动群众同违法犯罪作斗争，为了震慑犯罪分子，除了做好秘密工作之外，还需要进行大量的公开工作；三是公安机关除了同违法犯罪作斗争之外，还担负着大量的社会管理工作，许多管理工作不仅不能秘密进行，还要广泛宣传，实行警务公开。这些决定了公安工作的隐蔽性和公开性特点。

隐蔽性，是指为了不使对方察觉或了解意图，采取秘密的措施、手段开展的工作。公开性，是指直接以公安机关的名义和人民警察的身份，采取被对方了解、认识直至使对方配合的方法和措施开展的工作。隐蔽性与公开性是相辅相成的。隐蔽工作需要公开工作进行掩护，隐蔽工作寓于公开工作之中；公开工作需要隐蔽工作作后盾，并为隐蔽工作创造条件。

三、打击与保护相结合

公安工作具有打击与保护的特点，这样的双重特点是由公安工作的对象所决定的。对于侦查破案、拘留逮捕、审讯、处置突发暴力事件、制裁违法犯罪等工作，公安机关的工作方式主要是以强制力进行打击；对于警卫守护、巡逻执勤等工作，公安机关的工作方式主要是保护。打击与保护是紧密联系、互相依存、互相渗透、互为前提的。打击中包含着警戒预防，使人不敢以身试法；保护中包含着消除造成违法犯罪的消极因素。有些公安工作如治安管理措施本身既有打击又有保护的双重作用。所以说，公安工作的打击与保护作用是密切结合的。

四、强制性与教育性相结合

公安工作是以国家强制力作后盾的，是以警察的实力即武装的、特殊的手段作保障的，具有强制性。但公安工作大量的、经常性的工作主要是通过教育方式，这不仅是对广大群众而言的，即使对违法犯罪分子，在实施打击的同时，也要实行教育。

五、集中性与分散性相结合

公安工作的集中性，也即它的统一性，要求公安工作在服从国家意志、实行宏观决策及领导与指挥等方面要高度集中。在战略战役部署与实施上，在法制与政策的结合上，在多部门横向协同上，要高度统一。但犯罪分子是在不同时空出现的，这就决定了公安工作的分散性。对于高度分散的、隐蔽的，又不断衍生的犯罪分子，不宜采用"大兵团作战"，而宜分散地对案件各个侦破，将犯罪分子逐个制裁。公安工作的集中性与分散性是相互依存、相辅相成的。越有分散性，越要求步调一致、统一指挥、统一行动，高度集中的部署又必须通过分散的行动去实现。要防止只强调一个方面而忽视另一个方面的片面观点。

六、政策性与法律性相结合

公安机关作为国家的统治工具，人民警察作为国家的公务人员，在履行自己的职责时必须坚定地执行党和国家的各项政策，特别是有关公安工作的路线、方针和政策。同时，公安机关作为国家的执法机关，人民警察作为执法人员，在履行自己的职责时，又必须有法必依、执法必严、违法必究。

由于政策是法律的灵魂，是制定法律的依据；法律是政策的定型化、条文化、规范化，所以执行政策与执行法律是一致的，公安工作的政策性与法律性密切结合。

【小结】

公安工作，是指公安机关及其人民警察在党和政府的领导下，为调整和控制国家安全与社会治安秩序，运用政治、行政和法律的方法与措施，为实现国家政权稳定和社会秩序的良好所进行的各种活动的总称。公安工作内容的多元结构，使公安工作方法呈现出多样性。公安工作又是由多种分工、多个层次连接成的工作系统所形成的有机联系的整体。公安工作的政治性、法律性、战斗性、机密性等职业特征使其具有与其他部门不同的工作特点。

【思考题】

1. 如何理解公安工作？
2. 公安工作的方法主要有哪些？
3. 公安工作的工作体系由哪些部分组成？
4. 公安工作有哪些特点？

第十一章 公安工作的根本原则和根本路线

【教学重点与难点】

1. 公安工作的根本原则；2. 公安工作的根本路线；3. 坚持群众路线的必要性；4. 公安群众工作。

‖ 第一节 公安工作的根本原则 ‖

公安机关作为国家机器的重要支柱，其不仅是维持公共秩序与人民自由的工具，还是控制社会动荡的政权的工具。如何发挥公安机关的功能作用，保证公安机关很好地执行法律和维持秩序，实现国家维护社会大局稳定、促进社会公平正义、保障人民安居乐业的根本目标，是一个非常重要的原则性问题。

党对公安工作绝对领导的原则，是中国共产党把马克思主义关于阶级、政党、国家、警察相互关系的学说和无产阶级警察队伍建设的理论，同中国革命的具体实践相结合的产物，是我国的基本警察制度和中国特色社会主义政党制度的重要组成部分，是党和国家的重要政治优势，是公安工作顺利开展的最高政治原则，关系人民警察的性质和宗旨，关系党执政地位的巩固，关系国家长治久安。这一原则是我国公安工作的一项根本原则，是具有中国特色的公安工作的最显著特点，是我国公安机关履行职责、增强战斗力的根本保障。全国公安机关和公安队伍要坚持党对公安工作的领导，牢固树立"四个意识"，坚持人民公安为人民，全面加强正规化、专业化、职业化建设，做到对党忠诚、服务人民、执法公正、纪律严明。①

一、党对公安工作绝对领导的含义

正确认识和理解公安工作的根本原则，是坚持党对公安工作绝对领导的基本前提。党对公安工作的绝对领导有以下两层含义。

---

① 习近平. 始终坚持人民公安为人民 做到对党忠诚服务人民执法公正纪律严明. 人民日报，2017 – 5 – 20（1）.

（一）在我国的各种政治力量中，只能由中国共产党领导公安工作

在政党政治下，政党是代表一定阶级利益的政治集团。警察不仅具有作为国家机器一部分的国家性质，还具有从属于执政党的政治性质。警察在国家机器中的重要地位决定了执政者必须把警察放在重要位置。但同时，警察作为国家的一部分，其职能作用只有在执政者的领导下才能发挥出来；警察的政治性质相对其国家性质来说，更具有本源性、基础性的作用；警察的国家性质是由从属于执政者的政治性质来决定和保证的。只有将警察置于执政者及执政党的领导之下，才能保证警察的国家性质。反之，警察一旦脱离执政党的领导，就不是现存国家的一部分，不仅会成为执政者的反对力量，而且也会成为现国家政权的破坏力量。当今世界，在政党政治条件下，执政党作为国家政治生活的核心，行使着领导和管理国家的重要权力，必然要通过一定的方式和途径领导和掌握警察。无论社会主义国家还是资本主义国家概莫能外。

中国共产党领导公安工作是由我国的政党制度决定的。国家、党、公安机关的本质，决定了它们之间存在不可分割的内在联系。国家、党、公安机关都产生于无产阶级的基础之上，都为维护和实现无产阶级的利益而存在，都围绕公共权力特别是国家政权而展开活动。在这种内在的联系中，中国共产党处于绝对的领导地位，公安机关既是国家的暴力工具，还是执行党的政治任务的武装集团。从这个层面上讲，党对公安工作的实施控制和领导则是必然的，公安工作当然从属并服务于党的领导，这是党对公安工作实行绝对领导的根本原则能实现的根本原因。在中国，公安工作只有在党的绝对领导之下，才能成为人民和国家的公安机关。从一定意义上说，党对公安工作的绝对领导是一个真正保证公安机关始终为国为民、"公器公用"的原则，所以，党对公安工作的绝对领导不仅在于其本身的科学合理的制度机制安排，更在于其自身的无私性即阶级先进性的特质。

当然，对于我国现存的其他党派而言，我们并不排斥他们参加国家活动和管理，但是对负责国家安危、政权稳定的公安工作的领导权，则必须归于中国共产党。这是坚持无产阶级专政性质的需要，是维护党、国家、人民利益的需要，也是我国公安工作的政治优势。胡锦涛曾说，党对公安工作绝对领导是我国公安工作的根本原则，这个原则永远不能变。

（二）党对公安工作的领导是绝对的、全面的、直接的

党对公安工作的领导是绝对的、全面的、直接的，强调党对公安工作绝对领导的控制方式。

所谓"绝对领导"，是指党对公安工作实施独立和无条件的领导。一方面，中国共产党居于领导地位、拥有执政权力，公安机关的工作必须以中国共产党的意志为意志，以中国共产党的主张为主张，必须无条件地服从中共中央、中央政法委的领导和指挥。周恩来曾指出，"国家安危，公安系于一半"，党必须牢牢掌握公安机关的指挥权、控制权，必须始终将警察置于党的绝对领导之下，才能保证公安工

作的政治方向，推动公安工作严格执法、公正执法，提高公安机关维护国家安全和驾驭社会治安管理的能力。在2014年中央政法工作会议上习近平主席指出："在党的领导下，才能从根本上解决制约政法工作发展的体制性、机制性和保障性问题。"另一方面，人民民主专政是一个整体功能，需要在党的统一领导下协调进行。党通过运用法治思维和提出法治政策为公安工作提供指导思想。

党对公安工作的绝对领导主要体现在：一是要求公安工作无论是在思想上还是行动上都必须是绝对地、无条件地接受党的领导，不得以任何理由和借口削弱、摆脱、抵制或忽视党的领导，不允许有脱离党的领导的公安机关和人民警察。二是除了党和她的助手中国共青团组织外，不允许其他任何党派和团体在公安机关中建立组织和开展活动。这一原则的实施，既强化了党与公安机关的关系，又保证了公安工作的统一性和纯洁性，形成了我国公安工作特有的政治优势。

所谓"全面领导"，是指公安机关内部各职能组织及其警察人员、全部公安工作都必须接受党的领导。全面领导是党对公安工作绝对领导要求的延伸，它凸显了党对公安工作的统一性和完整性。党对公安工作实现全面的领导。在领导内容上，实行政治、思想、组织等全面领导；在领导途径上，通过党的路线、方针、政策，通过党的各级组织和党员的先锋模范作用全面实施；在领导方式上，集党的政策、价值观以及涉及国家安全、社会稳定的重大问题于一体，实行全面领导。党正是通过这种全面领导方式来加强对公安工作的政治控制。在这种理念下，"忠诚"、"责任"、"使命"等价值观念被潜移默化地灌注到每一个人民警察的头脑之中、每一项公安工作之中，为公安工作有效地实现党的政治意志打下不可动摇的思想根基。

所谓"直接领导"，是指党对公安工作的领导采取直接领导方式。直接领导是党对公安工作绝对领导的具体化。这种领导主要体现在，一方面党推荐优秀人才进入公安机关担任职务，直接在公安机关中设立党的领导机关，并全权进行直接领导。通过设在公安机关中的党组织对公安工作进行组织上的领导和直接有效的指挥。通过公安机关中党员民警的示范和带头作用体现党对公安工作的领导。另一方面要求公安工作在一些重大问题上要向党汇报。例如，凡是涉及重大方针、政策、法律问题时，都要及时向党委请示报告，经党委审核批准，并在党的监督下贯彻执行；对一些具有全面性重大政治影响和社会影响的工作部署以及一些重大案件的调查处理，都要在地方党委的实际领导下进行。在具体的工作中要做到凡是党委直接过问、检查和督促的，公安机关都要如实汇报，不得封锁消息，不得向党委保密，不准消极对待和抵制，更不准拒绝。直接领导强调党对公安工作领导的集中性和权威性。

二、坚持党的绝对领导的必要性

（一）党对公安工作绝对领导是巩固党的执政地位的要求

执政党对于国家政治生活和社会发展具有关键性作用是显而易见的。但是如果执政党仅仅以政治正当性或行政效率为基础维护政权则是非常危险的。因此，所有的统治者都或多或少地依赖军队和警察维持政权。中国共产党是中国工人阶级、中国人民和中华民族的先锋队，其代表中国广大人民的根本利益的党性决定了它是整个国家和社会主义事业的领导核心。巩固党的执政地位事关中国政治稳定和国家不断发展与强大的政治问题，在党的领导下建立和发展起来的人民公安机关是执行党的政治任务的武装集团，必须为党巩固执政地位提供重要的力量保证和支撑。所以，发挥公安机关的专政职能作用，巩固党的执政地位，为党实现其政治纲领、路线服务，维护国家的政治稳定，都决定了党必须绝对地领导公安工作。只有这样才能自觉抵制公安机关"非党化""非政治化""国家化"等谬论的渗透，不被强敌摧垮，才能够经受各种风险考验，才能为巩固党的执政地位、完成党在新世纪的艰巨历史任务提供重要保障。

（二）公安机关的武装性质及法律赋予其的特殊权力，决定其必须处于党的绝对领导之下

公安机关是国家的执法机关，对于宪法和法律的实施、维护社会主义法制的严肃性负有重大责任。鉴于公安机关的特殊使命，国家依法赋予公安机关许多特殊权力，如强制措施权、侦查权、惩罚权等。能否运用这些权力，直接关系到国家、社会和人民的利益。毛泽东同志指出："公安机关是无产阶级手里的一把刀子，掌握得好就能打击敌人，保护人民；掌握得不好，就容易伤害自己。这把刀子，要是被坏人抓走了，那就更危险。"坚持党对公安机关的领导，关系到专政的"刀把子"掌握在谁手里、专政的锋芒指向谁的问题。因此，公安机关在任何时候都必须被置于党的绝对领导之下，只有坚持党的直接领导，才能有效保证公安机关权力的正确行使、保证各种手段的正确运用、保证公安机关依法履行职责，出色地完成公安机关的各项任务。

（三）坚持党的领导，才能加强人民警察的战斗力和保持公安队伍的纯洁性

违法犯罪是对社会发展破坏性最大的社会问题，同违法犯罪作斗争具有对抗性。人民公安机关处于这场斗争的第一线，它所面对的阶级矛盾、社会矛盾是最具有对抗性的部分；是在危害性活动中最具有隐蔽性的部分；是"污染"社会行为中最具有腐蚀性的部分；是各种社会矛盾最尖锐、复杂的部分。人民警察接触黑暗面多，再加上其执行任务的分散性，都要求人民警察首先要始终保持高度的思想自觉，切实增强"四个自信"（中国特色社会主义道路自信、理论自信、制度自信、文化自信），坚持不懈地用中国特色社会主义理论体系武装头脑，保证理想信念上的坚定，不断筑牢信仰之基、补足精神之钙、把稳思想之舵，进一步打牢高举旗帜、听党指挥、忠诚使命的思想根基。其次，要始终保持高度的政治自觉，不断加强党性锻炼，切实提高政治能力，自觉把讲政治作为公安队伍建设的根本保证，作为培养自我革命勇气、增强自我净化能力、提高排毒杀菌政治免疫力的根本途径，着力提升把握方向、把握大势、把握全局的能力，着力提升保持政治定力、驾驭政

治局面、防范政治风险的能力。最后，要始终保持高度的行动自觉，严守纪律规矩，做到令行禁止，切实把政治纪律和政治规矩挺在前面，不断增强政治敏锐性和政治鉴别力，彻底肃清周永康等人的流毒和影响，毫不动摇地坚持党对公安工作的绝对领导，坚决捍卫中国共产党领导和社会主义制度，确保"刀把子"始终牢牢掌握在党和人民手中，永远做党和人民的忠诚卫士。因此，公安机关工作只有置于党的绝对领导之下，接受党的监督，才能加强战斗力，保证队伍的纯洁性。

（四）公安工作具有广泛的社会性，需要党的领导去调动、组织和协调各方面的力量

国家安全和社会治安问题，涉及社会生活的一切领域，与各部门、各行业、各组织和广大人民群众都有密切的联系。公安机关是维护国家安全和社会治安秩序的专门机关，在工作中需要各行各业、社会各阶层人民群众的支持和配合。因受其在国家组织结构中所处的地位限制，不可能调动全社会各方面的力量。党是社会主义事业的领导核心，是全国人民拥护的执政党，只有党才能全面动员和领导各条战线的力量及广大的人民群众。因此，公安工作只有坚持党的领导才能统一各方面的认识，调动各方面的积极性，最广泛地动员和组织全社会的力量，共同维护社会治安秩序。

三、党对公安工作领导的主要内容

中国共产党对公安工作的绝对领导，不仅体现在政治领导、思想领导、组织领导，同时还体现在决策上、法制上的领导。

（一）政治领导

党对公安工作的政治领导，是指用党的基本理论、基本路线、基本纲领和基本经验统一人民警察的思想和行动，坚定人民警察的政治立场，提高人民警察的政治觉悟，使党对公安工作领导的观念在人民警察头脑中深深扎根，使人民警察成为贯彻执行党的路线、方针、政策的模范。坚决贯彻执行党为公安工作制定的方针和原则，铸牢人民警察听党指挥、忠于国家、热爱人民的政治基础，确保人民警察在政治思想和行动上同党中央保持高度一致。

（二）思想领导

党对公安工作的思想领导，是指从思想上建警，把公安队伍建设成为用马列主义、毛泽东思想和中国特色社会主义理论体系武装起来的现代化队伍。通过党对人民警察系统地进行马克思主义教育，用党的创新理论武装头脑，使之树立无产阶级的世界观、人生观和价值观，抵制和克服各种非无产阶级思想的侵蚀和影响，为坚持党对警察的绝对领导奠定坚实的思想基础。党对警察的思想领导，还为公安机关其他各项建设提供了强有力的精神支撑，这种从思想上形成的独有的"价值观念"能够坚定人民警察的革命理想信念，使党的意志真正内化为强大的精神力量，以强烈的政治责任感和历史使命感，坚持党的事业至上、人民利益至上、宪法法律至

上，永葆忠于党、忠于国家、忠于人民、忠于法律的政治本色。

（三）组织领导

党对公安工作的组织领导，是指在公安机关中建立严密、科学、完整的各级党组织和制度体系。各级党组织是各单位统一领导和团结的核心，主要包括党小组、党支部、党总支、党的各级委员会以及各级政治机关等组织，它使党在公安机关中就形成一个自上而下的组织系统，发挥各级党组织的领导作用和党员的先锋模范作用，成为党对公安机关绝对领导实现的基本方式。与此同时，通过建立党委制、政治机关制这两个组织制度，形成了以党委统一、以集体领导、以首长分工负责制为核心内容的一整套科学的组织领导制度，公安机关其他制度都围绕保证这一制度的贯彻而实施。正是有了一整套科学的领导制度，公安工作在重大关头才能不偏离党的政治方向，从而夯实了党对公安工作绝对领导的组织基础，增强了公安队伍的凝聚力，提高了战斗力。中国共产党对公安工作的政治领导、思想领导、组织领导是紧密联系、相互依存的有机整体，政治领导是核心，思想领导是基础，组织领导是保证。

（四）决策领导

党对公安工作的决策领导，是指地方党委对于公安工作中事关重大的问题根据实际需要直接作出决策。根据国家政治活动和社会治安秩序稳定的需要，实时作出有针对性的决策是党的一项基本职能，这一职能决定党在国家政治活动的决策系统中是驾驭者和操纵者。党对公安工作的决策领导是党的一项重要工作内容，包括党根据国情、社情，为公安工作制定宏观政策；根据民意和治安问题等具体情况为公安工作制定战略部署；针对重大问题作出必要指示；根据公安工作的实际需要，协调有关部门、社会组织及其他社会力量，协同公安机关开展工作，将工作部署落实到位。党的政策和决策是公安机关一切重大警务活动的重要依据。

（五）法制领导

党对公安工作的法制领导，是指公安机关在党中央或地方党委的领导下制定公安法律法规。党参与立法活动是具有中国特色的立法过程，是实施党对国家和社会的领导的重要方式。党的执政政策的党性决定了体现和反映国家意志的法律的党性存在，党通过立法来保证党的领导核心作用。为了保证公安法律法规能反映党的意志，使党的执政政策得到贯彻落实，在党中央或地方党委的领导下，按照法律程序、根据党委提出的指导性意见制定公安法律法规成为党领导公安工作的重要方式。

‖ 第二节 公安工作的根本路线 ‖

群众路线是我国党和政府一切工作的根本路线，坚持群众路线，是我们党在长期的革命斗争中的优良传统，是我们党崇高的价值追求和执政的政治智慧。群众路线也是公安工作的根本路线，公安工作群众路线是党和政府的群众路线在公安工作中的具体体现，反映了我国公安工作的特色优势。

一、公安工作群众路线的含义

公安工作群众路线，是指公安工作实行的一切为了群众、一切依靠群众，从群众中来、到群众中去的根本工作路线。它是公安工作宣传群众、依靠群众、服务群众、保护群众、组织群众的理论、原则、制度和方法的总称。

从公安工作群众路线的话语体系结构上看，公安工作群众路线有以下几层含义。

（一）一切为了群众，一切依靠群众，是公安工作的群众观点

公安机关的性质和宗旨决定了群众是人民警察的工作和服务主体。"人民警察来自人民，全心全意为人民服务是人民警察的根本宗旨。各级公安机关和广大民警要进一步打牢立警为公、执法为民的思想基础，进一步增进同人民群众的感情，努力解决人民群众最关心、最直接、最现实的利益问题。"[1]　一切为了群众，就是强调一切公安工作要把群众作为为之服务的主体，在任何时候、任何情况下都要将把人民群众的利益放在第一位作为公安工作的出发点和落脚点；要把"人民赞成不赞成"、"人民高兴不高兴"、"人民拥护不拥护"、"人民支持不支持"作为制定路线、方针、政策的出发点和落脚点；公安工作每一项任务的提出，都必须从实际出发，满足人民群众的需要而不能脱离群众，要以党中央和习近平总书记的关怀和期望为动力，不断创造维护国家安全和社会稳定优异成绩，保障群众的权利和利益不受侵犯是公安工作的价值目标和使命。

群众不仅是社会物质财富和精神财富的创造者，也是社会变革、发展、进步的决定力量和推动力量。一切依靠群众，就是强调群众是公安工作依靠和信赖的主体。把群众作为一切公安工作必须依靠的主体，一方面，要相信群众、尊重群众，并在此基础上取得人民群众的自觉和自愿；另一方面，要做到真正依靠群众，拜群众为师，做到干中学、学中干，提高群众工作能力。

（二）从群众中来，到群众中去，是公安工作的方法

从群众中来，到群众中去，强调公安工作要把群众当作认识和实践的主体，当作智慧的不竭之源。这是完成公安工作任务的基本领导方法和工作方法。

"从群众中来"是公安民警虚心向群众学习的过程，是从实际出发调查研究的过程，是掌握第一手材料进行分析和综合的科学抽象过程。它要求公安工作深入群众开展调查研究，广泛听取群众的意见和要求，把群众中分散的无系统的意见集中起来，经过对群众的意见和要求进行分析和综合，揭示事物的内在矛盾，达到对事物客观规律的认识和把握，制定符合群众实际需要的意见、工作计划和办法。

---

① 贺电．准确把握警务形势　推动公安工作科学发展．四川警察学院学报，2013（10）.

"到群众中去"，就是要求公安机关将制定的符合群众实际需要的意见、工作计划和办法，到群众中去作宣传、解释，化为群众的意见，使群众坚持下去，见之于行动，并在群众行动中考验这些意见、工作是否正确，然后再从群众中集中起来，再到群众中坚持下去，通过群众实践的检验，使公安工作方法更趋完善、成熟，使之制度化、法制化。

（三）贯彻公安工作群众路线的关键在公安机关

公安机关和群众是构成公安工作群众路线的两个基本点，两者紧密联系、缺一不可。两者之间的关系使公安工作的群众路线呈"主体—主体"模式，这种主体关系使公安机关和人民群众两大主体产生了心灵的彼此可进入性，使贯彻公安工作群众路线有了可能。一方面，从制定和执行公安工作群众路线的出发点、立场、方法和归宿看，人民群众始终处于主体地位，如果公安工作群众路线话语中只有公安机关而没有群众或者公安机关高高在上，群众只处于从属地位，仅仅是公安机关实现自身任务的工具，那就不能称为公安工作群众路线。另一方面，从贯彻执行公安工作群众路线看，公安机关是贯彻公安工作群众路线的主体，而非人民群众贯彻执行群众路线。人民群众的主体地位能否得到保证，其积极性、主动性和创造性能否得到充分发挥，关键在于公安机关及人民警察。

二、公安工作坚持群众路线的必要性

（一）全心全意为人民服务是公安工作的宗旨

公安机关是人民民主专政的工具，人民警察属于人民。公安机关的这个政治性质决定了人民警察来自人民、代表人民、服务于人民，这是公安工作的最高价值取向。失去人民群众的拥护和支持，一切公安工作就无力量源泉和胜利之本。践行全心全意为人民服务的宗旨，必须在实际工作中坚持贯彻公安工作群众路线，密切联系群众，倾听群众呼声，保护群众合法权益。必须忠实践行人民公安为人民的庄严承诺，借此提升公安机关的执法公信力。坚持公安工作群众路线是实现全心全意为人民服务宗旨的基础和前提。

（二）坚持群众路线是公安工作的客观需要

社会治安问题涉及社会生活的各个方面，具有广泛的社会性和群众性特点。社会治安的真正基础，从宏观说是社会的和谐，从微观说是社会的自治。只有在此基础上，警察才可以有效地发挥其打击违法犯罪活动的专业功能。公安工作不能离开群众，一是群众拥有丰富的社会知识、专业技能和经验，这是公安机关所不具备的，这些都可以弥补公安机关在某个领域或某一方面的欠缺；二是群众是社会生活的参与者，他们最了解社会，对于许多社会问题，他们知道症结所在，而这些症结则会为公安机关解决治安问题提供帮助；三是违法犯罪的空间性特征，使群众成为有关治安信息最广泛、最敏感、最直接的来源，他们对公安机关揭露犯罪、惩治违法行为无疑能发挥巨大的作用；四是群众天然地具有维护社会治安的积极性，他们一旦组织起来，就会形成无穷的力量，是公安机关维护社会稳定取之不尽的人力资源。可以说，公安工作群众路线的最大受益者与其说是民众，不如说是公安机关本身，群众的智慧和能力极大地增强了公安机关的组织能量和能力。

（三）坚持群众路线是构建和谐警民关系的需要

在公安工作群众路线的话语体系结构中，人民警察与群众的关系无疑处于基础性地位，这决定了公安机关与人民群众的血肉相关性和关联性。警民关系在政治上是一种对等平衡的民主关系；在法律上是一种相互支持的合作关系；在感情上是一种理解包容的亲情关系。公安机关是公安工作群众路线的主体，群众是公安工作群众路线的社会主体。群众是否愿意参与和支持公安工作，不在于公安机关的正当性诉求、合法性诉求，而在于公安工作的群众意识形态的说服力。为构建和谐警民关系，公安工作必须坚持群众路线，并围绕不同时期的目标任务，为公安机关和人民群众心灵的彼此可进入性搭建平台，通过双向建构，使公安机关与人民群众之间相互依存、相互交流沟通、相互影响，形成可协调的、和谐的社会关系有机体。

‖ 第三节 公安群众工作 ‖

公安群众工作，是指公安机关和人民警察为了完成自身工作任务，从群众利益出发所开展的组织群众、宣传群众、教育群众、服务群众的工作。党的群众工作是对群众路线的贯彻与落实，是公安工作的基础和重要组成部分，它是公安工作改革和发展的关键所在。

一、公安群众工作的含义

公安群众工作包括公安机关和群众这两个不同的主体，公安机关是国家安全和社会治安维护的主体，群众是社会的主体。公安机关的任务和宗旨使公安机关和群众之间增强了关联性、共生性、给力性。忽略群众在公安工作中的主体性，一切公安工作将受到困扰和阻碍。公安群众工作的具体含义主要有以下几方面。

（一）宣传组织群众

宣传组织群众，是指公安机关和人民警察要根据党和政府针对社会治安问题的指示精神、公安工作任务、社会治安形势，结合群众的思想实际，采取各种形式，及时、准确和全面地积极向群众宣传，把群众的思想统一起来，自觉地把党和政府关于社会治安问题的指示精神和公安工作任务、目标变成实际行动。通过组织群众把群众参与社会治安维护的积极性调动起来，共同解决影响社会稳定的源头性、根本性、基础性问题，夯实公安工作的社会基础。

（二）教育群众

教育群众，是指公安机关向群众阐明党的领导下公安工作与群众利益目标的一致性并开展公安政策、法律知识教育，确立普遍奉行的价值准则和道德要求，帮助群众提高思想政治觉悟和遵守国家法律的意识，并自觉维护党的领导，自觉遵守国家法律法规，做社会主义道德的示范者。

（三）服务群众

服务群众，是指公安机关要努力协调好各种关系，妥善处理和化解各种矛盾。全心全意为人民群众服务是中国共产党的根本宗旨。全国公安机关和公安队伍要牢固树立以人民为中心的发展思想，决定着公安机关的性质本色，体现着公安队伍的立警原则，是人民公安永远不变的路线遵循。保障人民群众的利益诉求，协调群众与党、政府的关系和群众内部的关系，化解国家、集体、个人利益之间的矛盾以及群众之间的矛盾，必须从有利于党和人民的事业出发，从大局着眼，以党的政策、国家法律法令和人民群众利益为标准。唯有这样，公安机关才能维护、实现和发展人民群众的利益。

二、不同情况下的群众工作方法

公安群众工作方法千变万化，很难有固定的模式，但是，这并不意味着没有规律可循。这里介绍几种主要的公安群众工作。

（一）治安调解中的群众工作方法

治安调解，是指公安机关对民间纠纷引起的治安案件的调解，属于行政调解的范畴。治安调解是公安机关的一项经常性的工作。治安调解的实质就是公安群众工作，群众工作做得好，调解就能顺利达成协议，群众工作做得不好，不仅不利于缓解矛盾和解决问题，还会造成双方的积怨加深，导致矛盾激化，酿成刑事案件。做好治安调解工作，就必须掌握在调解过程中的各种群众工作方法。

1. 依法调解。正确理解治安调解案件的范围，是做好治安调解工作的前提。治安调解必须符合法定条件，即调解的案件必须属于法定范围；必须是情节轻微；双方当事人都有接受调解的意思表示；治安调解必须在公安机关的主持下进行；先调解后裁决。

2. 全面及时调查取证。全面及时调查取证，这个过程是调解的基础环节。面对民间纠纷引发的治安案件必须采取积极的态度处理，一方面是公安工作服务群众、权为民所用的需要；另一方面是确保办案程序和所取证据合法的需要，是查清案件事实、分清是非、明确当事人各方的责任，确保治安调解结果公正、合法的需要，更是避免因治安调解不成而进行治安处罚时程序违法和证据不足的需要。

3. 合理运用调解方法。治安调解应在合法、公正、公开、自愿、及时、注重教育和疏导的原则下，合理运用调解方法，以达到缓解当事人偏激情绪、平息纷争、维护安定团结的目的。

首先，在调解中应主动控制局面。在办理各类治安调解案件时，不论是接报案件后进行现场处理，还是调查案情、组织调解，首先要做的是控制纠纷局面、营造和睦共商的调解气氛，既使调解工作顺利开展，又避免和及时制止双方互相指责。

控制调解局面最好的方法即认真倾听双方当事人的心声，让其倾吐心中的压抑、不满和愤怒，通过认真倾听获得当事人对人民警察的信任，使治安调解保持可持续性。但需注意把握宣泄的程度，防止事态失去控制。

其次，进行疏导教育。公安机关一是要通过查清事实，帮助当事人理清纠纷发生的来龙去脉，分清责任，让当事人了解相关法律规定，明了自身的言行举止有哪些不当的方面或过错，教育当事人要自觉遵守国家法律。二是要用道德伦理思想教育当事人，疏导当事人，使双方当事人自愿达成调解协议。

再次，治安调解取得当事人的认同，一是在双方认可谅解的前提下，人民警察要尽力帮助当事人找到并认可一个利益上的平衡点，促进双方达成和解协议。二是对因民间纠纷引起的损害赔偿要做到合法评估，即损害赔偿范围只限于不法行为造成的直接经济损失，即以实际损失为依据，只包括法律规定的赔偿内容，对因损失滋生的间接利益不予赔偿。

最后，充分发挥党群关系"连心桥"的作用，用党和政府对群众的真情，形成合力化解矛盾。治安调解工作要调动一切可以调动的积极因素，争取党和政府的支持，争取其组织和一些有名望人士协助解决纠纷。

（二）解决群体性事件的群众工作

群体性事件，是指由各种社会矛盾引发、群众认为自身权益受到损害，通过非法聚集、围堵等方式，向有关机关或单位表达意愿、提出要求等事件及其酝酿、形成过程中的串联、聚集等活动。[1] 群体性事件的发生无疑直接扰乱社会秩序，影响社会稳定。群体性事件的发生是一个渐进形成的过程，中央对处置由于人民内部矛盾引发的群体性事件有明确的规定，要求将法制宣传、教育疏导工作贯穿整个过程，使得此类矛盾得以平息、矛盾双方协调发展，最终达到对立双方的融合。[2] 因此，公安机关处置群体性事件中的群众工作主要强调以思想教育为主。

1. 预防群体性事件的群众工作方法。

首先，畅通群众诉求的渠道。人民警察要深入社区和农村，到群众中去了解民情社情，倾听群众的心声，创造一个表达诉求的渠道，以便及时把握群众的思想动向和心理动态，捕捉带有倾向性、苗头性的问题，做到早发现、早介入，帮助群众进行思想转变，使群众认清事态的严重性，引导群众以合理合法的途径维护自身合法权益。

其次，收集分析获得的民情社情信息。一是通过受理群众投诉或报案收集涉及社会稳定的信息；二是在接待群众信访和上访时获得可能激化社会矛盾纠纷的信息，结合公安机关内部情报信息系统进行研判，做到快研究、早发现、早报告和早

---

① 参见郑江涛等．新时期公安群众工作指南．中国人民公安大学出版社，2008：172.

② 参见刘慧霞．论群体性事件中的公安宣传教育群众工作．贵州警官职业学院学报，2012（3）．

控制。

最后，及时调处矛盾纠纷。按照平等、合法、诚信的原则着手调处排查出来的社会矛盾纠纷。一是在广泛听取群众的意见和诉求基础上，向群众讲明是非、澄清事实，让民众尽早把握事件的真相，防止矛盾的进一步恶化；二是运用法律和相关政策，制定解决问题的工作方案，包括防止事态扩大升级的预案；三是针对群众心理状况展开思想教育和政策、法律教育工作，疏导群众的对立情绪，尤其要加强对重点人员的教育疏导；四是组织落实工作措施或协调有关部门依法妥善解决问题，消除隐患。

2. 群体性事件发生阶段的群众工作方法。群体性事件发生时是最为混乱的阶段，失去理智的群众常会采取极端手段和过激行为来宣泄自己的不满情绪。这一阶段任何过激或过急的手段和方式都会导致事件急速发展或升级。

在这个阶段公安群众工作的主要方法，一是人民警察深入群众中去，从群众的需求利益出发，站在群众的立场说话，借此机会接近群众，取得群众对人民警察的信任。二是开展进一步的行为劝导工作。对于群众提出的尖锐的带有政策性的问题，要严格按照国家政策去解答和说服教育他们，不能用自己的片面理解来代替。三是对群众提出的不合理要求，向群众讲清楚相关政策和法律规定，要让他们认识到不理性要求的错误所在。四是劝导那些无事的群众不围观，避免敌对分子有机可乘，避免造成现场群众更大的人身和财产损失。

3. 群体性事件善后阶段的群众工作方法。这一阶段群众工作的重点是做好安抚工作。一是要跟进事件的发展，做好思想教育安抚工作，在第一时间内向群众彻底公布事件的处置情况，劝导群众耐心等待解决问题的契机，让人们的心情逐步恢复平静，使社会生活恢复常态。二是在平息事件后，要及时到群众中了解情况，摸清相关群体的思想动向，及时发现新情况、新问题，便于开展思想政治教育工作。三是要建立信息报告系统，及时将群众反映、舆论导向、工作方向等信息向有关政策部门汇报，以便进一步开展疏导教育工作，以巩固善后工作的成效和防止事件的反弹。

（三）公安信访中的群众工作方法

公安信访是公安机关依法处理信访人提出的信访事项的工作，是最直接、最现实的群众工作，公安信访为公安机关化解人民群众矛盾、解决问题提供了服务平台。公安信访中的群众工作方法主要有：

第一，尊重信访群众。一是在信访接待方面要从思想上尊重信访群众。无论信访群众是基于何种原因上访，公安信访接待人员接待信访群众时，都要做到行动上文明接待，态度上和蔼可亲。二是尊重信访群众的人格需求，即认真倾听信访人员有理无理的诉求，满足信访群众的被尊重需求，获得信访群众对公安信访接待人员的信任感。三是对采取书信、电子邮件、传真、电话、走访等形式提出的信访事项，本着尊重信访群众诉求权利的原则，认真负责办理，确保群众诉求得到及时反映和有效处理。

第二，肯定信访群众的上访行为。在建立良好沟通的基础上，一是肯定信访群众的权利意识，肯定他们寻求合法途径维权行为的正确性；二是站在当事人的角度，摆出和他们一致的观点，或者赞同对方某些观点，充分肯定信访群众反映的问题及提出的合理诉求，理解和肯定信访群众信访过程中所承受的委屈，对群众上访未解决的问题及合理诉求表示支持，使信访群众进一步加深对公安信访接待人员的信任，为化解矛盾打下基础。

第三，开展对信访群众的教育。一是根据信访群众反映的问题和纠纷，阐明国家法律和政策规定与要求，指出信访群众无理诉求的错误，包括群众对国家法律、政策的曲解和误解，诚恳提出需要对方改变的想法及原因。二是对信访群众阐明法律的严肃性、违法行为的危害性和后果的严重性，告知信访群众即使诉求合理合法，但表达方式违法也要承担法律责任。三是开展批评教育。用寓理于情的方法对信访群众的无理诉求进行批评教育，阐明无理的诉求将永远无法获得法律支持的道理，并帮助信访群众寻找满足诉求的平衡点，在不违反法律规定的情况下，尽可能解决问题，满足信访群众的要求。

第四，为信访群众指出解决纠纷的正确途径。应告知其基本权利和义务，告知合法解决问题的具体途径，同时正确反映上访者的合理诉求，设身处地地帮他们排忧解难，让信访群众真正感受到信访人员的温暖和力量。

三、做好公安群众工作的主要途径

一切为了人民，一切依靠人民，坚持专门工作与群众工作相结合是公安工作的基本路线和政治优势。做好公安群众工作就必须充分认识做好群众工作的重要意义，准确把握群众工作的规律和特点，积极探索群众工作的新途径和方法，努力提高新形势下群众工作的能力和水平，为推进社会管理创新提供动力源泉和基础保障。做好公安群众工作的途径有：

（一）人民警察要树立正确的群众观点

群众是公安工作的力量源泉，群众路线和群众观点是公安工作的政治优势和优良传统。做好公安群众工作，首先，要从巩固党的执政基础、提高党的执政能力的战略高度，从履行好公安机关肩负的重大政治和社会责任的现实需要的角度，深刻认识到公安群众工作是一项政治性任务。其次，专门工作与群众工作相结合，是党的群众路线在公安工作中的具体体现，公安群众工作是人民警察履行职责、完成公安机关基本任务的基础和保障，公安工作必须坚定不移地依靠群众，持之以恒地加强群众工作。

（二）强化人民警察对群众的"感情"

公安群众路线和群众工作的核心问题就是感情问题。"乐民之乐者，民亦乐其乐；忧民之忧者，民亦忧其忧"，没有"感情"的群众工作是苍白无力的。人民警察与人民群众之间的鱼和水的关系、末和根的关系、仆和主的关系，决定了全体人民警察要真正把人民群众放在心上，带着最真挚、最深厚的感情去工作，经常深入群众，主动亲近群众，做到想人民之所想、急人民之所急。增进与群众的"感情"是做好群众工作的生命源泉。

（三）不断完善群众工作机制

群众工作是贯穿公安工作各方面、各领域的系统工程，做好公安群众工作必须建立和完善公安群众工作体制、机制和模式，推动群众工作的制度化、常态化、长效化。一是完善优化决策机制，以群众所需、所想为导向，不断提高警务决策的针对性、实效性和科学性；二是完善考核机制，将人民群众的安全感和满意度作为衡量和检验公安工作的根本标准，科学评估、考核警民关系状况和公安机关的群众工作绩效。

（四）提高人民警察做好公安群众工作的能力

人民警察的政治、政策水平和职业综合素质与能力是做好群众工作的基础。新时期、新形势，公安机关的群众工作要与时俱进，创新工作方法，不断开拓群众工作的新路子，必须解决人民警察群众工作的能力问题。提高人民警察做好公安群众工作能力的主要途径为：第一，提升人民警察的业务技能。要求人民警察既要熟练掌握和运用本警种、本部门常用的法律法规，成为"行家里手"，又要全面了解其他法律知识，做到心中有数，随时为群众的咨询提供优质服务，力争成为"多面手"。第二，加强人民警察宣传群众、组织群众的能力。人民警察良好的发动群众、鼓动群众，组织群众、带领群众能力，对提高群众的法制观念和安全防范意识、取得群众对公安机关工作的理解、引导群众支持和配合公安机关、加强群防群治工作、搞好社会治安综合治理具有积极的作用。第三，提高人民警察与群众语言沟通的能力。人民警察的语言交际能力决定着公安群众工作成败，提高人民警察的语言交际能力，既要求人民警察学习、丰富各方面的知识，提高综合素质，又要求人民警察掌握与群众沟通的语言技巧和方法，促进人民警察与群众之间的感情交流和信任。第四，提高人民警察调解纠纷的能力。人民警察调解纠纷的能力是做好调解工作至关重要的问题。提高人民警察调解纠纷的能力，既要求人民警察掌握国家关于调解的法律知识，同时还要求人民警察掌握公安调解工作技巧，确保公安调解在合法性、公正性的基础上，化解群众矛盾纠纷，引导双方当事人达成协议，将良好的爱民之意转化为有效的惠民之举，实现维护国家政治稳定和社会安宁的目标。

【小结】

党对公安工作绝对领导的原则，是中国共产党把马克思主义关于阶级、政党、国家、警察相互关系的学说和无产阶级警察队伍建设的理论，同中国革命的具体实践相结合的产物，是我国的基本警察制度和中国特色社会主义政党制度的重要组成部分，是党和国家的重要政治优势，是公安工作顺利开展的最高政治原则；它关系人民警察的性质和宗旨，关系党执政地位的巩固，关系国家长治久安，是我国公安工作的一项根本原则，是具有中国特色的公安工作的最显著特点，是我国公安机关履行职责、增强战斗力的根本保障。

群众路线是党和政府一切工作的根本路线，坚持群众路线，是我们党在长期的革命斗争中的优良传统，是我们党崇高的价值追求和执政的政治智慧。群众路线也是公安工作的根本路线，公安工作群众路线是党和政府的群众路线在公安工作中的具体体现，反映了我国公安工作的特色优势。

一切为了人民，一切依靠人民，坚持专门工作与群众工作相结合是公安工作的基本路线和政治优势。做好公安群众工作就必须充分认识到做好群众工作的重要意义，准确把握群众工作的规律和特点，积极探索群众工作的新途径和方法，努力提高新形势下群众工作的能力和水平，为推进社会管理创新提供动力源泉和基础保障。

【思考题】

1. 如何理解党对公安工作的绝对领导？
2. 公安机关如何预防和处理群体性事件？
3. 为什么公安工作必须坚持群众路线？
4. 结合本章内容，谈谈新时期公安工作如何取信于民。
5. 做好公安群众工作的途径有哪些？

第十二章　公安工作的方针与政策

【教学重点与难点】

1. 公安工作基本方针的贯彻途径；2. 社会治安综合治理方针的贯彻方法；3. 公安工作政策的作用；4. 公安工作的基本政策。

‖ 第一节　公安工作方针 ‖

方针，一般是指引导、指引某项事业前进与发展的大体方向、基本路径或宏观目标。公安工作具有高度的专业性与职业性，公安机关的部门划分高度体系化，公安部门的职能高度分工化。在这样的背景下，更需要我们的公安工作具有明确的方针与指向，以统领公安机关的各项具体工作，指引公安工作的总体趋向，使公安工作获得统一的灵魂，顺利推进并不断发展。"习近平总书记在准确把握公安工作和公安队伍建设规律特点的基础上，从政治的全局的战略高度，明确提出了对党忠诚、服务人民、执法公正、纪律严明的'四句话、十六字'总要求。……精辟回答了公安工作和公安队伍建设中带有根本性、原则性、方向性的重大问题。"[①]

一、公安工作的基本方针

（一）公安工作基本方针的内涵

公安工作首先需要具有一项基本的方针，其在公安工作发展中具有基本的指导作用和引导作用，贯穿于各项公安工作的始终，规范着公安机关的各项职能活动。根据我国社会主义国家的基本属性以及多年的公安工作实践经验，公安工作的基本方针体现为专门机关与广大群众相结合。专门机关与广大群众相结合，就是指"在保卫国家安全与维护社会治安秩序中，把公安机关的职能作用与广大人民群众的积极主动精神结合起来"[②]，公安机关要主动将自身业务工作与广大人民群众参与社会安全防范工作有机结合起来，形成共同维护国家安全和社会治安秩序的局面。因此，也可以将这一方针表述为专门工作与广大群众相结合。具体来说，公安

---

① 郭声琨. 切实做到对党忠诚服务人民执法公正纪律严明. 人民日报，2017－6－2（6）.

② 王淑波，武志坚. 公安学基础理论. 吉林人民出版社，2004：160.

工作的基本方针还包括以下内涵：

1. 专门机关与广大群众要在党和政府的领导下相结合。中国共产党是中国特色社会主义建设各项事业的领导者，公安机关是人民政府的重要组成部分，专门机关在开展各项工作的过程中，人民群众在参与各项公安工作的过程中，都要接受党和政府的有力领导。这与公安机关要"对党忠诚"的总要求是一致的。而专门机关与广大群众在保卫国家安全与维护社会治安秩序过程中的紧密结合也要遵循党和政府的领导。公安工作过程中专门机关与广大群众相结合，是党和政府践行群众路线的重要方式与重要途径。党是广大人民群众根本利益的忠实代表，政府是国家治理体系中的行政力量。公安机关的各项工作都要以服务人民为根本宗旨，始终以人民群众的根本利益实现为核心，同时也要在各级党委和政府的统一部署和具体安排下有序开展。专门机关只有依靠各级党委和政府的领导，才能更好地组织、发动群众与专门机关进行积极配合，使专门机关的应有职能和工作目标得以实现。广大群众也只有在各级党委和政府的关怀与引导下，才会怀有更高的配合公安机关各项工作的意识和热情。专门机关与广大群众的密切结合一定是统一于党和政府坚定领导下的有机结合。

2. 专门机关与广大群众要在统一目标的指引下相结合。保卫国家安全与维护社会治安秩序，是公安机关及专门机关的基本职能，而国家安全与社会治安秩序又与广大人民群众的根本利益休戚相关。从表面看，专门机关在公安工作中履行自身的法定职责，广大群众接受专门机关的管理和服务，似乎各行其道。而实际上，专门机关的职责履行与广大群众的积极配合共同致力于统一目标的实现，那就是国家的长治久安、社会的稳定有序以及群众的安居乐业。国家的治理体系如果出现紊乱，各项违法犯罪活动就难以得到有效抑制，国家制度就会遭受破坏；社会的稳定秩序如果受到破坏，各种恶性事件的发生就难以得到遏制，社会运行就会面临危险；人民群众的根本利益如果受到损害，各项法定制度的存在也就失去了意义。因此，有必要采取各种手段，在统一目标的问题上，使专门机关与广大人民群众达成一致认识。专门机关严格执法、服务人民，广大群众自觉配合、大力支持，为保卫国家安全与维护社会治安秩序贡献自己的力量。

3. 专门机关与广大群众要在公安机关的主导下相结合。虽然专门机关与广大群众在保卫国家安全与维护社会治安秩序方面具有统一的目标与指向，应该密切结合，但在具体的公安工作开展过程中，公安机关要拥有主导地位。一方面，公安机关是国家机构与人民政府的职能部门，拥有相应的行政权力与管理义务，有能力也有责任积极主动地维护社会秩序、服务人民群众；另一方面，人民群众是国家的主人，是社会的主体，是纳税的承担者，是接受服务的对象，不能为广大人民群众设定过重、过多的义务。公安机关必须依据党和国家的政策与法律，发挥自身的积极性与主动性，竭尽所能地去开展宣传、教育、管理工作以及发动、组织群众工作，用自身的行动与作为赢得广大群众的认可、理解、拥护和支持，而不能在公安工作中处于消极、被动的地位，遇到问题就有畏难情绪，遇到挫折就冷漠视之。公安机关要更多地反思自身存在的不足，不断改善工作作风和改进工作方法。

4. 专门机关与广大群众要在统筹兼顾的要求下相结合。公安机关的各项工作需要在科学发展的统领下有序开展，而统筹兼顾是坚持科学发展观的根本方法。统筹兼顾，就是要求各项工作都要总览全局、科学筹划、协调发展、兼顾各方。在专门机关与广大群众相结合的过程中，公安机关也要采取一种统筹兼顾的思维方式来考量各项工作。专门机关与广大群众的结合，应该是多角度、宽领域、全方位的，既包括行政执法过程中的结合，也包括为民服务过程中的结合；既包括公安机关履行法定职能过程中的结合，也包括民警个人与群众个体交往过程中的结合；既包括打击违法犯罪过程中的结合，也包括构建良性警民关系过程中的结合。绝不能让"专门机关与广大群众相结合"成为一句空洞的口号，而是要扎扎实实地将其贯彻到各项工作中去。公安机关在开展各项工作过程中不能只将视野局限于自身的力量，而要时时刻刻考量相关活动可能使广大群众受到怎样的影响以及广大群众可能会在其中发挥怎样的作用。

（二）公安工作基本方针的贯彻途径

仅仅明确公安工作的基本方针是不够的，我们还需要通过有效途径将公安工作的基本方针贯彻到各项具体的职能活动中去，以使公安工作的基本方针真正发挥应有的效用。对于如何使专门机关与广大群众充分结合、紧密结合、有机结合，可以着眼于以下途径。

1. 扎实推进群众工作，不断创新工作方法。公安机关要切实做好对广大群众的宣传、教育、发动和组织工作，并要将群众工作纳入法制的轨道。公安机关要切实做到"对党忠诚、服务人民、执法公正、纪律严明"，在党和政府的领导下，将群众工作作为公安机关履行职责、完成任务的主要工作之一。要在公安机关内确立"扎实推进群众工作、不断创新工作方法"的基本导向。要让公安机关的各级领导及广大民警深刻地认识群众工作的重要意义，努力避免使群众工作流于形式的各种弊端和潜在可能，要积极适应人民群众对社会公共安全的新要求，积极适应人民群众对维护自身权益的新关切，推动群众工作有效实施并取得实质成果。同时也要采取各种措施鼓励、激励公安机关及广大民警不断进行工作方法上的创新。新时期，经济社会形势不断演变，广大人民群众的经济生活方式与思想意识状况也经历着不断的变化。以往的很多工作方法也许在当时的经济社会背景下确实行之有效，但却很可能无法适应当前的客观环境。因此，公安机关必须时刻保持针对工作方法适用和工作方法创新方面的敏感性，以公安实践工作的实际效果为标准适时检验自身工作方式的正确性与合理性，将这种思维方式持之以恒，使群众工作方法始终处于不断优化之中。

2. 努力增强为民意识，切实提升自身素质。要确实做到专门机关与广大群众的充分结合，在根本意义上还是要不断增强公安机关和广大民警以人民为中心的发展思想，坚持"服务人民、执法公正"，同时还要做到"纪律严明"，不断提高广大公安民警的自身素质。广大群众在公安工作中具有举足轻重的作用，公安工作的最终目的就在于服务人民。这就首先要求公安机关的广大民警在履行职权、开展公安工作的过程中要时时刻刻将人民群众的根本利益、大事小情放在心中，既要始终保护广大群众的切实利益，也要始终考量广大群众可能发挥的有益作用。因此，各级党委、政府应采取各种措施不断增强广大民警在实际工作中警民结合的思想意识。同时，仅仅拥有这种思想意识还不够。真正做到专门机构与广大群众相结合，还要求广大民警具有高度的专业素质和职业素养，有能力、有策略、有方法，能够更好地发动群众、组织群众，能够在实际工作中正确、高效、富有实效地领导、引导群众共同完成特定的工作任务。

3. 促进治安工作社会化，有效优化治理模式。对社会治安秩序的维护，既是公安机关的应有职责，也需要广大群众的积极参与和与公安机关的密切配合。对此，公安机关及广大民警必须转变传统观念，在严格履行法定职能、认真做好各项具体工作的同时，采取各种方式、建立各种机制，将广大群众的力量、来自社会的力量充分纳入、融入社会治安秩序的维系中来。要深刻认识到，治安工作任务的完成不仅要依靠行政指令与单向的治安管理活动，更要依靠社会化机制和方法进行统筹兼顾的系统安排。例如，重视及完善群众性治安自治组织机制建设、社会治安承包责任制建设等，有效优化治安治理模式，充分实现治安秩序维护的社会化。

4. 增进群众工作信息化，着重提升工作效率。在信息化时代，群众工作也要充分注重信息化建设，要将信息化的思路与要求贯彻到各项公安工作机制建设中去，并不断提升工作效率。公安机关应投入精力与资源，根据广大群众的需求和特点，建立健全旨在充分实现警民沟通的网络信息平台，将与广大群众相关的各种信息及时传递、反馈给公安机关，建立公安信息库，有效利用各种信息，促进公安机关与广大群众在公安工作推进中的密切结合。公安机关还应通过网络技术、信息技术，在广大群众中深入宣传党的方针政策及国家的法律法规，使这些方针政策和法律法规在广大群众中得以普及，拉近公安工作和广大群众的距离，取得事半功倍的效果。

二、社会治安综合治理方针

（一）社会治安综合治理概述

社会治安综合治理，是指"在各级党委和政府的领导下，充分发挥公安司法机关的职能作用，广泛组织社会各方面的力量，依靠广大人民群众，运用政治的、经济的、行政的、教育的、文化的、法律的各种手段，预防和惩罚违法犯罪行为，预防处置治安事件和治安事故，教育改造违法犯罪人员，逐步限制和消除产生违法犯罪的土壤和条件，建立良好稳定的社会秩序，保障经济建设和改革开放的顺利进行，保护人民安居乐业，维护国家的长治久安"①。社会治安或社会治安秩序，是国家保持稳定、社会有序运行和广大人民群众安居乐业的必备要素和基本条件。维护社会治安，是公安机关的基本职能和法定职责。而对其进行综合治理，强调其在具体方式和手段上的综合性、多样性、协调性，是维系社会治安秩序的基本思路和基本途径。在这个意义上，实现社会治安综合治理，是公安工作的重要方针，公安机关应自觉将其贯彻到公安工作的方方面面。

社会治安综合治理方针的确立及实施，有其深厚的历史背景和社会经济基础。改革开放以来，随着中国社会的急速转型以及社会机制变革的不断深入，社会经济生活中的各种不稳定因素不断凸显，各种类型的社会矛盾不断出现，这给社会秩序稳定和社会治安状况带来了诸多负面影响。各种违法犯罪活动的具体形态、主客观原因、社会根源都发生了极大变化，日益复杂化、多元化、分散化。这就决定了以公安机关为主导的社会治安综合治理工作必须转换思路、更新观念、寻求变革。对于新时期的社会秩序维护和社会治安管理活动，不能采取单一的思路，仅仅依靠公安机关自身的力量片面地强调打击与强制，僵化地追求单一工作目标的实现，而应在治理主体、实施手段及目标制定方面实现更具综合性的转变。着眼于当代中国的经济社会形势及客观发展趋势，社会治安综合治理方针应成为公安工作长期坚持的重要方针。长期的公安实践已经证明，加强社会治安综合治理，是建构和维系良性社会治安秩序、保障社会长期稳定的重要方针，是疏导、调控和解决社会治安问题的根本途径。

（二）社会治安综合治理的固有属性

广大公安民警必须明确公安工作中社会治安综合治理的固有属性，以此才能在总体上更好地理解社会治安综合治理方针的深刻内涵，才能在履行职责和为民服务的过程中更好地把握社会治安综合治理方针的基本精神，充分实现社会治安综合治理相关工作的总体目标和具体目标。社会治安综合治理的固有属性即"综合性"，而这种综合性又体现为以下几个方面：

首先，社会治安综合治理在实施力量方面具有综合性。社会治安综合治理作为一项重要的公安工作方针以及社会管理系统工程，其实施力量应该具有综合性。其领导力量来自于各级党委和政府，各级领导和政府掌控着社会治安综合治理的实施方向和总体布局；其主导力量来自公安机关及相关政法部门、司法部门，这些机关或部门承担着维系社会秩序和维护社会治安的法定职能，既有权力也有责任主导、实施各项具体工作；其基础力量来自各行各业、非官方组织及广大人民群众，没有社会力量及广大人民群众的参与、支持和配合，社会治安综合治理是不可能获得良好效果的。在机制性作用方面，党和政府的领导是关键，公安机关及相关政法部门、司法部门的实施是主体，而广大人民群众的配合是基础。三者都非常重要，不

---

① 王淑波，武志坚．公安学基础理论．吉林人民出版社，2004：174.

可偏废。

其次，社会治安综合治理在实施方法方面具有综合性。在社会秩序维护和社会治安维系中出现的各种治安问题的来源具有很大的差异性，这就决定了实施社会治安综合治理的具体方法不可能是单一的，而应是多样的，是具有综合性的。公安机关在社会治安综合治理过程中必须采取既治标又治本的思路来考量各种问题。所谓治标，就是要针对违法犯罪等有损社会治安的现象或问题的具体形态和主要特点，有针对性地采取相应策略和措施加以治理和解决；所谓治本，则是要深入分析这些有损社会秩序的现象或问题背后的深层次原因和根源是什么，再据此采取综合性、系统性、整体性的方式方法，建立健全相关机制，统筹兼顾地加以应对，着眼于长期稳定，立足于长治久安。

最后，社会治安综合治理在实施对象方面具有综合性。对于社会治安综合治理的实施对象，公安机关不能仅将眼光局限于损害社会治安的个体本身，如违法犯罪分子、非法组织等，而应出于综合性的考虑定位损害社会治安的各种因素。事实上，损害社会秩序和治安秩序的因素是十分复杂的，除了个别的违法犯罪分子、相关组织机构等，还可能是某项不合法或不合理的机制，还可能是特定的区域的非法规则或不良风气。对此，公安机关必须深度挖掘，找到问题的根源，准确确定社会治安综合治理的实施对象，力争从根本上解决问题。

（三）社会治安综合治理方针的贯彻方法

第一，贯彻社会治安综合治理方针要有力进行打击。针对日益复杂的社会治安形势，面对各种类型的违法犯罪行为，公安机关在充分注重综合治理、采取多种手段应对治安问题的同时，不能忽视了对违法分子及违法活动的有力打击。对违法行为或违法现象进行有力打击，保持对违法犯罪和恶性事件的高压态势，是贯彻社会治安综合治理方针的基本方法。尤其在我们人民民主专政的社会主义国家，忽视了对违法犯罪的坚决打击和及时惩处，就是对广大人民群众的极大的不负责任。

第二，贯彻社会治安综合治理方针要始终加强防范。采取各种措施、健全各种机制，对各种损害社会秩序和社会治安的行为与现象加强防范，杜绝其发生的可能性或在初始阶段就将其彻底消灭，是公安机关贯彻社会治安综合治理方针的根本方法。在违法行为和违法现象发生后，即便对其进行了及时的惩处或有效的纠正，也不可能完全弥补广大人民群众已经受到的损失。因此，公安机关应该在党和政府的领导下，在广大人民群众的支持下，建立健全社会治安防范机制，及时疏导和调解各种社会矛盾和利益纠纷，避免矛盾激化和纠纷扩大，防患于未然之时、止恶于萌芽之中。

第三，贯彻社会治安综合治理方针要注重宣传教育。社会矛盾的激化、违法行为的实施，确有其深层次的社会背景和特定的现实状况，但同时也必然源于行为人内心深处的错误认知或畸形观念。人心安定，自然社会安定；人心不稳，自然社会难稳。因此，公安机关在贯彻社会治安综合治理方针的过程中，也要重视针对广大人民群众和社会公众的宣传与教育，帮助人们确立正确的是非标准、树立健康的人生观念、培养应有的法律意识。尤其在新兴媒体日益发达的今天，公安机关应积极探索尝试对新型媒体的运用，采取行之有效的新方法、新措施充分实现宣传和教育的目的。

第四，贯彻社会治安综合治理方针要有效实施管理。建立合理的管理机制、开展高效的管理活动，是公安机关贯彻社会治安综合治理方针的基本途径。特定违法犯罪行为表面上看是发生于特定主体的个别现象、独立现象，但科学有效的管理制度则可以在总体上减少、规避乃至消除不稳定因素、不安定因素、破坏性因素的存在。在社会治安综合治理的各项具体工作中，公安机关及广大民警应始终关注制度性要素，查找管理制度在建立与运行中可能存在的疏漏，探索管理制度得以优化的空间，推动相关管理制度不断健全与完善。

第五，贯彻社会治安综合治理方针要立足长期建设。公安机关要始终将社会治安综合治理作为一项系统工程、长期工程来加以对待，不能只顾及具体工作一时一处的得失，要立足长远地考虑推进社会治安综合治理模式的全面建设。相关党委应密切着眼加强综合治理的思想建设、组织建设、作风建设和机制建设。对于社会治安综合治理模式的长期建构不可能一蹴而就，但公安机关应始终不放松这方面的工作，日常工作中一点一滴、脚踏实地的积累和建设决定了未来社会治安的总体布局和基本状况。

第六，贯彻社会治安综合治理方针要系统着手改造。对于接受了法律制裁的违法犯罪分子进行有效的教育、挽救和改造，使其能够顺利回归正常的社会生活并防止其再次违法犯罪，尽量减少和消除社会不稳定因素，一直是我国长期坚持的法治政策。这也是正确处理人民内部矛盾、建构社会主义和谐社会的必然要求。因此，公安机关在贯彻社会治安综合治理方针过程中不能忽视此方面的工作内容，而且要注重改造的系统性、实效性和实质性，不断创新、优化改造的方式方法，与时俱进，确保长效。

‖ 第二节　公安工作政策 ‖

这里所指称的政策，是指"政党和国家在一定历史时期为实现一定目标而制定的行为准则和基本原则"[①]。政策往往与具体的、明确的、可操作性较强的行为规范、规章制度相对应。一方面，具体、明确的行为规范、规章制度在内容规定上不可能完全概括实际发生的客观现象或实际实施的各种行为，完美的、没有疏漏的规范和制度是不存在的。那么，在规范和制度之外，政策作为一种较为抽象但却含义深远和深刻的制度指向即具有了存在的必要。另一方面，任何具体的规范和制度

①　周章琪. 公安学基础理论. 中国人民公安大学出版社，2013：138.

不论规定得多么详尽和具有可操作性，其在具体适用的过程中都存在自由裁量的空间，此时，政策的指引就会显得十分必要。公安工作在内容上十分庞杂，在实施中十分复杂，故公安工作政策对于公安机关正确履行职能、有效开展各项活动意义重大。

一、公安工作政策的含义

公安工作政策，是党和国家的意志在公安工作中的体现，是党和国家为了公安机关充分实现公安工作目标、相关公安工作充分实现预期目的而制定的有效指导公安工作的政治原则，也是公安机关及广大民警必须遵守的基本行为准则。党是中国特色社会主义建设事业的领导者，公安工作政策就是党和国家意志在人民公安事业及相关工作中的具体体现，以各种决定、命令、纲领等作为其表现形式，明确规定于党、人大和政府的正式文件之中。公安工作政策就是党的路线、方针、政策在公安工作中的贯彻与延伸。因此，务必要从政治的高度来理解公安工作政策。公安机关中的每一位人民警察在工作中都必须严格遵守和自觉实施既定的公安工作政策。

公安工作政策不是单一的或单层面的，依照不同标准划分，分为不同的种类。

首先，以公安工作政策的作用范围为标准进行划分，分为全国性政策、地区性政策和特定政策。全国性政策，就是效力范围涵盖全国的工作政策。其往往是依据全国范围内总体的经济社会形势和公安工作特点而制定的，具有普遍适用的效力，全国范围内所有的公安机关都必须严格遵守和自觉实施。例如，严肃与谨慎相结合的政策、惩办与宽大相结合的政策、依法从快从重惩处严重刑事犯罪分子的政策等，都是全国性的公安工作政策。地区性政策，就是适用于特定的行政区域或地区的公安工作政策。这种类型的公安工作政策往往是依据特定地域的特点而制定的，针对性强，目的在于为特定地域的总体公安工作提供指导。特定政策则是针对特定任务、特定事项、特定行业等特定对象而制定的公安工作政策，针对性更强。对于这三种公安工作政策，广大民警都需要深入掌握，并需要在具体工作中处理好它们之间的关系。

其次，以公安工作政策的从属关系为标准进行划分，分为总政策、基本政策和具体政策。公安工作总政策统揽全局，与人民公安事业的基本宗旨、整体公安工作的基本规律联系最为紧密，具有高度的抽象性和最高的效力。公安工作基本政策涵盖的是具体公安工作的一般准则，适用范围较广，并具有长期的稳定性，较之公安工作总政策更具适用性。公安工作具体政策则是出于贯彻总政策和基本政策的需要而制定的更为详尽的政策。相对而言，具体政策的稳定性和长期性不及总政策和基本政策，但可适用性最强。这三种政策在效力上是由高到低的关系。

最后，以公安工作政策的实施对象为标准进行划分，分为刑事政策、治安管理政策和针对公安机关及其人员的政策。公安工作刑事政策主要适用于刑事犯罪治理领域，与刑事司法过程紧密相连。公安工作治安管理政策主要适用于社会治安秩序维护与治安行政管理领域，与公安机关的治安管理活动密切联系。针对公安机关及其人员的政策则主要是适用于公安机关内部管理及队伍建设的政策。这些不同种类的公安工作政策并不是泾渭分明的，在基本精神方面是一脉相承的，在适用中必须灵活掌握。

二、公安工作政策的作用

正确、深刻地理解公安工作政策，是准确、有效适用公安工作政策的前提条件。因此，分析与界定公安工作政策的作用是十分必要的。

首先，公安工作政策具有指导作用。公安机关在履行法定职责的过程中需要依据法律法规及工作纪律，同时也要牢固掌握、严格遵循和正确适用各项公安工作政策。党领导着社会主义建设事业的全局，党和国家通过公安工作政策来实现对人民公安事业的领导和指导。坚定执行党和国家制定的公安工作政策，是公安机关接受党的领导、践行党的指示的重要方面。公安工作政策往往更加关注经济社会的发展趋势以及社会形势变化的现实状况，其包含了公安机关及广大民警履行职责、开展工作的基本原则、基本要求和基本方向，具有高度的概括性和广泛的适用性，对于公安机关的法律实施工作和对策制定工作始终具有重要的指导作用。

其次，公安工作政策具有规范作用。公安工作政策还包含关于公安机关及广大民警如何行动、如何约束自身行为的明确规定。公安机关在开展公安工作的过程中，广大民警在完成工作任务的过程中，除了自觉遵守法律法规、规章制度及工作纪律之外，还必须时刻以公安工作政策严格要求自己、约束自己、规范自己，不能错误地认为公安工作政策的效力较弱，不能直接规范自身的行为。事实上，违反公安工作政策的行为必然要受到相应的处罚。例如，刑讯逼供的行为，不仅为法律法规所禁止，公安工作政策也是绝不允许其存在的。

最后，公安工作政策具有调整作用。对于国家安全的保卫、社会秩序的维护、群众利益的保障，不仅相关法律制度发挥着重要作用，公安工作政策也发挥着不可替代的作用。公安工作政策始终在公安机关的常规工作中发挥着必要的作用，始终在调整着人民公安事业推进中的各种社会关系。对公安工作政策的宣传和贯彻，一方面有利于提升广大人民群众参与、支持公安工作的自觉意识，促进广大人民群众自身重法守法并积极主动地与违法犯罪进行斗争；另一方面有利于遏制、制裁违法犯罪现象以及教育、改造违法犯罪分子。

三、公安工作的基本政策

（一）严肃与严谨相结合的政策

这一基本政策最早可追溯到毛泽东同志于 1945 年撰写发表的《论联合政府》一文，其明确提出对于人民的敌人，"必须采取严肃的态度，而在处理时，又要采取谨慎态度"。后来这一精神逐步发展为严肃与严谨相结合的政策，并成为公安工作的基本政策。这一政策在内容上主要包括三层含义。首先，所谓"严肃"，含有严格、严厉、整肃、肃清之意，主要是针对违法犯罪的基本态度而言的。"严肃"要求公安机关在履行职责的过程中对违法现象和违法犯罪必须予以坚决的打击，必须做到执法必严、违法必究，切实维护法律的权威和尊严。其次，所谓"严谨"，含有严密、谨慎之意，主要是针对公安机关开展工作、办理案件的方式方法而言的。"严谨"要求公安机关在查处案件的过程中要力求实事求是、注重调查研究、注重合法证据，以审慎、慎重的态度将事实调查清楚，避免冤假错案，防止工作差错，高度负责，不枉不纵。最后，严肃与严谨"相结合"，就是指公安机关在查办案件的过程中要实现严肃态度与严谨手段的辩证统一，既要对违法犯罪持有严苛制裁的基本态度，也要注重查办案件的方式方法，遵守法定程序，坚持科学办案，维护国家法度，守护公平正义。

（二）惩办与宽大相结合的政策

这一公安工作基本政策也来源于长期的革命斗争经验。在当前社会背景下，这一公安工作的基本政策还具有重要意义。"惩办"，要求公安机关要根据违法犯罪的事实、情节、性质、社会危害性等因素综合进行考虑，以此为根据进行法律责任的追究，实现刑罚或处罚的目的。"宽大"，则要求公安机关对于具有从轻、减轻、免除处罚情节的违法犯罪分子，依法进行较为宽缓的处理。惩办与宽大相结合的预期效果就在于，惩办少数，改造多数，讲究策略，区别对待。对于少数主观恶性大、犯罪情节恶劣、犯罪后果严重、人身危险性极高的违法犯罪分子必须予以严惩，而对于多数违法犯罪程度较轻的犯罪分子，则要尽量给其机会接受教育和改造。

（三）依法从重从快惩处严重刑事犯罪分子的政策

依法从重从快惩处严重刑事犯罪分子的政策，就是指对于实施了严重刑事犯罪行为的犯罪分子要根据法律规定予以从重和从快的惩处。"依法"，就是要严格依照法律的规定来对违法犯罪分子进行惩处；"从重"，就是要根据刑法的相关规定，在量刑幅度内予以较重的处罚；"从快"，就是要根据刑事诉讼法的相关规定，在法定时限内予以较快的处罚。这一公安工作基本政策的主要根据就在于严重刑事犯罪对国家安全、社会秩序以及人民利益的严重损害。至于何为"严重"，则要综合考虑违法犯罪的事实、情节、性质、危害结果、主观恶性、悔罪态度等因素来进行审慎的判断。

（四）重证据，重调查研究，严禁刑讯逼供的政策

这里的证据，是指能够有效证明案件事实存在的一切材料或物质载体，其具有合法性、真实性和关联性。因为时空的运行不可逆，而公安机关查办案件必须以客观事实为依据，因此其只能通过充分的调查研究，取得相应的证据，以证据能够证明的事实为根据，再依照法律进行案件查处。一方面，公安工作必须注重调查研究、注重获取合法证据，如此才能将违法犯罪事实与应有的惩处统一起来，实现公

平正义；另一方面，只有注重调查研究、注重合法证据，不依赖口供，不轻信口供，才能从根本上杜绝刑讯逼供等违法办案现象的发生。刑讯逼供等违法办案行为，严重侵害人权，容易导致冤假错案，践踏公平正义，损害法律权威，因此必须加以严格禁止。

（五）教育与处罚相结合的政策

这一公安工作政策主要适用于公安机关的治安行政管理活动。公安机关依法开展治安行政管理活动的主要目的在于维护良性的社会秩序和社会治安环境。而社会秩序的稳定和治安环境的生成，主要依靠广大人民群众拥有较强的法律意识和较高的道德素养，自觉遵纪守法，坚定支持公安机关的各项工作。实现这一目标的主要途径在于教育，而非处罚。对于多数的、一般的治安违法行为，公安机关应以教育为主。而对于较为严重的治安违法行为，教育作用有限，不惩处难以取得惩戒、防范违法行为的效果，则有必要进行程度适当、公平公道的及时惩处。在具体工作中，要以教育为主、以惩处为辅，切不可将两者完全对立起来，要充分地加以结合。

【小结】

公安工作的基本方针是"专门机关与广大群众相结合"。公安工作基本方针的贯彻途径包括：扎实推进群众工作，不断创新工作方法；努力增强为民意识，切实提升自身素质；促进治安工作社会化，有效优化治理模式；增进群众工作信息化，着重提升工作效率。

社会治安综合治理方针是公安工作的重要方针。社会治安综合治理的固有属性是综合性，体现在实施力量、实施方法和实施对象等方面。社会治安综合治理方针的贯彻方法包括打击、防范、教育、管理、建设和改造等。

公安工作政策，是党和国家的意志在公安工作中的体现，是党和国家为了公安机关充分实现公安工作目标、相关公安工作充分实现预期目的而制定的有效指导公安工作的政治原则。公安工作政策的作用包括指导作用、规范作用和调整作用。公安工作的基本政策包括严肃与严谨相结合的政策，惩办与宽大相结合的政策，依法从重从快惩处严重刑事犯罪分子的政策，重证据、重调查研究、严禁刑讯逼供的政策，教育与处罚相结合的政策等。

【思考题】

1. 当前公安工作的总要求是什么？
2. 公安工作基本方针的内涵及重要性包括哪些？
3. 公安工作基本方针的贯彻途径包括哪些？
4. 为什么说社会治安综合治理的固有属性是综合性？
5. 公安工作政策的作用有哪些？
6. 公安工作的基本政策有哪些？

第十三章 公安法制

【教学重点与难点】

1. 公安法制的环节；2. 公安法制的性质；3. 公安行政执法的基本原则；4. 公安刑事执法的基本原则。

‖ 第一节 公安法制概述 ‖

公安工作的基本规则来源于公安法制，人民公安事业也要始终沿着法制的轨道逐步推进。公安机关履行职责、开展工作的基本依据就是相关法律及相关制度。一方面，公安机关权力的行使来源于法制的授权；另一方面，公安机关的权力行使也要始终受到法制的约束。因此，公安法制对于公安工作具有极为重要的意义。

一、公安法制的概念及环节

（一）公安法制的概念

按照马克思主义的经典观点，法制就是统治阶级按照自己的意志通过国家权力建立的用以维护本阶级专政的法律和制度。公安法制，就是以具有国家强制力的公安法律法规为基本依据，调整维护国家安全、社会秩序、人民利益相关社会关系的法律及制度。公安法制的基本环节包括立法、执法、守法及监督等。公安法制具有强制性，对公安工作的基本要求就是公安机关必须对其无条件地、严格地遵守，不得存在任何违背，否则就需要承担相应的责任。公安法制的基本目标在于保卫国家安全、维护社会秩序、捍卫人民利益，其基本依据在于法律法规及相关制度。公安法制是社会主义法制的重要组成部分，也是社会主义法制在公安工作中的延伸和体现。公安法制的运行必须成为中国特色社会主义法治事业推进过程的有机组成部分，公安法制运行的具体状况也必须要服从社会主义建设的大局及社会主义法制的总体要求和基本原则。

（二）公安法制的环节

从环节上来说，公安法制运行大体由公安立法、公安执法、公民守法和公安法律监督等组成。这些环节体现了公安法制运行的具体过程，必须采取一种体系性的思路来加以认识，正确处理好它们之间的关系。

首先，公安立法是公安法制运行的起点和基础，是公安法制运行的首要环节。公安立法是否科学合理，直接影响到其后的公安执法、公民守法和公安监督环节。公安立法在充分反映党和人民意志的基础上，务求科学、合理、务实、准确，要具有高度的可操作性，使其在公安工作中可以被顺利适用和有效实施。同时，公安机关在实际工作中应不断加深对公安立法的深刻理解，逐步提高办案水平。

其次，公安执法是公安法制运行的主导环节，公民守法是公安法制运行的基本环节。秉公执法是公安机关的基本职责，而奉公守法是每位公民的基本义务。公安执法的目的就在于调整公安实践中的社会关系，使其符合法律法规的要求，或者纠正公安实践中的违法现象，追究相关责任。公安机关在践行法制的过程中要始终注重公安执法与公民守法的有机结合，

最后，公安法律监督是公安法制运行的保障环节。公安机关作为行政管理机关，根据公安立法开展执法活动，拥有法定权力。这种权力必须得到有效监督，否则就可能出现权力滥用及腐败。因此，公安立法、公安执法等活动都必须接受强有力的法律监督，使其按照法治的基本原则合法合理地开展。失去了有效法律监督环节的公安法制运行，必然会产生合法权益受损、公平正义缺失的恶性后果。

以上环节或过程统一于公安法制运行的总过程，相互衔接、相互配合，同时也相互制约、相互影响，使公安法制成为一个整体在公安工作中发挥应有作用。

二、公安法制的性质与要求

（一）公安法制的性质

公安法制的性质，就是指其基本属性应归属于哪个部门法领域之中。分析和界定公安法制的性质有利于深刻了解公安法制在运行中的基本特点，有利于公安民警在履行法定职责时深入理解公安法制或相关法律法规的基本精神与基本原则，合理合规地履行相关程序，全面完成相关工作目标。

由于公安机关是人民政府的组成部分，接受政府的统一领导，在性质上属于行政管理机关，其主要业务活动是特定的行政管理活动（如治安行政管理等），因此，就总体而言，公安法制应该被归为行政法的范畴，规制公安机关的主要法律法规均应被归入行政法的领域。行政法，一般是指调整国家行政管理中各种社会关系的法律规范的总称，具体包括行政处罚法、行政复议法、治安管理处罚法等。因此，公安机关在具体执法过程中就需要在这些法律中寻找依据，并自觉遵守行政法领域中的法律法规。同时，公安机关在实际工作中还要自觉遵守行政法的立法精神和基本原则，如合法行政原则、合理行政原则、信赖保护原则、高效原则等。

与此同时，公安机关的主要业务活动还包括一些涉及刑事与刑罚的职权与职责，如刑事侦查、刑事强制、刑罚执行等。这些涉及刑事犯罪的公安业务活动必然要以刑法及刑事诉讼法为基本依据。因此，公安法制还具有刑事部门法的性质。这是公安法制与其他类型行政法制的重要区别之一。这也体现出我国公安工作布局的

一个重要特点，就是针对违法行为与犯罪行为强调集中运用行政执法、刑事执法、武装力量进行综合、统一的打击与惩处。公安法制的刑事法属性要求公安机关在办理涉及刑事犯罪业务时应严格依照刑法及刑事诉讼法的具体规定来进行。

（二）公安法制的要求

对于公安法制的基本要求在于，有法可依、有法必依、执法必严、违法必究。这一基本要求为公安法制运行指出了合理的架构和明确的方向，公安法制运行的各个环节都必须充分实现这一基本要求。首先，"有法可依"是公安法制有效、规范运行的前提条件。如果连可遵循的基本规则和行为规范都没有，公安工作的顺利推进就无从谈起，甚至会失去自身的合法性。当前，公安立法的总体框架已经确立，但还存在很大的提升空间，尤其在制度细化与可操作性方面亟待加强。其次，"有法必依"是公安法制有效、规范运行的基本要素。如果公安相关法律法规得不到公安机关的认真遵守，那么这些法律法规也不过是一纸空文。当前，公安机关及广大民警在公安实践工作中认真遵守法律的思想意识已经有了很大的提高，有法必依的工作氛围已经得以初步营造。再次，"执法必严"是公安法制有效、规范运行的关键环节。这要求公安机关及广大民警在执行法律时必须采取一种严格、严谨的工作态度，不能对本职工作有所倦怠，更不能徇私枉法、徇情枉法。只有严格执行法律法规，才能体现出公安工作在维护法律尊严中的重要作用。只有严格执法，才能保证人民群众的根本利益得到充分保障。最后，"违法必究"是公安法制有效、规范运行的重要保障。这要求公安机关在行政执法与刑事执法的过程中必须严格依据法律规定对违法犯罪分子予以应有的法律制裁、严肃追究其法律责任。法律对违法现象的否定最终体现为法律责任的承担。如果在违法必究的环节出现问题，那么公安法制的运行就会失去应有的意义。

三、公安法制的地位与作用

无论是对于中国特色社会主义建设事业与社会主义法制建设事业的顺利推进，还是对人民公安事业的顺利推进及公安机关法定职责的正当行使，公安法制都具有重要的地位与作用。因此，在公安工作的整体布局中，必须对公安法制予以高度重视。

（一）公安法制是维护国家安全、社会稳定和人民利益的重要机制

国家安全、社会稳定和人民利益是社会主义现代化建设事业中需要注重维护的重要价值目标。国家安全是经济社会有序运行、社会生活正常进行的前提条件，社会稳定是社会得以存续和发展的基础与状态，人民利益是社会制度建构与运行的最终目标指向。公安法制通过法律的形式将维护国家安全、社会稳定和人民利益的制度与措施加以固定并附加强制力，通过公安机关的法律实施活动将这种维护与保护贯彻到社会实践中去。

（二）公安法制是其他部门法制发挥应有作用的坚强后盾

体现国家意志的法律具有强制性和强制力。这种强制性和强制力最终要以暴力的形式体现出来。在国家内部，贯彻国家法律的基本强制力量就来源于警察机关。在我国，这一力量就来自公安机关。而使用暴力的合法性就源于公安法制。只有经过法律授权的暴力及强制力才具有正当性。其他部门法制也具有强制力，但这种强制力的最终实施则需要公安机关来完成。当其他部门法制相关机构履行法定职责受到阻碍时，就需要通过公安机关根据法律规定实施暴力加以强制。因此，公安法制是其他部门法制发挥应有作用的坚强后盾。

（三）公安法制是刑事诉讼过程顺利运行的有力保障

公安法制对公安机关与人民法院、人民检察院、监狱等司法部门或司法行政管理部门共同完成刑事诉讼的任务予以了保障。在公安机关中的刑事侦查部门所实施的刑事侦查活动是刑事诉讼过程的第一个环节。在这个环节中，公安机关要围绕案件情况进行调查取证，确定嫌疑后还可能向人民检察院提请批捕及移送起诉。这个刑事诉讼过程得以顺利运行的保障就是公安法制。没有公安法制相关制度的支撑与规制，刑事侦查活动就难免出现问题，并对其后的审查起诉、审理判决等刑事诉讼环节产生负面影响。

（四）公安法制是公安工作改革与优化的坚实基础

公安工作的特点决定了其必须紧密结合社会经济变化发展的客观形势，充分实现与时俱进。这就要求公安工作必须不断进行改革与优化。尤其在当前的社会转型期，社会治安形势、违法犯罪形势急剧变化，公安工作不断面临新的挑战，墨守成规、因循守旧肯定是不可取的。而公安法制则是公安工作改革与优化的坚实基础。一方面，公安工作无论如何变革，都必须在公安法制的既定框架内稳步推进；另一方面，公安工作优化的制度性创新和机制性创新，最终又都必须通过公安法制的形式加以稳固。

四、社会主义法治理念

社会主义法治理念是体现社会主义法治内在要求的一系列观念、信念、理想和价值的集合体，是指导和调整社会主义立法、执法、司法、守法和法律监督的方针与原则。法治中国建设中的公安法制也必须充分注重践行社会主义法治理念。

（一）在公安工作中主动践行依法治国的理念

依法治国是社会主义法治的核心内容。在公安工作中主动践行依法治国的理念，就是要求广大民警在履行职责、秉公执法、为民服务的过程中要始终秉持法律至上的工作态度，要始终严格遵循法律法规的规定，以是否合乎法律规定、是否坚定执行了法律规范作为衡量工作得失的重要标准，积极主动地维护法律的权威。

（二）在公安工作中主动践行执法为民的理念

执法为民是社会主义法治的本质要求。在公安工作中主动践行执法为民的理念，就是要求广大民警在执行法律、开展各项公安工作的过程中要始终将最广大人民群众的根本利益铭记心中，坚持以人民为中心，坚持人民公安为人民的根本宗旨，把充分实现、积极维护最广大人民群众的根本利益作为各项工作的出发点和落脚点，在公安实践中切实做到服务人民、执法公正、一心为民。

（三）在公安工作中主动践行公平正义的理念

公平正义是社会主义法治的价值追求，是建构社会主义和谐社会的首要任务，是社会主义法治的核心价值。执法公正是政法工作的生命线，是公安机关必须坚守的核心价值追求。在公安工作中主动践行公平正义的理念，就是要求广大民警必须秉公执法、维护公益、摒弃邪恶、弘扬正气、克服己欲、排除私利，在公安工作中坚持合法合理、平等对待、及时高效、程序公正等即基于公平正义理念的基本原则。"要以正确的法治理念引领执法活动，坚持教育引导、典型引领、实践养成相结合，采取有效措施，积极引导广大公安民警把社会主义法治精神内植于心、外践于行，切实增强严格依法履行职责的观念、法律面前人人平等的观念、尊重和保障人权的观念，做到自觉尊法学法守法用法，坚持严格规范公正文明执法，努力让人民群众在每一起案件办理、每一件事情处理中都能感受到公平正义。"①

（四）在公安工作中主动践行服务大局的理念

服务大局是社会主义法治的重要使命。在公安工作中主动践行服务的理念，就是要求公安机关及广大民警在公安实践中必须紧紧围绕党和国家部署的大局来开展各项工作，立足本职，着眼全局，全面正确履行职责，统筹兼顾考量工作效果，致力于推进全面建设小康社会的进程，努力创造和谐稳定的社会环境和公正高效的法治环境。

（五）在公安工作中主动践行党的领导的理念

党的领导是社会主义法治的根本保证。在公安工作中主动践行党的领导的理念，就是要坚持做到对党忠诚，保持高度的思想自觉和政治自觉，这就要求公安机关要自觉地把坚持党的领导、巩固党的执政地位和公安实践统一起来，把贯彻落实党的路线、方针、政策和严格执法统一起来，把加强和改进党对公安工作的领导与保障公安机关依法行使职权统一起来，始终坚持正确的政治立场，忠实履行党和人民赋予的神圣使命。

‖ 第二节 公安行政执法 ‖

一、公安行政执法概述

公安行政执法，就是指公安机关及人民警察为了实现行政管理目的，根据法律

---

① 郭声琨. 切实做到对党忠诚服务人民执法公正纪律严明. 人民日报，2017 – 6 – 2.

法规的规定履行法定职权，强制干预社会经济生活及规制对象的权利义务状态的行政行为或行政过程。一方面，公安行政执法是行政执法工作的重要组成部分。公安机关本身就是国家行政机关的一个主要职能部门，基于带有武装性质的特点，拥有极为特殊的权力和强制性手段，故公安行政执法在行政执法体系中具有重要的地位和不可替代的作用。同时，公安机关肩负保卫国家安全、维护社会秩序和保护人民利益的重要使命与基本任务，公安行政执法就是完成这一重要使命和基本任务的基本途径之一。因此，对于公安行政执法的立法设计、制度安排、手段措施、程序建构、责任机制等，权力机关必须予以高度重视，审慎地进行考量。广大民警既要充分认识公安行政执法的重要意义，也要慎用公安行政执法过程所涉及的权力，严格实现依法行政，杜绝权力滥用。

公安行政执法的特征包括：第一，公安行政执法在效力上具有强制性。公安机关是具有武装特点的国家治安行政管理机关，其实施的公安行政执法活动在更大程度上以国家强制力为后盾。公安行政执法的强制性要高于一般行政管理活动。第二，公安行政执法在方式上具有多样性。公安机关在行政执法过程中所采取的法定方式包括多种强制措施或行政处罚，如行政拘留、强制拘留等。第三，公安行政执法在范围上具有广泛性。基于公安行政管理活动范围的广泛与复杂，公安行政执法的范围也非常广泛，适用于公安行政管理、公安行政处罚、公安行政强制措施、公安行政强制执行等各个领域与层面。

二、公安行政执法的基本原则

公安行政执法的基本原则，就是指贯彻公安行政执法的整个过程，全面指导公安行政执法工作的基本准则，其在公安行政执法领域中是最具有普遍适用与普遍指导性意义的行为准则。公安行政执法的基本原则包括以下几项：[①]

（一）合法性原则

合法性原则，是指公安机关在行使权力、履行职责的过程中，必须始终符合法律法规的规定，需要获得法律法规的授权，不得违反法律法规的禁止性规定，任何违反法律法规的行为或活动都应受到否定，且违法主体应承担相应的法律责任。这一原则要求公安机关在行政执法过程中，首先要保证行政主体合法，实施行政执法的机关或民警必须具有合法的执法者身份，拥有法定授权。其次，公安机关在行政执法过程中要保证执法内容的合法，即行使权力的内容、方式以及对行政相对方产生的权利义务层面的影响都必须符合法律的规定。最后，公安机关在行政执法过程中要保证行政程序合法。没有合法的行政程序作为保障，实体公平正义就无从谈起。

（二）合理性原则

合理性原则，是指公安机关在行政执法过程中，在法律法规允许的自由裁量权

① 张建明，蔡炎斌，张丽园．公安学基础理论．中国人民公安大学出版社，2007：153.

范围内，按照法治的基本精神和公平正义等法治观念，可以根据具体情况对行政决定作出自由裁量。公安机关在适用合理性原则的过程中，要注意以下几点。首先，自由裁量要符合立法目的。立法的目的是特定法律法规所欲实现的社会效果，违反了立法目的的行政决定即便形式上不违反法律法规的规定，也在本质意义上具有非法性。对于立法目的的把握，要充分注重权利享有及义务负担的平衡，防止法制运行的失衡。① 其次，自由裁量必须基于正当的动机。这要求公安机关在行政执法过程中应始终保持公心，以人民群众的利益为工作的出发点与落脚点，杜绝徇私枉法、徇情枉法。再次，自由裁量要基于综合性的考虑。公安行政执法工作涉及的社会领域非常广阔，各种情况非常复杂，相关自由裁量的作出必须基于综合性的考虑，将各种因素都纳入衡量的范围内。最后，自由裁量还要考虑到社会道德、社会伦理等其他社会规范的制约。公安机关进行自由裁量时必须充分考虑相关行政决定可能产生的社会效果，在不损害社会公益的情况下实现应有的社会效果。

（三）公正性原则

公正性原则，是指公安机关在行政执法过程中必须始终坚守公平公正的观念，平等地、理性地、适度地行使行政权力，确保行政相对方得到公平对待，行政事项得到公正的处理。针对这一原则，公安机关应着眼于实体和程序两个方面来加以实现。首先，在实体方面，公安机关要确保对相关事实已经调查清楚、对相关法律法规已经正确理解、对行使权力的内容已经准确掌握，行政处理结果符合公平正义观念。其次，在程序方面，公安机关要严格依照法律法规设定的环节有序推进行政执法的过程，应确保行政相对方的程序性法定权利（如申辩权）得以行使，确保自身已经履行了程序性法定义务（如回避义务）。

（四）责任性原则

责任性原则，是指公安机关及人民警察对于其实施的行政执法活动必须承担相应的法律职责或法律责任，必须始终保持行政权力与法律责任的相互对应。首先，这一原则要求公安机关及人民警察必须肩负其自身的法定职责，既要按照法律法规的规定忠于职守、秉公执法，又要杜绝权力滥用、徇私枉法。其次，这一原则要求公安机关及人民警察在行政执法过程中如果出现了违法违规的情况，就必须按照法律法规的规定承担相应的法律责任或接受相应的法律制裁。最后，这一原则要求广大民警在行政执法过程中不断提升自身的责任感，树立正确、健康的职业观，为人民群众的利益严格执法。

（五）比例原则

比例原则，是指公安机关在行政执法过程中实施的行政行为应兼顾行政目标的实现和保护相对人的权益，如果为了实现行政目标可能对相对人的权益造成某种不

---

① 贺电，马楠. 当代中国法哲学研究范式的新发展——从权利本位范式到平衡范式. 社会科学战线，2014（1）.

利影响时，应使这种不利影响限制在尽可能小的范围和限度内，使二者保持适当的比例。公安行政执法过程中，不可避免地会损害一部分相对人的权利，为了使这种必然的损害降到最低的程度，比例原则给出了一个较好的解决方案，即采取能够达到法定目的的措施，并使这种措施最小地侵害相对人或者第三人的利益，此外，不仅要求权力行使和损害之间成比例，权力行使的效果与措施之间也应当符合某种比例的要求。①

三、公安行政执法的基本程序

公安行政执法的基本程序，就是公安机关在行政执法过程中基于法律法规规定所应遵循的步骤、环节、顺序、程序等。确保法定程序的有序运行，是保证公安行政执法的内容与结果具有合法性并符合公平正义等法律价值的基础和前提。事实上，对法定程序的违反，本身就构成了行政执法行为或活动的违法，即便行政决定或行政处理的结果是正确的或合适的，相关的行政行为也必然要受到法制的否定。因此，全面理解与严格执行公安行政执法的基本程序具有极为重要的意义。②

（一）公安行政审批程序

公安行政审批，是指公安机关在行政管理活动中针对特定主体提出的申请予以审查和批准的行政措施。公安行政审批是公安机关的主要行政管理业务之一，其大体程序如下：

1. 受理。在符合要求的前提下，公安机关对特定主体的申请、请示、报告等行为予以审查批准。在受理这一程序中，公安机关会对申请、请示、报告等进行初步审查。正式受理后，公安机关应尽快审查办理，不得无故拖延。

2. 审查。公安机关在受理申请后，应认真调查核实申请内容，并对申请主体及申请内容是否符合相关法定条件进行审查。

3. 作出决定，签发有关证明文件。经审查，对于符合法定条件的申请，公安机关应作出批准的决定，并签发有关证明文件。如申请不符合条件，公安机关应作出不予批准的决定。

（二）公安行政处罚程序

公安行政处罚，是指公安机关依法对违反行政法律法规但尚不构成犯罪的违法主体实施的一种行政制裁，包括警告、罚款、拘留、没收违法所得、没收非法财物、暂扣或者吊销许可证、执照、责令停产停业等。公安行政处罚的一般程序如下：

1. 传唤。它是指公安机关限令违法行为人或嫌疑人在指定时间、地点接受讯问的法律措施。

---

① 王芳，彭贵才. 论我国警察行政权行使的原则及程序. 辽宁公安司法管理干部学院学报，2009（3）.

② 于燕京. 公安学基础理论. 群众出版社，2007：109.

2. 讯问。它是指公安机关为了查明违法事实而依法对违法行为人或嫌疑人进行的调查和审问。

3. 取证。它是指公安机关在查办案件过程中收集、获取可以证明违法事实存在的证据的相关活动。

4. 裁决。它是指公安机关对违法行为人依法作出行政处罚决定的活动。

（三）公安听证程序

根据行政处罚法的相关规定，公安机关作出程度较重的、特定种类的行政处罚决定之前，应当告知涉事主体有要求举行听证的权利，涉事主体要求听证的，行政机关应当组织听证。组织听证的一般程序如下：

1. 涉事主体要求听证的，应当在行政机关告知后 3 日内提出；

2. 公安机关应当在举行听证 7 日前，通知涉事主体举行听证的时间、地点；

3. 除涉及国家秘密、商业秘密或者个人隐私外，听证公开举行；

4. 听证由公安机关指定的非本案调查人员主持，涉事主体认为主持人与本案有直接利害关系的，有权申请回避；

5. 涉事主体可以亲自参加听证，也可以委托 1 至 2 人代理；

6. 举行听证时，调查人员提出当事人违法的事实、证据和行政处罚建议，涉事主体进行申辩和质证；

7. 听证应当制作笔录，笔录应当交涉事主体审核无误后签字或者盖章。

（四）公安裁决执行程序

公安裁决的执行，是公安行政处罚的最终程序。执行得以落实，才能实现公安行政处罚的具体内容，才能贯彻法律的强制力，才能实现行政处罚预期的社会效果。公安裁决执行的一般程序包括：

1. 裁决书应当送达当事人。

2. 公安机关在必要时可采取强制措施。

3. 接受处罚的主体如果逾期不执行裁决，可视情节追究其法律责任。

4. 执行情况及结果一般应通知受处罚主体所在单位或居民委员会、村民委员会和常住地公安派出所，以及被害人；对未成年人的执行，还应通知其监护人。

（五）公安行政复议程序

公安行政复议，是指受到公安机关行政处理的当事人不服裁决，依法向法定行政复议机关提出复议申请，行政复议机关依法对该具体行政行为进行合法性、适当性审查，并作出行政复议决定的行政行为。公安行政复议的一般程序包括：

1. 申请。不服公安机关行政裁决的当事人必须在法定期限内提出复议申请；

2. 受理。行政复议机关接到当事人申请后，应依法予以审查，以决定是否受理及进行复核审理。

3. 审理。公安行政复议可采用书面审理或开庭审理两种方式。

4. 作出复议决定。行政复议机关经审查后，可根据不同情况作出维持、变更或撤销原裁决的复议决定。

‖第三节 公安刑事执法‖

一、公安刑事执法概述

公安刑事执法，是指公安机关及人民警察依照刑法、刑事诉讼法及相关法律法规，查处、惩治犯罪的执法活动。犯罪行为被明确规定于我国刑法之中，其具有很强的社会危害性，对国家安全、社会秩序及人民群众的生命财产权益会产生极大的损害。因此，法律针对犯罪分子规定了相应的刑罚，并设置配备武装力量的国家机关来具体实施这些刑罚。根据我国刑事诉讼法律制度的设计，在治理犯罪现象的领域，公安机关是侦查机关和刑罚执行机关，负责刑事案件中的调查、拘留、执行逮捕、预审及部分刑罚的执行等工作。因此，公安刑事执法是公安机关的基本法定职责之一。犯罪行为具有的社会危害性决定了国家对其进行制裁的严厉性。尤其在人民民主专政的社会主义国家，为了最广大人民群众的利益不受违法侵害，权力机关一直对犯罪活动保持高压状态，对犯罪活动的客观形势高度关注，建立了完备的国家制度来加以规制，公安刑事执法相关制度就是其重要组成部分。

公安刑事执法的基本特征体现为以下几个方面：

首先，公安刑事执法具有强烈的暴力对抗性。一方面，犯罪行为或犯罪活动严重危害社会秩序和人民利益，党和国家始终对其持有一种坚决打击、有力打击的基本态度，故赋予了公安机关使用武装手段或暴力手段的权力，并提供了坚实的物质基础；另一方面，许多犯罪分子都具有很强的人身危险性，不赋予人民警察相应的使用暴力的权力及相关装备，就无法很好地实现打击犯罪的目的，甚至会使广大民警的人身安全处于危险之中。

其次，公安刑事执法具有刑事诉讼流程上的基础性。对于刑事侦查来说，公安机关的刑事执法活动是刑事诉讼流程的起点和基础。没有刑事立案侦查，就没有其后的刑事诉讼环节。更重要的是，公安机关在刑事侦查活动中所取得的工作成果为其后的刑事诉讼环节奠定了基础，体现在调查取证等各个方面。

最后，公安刑事执法的实施主体面临较大的危险性。面对人身危险性极高的违法犯罪分子，负责公安刑事执法的具体办案民警的人身安全往往处于危险之中。因此，提升警员素质、供给良好待遇、提供工作保障的制度建设就成为必要。

二、公安刑事执法的基本原则

公安刑事执法的基本原则，就是指贯彻于公安刑事执法的整个过程全面指导公安刑事执法工作的基本准则，其在公安刑事执法领域中具有普遍适用与普遍指导性的意义。根据我国刑事诉讼法律的规定，公安刑事执法的基本原则包括以下几项。

（一）依靠群众的原则

公安机关开展刑事执法活动，必须以广大人民群众为依靠力量。在刑事执法的过程中，要在具体办理刑事案件的各个环节都充分运用广大人民群众提供的支持与帮助。例如，对群众的举报、检举和控告要认真对待，注重从群众中收集犯罪线索和犯罪证据，在执行特定刑罚时也要充分依靠群众的力量对刑事执法过程进行监督、对罪犯进行教育和改造。

（二）以事实为根据、以法律为准绳的原则

公安机关在刑事执法过程中，必须始终以客观事实作为查处案件的依据，不能仅凭主观想象、臆断或推测来履行法定职责、开展执法活动。同时，公安机关在办理刑事案件时，无论是对案件的实体问题还是程序问题，都必须以刑法、刑事诉讼法及相关法律规定作为处理案件的依据，一切都要以法律规定作为衡量标准。

（三）对一切公民在适用法律上一律平等的原则

公安机关在刑事执法过程中，对任何人的犯罪行为都应一律平等地适用法律，追究其法律责任，不应因其社会地位、经济状况、职业、受教育程度等方面的不同而有所不同。与此同时，公安机关在办理刑事案件过程中，对包括犯罪嫌疑人在内的刑事诉讼参与人依法享有的诉讼权利和合法权益都应给予平等的重视与保障，严格遵守刑事诉讼程序的各项规定。

（四）公、检、法三机关分工责任、互相配合、互相制约的原则

在我国刑事诉讼制度中，公安机关是刑事侦查机关，人民检察院是法律监督机关，人民法院是审判机关。公安机关在刑事诉讼过程中应该坚持同人民检察院、人民法院分工负责、互相配合、互相制约，确保刑事诉讼程序正常运行。公、检、法三机关应在法定范围内行使各自职权，不能互相代替。在分工负责的基础上，三机关应通力合作，共同完成打击犯罪、保护人民的任务，同时在刑事诉讼过程中还应互相制约，防止和纠正可能出现的错误和偏差。

（五）公安机关进行刑事诉讼应当接受监督的原则

根据我国刑事诉讼的制度设计，公安机关的侦查活动要依法接受人民检察院的法律监督，在接到纠正违法通知后，应当认真查处纠正并将情况及时报告人民检察院。同时，公安机关也应建立办案责任机制、执法质量考评机制、错案责任追究机制等内部监督机制，以便对公安机关的执法活动自行进行监督和纠正。

（六）重证据、重调查研究的原则

公安机关在刑事执法过程中，必须重证据，把主要精力放在调查研究上，并依照法定程序和要求收集、获取证据，严禁刑讯逼供，禁止以非法的方法获取犯罪嫌疑人的口供，对待口供要慎重，不轻易相信，只有经过查证属实的口供才可作为证据使用。

（七）保障诉讼参与人诉讼权利的原则

公安机关在刑事执法过程中，要严格执行刑事办案程序的有关规定，根据各诉

讼参与人参与诉讼的关系不同，充分保障各诉讼参与人的诉讼权利，并从侦查、讯问、采取强制措施、羁押等方面对未成年犯罪嫌疑人的诉讼权利特别加以保障。

（八）尊重各民族公民用本民族语言文字进行诉讼的权利的原则

公安机关在刑事执法过程中，要充分尊重各民族公民使用本民族语言文字参与诉讼的法定权利，应配备翻译人员，为他们进行翻译。在少数民族聚居或者多民族共同居住的地区，应当使用当地通用的语言进行讯问或询问。对于各种诉讼文书，应当根据实际需要使用当地的一种或者几种文字。

（九）各地区公安机关之间加强协作和配合的原则

在各方面资源有限的情况下，公安机关刑事执法的质量和效率需不断得以提高，各地区公安机关之间应互相协作、紧密配合，严格履行协查、协办的法定职责。在收到异地公安机关提出的协查、协办请求后，应当按照异地公安机关的要求，将有关材料、情况迅速进行反馈，对于需要协助抓捕犯罪嫌疑人的，也应积极主动地进行配合。

（十）我国公安机关同外国警察机关之间开展刑事司法协助的原则

随着全球化趋势的加剧，跨国犯罪活动日益增多，为了加强打击与有效防范跨国犯罪活动，迫切需要各国警方之间开展密切协作与积极配合。我国公安机关应根据我国缔结或者参加的国际条约和公安部签订的双边合作协议，或者按照互惠原则，根据有效规制跨国犯罪活动的需要适时与外国警察机关相互请求刑事司法协助和警务合作。

三、公安刑事执法的基本程序

（一）公安刑事执法的启动程序

公安刑事执法工作的进行，必然需要公安机关运用权力来加以保证。一方面，权力先天就有一种极大的强制力和破坏性，如果得不到有效规制和监督，就很可能有被滥用的风险；另一方面，行政机关的预算有限，运作经费来自纳税人的税款，公安机关应倍加珍惜。因此，对于公安刑事执法的启动必须慎之又慎，否则即可能导致权力滥用或公款浪费。

根据法律规定和公安实践，立案是刑事诉讼启动的必经程序，由侦查机关作出立案决定是侦查程序正式启动的标志。在立案之前，侦查机关可以进行初查，但其不能作为公安刑事执法的启动程序。此处的"立案"，是指公安机关发现犯罪事实，认为需要追究刑事责任而依法决定进行侦查的诉讼活动，具体而言，就是公安机关对于报案、控告、举报、自首等材料，按照管辖范围进行审查后，认为有犯罪事实发生并需要追究刑事责任时，决定将其作为刑事案件进行侦查的一种诉讼活动。立案包括如下环节：

1. 受案。公安机关对报案、控告、举报、群众扭送或者违法嫌疑人投案，以及其他行政主管部门、司法机关移送的案件，应当及时受理，进行登记并作出处理。

2. 审查立案材料。对于接受的案件或发现的犯罪线索，公安机关应当尽快审查，以判明是否确有犯罪事实发生，是否需要追究刑事责任。

3. 决定是否立案。经过对立案材料的审查，应根据审查结果决定立案或不立案。

4. 移送其他有管辖权的机关处理。公安机关经审查认为有犯罪事实但不属于自己管辖的，应移送其他有管辖权的机关处理。

（二）公安刑事执法的操作程序

公安刑事执法程序启动后，侦查机关即应开始正式的刑事案件侦查工作，开展下列公安刑事执法活动。

1. 讯问犯罪嫌疑人。讯问主体应该是拥有法定身份的侦查人员，且讯问时不得少于两人。对于不需要逮捕、拘留的犯罪嫌疑人，可以传唤到指定地点或住处进行讯问。侦查人员在讯问前应告知犯罪嫌疑人拥有的诉讼权利。讯问犯罪嫌疑人应制作笔录，并长期保存。

2. 询问证人、被害人。询问主体只能是拥有法定身份的侦查人员，且询问时不得少于两人。侦查人员可以到证人的所在单位或住处进行询问。侦查人员应在询问前告知其如实作证的义务及可能承担的法律责任。公安机关要保证证人有客观地、充分地提供证据的条件，并对证人进行保护。

3. 勘验、检查。勘验和检查的内容主要包括尸体检验、人身检查和侦查实验。尸体检验的目的在于确定死因、分析死亡性质，为侦查和审判提供科学依据。人身检查的目的在于确定被害人、犯罪嫌疑人的某些特征、伤害情况或生理特征。侦查实验是通过模拟和再现的方法来研究证实某一犯罪行为或现象在某种条件下能否发生或怎样发生的一种侦查活动。

4. 搜查。搜查是侦查人员为了获取犯罪证据、查获犯罪嫌疑人，对可能藏匿罪证的物质载体进行检查的侦查活动。搜查必须由侦查人员进行，不得少于两人，并持有、出示搜查证。在执行逮捕、拘留时遇有紧急情况，侦查人员可不使用搜查证。对于搜查的实际情况，侦查人员应制作笔录。

5. 鉴定。鉴定是公安机关在侦查过程中为了解决与刑事案件有关的专门性问题，指派或聘请有专门知识或技能的人进行鉴别和判断的侦查活动。鉴定人员必须是对于需要解决的专门性问题具有专门知识或技能的人。鉴定过程必须具有必要的条件，确保鉴定意见的客观性与科学性。

（三）公安刑事执法的终结程序

公安刑事执法的终结程序，是指公安机关对于经过侦查的刑事案件，认为犯罪事实清楚，证据确实、充分，依法移送人民检察院审查起诉，进而终结侦查活动的法定程序。对于已经立案、经过充分侦查并满足了犯罪事实清楚、证据确实充分、犯罪性质和罪名予以认定、法律手续齐备、应依法追究刑事责任等条件的刑事案件，公安机关应将案件移送审查起诉以终结侦查活动。公安刑事执法的终结程序具体包括制作《侦查终结报告》、批准或决定终结侦查、移送审查起诉。对于已经立案并经侦查的刑事案件，如果公安机关认为犯罪嫌疑人的行为属于法定的不予追究刑事责任的情形，即应该终止刑事诉讼程序、终结公安刑事执法活动。

【小结】

公安法制，是指以具有国家强制力的公安法律法规为基本依据，调整维护国家安全、社会秩序、人民利益相关社会关系的法律及制度。公安法制运行大体由公安立法、公安执法、公民守法和公安法律监督等环节组成。就总体而言，公安法制应该被归为行政法的范畴，同时还具有刑事部门法的性质。对于公安法制的基本要求在于，有法可依、有法必依、执法必严、违法必究。公安法制是维护国家安全、社会稳定和人民利益的重要机制，是其他部门法制发挥应有作用的坚强后盾，是刑事诉讼过程顺利运行的有力保障，是公安工作改革与优化的坚实基础。法治中国建设中的公安法制必须充分注重践行社会主义法治理念。

公安行政执法，就是指公安机关及人民警察为了实现行政管理目的，根据法律法规的规定履行法定职权，强制干预社会经济生活及规制对象的权利义务状态的行政行为或行政过程。公安行政执法的特征在于公安行政执法在效力上具有强制性，在方式上具有多样性，在范围上具有广泛性。公安行政执法的基本原则包括行政合法性原则、行政合理性原则、行政公正性原则、行政责任性原则、比例原则。公安行政执法的基本程序包括公安行政审批程序、公安行政处罚程序、公安听证程序、公安裁决执行程序、公安行政复议程序等。

公安刑事执法，是指公安机关及人民警察依照刑法、刑事诉讼法及相关法律法规，查处、惩治犯罪的执法活动。公安刑事执法的基本特征是其具有强烈的暴力对抗性、具有刑事诉讼流程上的基础性、实施主体面临较大的危险性。公安刑事执法的基本原则包括依靠群众的原则，以事实为根据、以法律为准绳的原则，对一切公民在适用法律上一律平等的原则，公、检、法三机关分工负责、互相配合、互相制约的原则，公安机关进行刑事诉讼应当接受监督的原则，重证据、重调查研究的原则，保障诉讼参与人诉讼权利的原则，尊重各民族公民用本民族语言文字进行诉讼的权利的原则，各地区公安机关之间加强协作和配合的原则，我国公安机关同外国警察机关之间开展刑事司法协助的原则。公安刑事执法的基本程序包括启动程序、操作程序和终结程序。

【思考题】

1. 公安法制的性质是什么？
2. 为什么说公安法制是公安工作改革与优化的坚实基础？
3. 如何把握公安行政执法的合理性原则？
4. 公安行政审批程序包括哪些环节？
5. 公安刑事执法的基本原则包括哪些？

第十四章　公安工作的评价与监督

【教学重点与难点】

1. 公安工作评价主体多元化；2. 改革完善执法质量考评制度；3. 开门评警如何常态化；4. 强化新时期的公安执法监督。

‖ 第一节　公安工作评价 ‖

一、公安工作评价主体

公安工作评价主体，是指在对公安工作进行的考核评价活动中，参与、主导和决定公安工作质量的组织机构和个人，解决的是"由谁评价"的问题。公安工作质量考核结果是否有效、专业、全面将受到评价主体的强烈影响。

传统的公安工作评价主体较单一，从总体上分析，其评价主体均来自公安机关内部，评价方式属于内部评价。公安机关作为负责国家安全和社会治安秩序的公共部门，其职责是管理社会安全事务，向广大人民群众在安全领域提供公共物品和公共服务。公安机关作为单一的评价主体，既是公安工作成绩的创造者又是成绩的评价者，既是"运动员"又是"裁判员"，因此难免出现评价失真的问题。而外部评价主体与评价对象之间不存在直接的利益联系，具有相对独立性，同时外部评价主体也是被评对象的"顾客"，对公安工作所提供的公共物品和公共安全服务具有更深切和客观的了解，因此，外部评价主体在充分掌握相关信息的情况下，能够公正地对评价对象作出客观评价，有利于确保评价的真实性。

评价主体多元化即扩大评价主体范围，将外部评价主体吸纳进来，转变当前内部评价主体"唱独角戏"的局面，对公安工作质量的评价和提高具有如下重要意义：

第一，评价主体多元化有利于强化对公安工作的监督和约束。引入外部评价主体后，势必将公开公安工作的相关信息，将更为真实地展现公安机关的执法水平，形成强大的社会舆论压力，对评价对象具有约束作用。

第二，评价主体多元化有利于公安工作由"对上负责"向"对下负责"转变、由"对政府负责"向"对社会负责"转变、由"对官负责"向"对民负责"转变，有利于提高公众及其他组织对公安工作执法监督的影响力。

第三，评价主体多元化有利于增强评价结果的真实性。

现代绩效管理理论认为，在进行工作评价时，为保障其公正性，有必要进行360度全方位评价考核。要对公安工作进行科学、真实的评价，必须构建多元化的公安工作评价体系，让公安机关、公众、第三方等一起参与到评价体系中来，以多元化的评价主体代替传统的单一评价主体。

（一）公安机关

公安机关内部主体评价是目前公安工作的首选渠道和常用形式，有鉴于此，对于公安工作的评价，公安机关内部自评也是整个评价活动开展的基础。具体来看，公安机关内部自评的主体角色主要包括上级公安机关、同级公安机关、下级公安机关以及机关自身。上级公安机关评价是基于20世纪80年代初以来我国在全国范围内推行的目标责任制形态的政府绩效评估，这种政府内部管理控制采取上级对下级政府评估的形式，自上而下构筑起"一级抓一级，一级对一级负责"的责任体系。同级公安机关的评价，客观上由于业务相近，能够在一定程度上较为准确地评价被评价对象。下级部门作为被评价对象的下属，更清楚其上级在公安工作中的表现，但有些下级部门通常想方设法地迎合上级机关下达的各项评价指标任务，以取得上级的赞赏和扶持，结果往往失真。机关自身评价的意义在于能将评价对象纳入整个评价体系中，使其在对自身工作质量界定的基础上，提高自身工作能力与水平。公安机关的自评实际上也是公安机关意识到自己的职能属性，基于不断自我完善、自我发展、自我监督的需要而开展的监督和反馈提高活动。其目的在于总结经验、发扬优点，同时克服不足、改正缺点。

（二）社会公众

新公共管理理论认为行政就是服务，公民就是顾客。社会公众是公安机关依法行政、服务的对象，他们对公安工作质量的评价最客观，他们的意见具有最直观地反映公安工作的价值。因此，公安工作评价引入社会公众作为评价主体，具有合理性和科学性。社会公众，特别是将与公安机关打过交道、接受过警察服务或者管制甚至处罚的相对人作为评价主体，可以最直观地体现评价的满意特征，明确评价的价值取向，通过这样一种"使用者介入"机制，将事实与价值取向相结合，可以增加评价体系的社会相关性。此处的"社会公众"主要是指与公安机关或民警个体存在相互交往但不存在直接领导与被领导关系的社会群体或自然人个体。重视社会公众的评价，有利于借鉴顾客满意度，强化公共服务的功能；有利于提高公共目标和结果的透明度，促进提高安全领域的公共产品和服务质量；有助于公安机关建立责任制，提高社会公众对公安机关的信任度、满意度和支持度，重塑公安形象。

（三）第三方

第三方主要指的是除公安机关与公众以外的组织和机构，主要包括党委、政府等领导机关、中介性专业评估与学术机构等。它弥补了上述两种评价主体都是当事人既当运动员又当裁判员的缺陷，摆脱了当局者迷的窘境，一方面可以避免社会公众的"警察万能主义要求"，另一方面又可以监督警察机关"我也爱莫能助"的托词。

从理论上讲，各级党委和政府应属于上述社会公众的范围，但党委和政府与公安机关之间的关系特殊，是直接的领导与被领导的关系，党委和政府不宜归属于警察评价体系的"社会公众"范围。由于我国社会主义民主制度的不完善性，长期以来造成了某级组织或个人不是看重对下级负责、对群众负责，而更在乎对上级负责。如果党委和政府属于"公众"的范围，那么"公众"中必将出现一个特殊的群体，公安机关必然更重视党委和政府这个特殊"公众"的看法，而其他公众的看法就容易受到冷落。

此外的第三方通常是具有专业评估能力的组织与机构，主要有高校、科研机构、社会专门机构、学会、协会等组织形式。第三方都在各自的领域履行一定的社会管理咨询职能，作为社会治理的参与者，他们能够感知公安工作面临的改革与挑战，作为行政相对人，即社会公众的一部分，他们更加了解社会公众的生活状况和心理，在人员、经费和运作等方面具有独立性，其评价相对更为客观公正、专业、有说服力。

由此，鉴于公安工作评价的实际运行过程，对其评价不能单纯依靠某一个主体角色，而应以多元状态运行。多元评价主体的权重的选择，既是技术问题（常用的确定权重的方法有德尔菲法、层次分析法、因素成对比较法等），又是考量公安机关的价值导向和公安工作评价理念与评价权利配置的问题，科学、合理地评价主体安排要赋予社会公众、行政相对人、第三方等外部评价主体更多的评价分量，要调大他们在评价公安工作和看待公安民警服务质量方面的"声音"。

如何让评价的各方主体深度参与，如何整合多元评价主体的价值取向，如何科学合理地设置各评价主体的权重，成为公安工作评价多元主体体系构建中亟须解决的命题。

二、公安工作评价体系

构建公安工作评价体系是公安工作质量考核的重要课题。建立科学的评价体系对于推进公安机关执法规范化建设和公安工作转型升级具有重大意义。

公安工作评价体系应注重科学设置测评标准，立足以下原则：一是公开、公平、公正、公认，二是实战、实用、实效，三是全警种、全建制、全要素，四是标准化、流程化、精细化、信息化，五是减负减压。

公安工作评价体系应采取分层次综合评价的方式，以公安工作活动涉及的"人、案、物、档案、装备、场所"等要素为对象，设置组织领导、工作制度、执法主体、场所、装备、信息化、财物管理、公安工作质量、执法成效等多项基本指标。具体评价方式应采取明察和暗访相结合、日常测评和年终测评相结合的方式进行。其中，日常测评分为每月和每季考评，分值经换算后计入年度评价成绩；具体的评价方法包括材料审核、数据应用、实地检查、案卷抽查、问卷调查、当事人回访、集中考试、模拟验证、网上检查等。该体系应注意合理运用评价结果。评价结果一般可分为优秀、达标、不达标三级测评等次，其中优秀等次的数量根据当年度测评的实际情况划定比例，测评结果与单位、部门的评优评先活动挂钩，与被评单位主要领导、分管领导以及直接责任人的立功受奖、职务任免挂钩。

在公安评价工作的应用中还应配套开发相应的评价辅助系统，对各单位的评价成绩进行自动换算计分，存储评价过程中需要记录的图片、录像等资料，建立电子档案。评价辅助系统根据每月和每季度的测评结果，对各单位的工作成绩在网上进行实时排名公布，对公安工作中存在的突出问题进行统计分析和实时提醒，确保在第一时间发现问题和薄弱环节，从而有针对性地进行整改。

公安工作评价中还要避免出现评价方法两极化的现象，定性方法和定量方法在公安工作考核评价过程中应得到一定的应用。但目前在公安工作评价实践中，存在两种较极端的现象。一种现象是信息技术、量化技术以及针对不同类别的公安工作运用不同的评估方式和方法的技术在应用中的比例很低，往往是定性评价方法占主导地位，定量评价方法只占很小的比例。定性评价方法受评估主体主观影响很大，其偏重模糊化、简单化、感性化。而且，即便使用了量化评价方法，由于缺乏定量的评估标准和分析人员，采取的往往也是看报表、听汇报或者专项评比等方式，缺乏对数据的科学分析，未能排除数据背后更深层次的心理或其他非稳定性因素。另一种现象是公安工作评价唯"数字"说话。在"凡事都可以量化，不量化就不科学"理念的倡导下，评价实践中对公安工作及民警的各方面都进行量化处理，这些做法确实简化了评价程序，极易获知评价结果。然而，也会出现管理者设计的评价标准总是努力覆盖那些容易被量化的指标，而忽略了那些不易捕捉的、不易量化的有价值的评价信息等现象，事实上，这些不易量化的工作信息往往对公安工作及民警的工作影响更大。

应通过探究民意主导警务的多元化评价模式，改变以往以客观评价、自我评价为主的方式，引入公众主观评价方式，将群众满意度作为衡量公安工作的重要标准。"各级公安机关和广大公安民警要始终把公安工作深深扎根于人民群众之中，特别要把人民群众的安全感和满意度作为衡量和检验公安工作的根本标准。"[①] 这对于扭转公安机关的"政绩观"，强化"执法为民"的思想理念，激发公安队伍行为动机，调动民警积极性和创造性有巨大的推动作用。第一，建立主客观综合指标评价体系，即减少、压缩传统的发案数、破案率、起诉逮捕率等客观指标所占权重，依托民意分析制度，注重把握指导性的经验、督导性的典型、普遍性的建议和预测性的措施，完善公众主观评价考评制度。第二，开发公众主观评价指标体系，

---

① 贺电．论端正警务作风的途径．江苏警官学院学报，2012（5）．

从民意多元化表达的视角出发，开发建设主观评价的复合指标体系，多层面检验公安工作的群众满意度。复合型公众评价指标应包含非特定对象安全感满意度测评结果、服务对象满意度测评结果和群众通过各种渠道表达的显性不满。第三，改进公众满意度测评方法。探索改进公众安全感满意度测评方法，充分运用专业调查机构的资源，提升调查方法、数据分析方法的科学性，使调查结果与公安工作实际状态更为契合。我们应当加大改革力度，借鉴国外先进、系统的评价理论及技术，选取适合我国公安工作特点的评价方法，促进公安工作评价体系的专业化与科学化。

三、公安执法质量考评制度

（一）执法质量考评概述

执法质量考评，是指上级公安机关对下级公安机关以及各级公安机关对所属执法部门依照法律、法规、规章和其他规范性文件办理刑事、治安案件和行政管理等情况进行的考核评议。为了加强公安机关内部执法监督，落实执法责任，提高执法质量，促进公安机关及其人民警察严格、公正、文明执法，2001 年 10 月 10 日，公安部 60 号令《公安机关执法质量考核评议规定》发布施行，对于执法质量考评的主要内容、基本要求以及办理刑事案件、治安案件等工作都提出了明确要求。

在坚持实事求是、公开公正、奖优罚劣的原则下，公安机关执法质量考评的主要内容包括：在办理刑事案件、治安案件和行政案件、行政复议、行政诉讼、国家赔偿案件以及控告申诉等各类不同类别案件中的执法情况；在行政管理中的执法情况；内部执法监督工作和民警执法违法情况。

对于公安机关办理各类案件的基本要求包括如下七个方面：

第一，依法受理案件，如实立案；

第二，执法主体合法，符合管辖范围规定，无越权办案的情形；

第三，案件事实清楚，证据确实充分；

第四，调查取证合法、及时、客观、全面，无篡改、伪造、隐瞒、毁灭证据以及因故意或者严重过失导致案件证据无法取得等情形；

第五，定性及适用法律、法规、规章准确，量处适当，无违法撤销案件、升格或降格处理，以及应当处罚而不予处罚、不应当处罚而予以处罚等情形；

第六，适用强制措施、侦查措施、调查措施法律手续完备，程序合法；

第七，法律文书规范、完备，案卷装订规范。

执法质量考评实行百分制，根据考评的内容范围，确定考评各项内容所占分数。各省、自治区、直辖市公安厅、局应结合本地实际确定全省、自治区、直辖市范围内统一的考评项目和评分标准。

考评结果以年度积分为准，分为优秀、达标、不达标三档。执法质量考评结果要作为衡量公安机关及其所属执法部门工作实绩的重要指标。对优秀单位予以通报表彰；连续三年被评为优秀的，对单位及主要领导给予记功、嘉奖。凡报评"全国优秀公安局"的，执法质量考评结果必须是优秀。

对不达标单位予以通报批评，责令限期整改，取消其当年评优受奖资格；连续两年不达标的，单位行政首长应当辞职，或者由上级公安机关商请有关部门对其予以免职。

（二）改革、完善执法质量考评制度

通过连续多年开展执法质量考评，公安机关的执法质量逐年稳步提升，得到了政法各部门和社会各界的广泛认可。各级公安机关以执法质量考评为抓手，不断健全完善执法实体标准和程序规范，进一步端正了广大民警的执法思想，规范了广大民警的执法行为，提高了广大民警的执法能力，切实解决了一大批人民群众反映强烈的执法突出问题。

公安机关办理的绝大多数案件做到了事实清楚、证据充分、程序合法、定性准确、处理得当。在考评标准越来越严格的情况下，2009年度全国公安机关执法质量考评成绩与2002年相比，县级公安机关优秀比例上升了12.6%，不达标比例下降了3.38%，涌现出一大批执法质量优秀的执法示范单位。从公安行政复议、诉讼情况看，2000年以来，公安行政复议案件的撤销率年均下降约5%、变更率年均下降约4%，维持率年均上升5.5%；公安行政诉讼案件撤销率年均下降4%、变更率年均下降1%，维持率年均上升约2.5%。据国家统计局发布的抽样调查结果表明，人民群众对公安工作的满意率由2002年的82.9%上升到2009年的90.8%。

2011年2月11日，公安部制定出台了《关于改革完善执法质量考评制度的意见》（以下简称《意见》）。在总结2001年以来公安机关实施执法质量考评制度经验的基础上，首次提出设立考评指标应当依法、科学、有效、统一，要取消不科学、不合理的考评指标，如"罚没款数额"、"刑事拘留数"、"发案数"、"破案率"等一些执法质量考评指标。下达"罚没款数额"指标容易导致民警为钱办案、乱罚款或以罚代拘、以罚代刑；下达"刑事拘留数"、"行政拘留数"、"发案数"等指标，容易导致基层公安机关片面强调打击处理数，不利于贯彻宽严相济的刑事政策。

应新增社会评价、执法能力、执法安全等考评因素。各级公安机关要把主要精力用于建立健全执法管理制度、改进执法管理方式、提高执法科学管理水平。例如，发挥一些稳定性较强、较科学的指标的考评作用；建立健全案件审核审批制度、法制员制度、执法档案制度，实现执法全过程监督；加强网上执法质量考评，建立执法工作社会评价机制；等等。

同时，也应认识到，在新的形势下，依法化解社会矛盾、依法妥善处理涉法涉诉信访案件是公安执法的重要目标，加强对执法安全、重点执法环节的管理，着力解决执法突出问题，提高民警的执法能力，是提高公安执法公信力、推进执法规范化建设的必然要求。因此，拓宽执法质量考评范围十分必要。对此，《意见》从五个方面作出规定：一是把化解社会矛盾工作纳入考评范围，引导公安机关重视社会矛盾化解和涉警信访案件处理。二是把执法安全纳入考评范围，包括是否存在涉案人员非正常死亡、牢头狱霸、刑讯逼供等问题。三是把执法重点环节纳入考评范围，如接处警、受理、立案等，考察这些环节是否存在执法不公正、不廉洁、不作为的问题。四是把执法能力纳入考评范围，推动各地更加重视执法培训和执法资格等级考试工作。五是加强对社会评价的考评，切实加大对公安执法工作的外部监督，把相关部门评价和社会公众评价作为执法质量的重要评价标准。

此外，创新执法质量考评机制，把日常考评、阶段性考评作为确定年度执法质量考评成绩的重要依据；大力推行网上执法质量考评；有针对性地组织开展专项检查考评。

最后，严格落实奖惩措施，对年度执法质量考评优秀的单位和个人要予以通报表扬，对连续考评优秀、成绩特别突出的给予记功、嘉奖。考评不达标的，则予以通报批评，取消涉及执法工作的评优评先资格，并对有关领导和执法民警诚勉谈话。公安机关的基本活动是执法活动，公安民警的基本行为是执法行为，执法是各级公安机关和广大民警的主业，所以，应当把执法质量考评结果作为正确评价单位和个人执法绩效的主要指标，纳入表彰奖励、晋职晋级考核范围，充分发挥执法质量考评的导向作用。

四、公安机关开门评警

（一）开门评警概述

社会治安是通过有效的管理、治理，使人们在相互交往的关系中，其人身、财产等权利得到安全保障的社会状态。它是一种典型的公共利益，涉及太多法律法规问题，因此社会治安应该主要由政府组织负责。在我国，提供社会治安领域的公共安全产品的只有警察，缺乏竞争是其主要特点。经济理论和历史经验都表明，缺乏竞争的垄断组织难以在内部主动进行自我完善和改造，自觉提高产品质量以满足消费者的需要，因此，必须靠外部力量加以督促和指导。我国公安机关提供的公共安全产品的质量如何，就必须依靠其消费者——公众来加以评价和督促，否则，质量就将成为一句空话。

2011 年年初，公安部部署在全国公安机关范围内开展"大走访"开门评警工作，全国广大公安民警将深入基层、深入群众，敞开大门访民意，打开心扉听民声，根据群众的意见和建议改进工作，提升执法水平，积极化解矛盾纠纷，努力解决实际问题，"大走访"开门评警活动体现的是警民互动。从警民互动的角度来看，"大走访"开门评警是公安机关新时期坚持群众路线的重要表现形式，是为了加强公安机关与人民群众的血肉联系。"大走访"不是民警单方面的走访，也把人民群众看作是能动的活动主体，需要人民群众主动参与警务评价工作。开门评警也不是单方面的评警，而要深入基层，了解基层需要和矛盾，切实解决群众困难。

在 2014 年 1 月 7 日的中央政法工作会议上，习近平同志指出，促进社会公平正义是政法工作的核心价值追求。从一定意义上说，公平正义是政法工作的生命线，司法机关是维护社会公平正义的最后一道防线。政法战线要肩扛公正天平、手持正义之剑，以实际行动维护社会公平正义，让人民群众切实感受到公平正义就在身边。要重点解决好损害群众权益的突出问题，决不允许对群众的报警求助置之不理，决不允许让普通群众打不起官司，决不允许滥用权力侵犯群众合法权益，决不允许执法犯法造成冤假错案。"正义不仅应当被实现，还应当以看得见的方式被实现"。只有通过"看得见"的方式，将正义的实现过程置于"阳光"之下，杜绝"暗箱操作"，公开让人们监督，接受公众评议，正义的实现才有保障，实现了的正义才有公信力。开门评警既是法治社会条件下公安执法行政的必然选择，也是公安机关自觉接受社会监督、实现公平正义的重要途径。相反，如果公安机关对公安信息不分必要与否一律保密，公安工作评价体系中只有内部主体，那么，无论是社会公众还是媒体舆论都将无法形成对警察行为的社会监督制衡机制，腐败与失职等有悖于公平正义的诸多行为便很可能在"暗箱操作"中滋生。公安机关通过"大走访"开门评警活动，探索出"警民恳谈""警务广场""民调评警"等措施，密切关注民意动向，以民意为导向，让警务跟着民意走，民警围着群众转，通过为群众办实事、解难题，换来群众的认可和支持。"大走访"是做好公安工作的一种必要手段，具有其他任何形式、任何方法都不可替代的特殊作用。通过与群众面对面地交流沟通，不仅能够深入了解他们的所思所想以及对党委、政府和公安机关的所期所盼，而且能够及时掌握一些敌情信息和社会矛盾的深层次、内幕性信息。通过"大走访"开门评警活动，从一定意义上讲，能够从群众中了解和掌握社会治安信息，做到准确、及时地打击和惩治违法犯罪；通过"大走访"开门评警活动使广大民警及时发现和整改了安全隐患，而且虚心征求和采纳群众的意见与建议，认真整改了在打击、防控、执法、服务工作中存在的突出问题，做到了以实际行动取信于民。

公安机关在整改、解决人民群众最关注、最关心、最迫切需要解决的问题的同时，必然会进一步提高公安机关的公信力，人民群众的安全感和对公安工作的满意度必将得到加强和提高。因此，各级公安机关都必须充分认识"大走访"开门评警活动的重大现实意义，以身作则、率先垂范，带头开展走访群众工作，带头为群众办实事、解难事、做好事。

(二) 构建"大走访"开门评警的常态化工作机制

1. 群众工作能力训练机制。群众工作是公安机关最基础的工作，也是广大民警必须具备的一项基本功。因此，要健全培训机制，创新培训方法，不断提高各级公安机关领导和公安民警做好新形势下群众工作的能力，学会用群众语言和群众易于接受的方式开展工作，真正做到进得了门、说得上话、交得上心。要及时总结走访工作中创造的鲜活经验和行之有效的群众工作方法，供全体民警学习借鉴。

2. 爱民惠民服务机制。当前，公安机关承担着极其繁重的维护国家长治久安的任务，因此我们不能为走访而走访，要结合户籍管理、治安管理、交通管理等日常工作去走访。工作中要注重及时收集社情民意，及时疏导邻里纠纷等社会矛盾，及时侦破偷盗、抢夺等多发性侵财案件，善于发现基层存在的矛盾，学会并运用矛盾解决方法，把矛盾化解在初始阶段。

要通过维护好群众利益去赢得群众的理解和支持。对走访中发现的孤寡老人、残疾人、失学学生等特殊群体，应积极开展帮扶救助工作，力所能及地为他们解决遇到的实际困难。要不断拓展警民联系沟通的平台，通过组织开展警营开放日、公民警校、社区汇报工作会、警民联谊会等有效形式，创造警民顺畅交流互动的良好局面。

3. 绩效考核监督机制。考评不可只限于对台账及工作日志的调查，应丰富考评依据，特别是要注重纳入群众考评因素，并逐步提高群众考评在整个考评中的比重，真正把群众的安全感、满意度作为评价和奖惩依据，把群众工作作为考核公安工作绩效的重要指标。从工作导向、制度设计上引导激励民警深入群众、联系群众、服务群众。在深入持久的走访工作中，各级公安机关要认真挖掘善于走访、走访见到成效的先进事迹，培养和树立爱民典型，这对于激励民警做好走访群众工作具有重要的示范导向作用，以此激发和调动每个班子、每个干部、每个民警的走访热情和工作干劲。

4. 规范流程机制。"大走访"开门评警活动的流程包括走访、评议、反馈、整改、考评、回访等几个方面。流程规范化的主要目的是设置各个流程间的操作、协调规范，使流程间的配合流畅化、制度化、合理化。要发挥公安职能优势，做到一边走访、一边服务。交通民警可以在走访中开展"交通安全知识"宣传服务，户籍民警可以在走访中开展"上门办理身份证"工作，出入境民警可以在走访中开展"代办护照证件"服务，通过立足岗位的爱民实践举措拉近警民之间的距离。对于走访效果不好、成效不大的必须进行回访，意见反馈过程中，群众对整改不满意或者又提出合理化建议的必须重新进行整改，并将重新整改后的情况再次进行反馈。

5. 部门联动机制。"大走访"开门评警活动开展过程中，公安机关各不同警种、不同组织机构之间相互协调、联合行动和良性运转，积极完成活动制定的各项工作。

‖ 第二节 公安监督 ‖

一、公安监督概述

（一）公安监督的概念

公安监督，是指法律授权的机关以及公民和社会组织对公安机关及其人民警察依法履行职责、行使职权的活动和遵守纪律的情况所实施的监督。

公安监督具有重要的意义：首先，公安监督是实现公安机关职能的重要条件；其次，公安监督是保障公安机关及其人民警察依法履行职责、行使职权的重要手段；再次，公安监督是维护公民合法权益的重要保障；最后，公安执法监督是加强公安队伍建设的重要方式。

（二）公安监督的分类

依据不同的标准，可以对公安监督作不同的划分：

按监督主体，公安监督可以分为国家权力机关的监督、检察机关的监督、审判机关的监督、行政监察机关的监督、公安机关内部的监督、公民和社会的监督等。

按监督主体与监督对象的隶属关系，公安监督可以分为外部监督和内部监督。外部监督，是指监督主体与监督对象之间不具有直接的行政隶属关系，主要有国家权力机关的监督、行政监察监督、检察监督、行政诉讼监督、社会监督等；内部监督，是指监督主体与监督对象之间有着直接的行政隶属关系，主要有公安督察监督、公安法制部门监督以及行政复议和国家赔偿制度等。

按实施监督时间，公安执法监督可以分为事前监督、事中监督和事后监督。事前监督，是指监督主体在公安机关及其人民警察实施执法行为之前依法进行的监督，如上级公安机关对下级公安机关执法工作方案事前的审核，检察机关对公安机关提请逮捕犯罪嫌疑人的审查批准等。事前监督可以提前预防和避免违法现象的发生。事中监督，是指监督主体在公安机关及其人民警察执法过程中进行的监督，如检察机关对公安机关侦查过程中存在的违法行为发出纠正违法通知书，督察机构对人民警察的执法活动进行现场督察等。事中监督具有控制作用，目的是及时发现问题并及时纠正。事后监督，是指监督主体在公安机关及其人民警察执法行为终结之后进行的监督，如行政复议、行政诉讼、行政赔偿等。事后监督是对执法行为的后果进行的监督，对于违法行使职权侵犯公民、法人和其他组织合法权益的，予以纠正和赔偿，具有救济作用。

根据监督主体的监督行为是否具有法律效力，公安监督可以分为直接监督和间接监督。直接监督如检察机关作出的批准或不批准逮捕的决定；间接监督如社会组织、公民的监督和新闻媒体的舆论监督等。

（三）公安监督的原则

公安监督的原则是贯穿于执法监督活动之中，用于指导和规范监督主体依法实施监督行为的基本准则。其主要原则有：

1. 维护人民利益原则，是指公安执法监督必须以维护人民群众的根本利益为出发点，最大限度地保护人民群众的利益不受侵犯。坚持人民利益的原则，不仅强调监督主体要本着为人民负责的精神，认真开展监督活动，而且强调要把维护人民群众的利益作为监督活动的行为准则和衡量标准。

2. 依法监督原则，是指公安监督必须依照法律赋予的职权和法律规定的程序实施监督活动。

3. 依靠群众原则，即在监督活动中必须贯彻群众路线，依靠群众的力量，倾听群众的意见，接受群众的监督。

4. 监督公开原则，是指监督主体在行使监督权时，除涉及国家机密、个人隐私和商业秘密外，必须依据一定的法律和程序，使监督活动的有关事项向监督对象和社会公开。

（四）公安监督的方式

公安监督的主体比较广泛，既有国家权力机关的监督，又有检察机关和行政监察机关的监督，还有社会组织和公民个人的监督；既有来自社会的监督，又有来自公安机关内部的监督。由于监督主体的性质、地位不同，监督的方式也具有多样性。例如，权力机关、人民政府以及上级公安机关，可以通过检查、审查、调查等监督形式进行监督；检察机关可以通过法定程序对侦查、执行刑罚等活动进行监督；行政机关可以通过检查、调查等行政监察程序监督；督察机构可以依照专门的督察程序监督；其他社会监督主体可以通过批评、建议、申诉、控告等监督形式进行监督。

总之，我们公安机关应牢牢把握执法公正这一价值取向，不断提升公安机关的执法公信力。执法公正，是推进法治中国建设、维护社会公平正义的客观要求，也是公安机关执法活动必须始终坚守的核心价值追求。公安机关是国家重要的行政执法和刑事司法力量，几乎所有的工作都是执法工作、所有的活动都是执法活动，必须始终把维护公平正义作为公安工作的生命线，恪守法治精神、坚守法治定力、严守法律底线，切实当好推进依法治国的生力军，坚定不移做社会公平正义的维护者。要以正确的法治理念引领执法活动，坚持教育引导、典型引领、实践养成相结合，采取有效措施，积极引导广大公安民警把社会主义法治精神内植于心、外践于行，切实增强严格依法履行职责的观念、法律面前人人平等的观念、尊重和保障人权的观念，做到自觉尊法学法守法用法，坚持严格规范公正文明执法，努力让人民群众在每一起案件办理、每一件事情处理中都能感受到公平正义。要以严密的制度机制规范执法活动，紧紧围绕建设法治公安目标，狠抓中共中央办公厅、国务院办公厅《关于深化公安执法规范化建设的意见》落实，进一步健全执法制度、完善执法程序、强化执法管理、深化执法公开，持续推动执法规范化建设提挡升级，确保各项执法活动都在法治化、制度化、规范化轨道上运行，努力以程序公正来保障实体公正。要以有力的监督制约约束执法活动，紧紧围绕规范权力运行这一核心，紧紧抓住容易出现执法问题的重点岗位和关键环节，坚持外部监督与内部监督相结合，进一步深化执法权力运行机制改革，着力构建高效严密的执法管理监督和责任追究体系，做到铁面无私、秉公执法，确保不偏不倚、不枉不纵，最大限度地防止徇私枉法、执法不公等问题的发生，不断提升公安机关的执法公信力。

二、公安的内部监督

（一）督察制度

督察制度，是指公安机关督察机构对公安机关及其人民警察依法履行职责、行使职权和遵守纪律的情况进行监督检查的制度。

督察制度是为完善公安机关自我约束机制而依法建立的一种公安内部监督制度。《人民警察法》第 47 条中关于"公安机关建立督察制度"的规定，是建立督察制度的法律依据。1997 年 6 月 20 日，国务院发布实施《公安机关督察条例》，并于 2011 年 8 月 31 日予以修订。该条例对督察机构的设置、职责、权限以及督察的方式、程序等问题作出了明确的规定。督察以公安机关警务活动现场同步监督为基本履职方式，以强化上对下的系统监督为鲜明特点，具有随警作战、快速反应、动态运行的执法勤务职能特色，是公安机关最主动、最及时、最有效的内部监督，也是对公安机关各警种部门最直接、最有力的外部监督，是公安机关"不同于一般行政机关"的特有监督机制。

1. 督察机构的设置。公安部和县级以上地方各级人民政府公安机关均设立督察机构。公安部督察委员会领导全国公安机关的督察工作，负责对公安部所属单位和下级公安机关及其人民警察依法履行职责、行使职权和遵守纪律的情况进行监督，对公安部部长负责。公安部督察机构承担公安部督察委员会办事机构职能。县级以上地方各级人民政府公安机关督察机构，负责对本级公安机关所属单位和下级公安机关及其人民警察依法履行职责、行使职权和遵守纪律的情况进行监督，对上一级公安机关督察机构和本级公安机关行政首长负责。县级以上地方各级人民政府公安机关的督察机构为执法勤务机构，由专职人员组成，实行队建制。公安部设督察长，由公安部一名副职领导成员担任。县级以上地方各级人民政府公安机关设督察长，由公安机关行政首长兼任。

2. 督察机构的职责。根据《公安机关督察条例》的规定，督察机构对公安机关及其人民警察依法履行职责、行使职权和遵守纪律的下列事项，进行现场督察：

（1）重要的警务部署、措施、活动的组织实施情况；

（2）重大社会活动的秩序维护和重点地区、场所治安管理的组织实施情况；

（3）治安突发事件处置的情况；

（4）刑事案件、治安案件的受理、立案、侦查、调查、处罚和强制措施的实施情况；

（5）治安、交通、户政、出入境、边防、消防、警卫等公安行政管理法律、法规的执行情况；

（6）使用武器、警械以及警用车辆、警用标志的情况；

（7）处置公民报警、请求救助和控告申诉的情况；

（8）文明执勤、文明执法和遵守警容风纪规定的情况；

（9）组织管理和警务保障的情况；

（10）公安机关及其人民警察履行职责、行使职权和遵守纪律的其他情况。

3. 督察机构的权限。根据《公安机关督察条例》的规定，督察机构拥有以下权限：

（1）派出督察权和指令督察权。督察机构可以向本级公安机关所属单位和下级公安机关派出督察人员进行督察，也可以指令下级公安机关督察机构对专门事项进行督察。县级以上地方各级人民政府公安机关督察机构查处违法违纪行为应当向上一级公安机关督察机构报告查处情况；下级公安机关督察机构查处不力的，上级公安机关督察机构可以直接进行督察。

（2）警务参与权。督察机构可以派出督察人员参加本级公安机关或者下级公安机关的警务工作会议和重大警务活动的部署，这是履行督察职责的需要。

（3）责令执行权。督察机构对本级公安机关所属单位和下级公安机关拒不执行法律、法规和上级决定、命令的，可以责令执行。

（4）决定撤销或变更权。督察机构对本级公安机关所属单位或者下级公安机关作出的错误决定、命令，可以决定撤销或者变更，报本级公安机关行政首长批准后执行。

（5）违法违纪行为查处权。县级以上地方各级人民政府公安机关督察机构依法查处民警违法违纪行为，并向上一级公安机关督察机构报告查处情况；下级公安机关督察机构查处不力的，上级公安机关督察机构可以直接进行督察。

（6）当场处置权。督察人员在现场督察中发现公安机关人民警察违法违纪的，可以采取下列措施，当场处置：对违反警容风纪规定的，可以当场予以纠正；对违反规定使用武器、警械以及警用车辆、警用标志的，可以扣留其武器、警械、警用车辆、警用标志；对违法违纪情节严重、影响恶劣的以及拒绝、阻碍督察人员执行现场督察工作任务的，必要时可以带离现场。

（7）实施停止执行职务和禁闭权。督察机构认为公安机关人民警察违反纪律需要采取停止执行职务、禁闭措施的，由督察机构作出决定，报本级公安机关督察长批准后执行。停止执行职务的期限为 10 日以上 60 日以下；禁闭的期限为 1 日以上 7 日以下。公安机关人民警察对停止执行职务和禁闭决定不服的，可以在被停止执行职务或者被禁闭期间向作出决定的公安机关的上一级公安机关提出申诉。由公安部督察机构作出的停止执行职务、禁闭的决定，受理申诉的机关是公安部督察委员会。受理申诉的公安机关对不服停止执行职务的申诉，应当自收到申诉之日起 5 日内作出是否撤销停止执行职务的决定；对不服禁闭的申诉，应当在收到申诉之时起 24 小时内作出是否撤销禁闭的决定。申诉期间，停止执行职务、禁闭决定不停止执行。受理申诉的公安机关认为停止执行职务、禁闭决定确有错误的，应当予以撤销，并在适当范围内为当事人消除影响、恢复名誉。

（8）移送处理权。督察机构认为公安机关人民警察需要给予处分或者降低警衔、取消警衔的，应当提出建议，移送有关部门依法处理。在督察工作中发现公安机关人民警察涉嫌犯罪的，移送司法机关依法处理。

4. 督察监督的主要方式。督察监督的主要方式主要有以下几种：

（1）现场督察。督察机构对公安机关及其人民警察执法执勤活动进行的同步动态监督。

（2）专项督察。督察机构紧紧围绕公安中心工作、重大警务部署，特别是针对普遍存在的突出问题集中时间、集中力量开展专门性、治理性督察活动。

（3）核查投诉。督察机构通过网络、电话、信件等各类渠道，受理群众投诉，及时查处公安民警的违法违纪行为。

（4）警务评议。督察机构采取走访、回访、座谈、问卷调查等方式，广泛听取国家机关、社会团体、企事业组织和人民群众对公安机关及其人民警察的意见建议，进行分析研判，服务领导决策，改进公安工作。

（5）网上督察。督察机构依托公安信息网络，通过查听查看音视频监控、调取执法办案数据信息、卫星定位等方式，对公安民警执法执勤活动进行实时监督。

《公安机关督察条例》发布实施特别是 2011 年修订以来，督察部门紧密围绕中心、服务大局，回应民意诉求抓监督、推动法律法规贯彻执行，配合重大警务部署抓落实、促进政令警令畅通，按照专业标准抓提高、推动各部门警种规范执法执勤，督察成效不断彰显。实践证明，督察具有现场同步监督、系统纵向监督的职能特点，是公安机关主动、及时、有效的内部监督，对各部门警种又具有外部监督性质，体现了公安机关不同于一般行政机关的监督要求。应坚持完善督察制度，推动督察与纪检、监察、审计、法制等部门协调配合，形成合力，提高监督整体效能。

修订后的《公安机关督察条例》进一步强化了督察长职责。按照中央组织部、公安部党委《关于地方公安机关行政首长兼任督察长有关问题的通知》（组通字〔2011〕59 号）的要求，各地公安机关全面落实省、市、县公安机关行政首长兼任督察长的规定，并加强督察领导班子建设，配齐配强督察机构负责人，确保督察工作的权威性。地方各级公安机关纪委书记兼任第一副督察长，督察部门主要负责人和省级公安机关纪委副书记兼任副督察长。

公安机关要抓住"十二五"规划推进"金盾工程"二期建设的契机，加快网上督察系统建设，实现公安部和省、市、县级公安机关视频、语音、执法业务督察等子系统的整合，并与公安监督管理信息平台实现资源共享，加强网上督察专职化队伍建设，积极发挥网上督察工作优势，提高督察工作的科技化、智能化水平。

目前，全国多数省份已经基本建成了集音频督察、视频督察、执法业务督察等为一体，省、市、县整合联通的网上督察信息系统。以深圳市公安局的"智能化网上督察平台"为例，该系统依托广东省警务综合系统内的海量案件信息，通过计算机后台设定法定要件，抓住刑事案件办理中的受理、立案、强制措施、处理、破案五个关键环节进行跟踪，实时动态自动比对，全面检查办案程序和过程。此举有效地解决了网上办案信息量庞大、人工抽查案卷花费时间长且容易发生疏漏等问题，明显提高了工作效率。

同时，更要注重督察成果应用。要健全完善督察成果应用的相关规章制度，及时将督察意见建议转化为行政首长指令，保障决策、执行与监督相协调。要通过适时召开督察委员会会议等途径，加强对重点问题的会商分析研判，下发督察法律文书，通报督察部门需移送有关部门处理的问题，提出处理意见建议。要将督察结果纳入本级公安机关年度综合考评，与奖惩挂钩。

（二）法制监督制度

法制监督制度，是指公安机关的法制部门对下级公安机关、本级公安机关所属业务部门、派出机构及其人民警察的执法活动实施监督、检查的制度。它对于保障公安机关及其人民警察依法正确履行职责，防止和纠正违法和不当的执法行为，保护公民、法人和其他组织的合法权益，维护国家法制的尊严和统一，具有重要的意义。公安部于 2006 年 12 月 18 日发布的《公安机关法制部门工作规范》对公安机关法制部门的职责、权限及执法监督工作机制，作出了明确的规定。

1. 法制部门的地位。各级公安机关法制部门是公安机关法制工作和内部执法监督工作的主管部门。县级以上公安机关设立专门法制机构，并配备与法制工作任务相适应的工作人员。对案件审核任务较重的法制部门，应适当增加案件审核专职人员。

2. 法制部门的职责范围。根据《公安机关法制部门工作规范》的规定，公安部法制部门领导全国公安法制工作，组织、规划、协调、推动全国公安法制建设；县级以上公安机关法制部门领导本辖区的公安法制工作，组织、规划、协调、推动本辖区的公安法制建设。

3. 法制部门执法监督的主要方式。

（1）法律审核。这是指公安法制部门按照规定及时对本级公安机关制发的规范性文件及与有关部门会签的文件进行法律审核，提出法律审核意见；按照规定对下级公安机关备案的规范性文件进行备案审查并提出审查意见。在职权范围内做好有关法律、法规、规章具体应用问题的请示与答复工作，严格执行法规、规章和规范性文件的清理、汇编、备案制度。

（2）案件审核。这是指公安法制部门在规定的范围内进行案件审核，重点对立案、管辖是否合法，事实是否清楚，证据是否确实、充分、合法，定性是否准确，处理意见是否适当，适用法律是否正确，程序是否合法，法律文书是否规范、完备以及其他与案件质量有关的事项进行审核，提出审核意见，报本级公安机关领导决定。审核案件主要通过审查案卷的方式进行，必要时可以要求办案部门就有关问题作出说明。对重大、疑难、复杂案件建立集体审议制度，落实工作责任，确保办案质量，有针对性地解决案件审核中发现的问题。

（3）组织执法检查和专项、专案调查。这是指公安法制部门通过查阅已办结的刑事、治安等案件的案卷组织执法检查。对上级公安机关及其法制部门或者本级公安机关领导交办的复查案件，人民群众反映强烈的普遍性、倾向性的公安执法问题等，进行专案调查或专项调查，及时组织调查、核实情况，依法提出处理意见，并及时报告复查结论。发现本级或者下级公安机关的执法行为有错误的，应当按照规定进行查询、调阅案卷或者派员调查。

（4）组织执法质量考核和评议。这是指公安法制部门根据《公安机关执法质量考核评议规定》，组织开展执法质量考核评议工作。向公安机关纪检、监察、信访、人事等有关部门和人民检察院、人民法院等相关单位了解被考评对象的执法情况，并将了解的情况作为执法质量考核评议的依据之一。对执法质量考核评议工作情况和结果，及时向本级公安机关领导和上级公安机关法制部门报告，并向本级公安机关执法部门和下级公安机关通报。

（5）依照法律、法规组织进行听证、复议、复核，办理公安赔偿，审核、审批劳动教养和收容教养案件。

（6）代理行政诉讼案件。公安法制部门代理或者协助出庭应诉、提起上诉和申诉，督促有关部门正确履行人民法院的生效判决及裁定，指导下级公安机关做好行政应诉工作。

（7）进行执法过错责任追究。公安法制部门对本级或者下级公安机关确有错误或者不适当的执法行为，依法提出撤销、变更或者责令限期纠正的处理意见，报本级公安机关负责人批准后，制发《纠正违法决定书》，由本级公安机关有关部门或者下级公安机关执行。对存在过错的执法行为和案件，公安法制部门应当及时认定执法过错责任，并制作《执法过错责任认定书》和《执法过错责任追究意见书》，报本级公安机关主管领导批准后，移送纪检监察部门处理。

（8）各级公安机关决定采取的其他执法监督方式。

（三）公安行政复议制度

公安行政复议制度，是指公民、法人或者其他组织认为公安机关的具体行政行为侵犯其合法权益，依法向上一级公安机关提出申请，由上一级公安机关对该具体行政行为依法进行审查并作出处理决定的法律制度。

公安行政复议制度是公安机关解决公安行政争议的重要手段，是沟通公安机关同人民群众联系的纽带，也是公安机关内部进行自我监督的有效途径。实行这一制度，对于监督、促进公安机关及其人民警察依法行使权力，保证公安机关依法行政，维护公民、法人和其他组织的合法权益，具有重要的意义。

根据《行政复议法》的规定，公民、法人或者其他组织对公安机关的下列具体行政行为不服的，可以提起行政复议：一是对公安机关作出警告、罚款、没收违法所得、没收非法财物、责令停产停业、暂扣或者吊销许可证、执照以及行政拘留等行政处罚不服的；二是对公安机关作出的限制人身自由或者查封、扣押、冻结财产等行政强制措施决定不服的；三是对公安机关作出的有关许可证、执照、资质证、资格证等证书变更、中止、撤销的决定不服的；四是认为公安机关侵犯其合法经营自主权的；五是认为公安机关违法集资、征收财物、摊派费用或者违法要求履行其他义务的；六是认为符合法定条件，申请公安机关颁发许可证、执照、资质证、资格证等证书，或者申请公安机关审批、登记有关事项，公安机关没有依法办理的；七是申请公安机关履行保护人身权利、财产权利的法定职责，公安机关没有依法履行的；八是认为公安机关的其他具体行政行为侵犯其合法权益的。但对公安机关作出的行政处分或者其他人事处理决定，不能提起行政复议；对公安机关作出的民事纠纷调解或者参与的其他民事活动纠纷，也不能提起行政复议。

（四）公安赔偿制度

公安赔偿制度是国家赔偿制度的组成部分，是指公安机关及其人民警察违法行使职权侵犯公民、法人和其他组织的合法权益造成损害时，由国家承担赔偿的法律制度。

根据《国家赔偿法》的规定，公安赔偿包括公安行政赔偿和公安刑事赔偿两类，其赔偿的责任主体是国家，即由国家承担赔偿责任，而赔偿的义务主体则是具体实施侵权行为的公安机关。实行公安赔偿制度，对于保障公民、法人和其他组织的合法权益，督促公安机关及其人民警察依法行使职权，维护社会稳定，具有重要的意义。

1. 公安赔偿的构成要件。公安赔偿的构成要件，是指公安机关及其人民警察违法行使职权的行为造成损害后果时，由国家承担赔偿责任所必须具备的条件。明确公安赔偿的构成要件，有利于准确地判定公安赔偿是否成立，是否需由国家承担赔偿责任，从而正确地解决国家赔偿问题。根据《国家赔偿法》第 2 条的规定，构成公安赔偿，必须同时具备以下四个要件，缺一不可。

（1）主体要件。构成公安赔偿的行为主体必须符合法律的要求，即必须是公安机关及其人民警察，非公安机关和人民警察的职务行为不能引起公安赔偿。

（2）行为要件。《国家赔偿法》确立了国家赔偿的归责原则主要是违法原则，同时兼有结果归责、过错归责。公安机关及其人民警察行使职权的行为违法，是构成公安赔偿的必要条件。合法行使职权的行为即使造成损害，也不会产生国家赔偿责任。

（3）后果要件。公安赔偿以违法行使职权的行为造成公民、法人和其他组织合法权益的客观损害后果为必要条件。仅有违法行为，但并未造成对合法权益的损害后果时，不能构成公安赔偿。损害后果包括对人身权的损害和对财产权的损害，而且必须是客观上已经发生的实际损害。

（4）因果关系要件。构成公安赔偿，还要求公安机关及其人民警察违法行使职权的行为与损害后果之间必须存在因果关系。也就是说，只有是公安机关及其人民警察违法行使职权的行为引起的损害后果，才能构成公安赔偿。

2. 公安行政赔偿。公安行政赔偿，是指公安机关及其人民警察违法行使行政职权，侵犯公民、法人和其他组织合法权益造成损害时，由国家承担的赔偿。

根据《国家赔偿法》的规定，公安机关及其人民警察在行使行政职权过程中，有下列侵犯人身权情形之一的，受害人有取得赔偿的权利：其一，违法拘留或者违法采取限制公民人身自由的行政强制措施的；其二，非法拘禁或以其他方法非法剥夺公民人身自由的；其三，以殴打、虐待等行为或唆使、放纵他人以殴打、虐待等行为造成公民身体伤害或者死亡的；其四，违法使用武器、警械造成公民身体伤害或者死亡的；其五，其他违法行使行政职权行为造成公民身体伤害或者死亡的。

公安机关及其人民警察在行使行政职权过程中，有下列侵犯财产权情形之一的，受害人有取得赔偿的权利：其一，违法实施罚款、吊销许可证和执照、责令停产停业、没收财物等行政处罚的；其二，违法对财产采取查封、扣押、冻结等行政强制措施的；其三，违法征收、征用财产的；其四，其他违法行使行政职权行为造成财产损害的。

根据《国家赔偿法》第 5 条的规定，属下列情形之一的，国家不承担赔偿责任：其一，公安机关人民警察与行使职权无关的个人行为；其二，因公民、法人和其他组织自己的行为致使损害发生的；其三，法律规定的其他情形。

3. 公安刑事赔偿。公安刑事赔偿，是指公安机关及其人民警察违法行使刑事职权，侵犯公民、法人和其他组织合法权益造成损害时，由国家承担的赔偿。

根据《国家赔偿法》的规定，公安机关及其人民警察在行使刑事侦查职权过程中，有下列侵犯人身权情形之一的，受害人有取得赔偿的权利：

其一，违反《刑事诉讼法》的规定对公民采取拘留措施的，或者依照《刑事诉讼法》规定的条件和程序对公民采取拘留措施，但是拘留时间超过《刑事诉讼法》规定的时限，其后决定撤销案件、不起诉或者判决宣告无罪终止追究刑事责任的；其二，刑讯逼供或者以殴打、虐待等行为或唆使、放纵他人以殴打、虐待等行为造成公民身体伤害或者死亡的；其三，违法使用武器、警械造成公民身体伤害或者死亡的。

另外，公安机关及其人民警察在行使职权时，违法对财产采取查封、扣押、冻结、追缴等措施的，受害人有取得赔偿的权利。

根据《国家赔偿法》第 19 条的规定，属于下列情形之一的，国家不承担赔偿责任：其一，因公民自己故意作虚伪供述或者伪造其他有罪证据被羁押或者被判处刑罚的；其二，依照《刑法》第 17 条、第 18 条的规定，不负刑事责任的人被羁押的；其三，依照《刑事诉讼法》第 15 条、第 273 条第 2 款、第 279 条规定，不追究刑事责任的人被羁押的；其四，公安机关人民警察与行使职权无关的个人行为；其五，因公民自伤、自残等故意行为致使损害发生的；其六，法律规定的其他情形。

4. 公安赔偿的方式和标准。

（1）公安赔偿的方式。公安赔偿的方式即公安赔偿的义务机关承担赔偿责任所采用的形式。《国家赔偿法》第 32 条规定，"国家赔偿以支付赔偿金为主要方式。能够返还财产或者恢复原状的，予以返还财产或者恢复原状"。由此确立了国家赔偿的方式是以支付赔偿金为主，以返还财产和恢复原状为辅。这样规定既有利于保护受害公民、法人和其他组织的合法权益，又简便易行、利于操作，比较适合我国国情。这三种方式既可以单独适用，也可以在某些情况下并用。

此外，根据《国家赔偿法》的规定，赔偿义务机关对违法行使职权的行为致人精神损害的，在给予赔偿的同时，还应当在侵权行为影响的范围内为受害人消除影响、恢复名誉、赔礼道歉；造成严重后果的，应当支付相应的精神损害抚慰金。

（2）公安赔偿的标准。《国家赔偿法》根据既要使受害人所受损失能够得到适当补偿，又要考虑国家经济发展状况和财政负担能力的原则，从国家机关及其工作人员侵犯公民人身自由造成损害、侵犯公民生命健康权造成损害和侵犯公民、法人和其他组织财产权造成损害三个方面，分别规定了赔偿的内容和计算标准，这是公安赔偿具体实施的依据。

侵犯公民人身自由的赔偿：侵犯公民人身自由的，支付赔偿金，每日赔偿金按照国家上年度职工日平均工资计算。

侵犯公民生命健康权的赔偿：①侵犯公民健康权造成身体伤害的，应当支付医疗费、护理费和因误工减少的收入。因误工而减少的收入按照国家上年度职工日平均工资计算，最高额为国家上年度职工年平均工资的5倍。②侵犯公民健康权造成身体残废的，应当支付医疗费、护理费、残疾生活辅助具费、康复费等因残疾而增加的必要支出和继续治疗所必需的费用及残疾赔偿金。残疾赔偿金根据丧失劳动能力的程度确定，最高不超过国家上年度职工年平均工资的20倍。③侵犯公民生命权致人死亡的，应当支付死亡赔偿金、丧葬费，总额为国家上年度职工年平均工资的20倍。另外，对全部丧失劳动能力者或死者所扶养的无劳动能力人，还应当支付生活费，发放标准参照当地最低生活保障标准执行。

侵犯公民、法人和其他组织财产权的赔偿：①处以罚款或者追缴、没收财产或者违反国家规定征收、征用财产的，返还财产。②查封、扣押、冻结财产的，解除对财产的查封、扣押、冻结。③应当返还的财产损坏的，能够恢复原状的恢复原状，不能恢复原状的按照损害程度给付相应的赔偿金。④应当返还的财产灭失的，给付相应的赔偿金。⑤财产已经拍卖或者变卖的，给付拍卖或者变卖所得的价款；变卖的价款明显低于财产价值的，应当支付相应的赔偿金。⑥吊销许可证和执照、责令停产停业的，赔偿停产停业期间必要的经常性费用开支。⑦返还执行的罚款或者罚金、追缴或者没收的金钱，解除冻结的存款或者汇款的，应当支付银行同期存款利息。⑧对财产权造成其他损害的，按照直接损失给予赔偿。

三、公安的外部监督

（一）国家权力机关监督制度

国家权力机关监督制度，是指各级人民代表大会及其常务委员会依法对公安机关及其人民警察的执法活动进行监督、检查的制度。

根据《宪法》的规定，全国人民代表大会是国家最高权力机关和立法机关，国家的行政机关、审判机关和检察机关均由它产生、对它负责、受它监督。它的常设机关是全国人民代表大会常务委员会。地方各级人民代表大会是地方国家权力机关，产生本级地方国家行政机关、审判机关和检察机关。各级人民代表大会及其常务委员会对公安机关及其人民警察执法活动的监督权属于国家监督权，以宪法和法律为依据，代表人民的意志，能够引起广大人民群众和社会舆论的广泛支持，因而具有极大的权威性。

国家权力机关对公安机关及其人民警察的监督，主要通过以下途径实现：其一，制定相应法律、法规对公安机关及其人民警察行使职权的活动进行制约；其二，对各级政府制定的有关公安工作经费的预算、决算进行审查，作出批准与否的决定；其三，依法改变、撤销受监督机关制定或批准的不适当的法律、法规、决定和命令；其四，听取公安机关关于法律实施情况的报告，对法律实施的情况进行检查，有权要求公安机关进行汇报，提出批评、意见、建议或者作出决定；其五，对公安工作中的违法违纪行为提出议案，要求公安机关报告有关情况，改正错误的、不适当的行为；其六，县级以上各级人大常委会，享有受理人民群众对公安机关及其人民警察提出的申诉和意见的监督权。

（二）行政监察制度

行政监察制度，是指行政监察机关依法对公安机关及其人民警察执行法律、法规、政策、决定、命令以及行政纪律的情况进行监督、检查，对出现的违法违纪行为进行查处的制度。

根据《行政监察法》的规定，行政监察机关是人民政府行使监察职能的主管机关，主要任务和职能是依法对国家行政机关、国家公务员和国家行政机关任命的其他人员实施监察。公安机关作为人民政府的职能部门，人民警察作为国家公务员，都必须接受监察机关的监督。监察机关对公安机关及其人民警察的监督，具有政府行政监督的性质，是政府监督的重要形式。

《行政监察法》明确规定了行政监察活动的基本原则和监察机构的设置、职权、监察程序等。根据规定，监察机关对公安机关及其人民警察进行监督的主要职责包括以下几项：一是检查公安机关在遵守和执行法律、法规和人民政府的决定、命令中的问题；二是受理对公安机关及其人民警察违反行政纪律行为的控告、检举；三是调查处理公安机关和人民警察违反行政纪律的行为；四是受理人民警察不服主管行政机关给予行政处分决定的申诉，以及法律、行政法规规定的其他由监察机关受理的申诉；五是法律、行政法规规定由监察机关履行的其他职责。

监察机关在行政监察活动中依法拥有以下职权：一是检查权，即对监察对象贯彻执行国家法律、法规、政策的情况以及职务活动中的行为实施检查的权力；二是调查权，即对监察对象就特定事项或违法违纪行为进行调查的权力；三是监察建议权，即根据检查、调查的结果，就监察事项向有关单位和部门提出处理意见的权力；四是处分权，即依据检查、调查的结果，对有违法违纪行为的监察对象追究行政责任，给予行政处分的权力。

监察机关进行监察监督的主要方式包括以下几项：一是经常性的一般检查，即通过对监察对象执法情况、廉政建设情况等进行经常性的监督、检查，促使监察对象严格执法，改进工作；二是专项检查，即根据本级政府和上级监察机关的部署，或根据本地区、本部门工作的需要，在一定时期内针对监察对象存在的带有普遍性、倾向性的问题进行专门检查，揭露和查处各种违法违纪行为，提出改进意见，以消除和避免类似问题的发生；三是立案调查，即监察机关对在一般检查、专项检查中发现的，单位或个人检举控告的，以及本级政府和上级监察机关交办的违法违纪案件经过立案程序开展调查活动。

（三）检察监督制度

检察监督制度，是指人民检察院通过行使检察权依法对公安机关及其人民警察遵守和执行法律的情况进行监督、检查的法律制度。

根据我国《宪法》的规定，人民检察院是国家的法律监督机关，独立行使检察权，对国家法律实施的情况负有检察监督之责。人民检察院对公安机关及其人民警察的监督，主要是在刑事诉讼活动中通过法定的程序实现的。它对于督促公安机关及其人民警察依法履行职责和行使职权、保障公民的合法权益不受非法侵犯、维护国家法制的统一具有十分重要的意义。

人民检察院对公安机关及其人民警察实施法律监督的主要内容及形式是：

1. 立案监督。立案监督即人民检察院对公安机关的刑事立案活动是否合法进行的监督。根据《刑事诉讼法》的规定，人民检察院可以主动行使监督职权，或者接受被害人请求，或者受理其他机关人员的报案、控告、举报而行使监督权，对公安机关的刑事立案活动进行监督。

2. 审查批捕。逮捕是一项严厉的刑事强制措施，直接涉及公民的人身自由。为保障这一措施的正确适用，《刑事诉讼法》在规定了严格的逮捕条件的同时，也规定了严格的审查批准和执行程序。《刑事诉讼法》中规定，公安机关认为需要对犯罪嫌疑人采取逮捕的刑事强制措施时，必须提请人民检察院审查批准。人民检察院通过行使审查批准逮捕权，依法审查公安机关提请批准逮捕的案件是否符合法定的条件，并作出批准或者不批准逮捕的决定。

3. 审查起诉。审查起诉即人民检察院依法对公安机关侦查终结移送起诉的案件进行审查，作出提起公诉或者不起诉决定的活动。根据《刑事诉讼法》的规定，人民检察院应当按照法定程序和期限审查起诉，审查的主要内容是：犯罪事实、情节是否清楚，证据是否确实、充分，犯罪性质和罪名的认定是否正确；有无遗漏罪行和其他应当追究刑事责任的人；是否属于不应追究刑事责任的；有无附带民事诉讼；侦查活动是否合法。经过审查后，人民检察院应当根据起诉的条件分别作出提起公诉或者不起诉的决定。认为应当补充侦查的案件，有权退回公安机关补充侦查。

4. 侦查活动的合法性监督。人民检察院依法对公安机关的侦查活动是否合法实行监督，主要内容是发现和纠正下列违法行为：对犯罪嫌疑人刑讯逼供、诱供的；对被害人、证人以体罚、威胁、诱骗等非法手段收集证据的；伪造、隐匿、销毁、偷换或者私自涂改证据的；徇私舞弊，放纵、包庇犯罪分子的；故意制造冤、假、错案的；在侦查活动中利用职务之便谋取非法利益的；在侦查活动中不应当撤案而撤案的；贪污、挪用、调换所扣押、冻结的款物及其孳息的；违反《刑事诉讼法》关于决定、执行、变更、撤销强制措施规定的；违反羁押和办案期限规定的；在侦查中有其他违反《刑事诉讼法》有关规定的行为的。

对公安机关侦查活动中的违法行为，人民检察院有权根据情节和后果，分别采用口头或书面形式提出纠正意见。对于以非法的方法收集的证据，应当依法予以排除；构成犯罪的，依法追究刑事责任。接到人民检察院纠正违法的口头或书面通知，公安机关应当及时纠正，并将纠正情况及时通知人民检察院。

5. 执行监督。执行监督即人民检察院依法对公安机关负责执行的刑事判决、裁定活动实行监督，以保障刑事判决、裁定的正确执行。此外，人民检察院还通过参与行政诉讼对公安机关行使行政职权的活动是否合法进行监督，通过受理公民和社会组织对人民警察违法违纪行为的控告、举报，追究违法、违纪的人民警察的法律责任，对公安机关及其人民警察的执法活动实施监督。

（四）行政诉讼制度

行政诉讼制度，是指人民法院通过依法行使行政审判权对行政机关（包括公安机关）具体行政行为的合法性进行审查并作出裁决，以促使行政机关依法行政，保护公民、法人和其他组织合法权益的法律制度。

根据我国《行政诉讼法》的规定，人民法院主管审理行政案件，对具体行政行为的合法性进行审查。所以，行政诉讼实际上是人民法院对行政机关具体行政行为的司法审查，是对行政机关执法活动的司法监督。建立行政诉讼制度，可以保障公民、法人和其他组织最终能够通过诉讼的途径来维护自己的合法权益，这对于保障人民民主，实现社会主义民主制度化、法律化，促进行政机关依法行政和加强廉政建设，提高行政效能和政府威信，从而实现依法治国和建设社会主义法治国家的目标，具有重要的意义。

（五）社会监督制度

社会监督制度，是指来自国家机关以外的社会组织、团体和公民个人等，依法对公安机关及其人民警察的执法活动进行监督的制度。

社会监督是一种非国家性质的监督，是根据我国《宪法》和有关法律、法规的规定，通过对公安机关及其人民警察提出批评、意见和建议，进行申诉、控告和检举等形式来实施的。与各种国家机关的监督相比，社会监督一般不具有法律上的强制性，不产生直接的法律后果。但这种监督具有道义上、舆论上的压力，它是各种国家机关监督的重要来源和重要补充，因而也是公安执法监督体系中十分重要的监督形式，对于保障人民群众直接参加国家管理和行使当家做主的权利，使公安机关的工作建立于广泛的群众基础之上，具有重要意义。

　　1. 社会监督的主要内容和形式。

　　（1）人民政协的监督。人民政协的监督，是指人民政协的各党派、团体和各界人士依法对公安机关及其人民警察、公安机关任用的其他人员履行职责、行使职权和遵守纪律情况进行的监察、督促。

　　公安机关作为政府领导下的一个职能部门，应当主动、真诚地接受人民政协的监督，其方式主要有：一是认真办理人民政协有关公安工作的提案；二是接受人民政协委员视察公安工作和公安队伍建设；三是主动向人民政协汇报公安工作情况；四是建立联系制度，及时听取意见和建议。

　　（2）社会组织和公民的监督。社会组织的监督，即各种社会组织、企事业单位、舆论机构等对公安机关及其人民警察、公安机关任用的其他人员履行职责、行使职权和遵守纪律的情况进行的监督，主要通过提出批评、意见和建议，进行申诉、检举和控告等方式实施。

　　公民的监督，即公民个人对公安机关及其人民警察、公安机关任用的其他人员履行职责、行使职权和遵守纪律的情况进行的监督。我国《宪法》规定，"中华人民共和国的一切权力属于人民"，"中华人民共和国公民对于任何国家机关和国家工作人员，有提出批评和建议的权利；对于任何国家机关和国家工作人员的违法失职行为，有向有关国家机关提出申诉、控告或者检举的权利，但是不得捏造或者歪曲事实进行诬告陷害。对于公民的申诉、控告或者检举，有关国家机关必须查清事实，负责处理。任何人不得压制和打击报复。由于国家机关和国家工作人员侵犯公民权利而受到损失的人，有依照法律规定取得赔偿的权利"。这些规定体现了我国人民当家做主的原则和要求。所以，公民个人对于公安机关及其人民警察、公安机关任用的其他人员的执法等活动有权提出批评、建议；对于违法或不当行为有权进行检举、控告，要求对责任人进行惩处；对于自己受到的不公正处理有权提出申诉、申请复议、提起诉讼，要求恢复自己的权利，补偿自己的损失。

　　（3）媒体舆论的监督。媒体舆论的监督，是指监督主体借助于各种新闻媒体、各种舆论工具，通过对公安机关及其人民警察、公安机关任用的其他人员履行职责、执行职务和遵守纪律的情况进行公开报道和评论而实施的监督。

　　媒体舆论监督的主要形式是新闻报道、公开披露和表达民意。它具有包含信息量大、传播速度快、覆盖面广的特点，能够形成广泛的影响和巨大的社会冲击效应，特别是在网络信息技术快速发展的今天，其传播速度快和影响范围广的特点更为突出，它能够使各种违法违纪和腐败行为得以快速地公开和曝光，充分反映广大民众的意愿和要求，从而引起社会、相关部门的注意和迅速介入处理。所以，媒体舆论的监督可以收到意想不到的广泛效果，已经成为现代社会中越来越重要的监督形式。在整个公安监督体系中媒体舆论的监督同样居于重要地位，发挥着重要的作用。

　　随着信息化和网络技术的发展，媒体舆论监督日益成为一种新的发展趋势。广大民众可以通过互联网了解国家和社会公共事务，评价国家政治、经济、文化和社会生活，监督国家机关的各项活动，揭露公职人员的腐败行为，由此形成了一种新的媒体舆论监督形式，即网络舆论监督。它是现代信息技术与我国社会主义民主相结合的产物，并已成为社会主义民主和人民当家做主的重要途径之一，得到了越来越多的关注。

网络舆论监督的优点是：其一，范围更广。它跨越了地域和时空的限制，延伸了传播范围，使得民众对事件的关注与评论更加广泛。其二，效率更高。它以互联网作为公共论坛，不同思想和观点的人可以在这里方便地直抒己见、相互交流，既扩大了舆论参与的主体，也成为政府了解民间真实声音的有效途径，从而增强了舆论监督的有效性。其三，内容更生动，方式更灵活。网络技术的发展引领了传播内容、方式的飞跃，使得传播内容能够愈加生动、形象，方式愈加灵活，以至于形式多样的舆论监督报道更为形象、直观、立体化，增强了感染力和影响力。其四，信息交互更充分。网络媒体的信息传播极具交互性，网民在网络上不仅可以自行选择新闻传播的内容，而且可以通过网络媒体开设的电子论坛、网上民意调查、讨论等平台进行交流、评论，直接参与新闻报道，自由方便地发表自己的意见和观点，实现沟通与交流。

2. 新时期公安机关接受社会监督的新举措。《人民警察法》第 44 条规定："人民警察执行职务，必须自觉地接受社会和公民的监督……"这体现了《人民警察法》的立法宗旨和原则。完善社会监督机制，使公安机关及其人民警察自觉、有效地接受人民群众和社会各界的监督，对于改善和加强公安执法工作，切实保障公安机关及其人民警察依法履行职责、行使职权，及时发现和纠正公安队伍中的问题，树立人民警察的良好形象，密切警民关系等，具有十分重要的作用。在新的历史时期，公安机关及其人民警察接受社会监督的途径和形式主要有：

（1）警务公开制度。为了更好地接受社会监督，加强公安队伍建设，公安部于 1999 年 6 月 10 日发出了《关于在全国公安机关普遍实行警务公开制度的通知》，决定在全国公安机关普遍建立警务公开制度。警务公开，是指依法公开警务活动的依据、过程和结果，把各项警务活动置于广泛的社会监督之下，以促进和保障公安机关依法办事，严格、公正地执法。按照警务公开的要求，公安机关的执法办案和行政管理工作，除法律、法规规定不能公开的事项外，都要予以公开，这主要包括执法依据、制度和程序，刑事执法、行政执法，警务工作纪律等。

（2）110 接受群众投诉制度。公安机关的 110 电话，本是接受群众报警、求助的电话，但为了便于社会各界和人民群众更加快捷、有效地监督公安工作，2000 年 3 月 11 日在公安部发布的《关于加强公安队伍建设的十二项措施》中，赋予了 110 报警服务台受理人民群众投诉公安机关和民警违法违纪问题的新职能。公安部于 2000 年 2 月 26 日发布的《关于认真做好 110 报警服务台受理人民群众电话投诉工作的通知》规范和完善了这项制度。按照规定，凡群众发现公安机关、公安民警有违法违纪或失职行为的，可以直接拨打110进行投诉。各级公安机关110报警服务台接到群众投诉后，应当区别情况迅速进行调查、处理。具体承办群众投诉的公安机关应当在3日内将查处情况告知投诉人，同时抄送110报警服务台备查。3日内难以办结的，应当告知投诉人办理进展情况。对上级公安机关交办的投诉，要将查处情况及时上报，上级公安机关对上报的处理情况要认真审查，如果发现在认定事实、办理程序上确有错误，应限期予以纠正。公安机关及其工作人员对投诉内容及投诉人的情况应严格保密，严禁泄露给被投诉对象，严禁对投诉人进行打击报复，违者将依照法律和有关规定追究法律和纪律责任。

（3）特邀监督员制度。为了进一步强化监督，提高广大民警遵纪守法的自觉性，确保公安机关及其人民警察依法履行职责，密切警民关系，公安部根据《人民警察法》的有关规定，决定建立聘请特邀监督员制度，并于1998年7月22日颁布了《公安部聘请特邀监督员办法》，要求各地公安机关要把聘请特邀监督员工作作为健全公安外部监督制约机制的一件大事来抓，切实抓出成效。各级公安机关通过聘请特邀监督员，进一步强化了监督制约机制，对加强公安队伍党风廉政建设和纪律作风建设，增强广大民警的法律意识发挥了重要作用。2003年4月27日，公安部颁布了《公安部特邀监督员工作规定》，并同时宣布《公安部聘请特邀监督员办法》废止。

根据新的规定，特邀监督员的职责主要有四项：一是对各级公安机关和公安民警履行职责、执法执勤和遵纪守法等情况实施监督；二是反映、转递人民群众对公安机关和公安民警违法违纪行为的检举、控告；三是反映人民群众对公安工作和队伍建设的建议、意见和要求；四是对公安工作和队伍建设情况进行调查研究和评议。与其职责相适应，特邀监督员有下列五项职权：一是根据工作需要可以向公安机关了解公安工作及队伍建设的有关规定；二是可以参加公安机关召开的队伍建设的有关会议，听取情况通报；三是可以向公安机关和公安民警了解所反映和转递的检举、控告和建议、意见等事项的办理情况；四是参加公安部组织的对地方公安机关工作和队伍建设情况的视察活动；五是在履行监督职责过程中，有权要求有关公安机关和公安民警予以协助、配合。

特邀监督员在履行职责、行使监督职权过程中，各级公安机关和公安民警应予以积极的协助、配合和支持。对特邀监督员提出的意见和建议，要虚心诚恳地接受，认真纠正和改进，并将情况及时向特邀监督员反馈。对特邀监督员反映、转递的人民群众对公安机关和公安民警违法违纪行为的检举、控告要认真进行查处，并在规定时间内予以反馈。对特邀监督员就公安工作和公安队伍建设的有关具体问题提出的质询，要认真负责地作出答复或解释。对阻挠特邀监督员履行职责、行使监督职权，拒不接受监督或打击报复特邀监督员的，要依照有关法律和纪律予以严肃处理。

【小结】

各级公安机关要牢牢把握推进法治中国建设对公安执法工作提出的新要求，积极适应人民群众对社会公平正义的新期待，通过创新考核评价机制，建立客观公正的评价体系。通过严格考评，调动广大民警工作的积极性，转变民警对考评的认识偏差，鼓励民警积极投身社会治理一线。通过充分借助信息化手段加强内部和外部执法监督，并建立二者的联运机制，坚决整治执法不规范、不勇为、乱作为等突出问题，努力实现对执法活动的全程、实时监督。通过完善执法评价与监督体系进一步加大警务公开力度，在遵守国家秘密和警务工作秘密的前提下，最大限度地公开执法依据、执法程序、执法进度、执法结果，努力以群众"看得见的方式"实现公平正义。

【思考题】

1. 简述多元化的公安评价主体的价值。
2. 如何改革完善公安执法质量考评制度？
3. 简述公安执法的内部监督内容与方式。
4. 如何创新公安执法的外部监督方式？

第五编　公安的关系

第十五章　公安内部关系

【教学重点与难点】

1. 传统体制下的公安内部关系；2. 创新背景下的公安内部关系及趋势。

公安机关内部关系实际上涉及的是公安行政权力在不同公安机关之间的分配和划分，是指公安组织内各部门、各层级之间所建立的一种相互关系，主要由 2007年 1 月 1 日起施行的《公安机关组织管理条例》予以调整和规范。

公安机关内部关系可分为纵横两大类型的关系。所谓公安机关内部纵向关系，是指在公安行政组织系统中基于隶属性所形成的上下级公安机关之间的关系。这是一种领导关系，即上下级公安机关之间的命令与服从关系。在领导关系中，上级公安机关享有命令、指挥和监督等项权力，有权对下级机关违法或不当的决定等行为予以改变或撤销。下级公安机关负有服从、执行上级公安机关决定、命令的义务，不得违背或拒绝，否则就要承担一定的法律后果。所谓公安机关内部横向关系，是指无隶属关系的公安机关之间的关系。两个公安机关，不管是否处于同一等级，只要它们无隶属关系，概属横向关系。

当前，我国公安机关在纵向结构上层次较多，影响警令的上传下达；在横向结构上部门过多，职责交叉重叠，内部运转协调难度大、效率低；在职权结构上权力多集中于上层，基层责任重、权力小，权责不统一，影响基层的工作效能和积极性；在编制结构即警力配置上机关编制比例高、基层警力不足，呈现头重脚轻的状况。此外，在整个公安体制上，"条块结合、以块为主"的公安管理体制急需加强公安机关的系统管理。

‖ 第一节　公安内部纵向上下级关系 ‖

公安机关上下级关系，是指在公安行政组织系统中基于隶属性所形成的上下级公安机关之间的关系。在各种组织中，公安机关由于自身的公共性、政治性、权威性、法治性等特征而备受关注。在行政组织所体现的官僚系统中，公安机关层级关系是相对规范而分明的。组织中的层级关系或者说上下级关系，当然不仅是指组织成员的上下级关系，也指组织内部具有行政隶属和职能隶属关系的上下级部门。而无论是体现为个人层面，还是体现为部门层面，上下级关系都最终要回归为具体的上级领导和下级群体。这便是上下级关系在公安机关中的体现。上下级关系之所以在一定时期显得比较稳固，其实是由于组织一定程度上的规定性。当自然人进入一个组织后，必然"遭遇"一定的组织关系和社会关系，上下级关系是其中的关键。在行政组织中，下级服从上级是组织章程的规定，是管理层次的需要，上级与下级之间是领导与被领导的主从关系，具有一定的强制性。这主要是由公共行政组织的政治性、法治性和权威性的特征所决定的，也是直线、职能制下的组织形式的必然准则，否则容易造成政出多门、扯皮推诿、自由散漫等负面效应。这里当然有一个上级决策的合法性、科学性问题，但在实现组织目标、保障组织运行层面，下级对于上级的服从、群体对于领导的遵从是基本、必要且正当的。

我国《人民警察法》第 4 条规定："人民警察必须以宪法和法律为活动准则，忠于职守，清正廉洁，纪律严明，服从命令，严格执法。"其中的"服从命令"即指人民警察一切行动听从上级的指挥，做到令行禁止，保证警令畅通，使上级的命令和指示得到迅速有效的贯彻执行。此外，第 32 条规定"人民警察必须执行上级的决定和命令"，第 43 条规定"人民警察的上级机关对下级机关的执法活动进行监督，发现其作出的处理或者决定有错误的，应当予以撤销或者变更"。并且在《公安机关人民警察纪律条令》中将"拒绝执行上级依法作出的决定、命令，或者在执行任务时不服从指挥"作为法定处分情形之一。由此可见，《人民警察法》及《公安机关人民警察纪律条令》对于下级服从上级义务的规定，是从保证警令畅通、维护公安机关行政权优越性及统一性角度出发的，无论公安机关的决定和命令是否合法正确，即使在提出意见不被采纳时，下级民警都不得中止或者改变决定和命令的执行，必须服从决定和命令，着重强调了下级对上级服从义务的绝对性，也突出了上级对下级拥有的命令权和监督权。同时，《人民警察法》第 32 条、33 条也分别规定"人民警察认为决定和命令有错误的，可以按照规定提出意见，但不得中止或者改变决定和命令的执行；提出的意见不被采纳时，必须服从决定和命令；执行决定和命令的后果由作出决定和命令的上级负责"，"人民警察对超越法律、法规规定的人民警察职责范围的指令，有权拒绝执行，并同时向上级机关报告"。当前尤其要注意防止少数上级部门或领导人的地方保护主义和以言代法、以权压法的现象。人民警察对来自各方面的执法干扰，应当坚决抵制；对超越法律、法规规定的人民警察职责范围的指令，有权拒绝执行。这体现了下级依法具有的报告权、上级对所作出的决定和命令的担责。由此，以辩证的观点看，公安机关上下级之间是一种互相作用、相互制约、相互联系的良性互动关系。

从公安机关的体制来看，公安机关的宏观纵向结构呈现五级架构的特点，即公安部、省市公安厅局、地级市公安局（州、盟、地区）、县公安局（县级市）、派出所（乡镇、街道）。公安部是国务院主管全国公安工作的职能部门。各省、自治区设公安厅，直辖市设公安局；各市（地、自治州、盟）设公安局（处）；市辖区设公安分局，接受上级公安机关直接领导；各县（市、旗）设公安局，分别接受同级人民政府和上级公安机关领导。县（市、区、旗）公安局下设公安派出所，由县（市、区、旗）公安机关直接领导和管理。交通运输部、民航总局、国家林业局的公安局和海关总署缉私局列入公安部序列，接受主管部门和公安部双重领导。

《公安机关组织管理条例》中规定，公安机关实行行政首长负责，公安部在国务院领导下，主管全国的公安工作，是全国公安工作的领导、指挥机关。县级以上地方人民政府公安机关在本级人民政府领导下，负责本行政区域的公安工作，是本行政区域公安工作的领导、指挥机关。

公安机关内部上下级行政权力的分配和划分主要的依据为如下具体原则：

第一，依法组建的原则。依法组建的原则就是根据国家法律的有关规定，设置各级公安组织，明确其地位、任务、职责、权力，规定其内部机构的设置和人员编制，明确其隶属关系和职权范围。

第二，管理幅度原则。管理幅度，是指一个决策中心或领导者能够直接有效地指挥和控制下级部门和工作人员的数量。管理幅度适当是建立公安组织结构的一个重要原则，是有效地进行公安管理活动的组织保证。公安工作艰苦复杂，情况多变，如果管理幅度过大，领导者就难以进行有效的指挥和控制；如果管理幅度过小，就会"头重脚轻"，官多兵少，影响工作效率。因此，各级公安组织应针对工作性质和难易程度，根据下级部门及人员的素质和现状，根据组织的工作条件和环境等综合考虑，以确定适当的管理幅度。

第三，建立明确的权限系统的原则。任何一级组织中，都应有一个拥有最高权力的人，从上到下要有一个明确的权限系统，要使主管人的权限与其职责相一致。如果在一个组织中拥有最高权力的人超过两个，形成两个以上的"权力中心"，就容易产生内耗，影响组织的凝聚力与战斗力。所以，应认真落实行政首长负责制。

第四，命令统一的原则。这同权限原则是相辅相成的。命令必须统一，不能政出多门。基层公安机关忙乱的主要原因之一，就是"婆婆"太多，谁都可以管，谁都管得着，致使基层公安组织和领导缺少自主权，严重影响了公安组织的活力。

第五，平衡原则。组织结构之间必须保持平衡，不能使上级领导机构变臃肿，下级基层变薄弱。上下级结构与关系应顺应社会发展的需求，进行合理配置与改革调整。

计划经济条件下形成的多层级"金字塔"式上下级管理结构和过于强调上下对口的"蜂窝煤"式机构设置，已经明显不适应市场经济条件下社会发展的要求，有效解决这些问题必须按照"精简、统一、效能"的政府机构改革原则，坚持扁平化改革方向，建立规范统一且伸展性更强的机构设置标准，处理好层级过多、机构冗余、分工过细、职能交叉、竞争乏力等症结性问题。体制改革的关键是减少层次、扁平管理，并配套机构整合和职能综合化，以科学配置实现最佳的警务效能。

我国公安机关自改革开放即开始探索构建信息化、动态化条件下的公安组织纵向新结构。例如，吉林省辽源市公安机关从 2003 年 2 月开始推行警务改革，主要内容是撤销原来的 3 个分局和 19 个派出所，组建 8 个警察署，在警察署设立"三队一室"（刑侦队、治安队、社区警务队和综合室）的组织架构。此外，全国还有不少地方积极探索公安上下级结构改革，其中影响较大的是大庆、深圳、福建、河南的公安改革。以大庆警务体制改革为例，大庆公安改革符合中央关于"减少行政层级"的要求，符合《公安机关组织管理条例》关于组织机构"根据工作需要设置"的原则，符合大庆的实际情况。大庆公安改革可划分为两个阶段，第一阶段是 2005 年 1 月开始的改革，主要进行纵向结构改革。撤销原有的 10 个公安分局和 70 个派出所，组建 20 个公安分局，实施三层变两层的结构性调整，变原来的市公安局——公安分局——派出所为市公安局——公安分局两级。这种纵向结构改革实为体制的改革。第二阶段是 2010 年 3 月推行的社区警务改革。这次改革具体举措有在管理体制即纵向结构上由治安支队改为国保支队管理社区警务工作，把交通秩序管理的职能移交给公安分局的治安巡防民警，把消防管理的部分职能下放给社区民警，把 1 万平方米以下面积的审核权和 1 万元以下的罚款权移交给社区民警，使社区民警有职有权。2010 年 11 月，河南公安机关在充分借鉴大庆警务体制改革和福建综合警务改革经验的基础上，在全省地市级公安机关普遍进行了结构改革，在地级市城区公安机关变三级为两级，撤销公安分局和派出所，组建新派出所。从派出所的内设机构名称看，河南地级市城区的公安改革实质上是市公安局——公安分局两个层级。

综观实际情况，各地公安改革体现出以下共同特点：一是在纵向结构上解决了"层级过多"的问题，变三级为两级，实现了扁平化指挥；二是在职权结构上实行权力下放，进而加强了基层；三是在编制结构上精简了机关，充实了基层，警力下沉力度大；四是在横向结构上贯彻了精干原则，实行了"大部制"，削减了机构部门的数额，降低了内部协调的难度和消耗。

‖ 第二节　公安内部横向关系 ‖

一、公安内部岗位间关系

"岗"（Position），是指一定的人员所经常担任的工作职务及责任，是任务和责任的集合体，是人与事有机结合的基本单元，是组织的"细胞"，也是组织的最小单元。每个岗位都有其核心的工作内容。

公安岗位，是指一定的人员在公安机关中经常担任的工作职务及责任。它由职务、职权和责任三个要素构成。岗位一般是由某些任务、职责和责任组为一体而成，是指公安组织规定应担任的工作或为实现维护国家安全和社会治安秩序目的而从事的明确的工作行为。职权，是指公安岗位范围以内的权力，用以保证履行职责，完成工作任务。职权的大小与岗位的高低往往是成正比的，即岗位越高职权就越大。责任，是指担任公安工作岗位的人对此工作的同意或承诺，具有约束该岗位任职者工作行为的意义，意味着任职者必须做什么或不能做什么。由此可见，公安岗位应当是职务、职权和责任的集合体。

（一）公安岗位的分类

公共部门岗位多种多样，按照不同的分类标准，可以划分为不同的种类。

1. 按照岗位的性质分，可以分为领导岗位和非领导岗位。在我国，领导岗位是指副科长以上的职务和各级政府职能部门的领导职务，如部长、副部长、局长、副局长、处长、副处长、科长、副科长都属于领导岗位；而巡视员、助理巡视员、调研员、助理调研员、主任科员、副主任科员、科员、办事员等都属于非领导职务。

2. 按照岗位的级别分，可以分为高级岗位、中级岗位和初级岗位。我国人民警察的警衔设五等十三级，其中警监以上的是高级警官，警督是中级警官，警司、警员是初级警官。

3. 按照岗位的需要分，可以分为综合管理类、专业技术类和行政执法类。

（二）能岗匹配

从管理学的视角看，岗位的差异与能力的差异同时存在，每一个岗位的工作性质不同，对公安民警的能力要求也不同。能岗匹配的理论基础就是建基于能力、岗位差异同时存在之上的，其内涵是：个人的能力与其岗位要求必须对应，位居不同岗位上的公安民警必须拥有完成岗位工作所必需的能力，必须使相应才能的人处于相应能级的工作岗位上。遵循这一原则，就是以人的能力为本位，认可人的奋斗和追求，能够使最适当的人选找到最适合的岗位，做到人尽其才、才尽其用。显然，岗位与能力的匹配是否合理，直接影响着公安组织管理目标的实现和任务的完成，以及公安民警能力价值的最大限度发挥。从这一观点出发，建立公安机关能岗匹配机制是实现公安队伍总体结构优化、提高公安管理组织效能的重要环节。

（三）公安岗位交流与合作

不同的岗位对民警的身体条件、年龄结构、性格特点、知识水平等有不同的需求。要根据岗位特点调配警力，在不同部门、不同岗位之间，加强岗位交流，盘活现有警力，促进人才合理流动，力求人适其岗、人尽其才，把有限的警力资源效能发挥到最大化。建立和实行公安民警交流轮岗制度，是培养和锻炼公安干部，提高公安干部自身素质的一项重要措施，也是加快公安干部人事制度改革，强化公安干部队伍管理的有效途径。与此同时，民警的岗位交流，给广大民警提供了更多的岗位锻炼机会，拓宽了广大民警的视野，使得更多的民警在最合适、最能发挥特长的岗位上，得到不同层次、不同环境的艰苦锻炼，从而不断成长为复合型的公安管理人才，为公安工作的长远发展积蓄力量。例如，辽宁省锦州市公安局深化城区警务改革，形成并发展了具有全局性引领和示范意义的"锦州经验"。"锦州经验"的主要内容是，在实行社区警务专职化过程中，打破派出所原有的"三队一室"模式，因职设岗、因岗定人，把派出所分为户籍内勤民警、治安民警和社区民警三类岗位，并通过制度设计和政策倾斜，为社区民警扎根社区、安心本职，集中精力开展信息采集、人口管理、安全防范等基础性工作创造条件、提供保障。在强力打击犯罪专业化过程中，在每个城区分局组建两个15人以上的刑侦中队，由公安分局刑侦大队直接管理，并明确划分了市局刑侦支队、分局刑侦大队和基层刑侦中队的职能任务，建立起责任明确、整体联动的打击刑事犯罪工作机制。在完善巡逻防控专群化过程中，取消城区公安分局巡特警大队白天110接处警职能，实行市公安局110对派出所的一级派警和对一线执勤巡逻民警的点对点指挥；同时，明确巡特警为巡逻防控和维稳处突的责任主体，真正做到专群防控、专业维稳，既有效提高了对社会治安局势的掌控能力，又实现了为派出所特别是社区民警真正意义上的降压减负。"锦州经验"旨在当前公安行政事权和管理体制范围内进行不同岗位之间的交流与调整，不但具有针对性，而且具有可操作性。

二、公安内部警种间关系

（一）警察的种类及职责分工

警种指的是警察所分的基本类别，一般按其任务分为户籍、交通、消防、治安、刑事、司法、铁道、边防、外事、经济、武装等警种。由于各国警察系统中具体警种的分工、任务不同，其职责种类及内容也不尽相同。例如，在我国，公安机关人民警察的首要职责是侦查打击犯罪，维护社会治安秩序；国家安全机关的人民警察的主要职责是维护国家安全；监狱的人民警察的主要职责是依法对罪犯实行惩罚和改造；人民检察院和人民法院的司法警察的主要职责是押解犯罪嫌疑人、执行强制措施和对检察院、法庭的警卫；海关的缉私警察的主要职责是预防、制止和打击各种走私犯罪；武装警察的主要职责是安全保卫和在紧急情况下的军事行动等。即使在同一警种内部，由于具体任务分工的不同，又划分为若干专业警察部门。例如，我国公安机关的人民警察包括治安、刑事、户籍、交通、铁路、民航、森林等专业警察。各专业警察职责的内容也各不相同。

（二）警种协作

应当指出的是，公安机关各警种间的分工与协作是各警种正确履行职责不可缺少的条件。公安机关为了使人民警察更好地履行职责，完成各项工作任务，设置了不同的业务部门，从而形成了不同的警种。然而，人民警察是一个整体，其战斗力取决于各警种协同作战、整体作战的能力。因此，各警种之间的分工是根据各警种的任务、职责、权限的不同而划分的，其目的是便于开展工作。这种分工是相对的，在发生重大事件或突发性事件时，往往是各警种联合作战，在需要履行职责时，不允许人民警察借口不属于其职责范围而拒绝执行。

同时，也应该看到，警种的内部分工是细致的，职责是清晰的，这既是上级公安机关的要求，也是公安工作专业化的必然趋势。但"分"与"合"是对立统一的，"分"到一定程度，必须又要"合"，"分"是"合"指导下的"分"，而不是"分家"，搞单打独斗。现在各警种有着不同的职权，权力大小也不一样，客观上造成了部门之间待遇、经费、保障不尽相同，单位、科室间沟通困难，协调、合作更少，难以形成合力。有些警种间相互割裂，造成信息交流不畅，使政令、警令无法统一，出现"头"动"手脚"不动，或"手"动"脚"不动的现象，步调不一致，或快或慢，工作上或急或缓，影响了整体推进、共同提高，影响了全局。这对于公安机关履行职责很不利。和谐，不仅是公安机关外部环境的和谐，更是内部关系的和谐。因此，必须打破警种合作不充分的现状，加强统一协调，建立起警种间的联席会议制度和协作制度，定期通报情况，交流经验，充分交换和使用信息，做到信息共享、平等互助，各警种真正形成拳头、形成合力，形成快速反应、高效运转、协调行动的工作机制。通过整合警力资源，要形成既分工负责，又紧密协作，既有个性特点，又有整体意识的良好局面，提高工作效率，有效解决现存的信息交流不畅、工作推诿扯皮、警力浪费等问题。例如，大庆实行了横向结构改革，20个公安分局均实行"三队一科"的横向结构新模式，即刑事侦查队、治安巡防队、社区警务队和法制综合科。横向结构改革也就是警种结构改革，在每个公安分局均浓缩为"三大警种"，进行机构整合，科学配置人员和职能，打造了综合执法的"多功能警察"，从而为社会提供无缝隙公共安全服务。

党的十七大对"加快行政管理体制改革，建设服务型政府"作出部署，确定了新时期行政管理体制改革的基本方向和目标，同时要求"规范垂直部门和地方政府的关系，加大机构整合力度，探索实行职能有机统一的大部门体制，健全部门间协调配合机制"。由此，党的十七大拉开了政府新一轮改革的序幕，"大部制"被普遍认为是政府改革的一个新起点和突破口。党的十八大再次强调"建设职能科学、结构优化、廉洁高效、人民满意的服务型政府"，进一步指明深化行政管理体制改革的目标要求；同时强调"稳步推进大部制改革，健全部门职责体系"，进一步把"大部制"作为深化行政管理体制改革的具体措施、内在要求和必然结果。"大部制"的工作思路不仅直指中央层面的部委，也涵盖地方政府组成部门，同时适用于部门内部组织。第二十次全国公安会议中曾提出"有效整合不同警种的警力资源，调整机构设置，切实解决分工过细、职责交叉、警力分散的问题"。这为全国各地推行与"三警合一"同类或相关的警种关系改革提供了明确的政策依据。

三、公安内部跨行政区域间关系

行政区域，就是国家为实行分级管理而划分并设立相应国家机关的区域。在不同的行政区域有各自平行及在人、财、物方面相对独立的公安机关，分别负责本区域的社会治安管辖问题。但自从公安组织行政区域有了明确划分后，为了协调全国公安工作和公安组织的有效运转及各种关系，区域合作就成为一种管理的有效范式。从区域警务合作的内涵来看，它是指地理位置相邻的多个行政区域的公安机关之间，借助警务合作平台，相互协助，资源共享，在重大警务活动中沟通和交流信息以及协同行动的一种横向联系方式。按照法律法规的相关规定，警务合作各部门之间在人员、装备及其他方面相互协助、支援、保障或者根据相关部门的请求代替完成某项警务任务的执法活动，意在最大限度地消除地区间的分割和壁垒，杜绝地方保护主义和推诿扯皮等现象，共享资源，共担责任，以有效维护区域社会治安环境。其最终目的就是克服区域间由于经济发展、传统文化、思想观念不同而造成的合作障碍，完善制度，加强区域间的交流与沟通。通过构建区域警务合作运行和区域警务合作联动指挥机制，疏通合作渠道，使警务合作有章可循；在整合和利用各省市现有条件的基础上，采用现代信息等先进技术，建立集通信、指挥和调度于一体、高度智能化的警务跨区域联动的指挥调度系统；在全国范围内，建立以公安部为主导，以现有警务合作框架为依托，各区域、各层级公安机关、警种、政府其他有关部门、非政府组织共同参与的多中心、网络状、多层面的协调互动警务合作网络体系。这样可以进一步拓宽警务合作领域，创建高效、灵活应变与协同有力的警务模式，在合作范围上向各项公安业务延伸，在合作对象上向社会部门延伸，在合作层级上向基层一线延伸，并以此整合公安机关的组织力量，实现资源共享，提升公安机关维护社会稳定的整体实力和能力。

（一）区域警务合作的重要性

第一，区域警务合作可以打破狭义的地域相邻概念，更好地整合公安机关的有限警力资源，有效实现公安机关为人民服务的宗旨和使命，重塑良好的警察形象。

第二，区域警务合作可以优化警力资源配置，实现资源共享。通过警务合作，可以建立双边或多边协商机制，实现跨区域警务保障的集体行动，更加合理地配置警务保障资源，促进各地区的优势互补、资源共享，降低公安运行成本，提高警察职能行使的效益和效率。现代管理理论认为，合作的优势在于资源共享、信息共享、风险共担和集约有效，这一行为所涉及的理论具有多样性。当前，公安机关推行的区域警务合作战略已成为提高公安工作效率和水平的主要任务与目标。在实践中，我国公安机关的跨区域警务合作已成为整合公安机关资源配置、提升公安整体战斗力的重要工作任务。

虽然警务合作不是一个全新的课题，但是其所倡导的多元、动态、共享、整合的模式，仍是现在和未来公安机关整合警务资源、提高警务工作效率与效能的有效范式。在2013年1月19日召开的全国公安厅局长会议上，公安部部长郭声琨要求全国公安机关"推动警务合作向部门合作、社会合作和国际合作延伸，着力形成打击防范犯罪的整体合力"。可见，警务合作的进一步深化与延伸，已成为新时期我国公安机关整合警察组织力量、提高其行政执法有效性的新路径。

（二）健全区域警务合作的机制

警务合作机制与规范的建立必须遵循科学管理的原则，从公安机关组织架构设计、业务流程再造等方面来创新警务合作形式，拓展警务合作内容，使其在职责分工及奖罚细则甚至是法律责任等方面都予以规范和明确，以保证跨区域警务合作高效进行。2011 年公安部区域警务合作办公室的统计数据显示，仅在该年上半年，全国各地共提请合作事项 6.9 万项，办结率达 96%，交换情报信息 24.6 万条，协破刑事案件 3.5 万起，打击处理 2.1 万人，协作抓获在逃人员 2.7 万人。

（三）我国公安机关区域警务合作的主要形式

我国公安机关区域警务合作的形式和内容很丰富，主要有协助调查取证、经营控制、案件串并、围堵抓捕等。

1. 协助调查取证。在案件侦破过程中，由于经常会涉及其他地区的人员和案情，需要派出人员到外地调查取证（也称"外调"），需要相应地区公安机关提供协助，查询查证涉案人员背景资料、相关案情及线索证据等。有时也会发函到相应地区公安机关请求协助，提供相关人员及案情方面的情况（也称"函调"）。

2. 协助经营控制。在缉毒、打黑等涉及多个地区犯罪人员的特定案件中，为了全面掌握涉案人员的详细情况及重要证据，把握最佳行动破案时机，需要对不同地区的相关人员进行一段时间的经营控制。此时就需要其他地区公安机关按要求协助开展相关工作，并不间断、及时地把监控情况及案情动态反馈回来。

3. 案件串并。当前高发性的抢劫、抢夺、偷盗案件和网络电信诈骗案件，大多是流窜作案，需要将发生在各个地区的相关类似案件进行串并，以明确侦查方向，集中侦查力量，全面掌握相关线索证据，更快更好地侦破系列案件。

4. 围堵抓捕。当前，许多犯罪嫌疑人作案后往往逃往外地，而抢劫、抢夺、偷盗等犯罪大多也是流窜作案或外来人员作案。在初步明确犯罪嫌疑人逃跑方向或藏匿地点之后，为了将犯罪嫌疑人尽快抓获到案，发案地公安机关往往需要到外地实施追踪和抓捕。由于人生地不熟，外派警力有限，或犯罪嫌疑人正在逃跑途中，此时就需要相应地区的警方协助围堵抓捕。

（四）公安机关区域警务合作的实践

实践中，自 2011 年以来，在公安部制定下发的《公安部关于全国公安机关加强警务合作指导意见》中，要求各地公安机关在进一步健全七大区域警务合作机制的基础上，加速向部门、国际和基层一线延伸，有效形成"上下互动、各方协同、全警参与"的合作局面，这将进一步拓展区域警务合作的形式和范围。在此指导下，各级公安机关积极实施并拓展了区域警务合作的实践范围和空间。公安机关在实际工作中也有所谓"全国公安是一家"的区域警务合作实践。目前我国已经形成了东北、环首都、西北、泛西南、苏浙皖沪、中部五省、泛珠三角地区七大区域警务合作区域，并初步建立了相应的警务合作机制（见表15-1）。

表 15－1　我国区域警务合作基本情况表

名称	成立时间	主要功能定位
苏浙皖沪公安经侦区域警务执法合作机制	2010 年 9 月 1 日	经侦警务合作
东北地区警务协作机制	2010 年 9 月 10 日	情报信息共享；重大安保、重大突发案件、跨区流窜犯罪、协查互助
环首都区域警务执法合作机制	2010 年 9 月 26 日	重大紧急突发案（事）件联勤联动；反恐、刑侦、治安、交管、科技等合作
西北地区警务协作机制	2010 年 10 月 12 日	情报信息共享、反恐处突联动、重大治安问题整治、严重刑事犯罪打击、理论研究
泛西南警务合作机制	2010 年 10 月 21 日	重大突发事件联勤联动、流动人口管理、道路交通管理、省际交界"黄赌毒"问题整治
苏浙皖沪区域警务执法合作会议	2010 年 11 月 1 日	总结上海世博会安保经验（其他功能未见表述）
十省份警务协作机制	2010 年 12 月 1 日	联手打造道路交通安全环境
皖赣豫湘鄂警务合作机制	2010 年 12 月 6 日	情报信息共享、完成重大安保任务、应对重大突发事件、打击跨省严重犯罪、社会治安问题联合治理、警务理论研究合作
泛珠三角警务合作联席会议	2011 年 5 月 9 日	情报信息共享；反恐处突联动；打击刑事犯罪、治安防控、重大安保任务、外国人管理、道路交通安全管理、网络安全等合作

　　总体而言，我国区域警务合作要想有实质性的突破，在今后的合作中，必须更新观念，力争形成长效合作机制。要想实现一个区域的社会安全，就必须从体制上打破警务管理行政区划壁垒，扩大开放，消除限制区域间警务资源要素自由流动的制度性制约。实践证明，跨区域警务合作是一种促进资源共享、实现合作双赢的良性机制，既可以节约资源，又简便易行，在公安实战中发挥了巨大的作用，尤其在信息共享、重大任务的合作完成、大要案侦办、行政管理合作、突发事件的处置、专项整治行动的开展等方面取得了很大的成效。

【小结】

公安内部关系的定位应根据各个时期形势的发展要求，顺应国家行政管理体制改革的总趋势，与国家行政区划制度基本相适应，充分考虑动态化、信息化条件下的公安工作对公安组织结构的新要求，构建精干、高效的公安组织新结构。应贯彻"精简、统一、效能"的原则，即精简上层，充实和加强基层；统一编制管理，规范上下级公安机关的事权划分，调整机构设置，解决分工过细、职责交叉、警力分散问题；本着有利于提高快速反应能力和控制能力，有利于提高工作效率和质量的要求，进一步改革和完善公安工作内部运行机制。

【思考题】

1. 如何正确定位公安机关上下级关系？
2. 如何在新形势下实现各警种的职责分工与无缝合作？
3. 简述我国区域警务合作的实践与前景。

第十六章　公安外部关系

【教学重点与难点】

1. 党的领导与政府领导的关系；2. 公、检、法的关系；3. 民生警务的实现；4. 警务合作战略的国际化。

‖ 第一节　公安与领导机关关系 ‖

任何国家都要求警察是国家忠诚的统治与管理工具。这是各个国家警察共有的特点。我国的公安工作也不例外，公安工作必须与党的路线、方针、政策相一致，与国家的政策和法律相一致；必须与中国共产党保持高度一致，成为党和国家的一支高效的纪律部队。习近平同志于2017年会见全国公安系统英雄模范立功集体表彰大会代表时强调，全国公安机关和公安队伍要坚持党对公安工作的领导，牢固树立"四个意识"。我们公安机关一定要增强政治意识、大局意识、核心意识、看齐意识，切实做到对党忠诚、为党分忧、为党担责、为党尽责。特别是要做到，习近平同志从政治的全局的战略的高度，明确提出了对党忠诚、服务人民、执法公正、纪律严明的"四句话、十六字"总要求。

公安机关自觉地置于党委的领导之下，就是要积极地创造便于党委领导公安工作的条件，把接受党委的领导作为根本原则加以制度化，并长期全面地贯彻执行，如公安部于2011年提出要注重以深入推进落实地方党委常委或政府副职兼任公安机关主要领导体制（简称"进班子"领导体制），加强党委的实际领导。公安机关要认真执行党委的决定，重要问题及时请示报告；要经常向党委和政府报告敌情、社情和社会治安情况，定期报告公安工作情况，并向党委提出制定对策的参考性意见，充分发挥参谋和助手作用；要将上级公安机关布置的工作及时报告党委，并依靠党委的领导去贯彻落实。对于上级公安机关的重要部署及执行有重大社会影响的任务时，要向党委报告并在党委的密切领导下进行；要接受同级党委政法委员会的领导，公安部要接受中央政法委员会的领导，各级地方公安机关要接受各级党委政法委员会的领导。

公安机关在强调必须接受党委领导的同时，还需要强调政府对公安机关的领导。党委领导不是代替而是促进和保证政府领导的顺利实现。政府是国家权力机关的执行机关，党的路线、方针、政策和重大决策贯穿于国家的全部行政工作之中，由政府去贯彻执行。政府加强了对公安工作的领导，党的有关公安工作的路线、方针、政策才能落实。公安机关的治安行政管理是国家行政管理的重要内容，是在各级政府的领导下实行的。公安机关要正确处理党的领导与政府领导的关系，应遵循党政分开、彼此保证、互相结合、全面强化的原则。

习近平同志在 2014 年 1 月 7 日的中央政法工作会议中强调，政法战线要旗帜鲜明地坚持党的领导。坚持党的领导，就是要支持人民当家做主，实施好依法治国这个党领导人民治理国家的基本方略。既要坚持党对政法工作的领导不动摇，又要加强和改善党对政法工作的领导，不断提高党领导政法工作的能力和水平，并要正确处理党的政策和国家法律的关系。我们党的政策和国家法律都是人民根本意志的反映，在本质上是一致的。党既领导人民制定宪法和法律，也领导人民执行宪法和法律，做到党领导立法、保证执法、带头守法。政法工作要自觉维护党的政策和国家法律的权威性，确保党的政策和国家法律得到统一正确实施。要正确处理坚持党的领导和确保司法机关依法独立公正行使职权的关系。各级党组织和领导干部要支持政法系统各单位依照宪法法律独立负责、协调一致地开展工作。党委政法委要明确职能定位，善于运用法治思维和法治方式领导政法工作，在推进国家治理体系和治理能力现代化中发挥重要作用。地方公安机关要接受同级党委和政府的领导，要从理论和实践上正确处理好上述"两个关系"的重大问题。当前，公安机关的社会治理工作也是在宪法、法律的框架内，坚决贯彻中央的公安路线、方针、政策和重大部署，立足于讲政治、讲大局、讲责任，充分发挥党的领导的政治优势和社会主义的制度优势，站在巩固党的执政地位、维护国家长治久安、保障人民安居乐业、服务经济社会发展的高度服务和保障民生。

‖ 第二节　公安与相关工作部门关系 ‖

一、公安机关与检察院和法院的关系

公安机关与相关工作部门的关系主要体现在与人民检察院和人民法院的关系上，通常被人们简称为"公检法"三家的关系。三者相互依从、相互制约、相互监督。

公安机关是国家的治安行政机关，负责维护社会治安和社会秩序。在刑事诉讼中，公安机关有侦查、拘留、预审和执行逮捕的权力。例如，讯问犯罪嫌疑人、询问证人和被害人；勘验作案现场，检查、搜查犯罪嫌疑人，搜查可能隐藏罪犯、罪证的处所；扣留物证、书证进行鉴定，对应当逮捕的在逃犯罪嫌疑人，可以发布通缉令，采取有效措施，追捕归案等。

人民检察院是国家的法律监督机关，代表国家行使检察权。在刑事诉讼的侦查

阶段，检察院有权决定是否逮捕犯罪嫌疑人和是否对犯罪嫌疑人提起公诉；有权监督公安机关的侦查、监管活动是否合法。在审判阶段，检察机关派人出庭支持公诉，并且监督法院的审判活动是否合法。检察机关对于国家工作人员的职务犯罪行使侦查权；对人民法院民事、行政判决、裁定行使检察权。

人民法院是国家的审判机关，代表国家行使审判权。它的任务是审理刑事案件和民事案件。在刑事案件的审判阶段，人民法院有权决定被告人的行为是否适用刑罚以及适用哪一种刑罚。

"公检法"总的任务是打击敌人，惩治犯罪，保护人民，保卫社会主义现代化建设。作为执法的三大部门，《宪法》第135条和《刑事诉讼法》第7条对三者的关系作出了规定："人民法院、人民检察院和公安机关办理刑事案件，应当分工负责，互相配合，互相制约，以保证准确有效地执行法律"。这是公、检、法三机关进行刑事诉讼活动必须遵循的根本原则，是正确应用法律，防止错、漏案件的重要保证。关于各专门机关的分工，我国《刑事诉讼法》第3条作了明确规定："对刑事案件的侦查、拘留、执行逮捕、预审，由公安机关负责。检察、批准逮捕、检察机关直接受理的案件的侦查、提起公诉，由人民检察院负责。审判由人民法院负责"。公检法三机关的关系通常被表述为侦（侦查）、诉（起诉）、审（审判）。2017年7月10日在贵州贵阳召开的全国司法体制改革推进会上，中共中央政治局委员、中央政法委书记孟建柱传达了习近平总书记"深入推进以审判为中心的刑事诉讼制度改革"的重要指示。孟建柱同志指出，公安改革和司法行政改革是全面深化司法体制改革的重要组成部分。要进一步加大公安改革力度，从根本上提高打击犯罪、社会治理、服务群众的能力和水平。要适应违法犯罪形态的新变化，加快建设侦查工作新机制，打破公、检、法合作领域的数据壁垒，优化配置和科学使用不同层级警务资源，加强侦查工作和队伍专业化建设，以打击的信息化、协作化、专业化应对犯罪的智能化、组织化、职业化，努力使公、检、法打击犯罪更有力。

二、公安机关与其他社会管理部门及组织的关系

现代社会治理模式下的公安工作，必须多方参与、综合施策，调动社会各部门、各有关方面、各单位、各级组织共同来抓。公安机关要按照"党委领导，政府负责，社会协同，公众参与"的管理格局，最大限度地争取党委、政府、社会各界和广大人民群众的支持，最大限度地依托群众组织、基层组织、"两新组织"（新经济组织和新社会组织）等管理主体，运用经济、行政、道德、科技、法律等手段，形成社会治理合力。孟建柱同志指出，要推动建立政府主导下各方参与的系统化风险治理体系，针对消防、公共交通、危爆物品、新业态管理等风险突出领域，落实行业主管部门监管责任和运营单位主体责任，发展智能安防，不断提高风险防控精细化、智能化水平，努力使社会治理更有效。要以深化"放管服"改革

为抓手，大力推进"互联网＋公安政务服务"建设，推出更多接地气的惠民便民政策措施，让科技微应用发挥大效用，努力使人民群众办事更方便。要深入推进司法行政改革，不断完善中国特色社会主义司法行政制度，为经济社会发展提供良好的法律保障和服务。

（一）突出发挥公安机关自身的主导作用

公安机关要进一步明晰在社会治理中的职责定位，完善公安机关内部警种合作机制和区域警务协作机制，消除部门、警种间的分割和壁垒，发挥公安机关在社会管理中的整体战斗力。同时要加强与司法、民政、人力资源和社会保障、教育、卫生、文化、工商、财政、安监、民族、宗教、政府应急处置中心等行政管理部门和金融、保险、证券、水电气热等行业监管部门的联系沟通，建立联席联动工作机制，共同加强社会管理。

公安机关要通过加强与民政、教育、卫生、交通、工商、税务、统计等部门以及民航、电信、金融、社保、证监、保险等行业的横向信息资源整合，大力加强人口信息库、视频监控系统、道路卡口系统、警用地理信息系统等系统和平台的建设，努力构建网络互联、信息互通、资源共享的城市治安管理网络系统平台，实现社会治安的精细化、高效化、科学化管理。

（二）突出发挥基层组织的骨干作用

公安机关要积极参与基层综合治理、维护稳定、信访等相关力量整合，参与推进街道、乡镇的综合治理，实现治安联防、矛盾联调、工作联动、问题联治、平安联创，加强城乡社区警务建设。社区是人民群众集聚、生活和工作的场所。当前，基层社会治理服务正由条块分割的单位体制向属地化、社会化的社区体制转型，建立健全覆盖全社会的社会治理和公共安全服务体系，必须依托城乡社区，协同构建基层综合管理和服务平台。重点要推动构建社区流动人口服务管理平台，加强流动人口协管员队伍建设，实行以证管人、以房管人、以业管人的服务管理新模式。在整合基层资源方面，基层公安机关可以把车辆管理与交通路政管理、社会保险力量整合在一起，实现交强险和第三者责任险缴纳、安全技术检验、车辆注册、二手车交易、车辆转出转入、营运证办理、营运费缴纳"一站式"办公、"一条龙"服务、"流水线"作业，这样可以提高工作效率、增强公开透明度、方便人民群众，完全符合加强和创新社会管理的要求。公安机关通过构建政府为居民提供公共安全治理与服务的各类警务综合性平台，整合不同部门的资源，可以使社区所有居民获得均等的基本公共安全服务，共同参与社区治安建设和治理。在流动人口和出租屋管理、刑满释放人员管理和青少年社区矫治等"社会人"管理工作中，要充分发挥居委会、村委会、社区委员会等基层组织的作用，通过建立通报机制、衔接机制、责任机制，落实管理措施，实施有效管理。

（三）发挥社会组织和行业协会的协同、配合作用

充分发挥社会组织的协同作用。要通过完善和落实培育、扶持和监管政策措

施，让人民群众有更多机会依托社会组织有序参与社会治安治理活动。可以探索在公安社会治理中引进市场机制，在法律和制度框架下，把适合于社会组织和行业协会承担的公共安全服务和社会治理职能转移出去，交给各类行业协会、教育培训组织、经济社会事务所、交易市场、中介机构等，尊重社会自治，助推社会自律，利用社会资源管理公共安全事务。例如，可以探索将大型商业活动安全保卫和社区治安巡逻等交给保安公司，公安机关只负责立项审批或业务指导。又如，可以在网吧、旅馆、废旧物品收购、二手手机交易市场、金银饰品加工、娱乐服务等行业，培育、发展行业协会等非营利性组织，将公安机关的管理要求转化为行业制度和规范，引导其形成自发成立、自主发展、自行运作、自我治理的运行机制，同时强化对这些组织和机构的阵地控制工作，实现外部管理与内部自律双轨并行，保证其健康发展并有效参与公共安全治理活动。

‖ 第三节　公安与媒体关系 ‖

一、媒体及作用

媒体主要指新闻传播机构及其工作人员，媒体被认为拥有继立法、行政、司法之后的第四种权力，是公共安全信息传播的主要途径，是公众获取新闻的主要渠道，是公安机关和公众得以沟通和共同解决公共安全事务的桥梁。从公共安全事件爆发前的预警到事件发生时的舆论引导，直至事件结束后的社会秩序重建，媒体始终扮演着重要的角色。它既是公安机关与社会公众进行沟通的重要手段，又是公安机关良性合作的对象。公安机关要适应时代发展要求，努力提高与媒体打交道的能力，切实做到善待媒体、善管媒体、善用媒体，充分发挥媒体凝聚力量、舆论监督的积极作用。

从其发挥作用的影响角度划分，可将媒体在公共安全治理中的作用分为两类。

（一）媒体的积极作用

具体地说，媒体的积极作用包括：

1. 传递预警信息，引起社会重视；

2. 提供关于突发事件、灾害灾难事件的准确信息，满足公众在突发状态或紧急情况下的信息需求；

3. 当与公共安全事件管理组织缺乏有效沟通时，媒体可能成为公安机关最好的信息来源；

4. 充当政府的"耳目喉舌"，营造尊重事实而统一的社会舆论；

5. 设置公众新闻议程，整合社会力量参与公共事务的治理与监督；

6. 总结治安灾害灾难事件的经验教训，向社会宣传以防范事故的再次发生。

（二）媒体的消极作用

如果对涉警事务报道把握失度，媒体不仅不能成为公安机关解决突发事件的有力助手，还有可能产生消极阻碍的作用，给公安机关增加化解危机的难度。媒体可能产生的消极作用包括：

1. 瞒报漏报灾害灾难事件信息，导致事件处置丧失良机；

2. 随意发布信息，造成公安机关处置工作的被动；

3. 报道内容失实，引发社会公众心理恐慌；

4. 舆论监督失当，放大突发事件、灾害灾难事件或其他涉警事件的不良社会影响。

二、公安与媒体关系

公安机关与媒体同处上层建筑的统一体中，媒体既受政府（包括公安机关）制约，又在一定程度上影响政府工作（包括公安工作）。它作为公安机关与公众之间的桥梁和纽带，既引导公众，又需要满足公众需求；既是拥有部分公共权力的舆论部门，又是追求利润最大化的产业单位。部分公安机关领导干部对媒体这把"双刃剑"缺乏全面、深刻的认识，不擅于挖掘、利用其积极因素，不能以积极的态度主动与媒体合作，在互动中实现双赢。因而在一些可能给公安机关带来负面影响的案件或事件的报道中，就出现了媒体为提高收视率、订阅数和广告份额占有率而快速及自由地"轰油门"，警方为了维护公安形象而猛烈"踩刹车"的矛盾。因此，公安机关及其民警维护自身形象的有效途径之一，即利用媒体阵地合理地宣传自己，让公众更好地了解警方。而对于媒体发布的与公安机关及其民警有关的各种负面报道，公安机关要首先介入调查，把真相第一时间向公众说明，以打破在公众中启动的接受负面报道的级联效应，重新建立理解、接受警方观点的级联效应。公安机关要经常性地将服务公众的改革措施、实施办法、实施成效等信息通过多种媒体渠道向社会发布，通过多种媒体展现警方的精神风貌，积极、主动地做好自身的正面宣传。

在信息时代背景下，公安机关领导及民警都要转变观念，充分意识到媒体对权力运作的批评实质上是维护全社会成员法律权利的必要保障，是建设社会主义民主法治的重要一环，客观看待媒体对公安工作的监督和批评，理解媒体实现公民的知情权、表达权、监督权等社会功能，减少与媒体打交道过程中出现的失误和失当言行，杜绝与媒体发生冲突，以良好的心态面对媒体。在媒体采访中，公安机关领导干部要以科学的新闻观为统领、以方针政策为应答之本、以成熟开放的心态面对媒体、以合作的方式实现发言意图，同时，掌握说话的智慧、话语的分寸和应恪守的原则，充分听取民意，引导公众有序参与，最终与媒体共同达成向社会"说明事实、诠释政策、增信解疑、赢得支持"的目的。

孟建柱同志在 2013 年的全国政法工作会议上，向政法工作人员提出了"五大能力"建设，其中第三条指的就是新媒体时代社会沟通的能力，这就需要提升应对媒体的素养，维护公众的知情权和媒体的报道权，为警务工作的顺利开展创造良好的舆论氛围，各级公安机关要主动和善于与媒体打交道，这是工作的需要，也是党性的体现和能力的展示。公安机关与媒体作为矛盾的对立统一体，如何在互动中实现双赢，是公安机关领导干部应深入思考的问题，其关键在于把握好"四度"：态度，决定事件的发展方向；速度，左右事件的发展过程；尺度，决定事件的发展效果；梯度，决定事件发展的持续性。公安机关应主动制订宣传方案，联系和借助媒体搞好议程设置，即通过有选择、划层次、分梯度的报道把社会注意力和社会关注、公众关心的问题引导到特定的方向，使公安机关决策的权威性与新闻报道的影响力相结合，最终实现合力效应，树立警察良好形象。同时，媒体批评的角度能够帮助公安机关发现问题、改进工作、纠正失误。媒体与公安机关并不是对立的关系，只要处理得当，二者通过合作，完全可以建立起相互促进、共同发展的传播平台，形成公安机关借助媒体传播、媒体服务公众、公众信任公安机关的"双赢"甚至多赢的局面。

‖ 第四节　公安与公众关系 ‖

党的十八大提出，要建立"党委领导、政府负责、社会协同、公众参与、法治保障"的社会管理新格局。为此，各级党委和政府需要转变社会管理的基本理念：培养公众参与、志愿奉献精神；树立政府在社会管理中的责任意识，使各级政府主动承担社会管理职责，强化政府的社会管理职能，以适应社会主义市场经济体制发展的要求。同时，多元参与社会管理，推进加强社会管理方式创新，也是我国"十二五"规划纲要确定的一个重要方向。习近平同志于2017年5月19日举行的全国公安系统英雄模范立功集体表彰大会上强调，坚持人民公安为人民，全面加强正规化、专业化、职业化建设，做到对党忠诚、服务人民、执法公正、纪律严明。

公众是社会各类建设的重要资源，我们要依靠公众的力量为公众服务。所谓公众，即与特定的公共关系主体相互关系及相互作用的个人、群体或组织的总和，是公共关系传播沟通对象的总称。从本质上说，公安机关和公众之间的根本利益是一致的，有坚实的合作基础，公安机关应创新社会治理理念，为实现公安机关和公众的共同目标争取全社会的参与和支持。违法犯罪源于公众，发生于公众当中。公安工作必须依靠社会公众，才能事半功倍。而且公安工作的目标和人民的利益是一致的，理应得到人民的配合。具有公众意识的民警，能时时处处为公众利益着想，利用条件，创造条件，努力满足公众正当、合法的要求。同时，民警要慎待公众、尊重公众。

任何国家的警察建设与警务工作，都同公众的利益息息相关，其工作的成败也都同民心的向背、民力的发挥程度紧密相关。要正确处理公安机关与公众的关系，首先，必须自觉地运用唯物史观科学地认识公众在历史上的作用，离开人和人的活动，社会历史范围内的一切都无从谈起。历史唯物主义关于社会发展一般规律的原理，是同人民群众在历史上的作用的原理紧密联系的。因此，要充分认识和发挥公众在公安工作中的作用。在现代文明国家，不管其社会制度和警察类型如何，警察建设和警务工作的目标与组织实施都不可能脱离公众，必须维护广大公众的公共安全利益。公众是警察力量的源泉，公安工作如果离开民众，就会失去社会力量的基础。在一般情况下，公众的力量是潜在的，只有经过领导和组织动员，才能使它的作用得到充分发挥，要使公众支持和协助公安工作，必须充分运用各种方法调动公众的社会治安积极性，进而积极推进公安工作社会化。

《人民警察法》第3条规定："人民警察必须依靠人民的支持，保持同人民的密切联系，倾听人民的意见和建议，接受人民的监督，维护人民的利益，全心全意为人民服务。"这里的"人民"即人民群众，是法律意义的公众。人民警察实施警务活动依靠人民群众的规定，是因为群众路线是我党和政府工作的根本路线，人民警察必须依靠人民群众的支持来开展各项工作，经常保持同人民群众的密切联系。人民警察的力量来自于公众，公安工作的好与不好，最终也要由公众检验、评判。所以，公安机关人民警察必须时刻倾听公众的意见和建议，认真接受其通过各种方式和渠道进行的监督。

人民警察必须全心全意为人民服务，这既是"人民"这个前置词所决定的，更是作为无产阶级专政的国家机器的性质所决定的。人民警察要牢固树立和恪守"为人民服务"这个核心价值观，在思想、作风、纪律和行动上服从和服务于人民利益，时刻想着为人民无私奉献而非谋取私利；人民也会更加信任、支持公安工作，以极高的治安积极性参与到社会治安的治理活动中来。

《人民警察法》第34条第1款规定："人民警察依法执行职务，公民和组织应当给予支持和协助。公民和组织协助人民警察依法执行职务的行为受法律保护。对协助人民警察执行职务有显著成绩的，给予表彰和奖励。"第46条规定："公民或者组织对人民警察的违法、违纪行为，有权向人民警察机关或者人民检察院、行政监察机关检举、控告……"从上述法规表述可知，公安机关与公众之间的相互关系表现为以下四种基本关系：保护与被保护关系、服务与被服务关系、监督与被监督关系、资源接受与资源供给关系，公安机关在前两个关系中是施者，而非受者，在后两个关系中是受者，而非施者，即警民之间应当是平等的互动的关系，而不是自上而下的单向关系。因此，警民的和谐关系在本质上应当是良性的互动关系，具体有以下四个方面的内涵。

第一，相互沟通的关系。警民之间要保持顺畅的沟通渠道。通过相互沟通，警方获知公众与社会的意见表达和利益诉求，满足社会与公众对警方的知情权与监督权，进而共同参与社会治安问题的治理活动。应创新警民互动机制，以人民群众为警力后备，调动社会力量参与管理，形成警民联合互动的社会管理网络。做到加强与新闻媒体的沟通，促进公众对公安管理工作的理解和支持；依靠居民社区、社会组织、志愿团队，建设群防群治队伍；改进联系群众的工作方式，懂群众心理、懂群众语言、懂沟通技巧，提高群众工作能力。

第二，相互理解的关系。虽然从根本上说警民之间具有高度的一致性，但在社会管理传统的总体格局中，警方是管理者，社会公众是被管理者，二者是对立统一的关系。各自站在自己的立场去考虑价值目标与取向是角色的本能。因而，处理好警民关系十分需要相互理解，包括需要建立换位思考、推己及人等有益和谐的思维。

第三，相互尊重的关系。人的尊严是人权的基本内容，执法的权威是执法者必要的资本。警民之间的尊重首先表现为警方对人民群众当家做主的主人翁地位的尊重；其次表现为双方在人格尊严上的相互尊重；再次是社会公众对警察执法权威的尊重；最后是警民之间在身份上的平等与尊重。

第四，相互扶持的关系。公安工作离不开人民群众的支持，人民群众的民生利益也需要公安机关的维护，二者构成相互扶持的良好关系。公众对公安工作的支持主要表现在物质、能量和信息资源的供给；公安机关对公众的扶持主要表现在打击敌人、保卫人民、惩治犯罪、维护稳定、服务群众的各项工作任务中。

"民生"是十八大报告的"主角"，充分说明党将保障和改善民生摆在极其重要的位置。公安工作与民生息息相关，群众满意是衡量公安工作成效的根本标准。各级公安机关和广大公安民警要牢牢把握以人为本这一核心立场，始终坚持民意导向不动摇，着力做实做优民生警务，实现好、维护好、发展好最广大人民群众的根本利益。一要汲取民智。"要坚持问政于民、问需于民、问计于民，从人民伟大实践中汲取智慧和力量。"打造"民生警务"，群众最有发言权。要健全完善"开门评警"、"三访三评"等长效机制，积极搭建公安 QQ 群、公安微博等警民互动交流新平台，进一步加强与群众的沟通联系，广泛征求群众对公安工作的意见建议，为警务工作决策提供重要参考。二要顺应民意。坚持把民意作为政策制定、警务部署、工作调整、绩效评估最重要的依据，建立涉及群众切身利益事项由公众参与、专家论证的决策机制，推行社会公示、社会听证制度，充分保障群众的知情权、参与权、表达权、监督权，特别要加大民意在公安工作考评中的权重，引导各级公安机关紧紧围绕群众满意率开展工作，真正把调处矛盾纠纷、打击刑事犯罪、加强治安管理、便民利民服务等各项工作做到老百姓"心坎"上。三要护佑民安。把人民满意不满意、答应不答应、高兴不高兴作为判断和衡量公安工作的根本标准。坚持以人民期盼为念、为人民利益而战，紧紧围绕人民群众反映强烈的突出治安问题，深入开展对各类违法犯罪的打击整治，持续深化对各类安全隐患的排查治理，不断创新完善立体化、信息化社会治安防控体系，切实当好推进平安中国建设的主力军、保障人民生命财产安全的守护神，不断提升人民群众的安全感和满意度。要积极适应人民群众对维护自身权益的新关切，坚持维权与维稳相统一，健全完善社会矛盾风险预警和多元化解机制，积极推动完善群众利益协调和保护机制，进一步加强对各类矛盾纠纷的排查调处和依法治理，切实维护好人民群众合法合理的利益诉求，最大限度地增加社会和谐因素、最大限度地减少社会不和谐因素。要积极适应人民群众对高品质公共服务的新需求，坚持寓管理于服务之中，不断优化服务管理流程、提高服务管理效能，深入推进事关人民群众切身利益的户籍制度、居住证制度、异地办证制度、车检驾考制度等各项"放管服"改革和"互联网＋公安政务服务"意见的落实，继续研究推出更多服务经济社会发展、方便群众办事创业的新举措，着力扩大改革受益面，进一步增强人民群众的获得感和舒适度，努力用我们的辛勤指数提高人民群众的幸福指数。

‖ 第五节　跨国警务合作关系 ‖

随着当今"政府之上"的政治框架（如欧盟、联合国等）的形成，新兴的超国家治理被世界各国认可其解决司法和内政事务的重要性，如联合国毒品和犯罪署（UNODC）、国际刑事法庭等组织在刑事执法实践中即大显身手。在此背景下，我国公安机关与各国互相配合，在世界范围内的公共安全治理中的警务运作合作机制逐渐形成。

一、跨国警务合作的含义及方式

（一）跨国警务合作的含义

跨国警务合作，也称国际警务合作，是指不同国家的警察机关之间，根据本国法律或者参加的国际公约，在惩治国际性犯罪、维护国际社会秩序领域相互提供援助，协助配合的一种跨国执法行为。国际警务合作在处置有组织犯罪和恐怖主义犯罪过程中具有十分重要的作用。

跨国警务合作，包括狭义和广义两种。狭义的跨国警务合作仅指国际刑事警察组织框架内的合作，主要是在各国法律允许的范围内，相互开展通信联络、交流犯罪情报、协查办案、联合侦查、通缉和拘捕入境的在逃人员、调查取证、传递法律文书以及公民的紧急求助等，主要是围绕刑事案件侦查进行的合作。广义的跨国警务合作还应当包括各国间开展的刑事司法协助的有关内容，主要有在押人员出庭作证以及刑事诉讼转移和引渡等。

随着跨越国家界限合作领域的拓宽，跨国警务在不同的社会地理空间范围内不断演进，经常出现于地方警局、国家执法机构、区域组织和其他跨国实体的实务运作中，全球已逐步形成渐具规模的跨国警务合作网络（见表16－1）。

表 16-1　跨国警务合作网络

执法范围	体系	组织机构示例
地方	参与跨国警务协作的地方执法机构	禁毒队、特战队、反恐刑警队、国际刑警国家中心局、伦敦大都市警察厅"三叉戟"特勤队（主要针对涉枪犯罪）
国家	建构全国性的安全机制框架，应对全国性安全需求，与外国相关机构展开跨国合作	英国的组织侦缉署、军情六处、军情五局、政府通信总部，美国的联邦调查局、药品管理局、国土安全部，以及连接警察、海关、移民和机场安全部门的全国情报联动总部
区域	区域内的安全框架和组织	欧洲警察组织、欧盟边防署、南欧合作行动组织、打击跨国犯罪区域分中心；东南亚警长协会、东南亚国家警察协会；南非警察协会、波罗的海地区别动队；独联体国家取缔有组织犯罪合作署；加勒比地区警官协会、东加勒比区域安全系统、加勒比海关执法委员会；中亚地区信息合作中心；南亚区域合作委员会；太平洋诸岛警长协会
国际	负有外交使命的驻外警务联络官	英国的有组织犯罪调查局；美国联邦调查局、药品管理局、财政部、国家安全部；澳大利亚联邦警察厅；加拿大皇家骑警队
全球	业务广及全球的警务机构	国际刑警总部、联合国警务署、联合国毒品和犯罪署、世界海关组织、国际刑事法庭侦查部、艾格蒙特小组、国际金融特别行动小组

　　警务合作战略正在向国际化发展，警务实践也不断走向国际化，这种国际化已经深化到了前所未有的程度。虽然它远未形成具有超国家权力的国际警察执法实体，但是现今各国都赞同在双边或多边警务活动中进行更多合作。总而言之，一个建立在刑法规范趋同化、执法关系规范化之上，松散协调的国际犯罪控制的警务合作系统正逐步形成，并将发展成为 21 世纪全球公共安全治理中异军突起的、极具创新价值的领域。

　　（二）中国公安机关开展国际警务合作的途径及方式

　　1. 在国际刑警组织框架内开展多边合作。中国公安机关自 1984 年加入国际刑警组织以后，积极利用该组织框架内的网络系统与各国警方开展业务合作，具体方式有以个案形式开展联合侦查；利用情报自行侦查；利用国际刑警渠道缉捕、遣返在逃人员等。

2. 与周边国家开展双边合作。为了维护边境地区的社会秩序，中国公安机关积极谋求发展同周边国家警察机关的业务合作，以共同打击跨国犯罪活动。中国先后同俄罗斯、哈萨克斯坦、吉尔吉斯斯坦、乌克兰、越南、韩国等国的内政、司法部门签署了合作协议和备忘录。

3. 完成维和警务。所谓维和警务，即所有与派遣维和民事警察参与联合国维和行动有关的警务活动的总称。联合国维和民事警察，是指应联合国的请求，由会员国政府派往联合国维和行动任务区执行维和任务或开展相应维和警务的警察。联合国维和民事警察是联合国维和人员的组成之一，由联合国维和行动部下属的维和民事警察司统一部署指挥。1989 年，我国开始实际参与联合国维和行动。在中国维和警务实践中，中国警队依靠纪律、职业素养和团队精神在联合国维和任务区赢得了良好的声誉。

4. 派遣警务联络官。随着市场经济深入发展，受多种因素影响，涉外管理和打击国际性犯罪的压力增大，公安机关面临着新的犯罪形势的考验。对外派遣警务联络官是中国政府基于对国际国内形势的分析、判断和研究，为加强国际警务执法合作，进一步严密国际警务执法合作的网络布局，完成战略机遇期公安机关的历史使命而采取的重要举措之一。我国的警务联络官，是指由公安部派驻到我国驻外使领馆，以外交人员身份代表公安部与驻在国（地区）开展警务联络等项工作的公安民警。警务联络官接受所在国（地区）使领馆党委的统一领导，业务工作由公安部指导。1998 年，中国向美国派出新中国第一名警务联络官，当时称缉毒联络官，主要是为合作打击两国的毒品犯罪而设立。截至 2012 年 12 月底，公安部共在驻阿富汗、巴基斯坦、菲律宾、韩国、老挝、日本、沙特阿拉伯、塔吉克斯坦、缅甸、泰国、土耳其、南非、德国、俄罗斯、法国、哈萨克斯坦、吉尔吉斯斯坦、乌兹别克斯坦、意大利、英国、加拿大、美国、阿根廷使馆和驻哈巴罗夫斯克总领馆等 23 个国家 24 个驻外使领馆派驻了 38 名警务联络官，共协助办理各类跨国案件 2000 多起，缉捕、遣返或劝返犯罪嫌疑人 560 名，其中包括厦门特大走私犯罪嫌疑人赖昌星、重大经济犯罪嫌疑人高山等。警务联络官充分利用与所在国执法部门的良好合作关系，大力加强保护海外华人华侨工作，共协助侦破和处理在外中国公民受侵害案件近 2000 起，多次成功处置涉及我国的重大突发事件，并在境外成功解救被绑架的中国公民、被拐卖的中国妇女等，尤其是协助将湄公河"10·5"惨案主犯糯康缉捕并押解回国，有力地震慑了湄公河流域各种犯罪团伙的嚣张气焰，彰显了我国公安机关打击跨国犯罪、保护人民生命财产安全的坚定决心。

另外，我国的国际警务合作还包括推动国外的智力引进和出国培训以及其他对外警务援助任务等。随着中外友好关系的改善和发展，为适应打击国际性犯罪斗争的需要，我国正谋求与更多的国家建立更广泛、持续、有效的国际执法和司法合作的关系，国际警务执法合作的范围也会逐渐扩大。

【小结】

当前，政府一元主体社会管理模式已日渐式微，从一元主体管理转向多元主体共同治理将是未来社会管理的主要发展趋向。正因如此，以社会共治模式为理想设计，探寻社会多元主体管理的新路径，已成为公安机关走出社会管理现实困境的可行之道。因此，公安机关必须探寻如何处理与领导机关、相关部门、媒体、公众、国际警务部门等的多种外部关系之道，立足形成多元主体共同治理的工作格局。按照建立健全党委领导、政府负责、社会协调、公众参与的社会治理格局的要求，社会治理应当秉持党委政府领导、公安机关负责、相关部门配合、民间力量参与的原则，整合一切社会管理资源，形成社会治理齐抓共管的大格局。这是实现公安管理由单一主体向多元主体转化，由直接管理向直接、间接管理相结合转化，由单向管控向专业、社会、市场三方结合转化的重要举措。

【思考题】

1. 公安机关如何处理"两个领导"之间的关系？
2. 公安机关如何提高新媒体时代社会沟通的能力？
3. 网络时代如何构建和谐的警民关系？
4. 简述我国的国际警务合作实务与趋势。

第十七章 公安与中国特色社会主义建设

【教学重点与难点】
1. 公安与经济建设；2. 公安与政治建设；3. 公安与生态建设。

公安机关是中国特色社会主义建设的参与者和建设成果的守护者，公安机关和人民警察是推进中国特色社会主义事业不断发展的重要力量。公安机关作为治安行政力量和刑事执法力量，在社会主义经济建设、政治建设、文化建设、社会建设以及生态建设中都发挥着举足轻重的独特作用。

‖ 第一节 公安与经济建设 ‖

党的十八大指出，以经济建设为中心是兴国之要，发展仍是解决我国所有问题的关键。只有推动经济持续健康发展，才能筑牢国家繁荣富强、人民幸福安康、社会和谐稳定的物质基础。公安机关在经济建设中发挥着保驾护航的作用，公安与经济建设之间有着密不可分的关系。

一、公安与经济建设的关系

为经济建设服务是由公安机关的性质决定的。经济是基础，政治是经济的集中表现。马克思主义的这一基本观点指明，无论是变革上层建筑的政治革命，还是变革生产关系的社会革命，归根到底都是为了解放生产力。无产阶级在取得政权并大体上完成镇压剥削者的反抗以后，就应该及时地把发展生产放在首要地位。只有这样，才能建立起战胜旧制度、巩固新制度的物质基础。公安机关是人民民主专政的工具，它属于上层建筑的范畴，上层建筑必须服务、服从于经济基础。因此，公安工作必须以经济发展为中心，摆正公安工作的位置，发挥好公安工作在经济发展中的职能作用。

为经济建设服务，是稳定社会治安秩序、确保长治久安的治本措施。马克思在《〈政治经济学批判〉序言》中指出："物质生活的生产方式制约着整个社会生活、政治生活和经济生活的过程。"要想从根本上解决社会长治久安的问题，必须发展生产力、发展经济，只有经济发展了，才能达到长治久安的目的。公安机关是维护社会稳定的重要力量，但必须看到，只靠公安机关孤军作战，不能从根本上解决治安问题。应该说，和谐社会的建立，社会治安的好转，根本在于经济的发展。

为经济建设服务，是提高公安机关战斗力的重要渠道。要建设一支高素质的公安队伍，包括警力、装备、科技、管理等方面的综合能力的提高，必须加大投入。经济发展是促进和保障各项公安事业发展的基础，各项公安事业的发展离不开经济发展所提供的人、财、物等各种物质基础，经济发展的成就直接制约着各项公安事业发展的规模、速度和水平。只有把本地的经济发展起来，才能改善装备，解决经费和保障等问题，公安机关自身发展中遇到的问题才能迎刃而解。

二、努力增强公安机关服务经济建设的能力

（一）深入开展社会治安综合整治

要认真分析影响经济发展的突出治安问题，适时组织"严打"集中统一行动和专项斗争。要把整治企事业单位周边治安环境作为重点工作来抓，对横行企事业单位周边，滋扰、破坏企事业单位生产、生活秩序的各类流氓恶势力特别是带有黑社会性质的犯罪团伙，要严厉打击，除恶务尽，不断优化经济发展环境。

（二）严厉打击和严密防范经济犯罪活动

经济的健康、有序、快速发展是国家经济发展的目标，而经济犯罪是威胁国家经济安全的"杀手"。因此，必须严厉打击和积极防范经济犯罪。当前经济犯罪形势依然十分严峻，打击经济犯罪，维护经济安全任重道远。国际上，经济全球化、经济一体化进一步加快，国际经济竞争活动日益加剧，国际间的经济交流日益频繁，跨国跨境的经济犯罪日益增多，给我国的经济安全带来了更多的风险和不确定因素，经济安全问题在国家安全中的比重越来越大。从国内来看，金融体系不完善，金融领域大案要案频发，给金融安全带来不稳定，危及我国的经济安全；非法吸收公众存款、非法传销等违法案件的发生，严重地扰乱了正常的经济秩序，容易产生群体性事件，影响到社会稳定；知识产权犯罪严重侵害了经济活动的有序进行，经济犯罪活动已成为国家经济安全最直接的危害因素。而且，随着经济全球化的进一步发展和对外开放的进一步扩大，犯罪的诱因将会进一步增多，经济犯罪类型会层出不穷，维护经济安全的压力必将进一步加大，给公安机关带来更大压力。面临压力，公安机关尤其是经侦部门要不断提升自己的能力，有效地维护经济安全。同时，经侦部门还要积极协助纪检、监察部门和检察机关办理贪污腐败案件，严厉打击经济犯罪分子的嚣张气焰，为国家、集体和个人挽回经济损失，进一步维护社会主义市场经济秩序，有效保障社会主义市场经济正常运行，维护国家经济安全。

（三）努力为经济发展提供更多更好的优质服务

此方面应着重做好以下三个方面的工作：

1. 提高为经济发展服务的主动性。用心体察人民群众的意愿，真心实意地为

人民群众办好事、办实事，始终把人民群众的利益放在高于一切的位置，想人民群众之所想，急人民群众之所急，切切实实把服务的思想贯穿到各种日常公安工作中。

2. 努力提高办事效率。坚持公开、公平、公正、效率的原则，把各项公安行政管理，特别是出入境管理、交通车辆管理、消防管理和户籍管理等工作置于人民群众和社会的监督之下。进一步落实公示制、承诺制、警务公开制和定期向辖区群众报告工作的制度，通过公开办事制度、办事程序，增加公安工作的透明度，减少中间环节，提高办事效率。

3. 抓好公安队伍建设，不断提高为经济发展服务的业务水平。公安队伍的好坏往往决定着各项公安业务工作的水平，各项公安业务工作的水平又检验着公安队伍的好坏。公安队伍建设是搞好各项公安业务工作的基础，没有一支对党忠诚、服务人民、执法公正、纪律严明的公安队伍，就很难经受住严峻斗争形势的考验，承担起打击犯罪、维护社会治安稳定、为经济发展服务的重任。

‖ 第二节　公安与政治建设 ‖

中国特色社会主义政治是坚持党的领导、人民当家做主、依法治国的有机统一。中国共产党的领导是人民当家做主和依法治国的根本保证；人民当家做主是社会主义民主政治的本质和核心要求，是社会主义政治文明建设的根本出发点和归宿；依法治国是党领导人民治理国家的基本方略。发展社会主义民主政治，建设社会主义政治文明，是全面建成小康社会的重要目标。公安机关是我国人民民主专政政权中具有武装性质的治安行政和刑事司法专门机关，公安机关必须在社会主义政治文明建设的坐标系中准确定位，必须不遗余力地在社会主义政治文明建设中建功立业，为社会主义民主政治作出积极的贡献。

一、公安机关在社会主义民主政治建设中的作用

警察是国家机器的重要组成部分。我国公安机关是我国社会主义政治文明建设的重要物质表现之一，公安机关的功能和角色行为是我国社会主义政治文明最重要的现实表现之一。切实做好公安工作，切实维护社会政治稳定和治安大局的平稳，既是社会主义政治文明的具体内容，也是对社会主义政治文明建设的巨大贡献。公安机关在社会主义民主政治建设中的作用有以下几方面的表现。

（一）维护和巩固中国共产党的执政地位

中国共产党是中国特色社会主义事业的领导核心。党的领导对于建设社会主义政治文明的方向和性质具有决定意义，是建设社会主义政治文明的根本保证。离开了党的领导，就谈不上社会主义政治文明。因此，公安机关在新形势、新情况、新要求面前，必须与时俱进、突破创新，必须不遗余力地维护和巩固中国共产党的执

政地位。在公安实践中，就是要不遗余力地维护社会政治稳定，充分利用宪法和各种法律武器，同一切危害政治稳定的活动进行不妥协、完全彻底的坚决斗争，同一切国际国内敌对势力的渗透、颠覆和分裂活动进行不妥协、完全彻底的坚决斗争，建立和完善适应新形势下稳定工作需要的工作机制。

（二）维护和促进社会主义民主

社会主义政治文明的关键是实现政治运行的制度化、规范化、程序化。人民当家做主是具有实质性内容的政治原则和政治形式。人民当家做主权利的实现，必须靠健全的政治运行机制来保证，靠行之有效的法律制度来保证。建立社会主义民主政治是社会主义现代化建设的根本目的，公安机关应当为健全、完善社会主义民主政治作出不懈努力。必须全力维护民主制度的不断完善，切实保护民主选举、民主决策、民主管理和民主监督等各项民主制度的落实。要切实维护人民群众以各种形式有序参与民主政治的权力，确保各级人大和人民政协工作的正常运转。公安机关必须对破坏这些民主制度的活动进行及时、坚决而有力的打击，同时，要切实克服特权思想，依法保障宪法赋予人民群众的各种权利和自由，切实尊重和保护人权。必须积极维护和促进民族团结，旗帜鲜明地反对民族歧视，依法正确处理涉及民族问题的治安问题和其他纠纷。要积极支持和促进国家宗教政策的落实，与有关部门协同配合，依法协助管理宗教事务，"保护合法，取缔非法，打击犯罪"，使宗教与社会主义社会相适应。

（三）坚持有法可依、有法必依、执法必严、违法必究的法治原则

充分发挥公安机关在社会主义法制建设中的重要作用，维护社会公平正义，弘扬社会正气。公安机关和人民警察要努力争做遵守、维护宪法和法律的楷模，必须以"三个代表"重要思想和科学发展观为指针，认真学习、广泛宣传我国宪法和法律，推动和促进全民法律意识的提高，模范地遵守和积极地维护我国宪法，在一切执法活动中严格按照有法必依、执法必严、违法必究的法治原则办事，在一切执法活动中充分地体现出在法律面前人人平等的精神，誓死捍卫宪法和法律法规的尊严，必须依法严厉打击各种犯罪活动，坚决扫除社会丑恶现象，坚持打防结合、预防为主，切实保障人民群众的生命财产安全，切实保持良好的社会秩序。与此同时，公安机关应当勇敢而全面地接受党和人民的监督、司法监督，勇敢而全面地接受来自社会各方面的监督。为加强社会主义法制建设，切实维护社会公正与正义，全面实施"依法治国"作出贡献。

二、努力提升公安机关参与社会主义民主政治建设的能力

（一）必须坚持党对公安工作绝对领导的原则

这是政治建警的必然要求，更是巩固党的执政地位、维护国家长治久安的必然要求。只有坚持党的领导，公安机关才能正确发挥其职能作用；只有坚持党的领导，才能保证法律赋予的公安机关权力的正确运用；同时，党的领导是公安决策正

确性的根本保证；公安工作具有广泛的社会性，需要党的领导去动员、组织和协调各方面的力量。因此，公安工作服从中国共产党的领导是绝对的、无条件的。

（二）切实改进公安工作作风，始终同人民群众保持血肉联系

公安工作的群众路线，是党和政府群众路线在公安工作中的具体体现，也是公安机关的优良传统。公安机关和人民警察必须时刻铭记手中的权力是党和人民赋予的，必须始终坚持执政为民的理念，在一切公安工作中，要利用一切机会依法实现好、发展好、维护好人民群众根本利益，要常怀爱民之心，恪守为民之责，多办利民之事，始终做到权为民所用、情为民所系、利为民所谋。应在公安工作的实践中，努力践行全心全意为人民服务的宗旨，不断增强为人民谋利益的自觉性、主动性和坚定性。

（三）发挥依法治国的表率作用

依法治国，就是广大人民群众在党的领导下，依照宪法和法律规定，通过各种途径和形式管理国家事务，管理经济文化事业，管理社会事务，保证国家各项工作依法进行，逐步实现社会主义民主的制度化、法律化。公安机关和人民警察必须带头遵守、维护宪法和法律的权威，在宪法和法律范围内活动，严格依法办事，为全体公民作出依法办事的表率，努力成为依法办事的先锋和楷模；要克服特权思想，增强人权意识；在公安执法活动中，要重调查研究、重证据，严禁刑讯逼供，坚决抵制和反对与社会主义政治文明建设不相容的东西。

‖ 第三节 公安与文化建设 ‖

全面建成小康社会，实现中华民族伟大复兴，必须推动社会主义文化大发展大繁荣，提高国家文化软实力。建设社会主义文化强国，必须走中国特色社会主义文化发展道路，坚持为人民服务、为社会主义服务的方向，坚持百花齐放、百家争鸣的方针，坚持贴近实际、贴近生活、贴近群众的原则，推动社会主义精神文明和物质文明全面发展，建设面向现代化、面向世界、面向未来的，民族的、科学的、大众的社会主义文化。公安工作与社会主义文化建设有着密切的关系，应努力实现二者的良性互动。

一、公安机关和人民警察是社会主义文化建设的重要力量

公安机关在维护良好的文化环境和净化社会风气中发挥着不可替代的作用，是社会主义文化建设的直接参与者。公安机关对文化环境的维护作用主要表现在以下方面：第一，深入持久地开展"扫黄打非"工作，净化社会文化环境。治安部门的不断深化扫黄打非工作，全力封堵和查缴非法出版物，扫除淫秽色情出版物；严厉打击制贩盗版光盘、盗版盗印教材和教辅读物等犯罪活动；充分运用刑事和行政处罚手段，依法加大对走私、制贩非法出版物违法犯罪活动的打击力度。第二，治

理校园及周边环境。加强对网吧和学校周边的定点巡逻控制，严密防范、严厉打击针对学校师生的抢劫、抢夺、盗窃等违法犯罪活动，坚决铲除犯罪团伙和黑恶势力。会同有关部门加强对校园周边的出租屋、歌舞厅、电子游戏厅、彩票点、成人用品店以及非法经营的书刊、音像摊点的清查清理，坚决扫除"黄赌毒"等社会丑恶现象，确保校园周边环境的安全。第三，网监部门清理整治互联网上的低俗内容。侦破网络淫秽色情违规案件，处理在互联网上散布反动、赌博等有害信息的网站；强化对互联网的安全监督，对违规从事新闻信息服务和传播有害信息的网站进行查处；对攻击破坏网络和传播计算机病毒等违规犯罪活动进行打击。公安机关应以实际行动为塑造健康向上的社会主义文化作出了巨大贡献。

二、公安文化是社会主义文化的重要组成部分

公安文化是和谐社会主义文化的重要组成部分，公安文化的建设和发展对社会主义文化建设的发展起着重要的推动作用。公安文化建设作为行业文化建设，是思想道德建设和科学文化建设的重要阵地，承担着维护公平正义的重大使命，在社会主义文化建设中发挥着不可替代的作用。在公安工作中体现的严格执法、热情服务、公平正义等理念，既体现了社会主义核心价值体系的基本精神，也促进了社会主义文化的发展。因此，大力推进公安文化建设，是推进全社会文化建设的重要途径之一。

三、社会主义文化是公安文化建设的基础

公安文化建设要以社会主义核心价值体系为主导。当前人们的精神生活和文化生活丰富多彩，人们的价值观念也在多样化地加速发展，社会主义的主流文化受到了挑战。要迎接这方面的挑战，需要我们做很多工作，但其中至关重要的就是建设社会主义核心价值体系，大力发展和倡导社会主义先进文化。而加强公安文化建设是发展社会主义先进文化的重要组成部分。在加强公安文化建设过程中，坚持以社会主义核心价值体系为指导，对于公安文化的成功建设有重大的意义。江泽民同志曾指出："如果动摇了马列主义、毛泽东思想、邓小平理论这个精神支柱，动摇了建设有中国特色社会主义的共同理想，就会导致思想混乱、社会动乱，那将是党、国家和民族的灾难。"因此，建设公安文化，第一位就是坚持马克思主义的指导地位。这是由警察的性质所决定的。警察是阶级专政的重要工具，是按照统治阶级的意志，依靠暴力、强制的特殊手段维护国家统治和社会治安的武装性质的治安行政力量，被赋予了一定的国家权力，它使用这个权力去忠实执行统治阶级的国家意志，无条件地执行国家的政治法律，这从根本上决定了公安文化必须具有强烈的政治性。表现在意识形态层面上就是我们必须坚持马克思主义的指导地位。另外，公安文化的核心是人民警察共同遵守的职业道德规范、纪律作风建设、执法工作程序等诸多内容的提炼，表现出积极、健康、向上的品格，诸如忠诚可靠、秉公执法、

英勇善战、纪律严明、无私奉献等，都具有时代的先进性。而这些精神的形成，更要以中国特色社会主义共同理想作为公安文化建设的核心内容，以爱国主义和优秀的民族精神作为公安文化建设的主旋律，以社会主义荣辱观作为公安文化建设的道德准则。因此，建设公安文化，最重要的是要以社会主义核心价值体系为根本，以此为公安文化建设奠定共同的、坚实的思想道德基础。

‖ 第四节　公安与社会建设 ‖

加强社会建设，是社会和谐稳定的重要保证。必须从维护最广大人民根本利益的高度，加快健全基本公共服务体系，加强和创新社会管理，推动社会主义和谐社会建设。党的十八大指出，创新社会管理应加强和改进党对政法工作的领导，加强政法队伍建设，切实肩负起中国特色社会主义事业建设者、捍卫者的职责使命；深化平安建设，完善立体化社会治安防控体系，强化司法基本保障，依法防范和惩治违法犯罪活动，保障人民生命财产安全；完善国家安全战略和工作机制，高度警惕和坚决防范敌对势力的分裂、渗透、颠覆活动，确保国家安全。公安作为重要的政法力量，在社会主义和谐社会建设中发挥着重要的作用。

一、公安工作对社会建设的影响

（一）公安机关是维护社会和谐的主力军

"在新的历史时期，发展和稳定是两大关键。国家安全和社会稳定是发展的第一前提，发展是公安机关维护国家安全和社会稳定的有力保障，两者相辅相成，相互推动，缺一不可。"① 在维护国家安全和政治稳定中，公安机关具有不可替代的主力军作用，必须牢固树立维护国家安全和政治稳定的职能意识，始终站在对敌斗争的第一线，努力保持国家安全和政治稳定。在驾驭社会治安复杂局势中，公安机关具有超前防控、主动出击的主体作用，必须在提高攻坚破案能力、超前防控能力上下功夫，以有效控制社会治安局势，确保社会治安大局持续平稳。在处置群体性突发事件中，公安机关具有超前预警、先期控制的主导作用，必须充分发挥职能优势，一方面当好党委、政府的参谋助手，及时发现、疏导和化解社会矛盾，另一方面与有关部门密切配合，积极应对和妥善处置好各类突发事件，努力降低社会风险。在为经济社会发展服务中，公安机关具有保驾护航的主动服务作用，必须以为市场主体服务和创造良好发展环境作为加强和改进社会管理的主要方向，更新工作理念、改进管理方式、增强服务意识、拓宽服务领域，推进经济社会持续、快速、健康发展。

---

① 贺电．论立足警务本职促进公安工作科学发展．湖北警官学院学报，2012（10）．

（二）公安机关是调解社会矛盾的主渠道

由于社会的深刻变化，大多数社会矛盾和问题因为涉及社会稳定而最终进入公安工作领域，法律手段也成为调解社会关系的主要手段，公安机关已成为调节社会矛盾的主渠道之一。随着人民群众民主法制意识的不断增强，对执法公正和效率提出了新的更高要求，公安机关成为人民群众关注的热点部门。由于公安机关不可替代的重要地位和作用，敌对势力日益把公安机关作为对我进行西化、分化的重要突破口，执法工作的每个失误都会对社会产生不良影响，有的还会被敌对势力所利用。可以说，公安工作的状况在很大程度上关系到和谐社会建设的成效。

二、公安社会管理工作的创新

公安机关应充分认识自身在社会主义和谐社会建设中的独特作用，强化担当意识，主动创新社会管理方式，不断增强服务和谐社会建设的本领。

（一）不断创新社会管理的理念

"社会治安管理是公安机关为促进社会系统协调运转，以法律和行政的手段对社会成员的行为进行规范，对社会体系的组成部分进行组织、服务、监督和查处的过程。"① 社会管理是手段，目的是维护正常的社会秩序，促进社会和谐稳定，满足人民群众日益增长的物质文化需要。基于此，我们在创新社会管理中，必须遵循以人为本的核心理念，彻底摒弃以往重管理、轻服务的倾向，将人民群众的需要作为管理的出发点和落脚点，始终坚持在关注民生、惠及民利、维护民权、保障民安上做文章，着力解决好社会治安、安全生产、环境保护等人民群众最关心、最直接、最现实的问题，真正从源头上减少因利益冲突引发的社会矛盾。同时，推行人性化管理、亲情化服务、公平化待遇，把管理寓于服务之中，在管理中提高服务能力，在服务中提高管理水平，切实让老百姓在社会管理创新中感受到服务便捷、管理有序、社会和谐。

（二）公安社会管理创新必须切实调动广大民警的积极性

广大民警是公安社会管理创新的实践主体，充分调动民警工作的积极性，真正激发警务动力，是公安社会管理创新顺利推进的重要保障。要"相信民警、依靠民警、关心民警、惠及民警"，全力打造学习型、创新型、亲民型、服务型公安队伍，坚持不懈地育警、励警、强警、律警、惠警，以事业激励警心，以关爱温暖警心，以待遇慰勉警心，进一步增强民警的成就感、幸福感和归属感，不断提高公安队伍的凝聚力、战斗力和创造力，为公安社会管理创新提供源源不断的主体动力。

（三）公安社会管理创新必须立足形成齐抓共管的工作格局

按照建立健全党委领导、政府负责、社会协调、公众参与的社会管理格局的要求，公安社会管理创新应当秉持党委政府领导、公安机关负责、相关部门配合、民

---

① 贺电．论立足警务本职促进公安工作科学发展．湖北警官学院学报，2012（10）．

间力量参与的原则，整合一切社会管理资源，形成公安社会管理齐抓共管的大格局。公安社会管理大格局，是实现公安管理由单一主体向多元主体转化、由直接管理向直接、间接相结合转化、由单向管控向专业、社会、市场三方结合转化的重要举措，是以高端统筹为保障，以专业防控为基础，以群防群治为依托，形成的统一指挥、信息共享、反应灵活、协调有序的公安社会管理工作体系。

‖第五节　公安与生态建设‖

党的十八大报告指出："建设生态文明，是关系人民福祉、关乎民族未来的长远大计。把生态文明建设放在突出地位，融入经济建设、政治建设、文化建设、社会建设各方面和全过程。"把生态文明建设纳入"五位一体"的总体布局，放在突出地位，并强调加强生态文明制度建设，充分体现了国家对生态文明建设的高度重视。

一、公安在生态建设中的作用

（一）公安是生态建设的重要生力军

关于生态文明建设的战略任务，十八大报告提出了"优、节、保、建四大战略任务。一是优化国土空间开发格局；二是全面促进资源节约；三是加大自然生态系统和环境保护力度；四是加强生态文明制度建设。从源头上扭转生态环境恶化趋势，为人民创造良好的生产生活环境，为全球生态安全作出贡献"。要完成如此艰巨的任务，达到建设美丽中国、为全球生态安全作贡献的最终目的，需要公安机关的精心组织和积极参与。第一，公安机关的性质决定了公安机关是生态建设的后盾和保障，是维护生态安全的重要执法力量；第二，公安机关队伍庞大、人员众多，做好公安机关自身建设就是生态建设的一个重要组成部分；第三，公安机关是国家的"窗口"部门，做好公安机关的自身建设有利于促进生态建设各项工作的开展。

（二）公安是生态建设关键领域的主要维护者

十八大报告强调："生态文明建设面对资源约束趋紧、环境污染严重、生态系统退化的严峻形势"，森林资源总量的不足严重威胁着人类的生活环境。目前，我国仍是一个缺林少绿、生态脆弱的国家，森林覆盖率仅为20.36%，不足世界平均水平的70%，沙化土地和水土流失面积分别超过国土面积的1/5和1/3。由此带来的生态环境恶劣、生态承载力不高等问题，已经成为制约建设生态文明的短板。因此，在建设生态文明的过程中，保护森林和湿地显得尤为重要。森林公安是专门保护森林及野生动植物资源、保护生态安全、维护林区社会治安秩序的人民警察，是生态产品生产的主要阵地的监督者，更是生态建设的核心力量之一。新时期的森林公安担负着保护森林、湿地、荒漠三大生态系统和维护生物多样性的艰巨任务。长期以来，森林公安坚持以保护森林资源为天职，在全力做好森林防火工作的同时，针对乱垦滥占林地、乱砍盗伐林木、乱捕滥猎野生动物、乱采滥挖野生植物等破坏森林资源的违法行为，开展了专项打击活动，为保护森林和野生动植物资源、维护林区社会治安秩序、巩固生态成果、保障林业建设事业的顺利进行发挥了重要作用，为国家的生态建设作出了突出贡献，也必将为今后建设"生态文明"战略的顺利实施保驾护航。

二、努力增强公安机关在生态建设中的履职能力

（一）加强公安机关队伍建设

一是进一步完善公安机关特别是森林公安机关的管理体制，进一步明确权责，探索成立"环保警察"，开展对生态安全保护的专项执法。二是提高公安机关人民警察的执法素质和执法水平，切实提高履职能力。三是增强公安机关人民警察维护生态安全的责任感和使命感，维护生态安全。当前，建设美丽中国已经上升为国家战略，公安机关人民警察必须解放思想、提高认识、积极工作、取得实效。

（二）加大对破坏生态建设的违法犯罪行为的打击力度

一是突出重点，积极组织开展专项整治行动。本着"哪类犯罪突出就重点打击哪类犯罪，哪类治安问题突出就解决哪类治安问题"的原则，适时组织开展专项整治行动。二是重拳出击，坚决查处大要案件。树立"破案是硬道理"的理念，采取上级督办、挂牌督办、异地查办、联合办案、新闻媒体曝光等方式，集中警力，重点查处受地方保护主义干扰、媒体关注、群众关心、影响恶劣的大要案件，通过查处大要案件，有效震慑犯罪，教育广大群众。三是建立快速有力的打击处理机制。正确处理好临时性"严打"与常规性工作的关系，将"严打"方针始终贯彻到日常工作之中，不能顾此失彼。

（三）协调各方，密切配合，形成合力

仅靠公安机关自身，很多工作难以推动，必须充分调动各方面的积极性，形成强大的合力。从公安机关内部来说，以森林公安为主导，其他各警种、各地区、各部门相互配合，信息、资源、力量同享共用，形成推动专项工作的合力，要联手加大管理、执法、监督力度，形成日常保护生态安全的整体合力。从外部看，要进一步建立健全公安、林业、海洋、环境、国土、水利、海关、工商、检察院、法院等部门之间的协调机制，加大办案协作力度，通过联合开展专项行动，形成对破坏生态建设违法犯罪的高压打击态势。

【小结】

十八大报告在第二部分"夺取中国特色社会主义新胜利"中明确指出："建设中国特色社会主义，总依据是社会主义初级阶段，总布局是五位一体，总任务是实现社会主义现代化和中华民族伟大复兴。"将生态文明建设与经济建设、政治建设、文化建设、社会建设相并列，形成建设中国特色社会主义五位一体的总布局。

这是新时期和今后一段时间我国社会主义现代化建设的纲领性文件。作为我国人民民主专政政权中具有武装性质的治安行政和刑事司法力量的公安机关，必须忠实履行国家意志，为建设中国特色的社会主义国家保驾护航。

本章从公安与经济建设、公安与政治建设、公安与文化建设、公安与社会建设、公安与生态建设五个方面，全面阐述了公安与中国特色社会主义建设的关系。

【思考题】

1. 公安与经济建设的关系怎样？如何增强公安服务经济建设的能力？

2. 公安机关在社会主义民主政治建设中有什么作用？如何增强公安服务政治建设的能力？

3. 为什么说公安机关和人民警察是社会主义文化建设的重要力量？如何增强公安服务文化建设的能力？

4. 简要说明公安机关对社会建设的影响，以及如何增强公安服务社会建设的能力。

5. 公安在生态建设中有什么作用？如何增强公安服务生态建设的能力？

第六编　公安的保障

第十八章 公安队伍建设

【教学重点与难点】

1. 人民警察队伍的正规化建设；2. 人民警察的权益保障；3. 人民警察的激励机制。

‖ 第一节 人民警察警种的设置与招录 ‖

一、人民警察警种的设置

警种是依据警察职位及工作特征对人民警察做出的类别划分。公安机关为了使人民警察更好地履行职责、完成各项工作任务，设置了不同的业务部门，从而形成了不同的警种。人民警察的主要警种及其职责如下：

（一）治安警察

治安警察是负责维护社会治安秩序、保障公共安全的人民警察。其主要职责是：依据国家有关法律法规进行社会治安管理，维护社会治安秩序；处理治安案件；管理特种行业；查禁违禁物品；预防犯罪；了解并掌握社会治安动态；预防和处理治安灾害事故；进行治安巡逻；发动群众维护社会治安秩序；等等。

（二）户籍警察

户籍警察是负责管理户籍、掌握户口动态等户政工作的人民警察。其主要职责是：执行户口管理制度，做好户籍管理和人口统计工作。

（三）刑事警察

刑事警察是负责刑事案件侦破工作的人民警察。刑事警察包括刑事侦查人员和从事刑事科学技术的法医、化验员、鉴定员、警犬训练员等。其主要职责是：依据国家有关法律法规进行公开的、秘密的专门调查以及运用刑事科学技术揭露和打击刑事犯罪；运用公开管理手段、秘密力量和群众联防控制社会上的复杂场所，限制和缩小犯罪分子的活动空间；研究犯罪分子的活动规律，防范刑事犯罪活动。

（四）交通警察

交通警察是负责维护交通安全和交通秩序、处理交通事故、进行交通安全管理工作的人民警察。其主要职责是：依据国家有关法律法规对道路、行人、车辆和驾驶人员进行管理；预防和处理交通事故；开展交通安全的宣传教育；维护交通秩序，保障交通安全和道路通畅。

（五）外事警察

外事警察是维护国家主权和安全，对进出我国国（边）境的外国人（包括无国籍人）和我国公民进行管理的人民警察。其主要职责是：依据国家有关法律法规对我国公民出入境和外国人入出境、居留、旅行进行管理；对我国公民和外国人违反出入境管理法律法规行为进行处理；发现和处理来华外国人的违法犯罪活动等。

（六）巡逻警察

巡逻警察是指在一定路线或一定地段用巡逻的方式进行公安勤务活动的人民警察。其主要职责是：维护辖区内的治安秩序，预防和制止违法犯罪活动；参加处置灾害性事故；维护交通秩序；接受报警；劝解、制止公共场所发生的民事纠纷；为社会和公民提供救助和服务；等等。

（七）督查警察

督查警察是对公安机关的人民警察执行法律法规、遵守纪律的情况进行监督的人民警察。其主要职责是对下列事项进行监督：重要的警务部署、措施、活动的组织实施情况；重大社会活动的秩序维护和重点地区、场所治安管理的组织实施情况；治安突发事件处置的情况；刑事案件、治安案件的立案、侦查、调查、处罚和强制措施的实施情况；治安、交通、户政、出入境等公安行政管理法律、法规的执行情况；使用武器、警械以及警用车辆、警用标志的情况；处置公民报警、请求救助和控告申诉的情况；文明执勤、文明执法和遵守警容风纪规定的情况；组织管理和警务保障的情况；履行职责、行使职权和遵守纪律及其他情况。

（八）边防警察

边防警察是负责维护我国边境地区的社会治安、处理边境涉外事务的人民警察。边防警察以前实行义务兵役制，属中国人民武装警察部队序列。1997年，经国务院批准在北京、天津、上海、广州、深圳、珠海、汕头、厦门、海口九个城市进行了边防检查职业化改革试点，由兵役制改为职业制人民警察。边防警察的主要职责是：在陆地边防线和近海海域进行巡逻和警戒；在边防口岸进行武装警卫；依法管理边境地区的社会治安；在边防口岸和民航机场进行边防检查、安全检查；防止非法越境，防范、打击各类刑事犯罪和破坏活动，保障国家安全。

（九）消防警察

消防警察是同火灾作斗争的人民警察。消防警察实行义务兵役制，属中国人民武装警察部队序列。其主要职责是：依据国家有关法律法规进行消防监督管理；预防、警戒和扑灭火灾；对企业专职消防队和群众义务消防队进行业务指导；向群众进行防火灭火的宣传教育。

（十）网络警察

网络警察是指从事公共信息网络安全监察工作的人民警察。网络警察的主要职责是：宣传计算机信息系统安全保护方面的法律法规和规章；检查计算机信息系统安全保卫工作；管理计算机病毒和其他有害数据的防治工作；监督、检查计算机信息系统安全专用产品的销售活动；查处危害计算机信息系统安全的违法犯罪案件。

（十一）警卫警察

警卫警察是公安机关中实行现役制的警种之一。其主要职责是：依法警卫国家规定的特定人员，守卫重要的场所和设施。

（十二）经济犯罪侦查警察

经济犯罪侦查警察的工作就是对金融犯罪、经济诈骗等各类经济犯罪案件进行侦查，为破获经济犯罪案件提供有力依据，从而保护国家和公民的财产安全。其主要职责是：对走私假币、出售、购买、运输假币、金融工作人员购买假币、以假币换取货币等一些经济案件进行侦查；对擅自设立金融机构、虚报注册资本、虚假出资、抽逃出资、隐匿、销毁会计资料等一些金融犯罪进行侦查；对集资诈骗、贷款诈骗、票据诈骗、金融凭证诈骗案、信用证诈骗、信用卡诈骗等经济诈骗案件进行侦查；对国有公司、企业、事业单位人员失职、滥用职权徇私舞弊低价折股、出售国有资产的违法犯罪行为进行侦查；对伪造、变造金融票证、国家有价证券、股票、公司、企业债券以及擅自发行股票、公司、企业债券等经济犯罪进行侦查；对其他经济犯罪进行侦查。

（十三）特种警察

特种警察简称"特警"。其主要职责是：处置突发事件，包括处置严重暴力犯罪事件；处置暴乱、骚乱事件；处置大规模流氓滋事事件等重大治安事件；处置对抗性强的群体性事件；担负重大活动的安全保卫任务；担负特定的巡逻执勤任务；等等。

（十四）禁毒警察

禁毒警察是负责预防和打击毒品犯罪的警察。其主要职责是：掌握毒品违法犯罪动态，研究、制定预防、打击对策；组织、指导和监督对毒品犯罪案件的侦查工作，参与侦查或直接承办重特大贩毒案件的侦破；组织、指导禁毒宣传和预防教育工作，开展易制毒化学品、精神药物和麻醉药品管理秩序专项治理行动等；掌握禁毒情报信息，指导、协调禁毒信息系统的建设和管理。

（十五）监所警察

监所警察主要是指负责公安机关管理的看守所、拘留所管理的警察。其主要职责是看守、管教，即看住在押人员，防止意外事件等发生，管束在押人员，制止"牢头狱霸"，教育其好好改造，争取宽大处理。

（十六）国内安全保卫警察

国内安全保卫警察是指负责国内安全保卫工作的警察。其主要职责是：负责处理以各种形式威胁中华人民共和国政权安全的政治性刑事案件，不包括间谍案件；国家安全部门则是负责国内反间谍案件的侦查，与公安机关的国内安全保卫部门在业务上是互为补充的。

（十七）法制警察

法制警察负责所有刑事拘留、提请逮捕、取保候审等工作的审核，即法制部门是公安机关的执法监督部门。

此外，还有专业公安机关的人民警察，主要是指在铁路、航空、林业、海关等特殊行业从事警务活动的警务人员。我国专业公安机关的人民警察有：

（一）铁路警察

铁路警察是指专门负责铁路安全，维护铁路治安秩序，依法在铁路系统实施警务活动的人民警察。铁路警察的职责是：依据国家有关法律法规对铁路内部车站、货场以及列车的人员、旅客、货物进行治安管理，预防、打击各种违法犯罪活动，维护铁路运输安全。

（二）民航警察

民航警察是指专门负责维护航空场站、航空器和空中运输安全和治安秩序的人民警察。民航警察的职责是：预防、打击刑事犯罪分子对民用航空器、设备的破坏活动，保卫航空器的正常飞行，保卫航空场站和其他要害部位安全，实施安全监督管理，防止治安灾害事故发生，维护机场秩序和安全。

（三）森林警察

森林警察是指专门保护森林及野生动植物资源、保护生态安全、维护林区社会治安秩序的人民警察。森林警察的职责是：依据国家有关法律法规查处破坏森林和野生动植物的刑事、行政案件和林业治安案件，保护森林资源和野生动植物资源；严厉打击林区严重刑事犯罪，维护林区社会治安秩序，保障林业生产发展；开展法制宣传教育，增强林区广大干部、群众的法制观念；加强护林防火宣传，查处森林火灾案件，减少森林火灾。

（四）航运警察

航运警察是指专门负责管理海上、内河航运公共秩序与安全，维护港口、码头治安秩序的人民警察。航运警察的职责是：负责船舶、港口、码头的治安秩序，预防和制止治安灾害事故，对海上、内河水域的船舶进行安全监督管理，打击各种犯罪活动，确保航行运输和旅客的生命财产安全。

（五）缉私警察

缉私警察是指专门负责在海关依法查缉走私犯罪案件的人民警察。缉私警察的职责是：在中国海关境内，依法查缉涉税走私犯罪案件；对海关调查部门、地方公安机关（包括公安边防部门）和工商等行政执法部门查获移交的走私犯罪案件和走私犯罪嫌疑人，依法进行侦查、拘留、逮捕和预审工作；对发生在海关监管区内的走私武器、弹药、毒品、伪造的货币、淫秽物品、反动宣传品、文物等非涉税走私犯罪案件进行立案侦查；依法受理、查办与走私犯罪案件有关的申诉，办理国家赔偿；承办国务院、海关总署、公安部交办的重大走私案件和其他事项。

虽然公安机关内部作了警种上的划分，然而人民警察是个整体，其战斗力取决于各警种协同作战、整体作战的能力。因此，各警种之间的分工是根据各警种的任务、职责、权限的不同而划分的，其目的是便于日常工作。这种分工是相对的，在发生重大事件或突发性事件时，往往是各警种联合作战，在需要履行职责时，不允许人民警察借口不属于其职责范围而拒绝执行。

随着社会形势的发展和变化，公安机关内部警种的划分及各警种的职能内容也会随之作相应调整。因为打击违法犯罪及维护社会治安的需要，会出现一些新的警种，如根据我国高发的劫持人质、绑架等案件形势，一些专家学者建议在我国公安机关内部设立新的警种"谈判专家"，事实上部分公安机关已经根据本地的实际情况设置了谈判专家。在增加新的警种的同时，也会根据需要调整现有警种，如因为现行勤务模式中警种分工过细，各警种之间因职能交叉重叠，常出现职责不清甚至互相推诿的现象，容易出现重复劳动。改革警种、弱化部分警种概念、一警多能成为现实需要，如广东部分地区出现了把交、巡警合一的做法，在打击街面违法犯罪方面起到了很好的作用。

从国际上的情况来看，西方很多国家警种上的划分，没有交警、治安警、刑警等说法，无论什么警种，都肩负着打击违法犯罪的使命。警种的划分，固然可以分工明确、各司其职，但随着社会的进步和经济的发展，警种的划分越来越呈现出诸多弊端：警种划分越细越容易出现空白点，警种越多越容易造成互相推诿扯皮。为有效地解决公安机关特别是基层公安机关内部多警种、机关化问题，一些地方公安机关进行了警务改革，打破了警种划分，淡化了警种概念，把警察职责全方位化，整合有限的警力资源，最大限度地把警力摆上街面，加强路（街）面打、防、管、控工作，增强了动态治安控制水平。

二、人民警察的招录

（一）招录的含义和特点

1. 招录的含义。公安机关人民警察的招录，是指公安机关按照有关法律、法规和规章规定的条件与程序，招收主任科员以下非领导职务的人民警察的活动。它是公安人事管理的一个重要环节。公安人事管理是由诸多环节组成的动态过程，其中，录用是公安人事管理的"入口"。这个"入口"能否把握严格，人员招录是否得当，直接关系到人民警察素质的高低、组织战斗力的强弱及管理活动效益的优劣，甚至关系到公安工作能否正常运转及运转的效能。因此，必须根据公安工作的性质和要求，制定一种有利于广泛地发现人才、公平合理地选拔优秀人才的人员招录办法。

2. 招录的特点。人民警察的招录属于国家公务员录用的范畴，必须坚持国家公务员录用的制度和原则。但公安机关具有特殊的工作性质，在民警招录问题上又有着不同于其他部门公务员录用的特点，即公安机关大部分职位属于特殊职位，使得公开的竞争性考试录用办法的运用受到程度和范围上的限制。这个特点是我们研究人民警察招录问题的重要依据。

3. 录用的意义。

首先，人民警察招录是完成公安工作的需要。各项公安工作任务，必须依靠广大人民警察来完成。特别是在当前社会治安形势复杂的情况下，通过招录环节为各级公安机关选拔大批优秀人才，对于保证公安工作任务的顺利完成、社会治安秩序的稳定和国家的长治久安具有重要的意义。

其次，人民警察招录是保持公安队伍生机和活力的需要。由于年龄、疾病及伤亡等原因，公安队伍每年都需补充新生力量，有计划地实现人员的新老交替，这样才能使队伍始终保持旺盛的战斗力，进而使公安工作能够持续发展、不断前进。

最后，人民警察招录是挖掘公安人才资源、不断提高队伍素质的需要。要适应当前形势发展的要求，卓有成效地完成公安工作任务，必须要有一支数量充足、各类人才齐全的人民警察队伍。公安人才资源的开发，在很大程度上有赖于人员招录。招录质量的高低，直接关系到公安队伍整体素质的高低，关系到队伍战斗力水平的高低。要切实按照人民警察的资格条件要求，多层次、多渠道、不拘一格地发掘、选拔、录用优秀公安人才，这对于大力提高公安队伍的素质水平、建设一支适应公安工作发展要求的素质精良的公安队伍具有极其重要的现实紧迫性。

（二）招录的对象和条件

1. 招录的对象。过去我国吸收录用新的人民警察，一般是由组织人事部门从军队或其他部门选调，或接收由国家统一分配的大、中专毕业生。此外，有些地方过去也从社会上招收一些青年学生，经过短期训练之后正式录用为警察。这种录用人民警察的办法有训练学习周期短、费用低、见效快等优点，但也存在明显的问题和缺陷：一是录用工作没有法制规范可供遵循，存在很大的主观随意性；二是录用过程缺乏竞争，不利于不拘一格地选拔优秀人才。改革开放以来，为了适应新的形势和任务对公安工作和公安队伍建设的要求，1984 年，公安部、劳动人事部制定了《关于吸收人民警察的规定》，对吸收录用公安民警的对象和条件作了严格规定。1996 年 8 月，人事部、公安部联合发布《公安机关人民警察录用办法》，人民警察的录用开始向规范化、制度化方向发展。为了保证公安队伍的政治业务素质，《公安机关人民警察录用办法》规定，公安机关人民警察主要从公安院校毕业生中录用，不足部分从国家统一招考的人员中录用。

2. 招录的条件。按照《人民警察法》的规定，担任人民警察应当具备以下条件：

（1）年满 18 岁的公民。年满 18 岁，是我国宪法规定的公民享有选举权和被选举权的年龄。达到了这个年龄，才能有完整的权利能力和行为能力，政治信仰、心理意志、生理发育才逐渐成熟。

（2）拥护中华人民共和国宪法。宪法是我国的根本大法，是所有国家机关、国家工作人员、全体公民的最高行为准则。我国宪法坚持社会主义道路、人民民主专政、中国共产党的领导、马列主义毛泽东思想这四项基本原则，规定了国家一系列基本制度，既体现了党的路线、方针和政策，又反映了人民的意志、利益和愿望。做一名人民警察，必须拥护宪法，捍卫宪法。

（3）有良好的政治、业务素质和良好的品行。良好的政治素质，就是忠于党、忠于人民、忠于祖国，坚持四项基本原则，在政治上同党中央保持一致，为保卫国家安全、维护社会治安、保卫社会主义现代化建设而英勇奋斗。良好的业务素质，就是熟悉人民警察工作的路线、方针、政策和各项业务工作的基础知识，掌握一定的专门业务技能，熟悉有关法律、法规，严格依法办事，讲究工作方法，热爱和做好本职工作。良好的品行，就是全心全意为人民服务，遵纪守法，遵守人民警察的职业道德，秉公执法，实事求是，联系群众，艰苦朴素，清正廉洁。因此，有错误的政治倾向，缺乏基本的法律知识和公安常识，有流氓、盗窃等不良行为，道德品行不好的，不得吸收为人民警察。

（4）身体健康。健康的体魄，充沛的精力，是适应人民警察繁重、艰苦的工作，掌握警务技能的基本条件。否则，难以完成任务，难以满足人民警察工作的特殊需要。在招录人民警察时，必须经过体检，合格者方能录用。

（5）具有高中毕业以上文化程度。一定的科学文化知识水平，是做好人民警察工作的必要条件，也是全面提高人民警察素质的基础。随着社会的发展，全民文化素质有了较大的提高，法制观念普遍增强，社会治安日益复杂化，犯罪趋向智能化，这些都要求人民警察只有具有较强的协调、组织、判断、处置能力，才能胜任所担任的工作。高中毕业是对人民警察文化程度的最低要求，目前这个文化程度显然太低，至少应为大专以上文化程度，部分经济较发达的地区对人民警察文化程度的要求则为大学本科以上。

（6）自愿从事人民警察工作。人民警察要求严格，条件艰苦，往往需要夜以继日，连续作战，有些工作有战斗性、危险性，甚至会有牺牲。人民警察必须服从上级的指挥领导，严格遵守人民警察的职业道德、职业纪律，不畏艰难困苦，不怕流血牺牲，敢于和违法犯罪行为作斗争。没有为人民公安事业献身精神的人是不能成为一名合格的人民警察的。

此外，人事部、公安部在《公安机关人民警察录用办法》中，依据《人民警察法》的规定，对人民警察的录用条件做了更加具体的规定：报考人民警察，除必须具备报考国家公务员的基本条件和《人民警察法》规定的条件外，还必须具备下列条件：

其一，年龄在25岁以下，特殊岗位或少数民族和边远地区由省、自治区、直辖市公安厅（局）经录用主管机关同意可适当放宽，但不得超过30岁。

其二，身体健康，体型端正。无残疾，无口吃，无重听，无色盲，裸眼视力在1.0 以上。男性身高在 1.70 米以上，女性身高在 1.60 米以上〔南方部分地区由省、自治区、直辖市公安厅（局）经录用主管机关同意可适当放宽〕。

3. 不得报考人民警察的情形。《公安机关人民警察录用办法》规定，有下列情形之一的，不得报考人民警察：

（1）受过刑事处罚、劳动教养、少年管教的；

（2）有犯罪嫌疑尚未查清的；

（3）曾被辞退或者开除公职的；

（4）道德败坏，有流氓、偷窃等不良行为的；

（5）直系血亲和对本人有重大影响的旁系血亲中有被判处死刑或者正在服刑的；

（6）直系血亲和对本人有重大影响的旁系血亲在境内外从事颠覆我国政权活动的。

（三）招录人民警察的程序和原则

《人民警察法》第 27 条规定："录用人民警察，必须按照国家规定，公开考试、严格考核，择优选用。"

1. 招录人民警察的程序。人民警察的录用一般采用公开考试、严格考核的方法。一般包括发布报考公告、进行资格审查、考试、考核、审批几个程序。对新录用的人民警察实行试用期制度，试用期为 1 年。在试用期内，应当接受人民警察院校的教育培训和进行工作见习。合格者，正式任职；不合格者，取消录用资格。

2. 录用人民警察的原则。人民警察的录用贯彻公开、平等、竞争、择优的原则。

（四）人民警察招录的审批权限

根据《公安机关人民警察录用办法》第 11 条的规定，各级公安机关拟录用的人民警察，按以下程序报批：

1. 公安部机关录用人民警察，报人事部备案；

2. 省、自治区、直辖市公安厅（局）录用人民警察，报省、自治区、直辖市政府人事部门审批；

3. 副省级市、市（地、州、盟）公安局（处）录用人民警察，经公安厅（局）审核同意后，报副省级市、市（地、州、盟）政府人事部门审批；

4. 县（市、旗）公安局录用人民警察，由市（地、州、盟）公安局（处）审核，经省、自治区、直辖市公安厅（局）复核，报市（地、州、盟）政府人事部门审批。

上级公安机关和政府人事部门共同负责对下级公安机关招录人民警察工作进行监督检查。对不按《公安机关人民警察录用办法》录用人民警察的，人事部门不予办理录用审批手续，公安机关不予授予人民警察警衔。

‖ 第二节　人民警察内务制度与正规化建设 ‖

一、公安机关人民警察内务制度

（一）公安机关人民警察内务的含义

公安机关人民警察内务，就是公安机关人民警察的内部事务。其主要由两部分构成：一部分是公安机关内部工作运转秩序，包括入警的主要程序、内部关系的基本原则、警容风纪的一般要求、日常行政管理、接待群众与值班、重大活动的主要议程，以及警徽、警歌等内容；另一部分是公安民警对外发生联系的行为规范，包括着装、仪容、礼节、警务公开、接受报警与求助等方面的具体要求。

公安部根据《人民警察法》的规定，于 2000 年 6 月 1 日颁布实施《公安机关人民警察内务条令》，为公安队伍的内务建设提供了法律依据和保障。

（二）公安机关人民警察内务建设任务

根据《公安机关人民警察内务条令》第 2 条规定，公安机关内务建设的基本任务，是通过建立规范的工作、学习、生活秩序，培养公安机关人民警察的良好形象，提高公安队伍的战斗力，保证公安机关圆满完成服务人民群众、维护社会治安、打击违法犯罪的任务。

（三）公安机关人民警察内务建设的基本方针、原则和基本要求

《公安机关人民警察内务条令》第 3 条规定，公安机关内务建设，贯彻从严治警、依法治警方针，按照公安机关的性质、任务特点，坚持高效务实、加强监督、着眼基层的原则，培养公正廉明、英勇善战、无私无畏、雷厉风行的优良警风。该条规定了公安机关人民警察内务建设的基本方针、原则和基本要求。

1. 人民警察内务建设的基本方针。从严治警、依法治警是人民警察内务建设的基本方针。

（1）从严治警。这就是指对公安民警严格教育、严格训练、严格管理、严格纪律，其核心是"严"字。严格教育是从严治警的基础，严格管理是从严治警的关键，严格训练是从严治警的手段，严格纪律是从严治警的保证。

从严治警是我国公安队伍建设的一个基本方针。坚定不移地贯彻落实这一方针，是公安队伍建设工作的永恒主题，是公安各部门的重要任务。从严治警是一个系统工程。"从严治警是全方位、全过程从严，它既涉及思想政治、纪律观念、作风养成，又包括警务训练、作战指挥、行政管理。"① 只有把"从严"的精神贯彻落实到公安机关人民警察内务工作的各个环节，真正实现对人民警察的严格教育、严格训练、严格管理、严格纪律，"治警"才能达到目的，才能造就一支纪律严

---

① 贺电. 创新警务理念论. 浙江警察学院学报，2012（3）.

明、清正廉洁的高素质队伍。

（2）依法治警。这就是指运用法律、法规，对公安队伍强化管理，在坚持从严治警的基础上，促使公安队伍向法制化、正规化迈进，实现依法从严治警。

依法治警所涉及的内容涵盖机构设置、运作机制、工作方式、培训教育、装备保障、执法程序、监督机制等各个方面，其实质就是依照广大人民群众的意志来管理公安机关和公安队伍。它是依法治国方略的重要组成部分，是公安机关和公安队伍管理贯彻依法治国的具体化。

2. 人民警察内务建设的原则。高效务实、加强监督、着眼基层是人民警察内务建设的原则。

（1）高效务实。公安机关人民警察内务建设要注重调动广大民警的积极性、提高公安机关的战斗力，充分发挥公安机关的职能作用，架构高效务实的工作机制，提高公安工作的效率。

（2）加强监督。为保证公安机关和人民警察依法行政，切实维护好、发展好人民群众的合法权益，使公安机关和人民警察真正做到对党负责、对人民负责，就必须对其活动进行监督。

（3）着眼基层。基层是公安队伍建设的重点，一切公安工作的任务最后都要落实到基层，因此内务建设更应该注重基层的实际情况。

3. 人民警察内务建设的基本要求。培养公正廉明、英勇善战、无私无畏、雷厉风行的优良警风是人民警察内务建设的基本要求。

（1）公正廉明。这里指人民警察要坚持依法办事，秉公执法，大公无私，光明磊落，廉洁从政，清政为民，自觉抵制拜金主义、享乐主义、极端个人主义侵蚀。

（2）英勇善战。这里指人民警察要具有不怕艰难困苦、不怕流血牺牲、敢于战斗、敢于胜利的英雄主义精神。

（3）无私无畏。这是指公安民警只有克己奉公，抵御各种错误思想、思潮的诱惑，才能在关键时刻乐于奉献，坚决果敢履行自己的职责。

（4）雷厉风行。这是指公安民警要有雷厉风行的作风，行动坚决果断，令行禁止。

（四）《公安机关人民警察内务条令》的基本内容

1. 宣誓。宣誓是公安民警对自己肩负的神圣职责和光荣使命的承诺与保证。新录用的公安民警必须进行宣誓。

誓词内容："我宣誓：我志愿成为一名中华人民共和国人民警察。我保证忠于中国共产党，忠于祖国，忠于人民，忠于法律；服从命令，听从指挥；严守纪律，保守秘密；秉公执法，清正廉洁；恪尽职守，不怕牺牲；全心全意为人民服务。我愿献身于崇高的人民公安事业，为实现自己的誓言而努力奋斗！"

2. 内部关系。内部关系，是指公安机关内部上下级之间，同级与同级之间，警种与警种之间，按照一定规则构成的关系。

根据《公安机关人民警察内务条令》的规定，公安民警，不论职务高低，政治上一律平等，相互间是同志关系。

公安民警依据行政职务和警衔，构成上级和下级以及同级的关系。行政职务高的是上级，行政职务低的是下级，行政职务相当的是同级。在相互不知道行政职务时，警衔高的是上级，警衔低的是下级，警衔相同的是同级。

上级应当关心、爱护和严格管理下级。下级必须服从上级。同级之间应当在上级领导下，严格履行职责，积极合作，互相尊重，互相支持。

处理内部关系的基本要求是：各司其职，密切协作，互相支持，协调一致。

3. 警容风纪。警容风纪，是指人民警察在着装、仪容、举止、礼节等方面的行为规范。警察风纪是人民警察政治素质、文明程度、精神风貌、纪律作风和战斗力的综合反映。

4. 日常制度。日常制度主要包括日常行政会议、请示报告、公文运转、请假销假、工作交接、证件印章管理、文件收发运转、保密工作等方面的制度，是提高工作效率、养成良好工作作风的重要措施。

5. 接待群众。公安机关是党委、政府联系群众的桥梁和纽带，民警每日每时都要和群众打交道，做好这项工作是密切警民关系的有效途径。其基本要求是：简化办事程序，提高工作效率，方便人民群众。

6. 值班备勤。值班备勤是要求各级公安机关在任何时候、任何情况下，始终处于常备不懈的戒备状态，坚守岗位，履行职责，按时交接班，保持公安工作的连续性、有序性，维护良好的社会秩序。

7. 处置突发事件。突发事件，是指事先没有觉察而突然发生，对社会治安秩序造成严重危害的突然性、紧急性事件。要求人民警察在突发事件发生后，必须迅速反应，在第一时间赶到现场，并采取有效控制措施。

8. 装备管理。公安装备是用于实施和保障公安保卫工作的武器、弹药、警用标志、警械及警用技术器材的统称，是保障公安工作完成的基本条件。

二、人民警察队伍正规化建设

（一）人民警察队伍正规化建设的含义

人民警察队伍正规化建设，就是要全过程、全方位地实现人民警察队伍的正规化。正规化是公安工作围绕明确目标、统一标准、具体规范所进行的各种实践活动及其过程的总称。人民警察队伍正规化建设就是公安机关运用统一、科学、有效的标准，调整和约束人民警察队伍建设的各个方面，形成符合公安机关性质、特点的组织机制、运行机制和管理模式，使公安机关达到指挥畅通、内务规范、工作高效、保障有力的最佳状态。

人民警察队伍正规化建设的目的是实现公安队伍建设各个方面和环节的标准

化、规范化、法制化，建设一支对党忠诚、服务人民、执法公正、纪律严明的公安队伍，切实提高公安机关维护国家安全的能力、驾驭社会治安局势的能力、处置突发事件的能力、为经济社会发展服务的能力，使公安机关能够真正担负起巩固共产党执政地位、维护国家长治久安、保障人民安居乐业、服务经济社会发展的重大政治和社会责任。

（二）人民警察队伍正规化建设的意义

1. 体现公安机关的基本职能。中共中央《关于进一步加强和改进公安工作的决定》指出，公安机关是人民民主专政的重要工具，是武装性质的国家治安行政力量和刑事司法力量，肩负着打击敌人、保护人民、惩治犯罪、服务社会、维护国家安全和社会稳定的重要使命。这一不同于一般行政机关的特殊性质和特点，要求必须对其实行不同于一般行政机关的统一、规范、严格的管理。

加强警察队伍正规化建设也是世界各国的警方普遍强调的一个基本的理念。尽管各个国家的政治制度、社会制度不同，经济文化方面差异很大，但是警察作为维护社会稳定和社会正常秩序的武装性质的执法力量，其所处的地位是相同的。因此，在警察队伍的管理上，世界各国普遍重视正规化建设，并根据警察的特殊性质和固有特点，采取不同于一般行政机关的办法来加以管理。也可以说，根据警察的性质实施正规化建设是国际通行的做法，也是公安机关的性质、特点对公安队伍建设提出的本质要求。

2. 人民警察队伍建设向更高层次发展的必然要求。近些年，公安机关面临的形势发生了很大的变化，特别是随着经济全球化、社会信息化的迅猛发展，社会结构、经济结构、产业结构发生了重大变化。人口流动加快、社会矛盾增多、治安局势日益复杂，党和国家不断调整治国的方略，实行依法治国，加强民主法制建设，积极推动思想观念、法律政策、组织机构、管理方式等各方面的改革。同时，国际交往增多，国际警务合作日益普遍。公安机关必须适应新形势，积极推进自身的改革，提升管理的层次，努力建设一支政治合格、作风过硬、纪律严明、执法公正的公安队伍，担当起维护国家安全和社会稳定的重任。

当前，公安队伍建设面临着队伍大、任务重、执法要求高而又警力不足、经费不足、装备落后等各种实际困难。在这些困难不可能短期内完全解决的情况下，我们要抓好队伍建设工作就必须学习、借鉴现代管理科学，特别是人力资源开发的理论，使队伍建设向更高层次发展，最大限度地调动队伍中的积极因素，走素质强警的道路，以更好地适应形势和任务的需要。

3. 提高公安机关执政能力的必由之路。当前，国际局势正在发生复杂而深刻的变化，各种力量进一步分化组合，世界多极化和经济全球化继续在曲折中发展，社会信息化进程加快，内政与外交相互影响，境内与境外相互作用，政治、经济、文化相互渗透，传统安全与非传统安全的威胁相互交织，我国继续面临着西方敌对势力"西化"、"分化"的压力。随着改革开放的不断深入，社会利益关系的复杂性，价值观念的多样性，人、财、物的流动性，信息传播的便捷性进一步发展，我国正处于人民内部矛盾凸显、刑事犯罪高发、对敌斗争复杂的时期，维护国家安全和社会稳定的任务繁重艰巨。面对新形势，公安机关要以改革的精神加强和完善自己，大力加强公安机关执政能力建设，全面提高维护国家安全和社会稳定的能力。为此就要求公安机关大力提高公安队伍正规化水平，进一步增强公安队伍的整体素质和战斗力。通过正规化建设，造就一支对党忠诚、服务人民、执法公正、纪律严明的公安队伍，提高公安队伍维护国家安全的能力、驾驭社会治安局势的能力、处置突发事件的能力、为经济社会发展服务的能力，切实担负起巩固共产党执政地位、维护国家长治久安、保障人民安居乐业的重大政治和社会责任。

（三）人民警察队伍正规化建设的总纲领

"对党忠诚、服务人民、执法公正、纪律严明"是我们党在新形势下加强公安工作和公安队伍建设的总纲领。它涵盖了公安工作和公安队伍建设的方方面面，体现了党性和人民性、价值导向和职业追求、发展目标和建设路径的高度统一，是一个相互联系、相辅相成的有机统一体。其中，对党忠诚是政治灵魂，决定着公安机关的政治站位，体现着政治建警的根本方针，是公安队伍第一位的政治要求；服务人民是根本宗旨，决定着公安机关的性质本色，体现着公安队伍的立警原则，是人民公安永远不变的路线遵循；执法公正是价值取向，决定着公安机关的履职方向，体现着法治公安的本质要求，是公安队伍必须坚守的职业追求；纪律严明是重要保证，决定着公安机关的治警方针，体现着纪律部队的管理特点，是打造过硬队伍的根本路径。

（四）人民警察队伍正规化建设的内容

1. 人民警察队伍正规化建设的战略目标——五大体系。

（1）组织体系。建立保障人民警察队伍依法履行职责的组织体系。具体要求有上下级公安机关工作的领导指挥关系顺畅，政令、警令畅通，内部管理体制完善，职能配置科学合理，机构设置规范统一，人员编制标准明确具体，人事管理制度健全落实。

（2）训练体系。建立适应人民警察工作实战需要的民警职业训练体系。具体要求有民警上岗和首任必训、职务和警衔晋升必训、基层和一线民警每年实战必训制度严格落实。岗位练兵、科技练兵扎实有效。"战训合一"模式普遍推行。教官熟悉公安工作，教材紧贴公安实战，训练基地设施配套，训练经费基本保障。民警政治、业务、体能、心理素质全面增强，胜任本职工作需要。

（3）内务管理体系。建立具有人民警察队伍特点的内务管理体系。具体要求有民警岗位设置合理，职责、权限明确，内务管理规范，工作、学习、生活有序。警容严整，举止文明。外观标识统一规范。

（4）执法执勤规范体系。建立完备的人民警察执法执勤规范体系。具体要求有执法为民思想牢固树立，证据意识、程序意识、权限意识和自觉接受监督意识增强。执法严格、公正、文明，冤假错案得到有效防治和纠正。执法执勤制度完备，勤务指挥顺畅有序，勤务方式科学高效。

（5）监督制约体系。建立权威有效的监督制约体系。具体要求有监督制约机制健全，内部监督力量形成合力。人民群众反映强烈的突出问题得到有效整治，民警违法违纪现象得到有效遏制，领导责任追究制度和民警执法过错责任追究制度得到全面落实。

2. 人民警察队伍正规化建设的基本内容——"四统一五规范"。

（1）"四统一"。

统一考录制度。这里指继续坚持"凡进必考"的原则，进一步完善省级统一考录制度。省级统一招考一律实行公安机关与人事部门统一实施、公安部派人督考的制度，要明确规范考录标准、内容、程序，规范审核审批工作。省级统一招考工作要在贯彻"公开、平等、竞争、择优"原则的基础上坚持德才兼备的标准，对通过考试、体检、体能和心理素质测评的合格者经审批同意后可录用为人民警察。

统一训练标准。人民警察的教育训练应力求实现标准化和规范化。一是严格贯彻落实《公安机关人民警察训练条令》，全面实施民警上岗和首任必训、职务和警衔晋升必训、基层和一线民警每年实战必训的"三个必训"制度。二是研究确定科学合理的公安民警能力素质标准和警官的任职、晋升训练标准，并以此为依据科学制定分级分类的教育训练内容。三是公安部、省级、地市三级公安机关的培养基地建设要形成分工明确、相互衔接的网络体系。四是要做到统一培训教材、统一培训计划、统一考核要求，经过考核合格后颁发统一的岗位培训合格证书。五是统一将岗位练兵作为教育训练工作的基本形式，认真制定各警种岗位练兵的内容和考核标准。

统一纪律要求。纪律是对特定人或群体具有强制性和约束力的行为规范。人民警察担负着维护国家政治稳定和社会安宁、保障改革开放和社会主义现代化建设顺利进行的重大历史责任，这必然要求各级公安机关要运用严格、统一的规范去约束人民警察的行为。随着《人民警察法》《公安机关人民警察内务条令》等法律规范相继出台，2003年公安部又出台了"五条禁令"，《公安机关人民警察纪律条令》也颁布实施，全体公安民警必须严格执行。

统一外观标识。公安机关特殊、统一的外观标识不仅意味着享有国家所赋予的特殊权力，同时也代表着国家执法力量的形象，因此必须严格按照法律、法规的相关规定，明确统一警察外观标识。

（2）"五规范"。

规范机构设置。组织机构是人民警察履行职责所依托的平台，机构合理、职责明确、指挥关系顺畅是确保政令、警令畅通，充分发挥公安机关整体效能的主要保证。当前要按照有利于优化资源配置、有利于提高快速反应和控制能力、有利于提高工作效率和质量的要求调整机构设置，整合警力资源，切实解决分工过细、职责交叉、警力分散的问题。

规范职务序列。为保证政令、警令畅通，提高人民警察的工作效率，必须实施统一的公安机关的职务序列。当前要强调按照法律规定的要求规范公安机关各职级的名称、规格、数量、权限，理顺逆向指挥关系，确保层级呈"正金字塔"结构。

规范编制管理。强化编制管理是人民警察队伍正规化建设的重要内容。编制管理的重要依据，一是在管理体制上，坚持中央集中控制，就是国务院确定全国人民警察的队伍总量和增长发展比例，对公安编制实行专项管理。二是规范编制，理顺审批程序。各地方根据社会经济发展状况提出的增编计划由省级政府向中央申报，由中央编办征求公安部意见后审核批准下达。三是在管理措施上以编定员、人编统一、按编保障。以编定员，就是各级政府和公安机关必须在上级核定的人员编制名额内确定人员，有编才能进人，无编不得进人。人编统一，就是要做到公安机关有人必有编、增人必增编、无编不增人。按编保障，就是保障与编制相配套，各级政府和公安机关严格按照公安机关的在编人数提供有效保障。

规范执法执勤。人民警察的执法执勤活动应遵循严格、文明、公正执法的总体要求。一是要建立健全各警种的执法执勤工作规范，从执法办案、值班备勤等各个环节规范民警的执法行为，严格依法办事，杜绝不按执法规范执法的违法现象。二是人民警察在执法执勤中应该以事实为根据、以法律为准绳，在查处违法行为和实施行政处罚时必须做到有法必依、执法必严、违法必究。三是人民警察应坚持文明执法执勤，做到警容严整、举止端庄、文明办事、依法办案，树立人民警察的文明形象。四是人民警察在执法执勤中应提高工作效率，对报警、报案、刑事案件现场处置和突发案件的先期处置必须快速反应，对行政管理和社会服务工作应快速处理并及时通报处理结果。

规范行为举止。要进一步完善规范人民警察行为的各类规定，有效落实《公安机关人民警察内务条令》，从人民警察的最基本的行为准则抓起，加强养成教育和日常训练，营造重视行为举止、仪表礼仪的良好氛围，形成公安队伍良好的职业风范和整体形象，使公安队伍成为精神文明建设的表率。

（五）人民警察队伍正规化建设的着力点

1. 正规化建设的根本立足点——执法为民。抓好人民警察队伍正规化建设，必须明确立足点。第二十次全国公安会议提出的"执法为民"思想，不仅是贯彻"三个代表"重要思想的本质要求，更是抓队伍正规化建设的立足点。

人民警察的基本活动是执法活动，人民警察的基本行为是执法行为，执法为民是人民警察队伍正规化建设的根本立足点，衡量正规化建设的根本标准主要体现在为民执法上。例如，"统一外观标识"的建设，可能会涉及许多标准和要求，但是，最根本的标准和要求就是方便群众报案办事，其他一切与之相矛盾的标准和要求，即使再美观、再经济，也必须为之让路。又如"规范执法执勤"、"规范行为举止"，首先要看是否尊重群众，是否有利于保护群众的正当权益，要把人民群众的满意作为第一标准。"一切为了人民"是人民警察队伍正规化建设的根本目的，正规化建设决不能搞成脱离群众的特殊化和神秘化。

2. 正规化建设的基本出发点——改进工作和提高效率。当前，人民警察队伍正规化建设的重点是"四统一五规范"的规范化和标准化，但是，其基本的出发点和核心是提高人民警察的素质和能力，提高执法质量和水平，追求工作效率和效益。所以，从表面上看，"四统一五规范"是比较容易做到的，而要达到其内在的标准和规范则是很难的，还有许多难关需要攻克。从统一训练标准的要求看，也不仅仅是在训练时间长短、训练对象、训练层次等方面的统一要求，更重要的是在训练内容和实战行为方面的统一要求，如民警用枪的具体行为标准，各种擒拿控制术的执法行为标准等。

3. 正规化建设的主要落脚点——以法治警。人民警察队伍正规化是用法律来规范民警行为，保证民警行为的规范性、标准化，而且这种规范性、标准化，又是在法律规范基础之上的规范性、标准化。人民警察队伍正规化既包括了立法、决策的法制化、规范化、标准化，还包括了守法、执法的法制化、规范化、标准化，将整个人民警察工作的各个环节纳入法制化轨道。这种法制化从表层意义上看是法制化，而从深层意义上看则是法治化。公安机关制定出各项规章、规定来实现正规化，这只是健全法律规章制度，即法制化；而这些制度最终是用来约束公安机关和人民警察权力、保证依法行政、强调执政为民的，这才是正规化更深层次的意义，也就是人民警察队伍正规化建设的落脚点，即实现法治。

4. 正规化建设的突破口——基层基础建设。实现标准化、规范化是人民警察队伍正规化建设的重要标志，也是公安基层基础建设的重要内容。加强基层基础建设，实现基层警务信息化、勤务实战化、队伍正规化、保障标准化，必须把基层基础建设各项标准规范的制定摆上重要位置，作为一项十分重要的工作来抓。要充分利用加强基层基础建设的契机，切实抓好基层基础建设各项标准规范的制定工作，带动人民警察队伍建设正规化的全面开展，着重形成既贴近实战又注重长效的、具备针对性和可操作性的、便于基层公安机关和基层民警实际遵循的具体行为规范，使得抓基层、打基础、苦练基本功取得切实成效，凝练成确定的制度并保持下去，提高人民警察的战斗力。

5. 正规化建设的重要动力点——公众与民警的积极参与。人民警察队伍正规化建设虽然是自上而下启动的，但正规化建设的成败取决于公众和广大民警的理解、支持和积极参与。没有公众与民警的参与，正规化就无法推进。人民警察队伍正规化建设的发展动力主要来自两个方面：一是组织系统外动力，即社会民主法治建设的深入，公众对公安工作的新期望和新要求；二是组织系统内动力，即组织自身发展的需求，公安民警的强烈愿望。两种动力形成合力，构成了人民警察队伍正规化建设可持续发展的重要源泉。必须要牢牢把握住这两个动力点，推动正规化建设迈上新的台阶。为此，在"四统一五规范"建设中，要注意克服两个倾向。一是关门主义倾向，借口正规化建设是内部事务，具有专业性，而忽视社会公众积极参与的作用，自我封闭，脱离群众，不了解社会的期望和要求，结果使正规化建设偏离方向、流于形式。二是精英主义倾向，把广大公安民警看作被动的管理对象，忽视公安民警在正规化建设中的积极性、主动性和能动性，结果出台的各种标准、规范和制度由于广大人民警察的不理解、不认同、不支持，执行起来阻力重重、矛盾繁多，造成队伍不稳定，进而影响工作大局。公安队伍管理虽然包括"人"和"物"的管理，但主要是对人与人之间关系的管理，离开了广大公安民警的积极参与，人民警察队伍正规化建设是寸步难行的。

‖ 第三节 人民警察的基本素质 ‖

一、人民警察素质的含义及重要性

（一）人民警察素质的含义

人民警察的素质，是指人民警察应具备的政治思想、业务能力、文化水平、心理特征、身体状况诸方面条件的总和。

（二）人民警察素质的重要性

周恩来同志曾言简意赅地指出：国家安危，公安系于一半。人民警察素质的高低，直接关系着国家的安全与稳定，影响着社会主义现代化建设的成败。在新的历史条件下，要保证公安机关的战斗力，保持人民警察本色，造就一支对党忠诚、服务人民、执法公正、纪律严明的公安队伍，做到出污泥而不染，切实担负起党和人民赋予的神圣职责，担负起巩固共产党执政地位、维护国家长治久安、保障人民安居乐业的重大政治和社会责任，就必须提高人民警察的素质，才能完成新时期的历史使命。

从当前情况来看，与新形势、新任务提出的新要求、新挑战相比，公安队伍建设还存在"五个不完全适应"：一是执法思想不完全适应；二是队伍能力不完全适应；三是管理方式不完全适应；四是基层建设不完全适应；五是警务保障不完全适应。这五个方面的不完全适应，严重败坏了公安机关的形象，直接影响党和政府在人民群众中的声誉。这些问题虽然与制度、机制不完善有关，但更主要的是与民警个人思想、作风、素质、能力等方面的因素有关。因此，各级公安机关一定要从全局和战略的高度，充分认识新形势下公安队伍存在问题的长期性、复杂性，充分认识进一步加强公安队伍建设的重要性、艰巨性，切实增强政治责任感和工作紧迫感，采取更加有力的措施，提高公安队伍素质。

二、人民警察素质的主要内容

（一）政治素质

政治素质，是指人民警察应具有的政治觉悟、理想信念、道德品质和革命人生观的综合体现。对党、对人民的绝对忠诚，是人民警察首要的政治品质。为了做好公安工作，人民警察必须具有高度的政治觉悟，有崇高的共产主义理想和坚定的社会主义信念；有科学的世界观和正确的人生观、价值观、苦乐观；有一定的马克思主义的理论修养，对邓小平理论、科学发展观能深刻理解、把握精神实质，毫不动摇地坚持和贯彻执行党的基本路线，牢固树立为经济建设和改革开放服务的观念；富有开拓创新精神，努力实践全心全意为人民服务的宗旨；忠于事实、严格执法、廉洁奉公、遵守纪律；顾全大局、先人后己、团结同志、爱护集体；具有抵制资产阶级和一切剥削阶级思想侵蚀的能力。

（二）业务素质

业务素质是人民警察依法履行职责、完成各项任务的实际本领，是公安专业知识和专业技能的综合体现。就整个人民警察队伍来讲，其最基本的业务素质应包括：开展调查研究（包括公开、秘密和技术等方式）的能力；做群众工作的能力；对情报信息的搜集、传递、分析、判断和有效处理的能力；公共关系和人际交往能力；快速反应能力；写作表达能力；等等。除此之外，对从事刑侦、治安、交警、巡逻等不同警种工作的民警来讲，还必须具备特定警种所需要的岗位专业能力，必须熟悉和掌握做好所在警种和专业岗位工作应知应会的业务知识和操作方法，胜任本职工作。

（三）法律素质

法律素质是人民警察依法履行职责、行使职权所应具备的法律意识、法律知识和执法技能的综合体现。公安机关是国家执法机关，公安队伍是武装性质的国家治安行政和刑事执法力量。"法治理念决定执法方向和效果。"[①] 国家法律、法规是人民警察打击违法犯罪、进行公共管理和服务人民的依据。因此，人民警察必须模范地学法、自觉地守法和严格地执法，通过不断地加强学习、培训，掌握好法律知识。只有具备较高的法律素质，才能依法行政、依法办案，才能提高一切公安工作对法律负责的意识，才能保证公安执法活动符合人民群众的意愿和利益，才能符合依法治国的要求，实现执法为民。

（四）文化素质

文化素质不仅指人民警察必须具有相应的文化程度（学历），而且要求人民警察具有良好的文化修养。"警务文化是公安队伍战斗力构成的重要因素。我们这么大的一支队伍如果没有文化，就会失去战斗力，也就无法实现科学健康发展。"[②]文化程度为学习和掌握现代科学技术提供了知识基础；文化修养使人讲文明、懂礼貌、注重礼仪。提高人民警察的文化层次和修养程度，有利于树立人民警察的业务素质和队伍的整体作战能力，有利于提高公安机关"窗口"单位的威信，有利于

---

① 贺电. 关于做好公安基层所队长的认识与思考. 公安研究, 2010 (10).
② 贺电. 推进公安工作科学发展的思考. 当代法学, 2011 (2).

提高公安队伍文明执勤的水平。

（五）心理素质

心理素质，是指人民警察在特定职务活动中心理活动的综合体现。公安机关的许多业务工作，往往都与艰苦、紧张、困难、危险等紧密相连。人民警察在完成工作任务时，往往要承受很大的心理负荷，付出很多的心理能量，需要具有抵御各种错误思想、思潮和诱惑的健康心理，能够经受得起各种考验。为此，人民警察应当具有良好的观察、记忆、注意、思维能力；具有稳定的情感和顽强的意志，能够抵御错误干扰和各种诱惑，能慎独与自我净化；具有宽大的胸怀、合作的气度和对事物发展变化的较强的心理承受能力。简言之，人民警察应具有勇敢、坚定、大胆、果断、顽强、乐于奉献等心理素质特点。

（六）身体素质

身体素质，即人民警察的体质，包括体力、运动速度、耐力、灵活性、敏捷性等，是人民警察各种才能得以正常发挥乃至超常发挥的生理基础。良好的身体素质是完成各项公安保卫任务、保存自己、克敌制胜的基本保证。为了适应现代治安形势，人民警察必须要有强健的体魄、充沛的体力和娴熟的动作技能，才能克服各种困难，有效地打击犯罪。

三、人民警察素质的提高

（一）加强和改进思想政治工作，努力提高人民警察政治素质

1. 践行警察核心价值观。进一步坚定理想信念，树立正确的世界观、人生观、价值观，培养高尚的道德情操和健康的生活情趣，使警察核心价值观转化为警察的精神信仰和基本价值取向，成为广大警察的自觉追求，切实把警察核心价值观体现到警察教育管理的全过程，贯穿到警察的思想建设、组织建设、作风建设、制度建设和反腐倡廉建设的各个领域、各个方面，融入警察日常的工作、学习、生活之中，使警察核心价值观真正成为警察的基本遵循。

2. 加强党性修养。认真学习马列主义、毛泽东思想和邓小平理论，认真学习中国特色的社会主义理论，坚持党的基本路线，提高贯彻党的路线、方针、政策的自觉性。牢固树立马克思主义人生观和世界观，时刻牢记全心全意为人民服务的宗旨，把为人民服务、为群众谋利益作为最根本的价值取向。

（二）加强法制学习和执法监督，努力提高人民警察执法素质

1. 法律专业知识的学习。一是进一步组织人民警察学习《刑法》《刑事诉讼法》《公安机关办理刑事案件程序规定》和《治安管理处罚法》《公安机关办理行政案件程序规定》等法律法规，提高警察的法律素质和执法办案水平。二是要加强对公安机关常见警情处置规范的学习培训，从接警、现场处警、行政执法、刑事执法四个方面，把法律、法规和规章的要求与执法动作紧密结合，对警察常见警情的处置逐一加以规范。通过多种形式的学习、宣传、教育活动，开展强化训练，增

强人民警察的法制观念和法律意识，自觉严格执法、依法办事。

2. 加强执法监督，切实纠正有法不依、执法不严、违法不究和滥用职权现象，不断提高执法水平。

（三）采取有力措施，提高人民警察身体素质

一是加强人民警察的体能训练；二是落实人民警察的休假制度；三是提高人民警察待遇；四是建立警察关爱制度。每年要定期组织警察进行一次体检，为警察建立个人健康档案；五是建立健全人民警察人身意外伤害保险制度。要通过公安机关和人民警察自身的共同努力，确保人民警察身体健康。

（四）强化人民警察日常心理管理，加强警察心理健康教育

1. 开展警察日常心理管理工作。一方面，领导干部要自觉地运用心理学的知识开展思想政治工作，对警察进行科学的心理管理；另一方面，各级警察机构应有专兼职负责心理咨询的人员，接受警察的心理咨询。同时，定期对警察进行心理健康普查，建立警察心理健康档案。此外，建立警察心理援助服务工作机制，开展警察心理健康专题研究工作。

2. 定期进行心理教育辅导。公安机关应定期进行心理健康教育的讲座或请一些真正懂得警察心理的、有丰富实践经验的专家，对警察进行心理知识的宣传教育，给警察介绍有关心理健康的知识，提高警察心理健康保健意识和自我调适能力。

3. 强制进行特殊事件后的专业化心理调理。民警在执法中受到重大刺激，以及发生对个人有重大影响的工作、生活变故后，必须在 48 小时内接受心理咨询。例如，开枪击伤、击毙犯罪嫌疑人；在执法中受到犯罪嫌疑人或不明真相群众的较严重伤害；经历紧张、恐怖的灾难现场；经历残忍、恶性的犯罪现场、重特大交通事故现场；等等。人经历了特殊的事件，一般会产生一种恐惧感和情绪异常，即使是经过严格训练的人民警察也是如此。因此，事后必须咨询心理医生，并运用科学方法排解心中的焦虑和障碍。

（五）建立完善的公安教育训练体系

人民警察素质的提高，离不开一个完善的教育训练体系。"在历次警务革命中，西方发达国家都把教育训练放在十分重要的位置，特别注重进行有效的精神塑造和严格的实战训练。"[①] 公安教育训练要遵循"科学实用、贴近实战、追求实效"的原则，确定培养合格人民警察的目标，加大教育训练经费的投入力度，不断加强教育训练基地建设和高素质教官队伍建设，将学校教育与继续教育、学历教育与培训教育、基础教育与专业技能训练、岗前教育与岗位练兵等结合起来，建立完善的教育训练体系，为人民警察素质的提高奠定坚实的基础。

---

① 贺电.推进吉林警察学院科学发展的思考.净月学刊，2012（创刊号）.

‖ 第四节 人民警察的纪律与道德 ‖

一、人民警察的纪律

（一）人民警察纪律的含义

人民警察纪律，是根据人民警察职业特点而制定的，要求人民警察在行使权力时必须遵守的义务性行为规范的总称。

人民警察的纪律，是人民警察为正确履行国家法律赋予的职责和权力，保证各项任务的顺利完成，维护人民警察的良好形象而制定的要求人民警察必须遵守的一种行为准则。

（二）人民警察纪律的内容

1.《人民警察法》规定的纪律内容。根据《人民警察法》第 22 条规定，人民警察不得有下列行为：

（1）散布有损国家声誉的言论，参加非法组织，参加旨在反对国家的集会、游行、示威等活动，参加罢工；

（2）泄露国家秘密、警务工作秘密；

（3）弄虚作假，隐瞒案情，包庇、纵容违法犯罪活动；

（4）刑讯逼供或者体罚、虐待人犯；

（5）非法剥夺、限制他人人身自由，非法搜查他人的身体、物品、住所或者场所；

（6）敲诈勒索或者索取、收受贿赂；

（7）殴打他人或者唆使他人打人；

（8）违法实施处罚或者收取费用；

（9）接受当事人及其代理人的请客送礼；

（10）从事营利性的经营活动或者受雇于任何个人或者组织；

（11）玩忽职守，不履行法定义务；

（12）其他违法乱纪的行为。

这是《人民警察法》对人民警察纪律的明确规定。这些纪律涵盖了以下四方面的内容：

一是政治纪律。政治纪律是有关人民警察政治觉悟、政治行为和政治言论方面的规范。人民警察必须坚定共产主义信念，坚信党的领导，坚持马列主义、毛泽东思想和邓小平理论的指导，捍卫人民民主专政的制度，维护宪法和法律的尊严，忠于社会主义祖国。人民警察一定要把国家利益、人民利益放在首位。

二是组织纪律。组织纪律是对人民警察行动上的要求，一切行动听指挥是警察职业的一个特点。服从领导，才能达到步调一致、行动统一；执行命令，上级的决定才能得到贯彻。因此，服从领导、执行命令是每个人民警察必须具备的素质，是调整公安队伍内部下级与上级、个人与集体、局部与整体之间关系的准则，是完成各项任务的重要保证。其基本内容是：坚持民主集中制原则；下级服从上级，个人服从组织，少数服从多数；不参与派性活动，听从组织调度，自觉接受监督，无条件地完成领导交办的工作。

三是工作纪律。人民警察的工作纪律包括积极履行公务、秉公执法、文明执勤三个方面。积极履行公务，其一是严格履行《人民警察法》规定的各项职责，尽职尽责，恪尽职守；其二是正确行使《人民警察法》规定的各项权力，绝不以权谋私；其三是执法不阿，敢于同一切不正之风作斗争。

四是保密纪律。人民警察要保守国家秘密和警务工作秘密，不该问的坚决不问，不该说的坚决不说，不该看的坚决不看。绝不允许徇私枉法，给违法犯罪人员通风报信，违者必然要受到法律的追究。

2. "五条禁令"。"五条禁令"是公安部颁布的，从 2003 年 2 月 1 日起正式实施，其主要内容有：

（1）严禁违反枪支管理使用规定，违者予以纪律处分；造成严重后果的，予以辞退或者开除。

（2）严禁携带枪支饮酒，违者予以辞退；造成严重后果的，予以开除。

（3）严禁酒后驾驶机动车，违者予以辞退；造成严重后果的，予以开除。

（4）严禁在工作时间饮酒，违者予以纪律处分；造成严重后果的，予以辞退或者开除。

（5）严禁参与赌博，违者予以辞退；情节严重的，予以开除。

民警违反上述禁令的，对所在单位直接领导、主要领导予以纪律处分。民警违反规定使用枪支致人死亡，或者持枪犯罪的，对所在单位直接领导、主要领导予以撤职；情节恶劣、后果严重的，上一级单位分管领导、主要领导应引咎辞职或者予以撤职。

对违反上述禁令的行为，隐瞒不报、压案不查、包庇袒护的，一经发现，从严追究有关领导责任。原有规定与本禁令不一致的，以本禁令为准。

（三）人民警察纪律的特征

1. 规范性。人民警察纪律规定了人民警察必须做的和不能做的行为，从两方面为人民警察提供了行为方式和行为方向。

2. 强制性。人民警察纪律一旦制定，就不同于社会团体章程一类的规范，它具有特殊的强制性。这种强制性，同时还具有普遍性，即它对全体人民警察具有普遍的约束力，也规定了违反纪律的后果，即对违纪行为进行纪律制裁，不论受制裁者内心意愿如何，均要按照规定强制执行。

3. 独特性。它主要表现在两个方面：一是人民警察纪律是用来规范人民警察这个特殊群体的；二是人民警察纪律与其他社会团体或组织的纪律不同，也就是说，公安纪律的内容要比一般团体或者组织的纪律内容丰富得多，要求也高得多。

（四）人民警察纪律建设的主要途径

1. 加强教育。人民警察要维护严格的纪律，养成良好的作风，首先需要深入地进行纪律和作风教育，不断提高广大民警的认识，牢固树立遵纪守法观念。进行纪律教育可以采取多种办法。特别要注意对新警的教育，使他们懂得公安队伍纪律和作风的重要意义与主要内容。

2. 严格管理。严格管理能防止违反警风警纪问题的出现，它有利于维护纪律，是培养作风的一个重要途径。

3. 加强监督。加强对公安机关的监督，既是党和人民的要求，也是法律的规定，同时，也是加强公安队伍纪律和作风建设的主要途径。

4. 加强纪律检查。端正警风，严肃警纪，需要进行深入细致的思想教育和严格管理；加强监督，还必须有强有力的纪律检查工作并建立专门的纪委检查机构。

二、人民警察的职业道德

（一）人民警察职业道德的含义

人民警察的职业道德，是指人民警察在依法履行本职工作过程中应当遵循的具有警察职业特征的道德准则和道德规范。

（二）人民警察职业道德规范的内容及要点

1994年，公安部对人民警察职业道德规范进行了全面系统的概括和阐述，并在全国公安系统颁布实行。《人民警察职业道德规范》的内容和要点是：

1. 对党忠诚。其要点是：坚定信念，听党指挥，维护宪法，忠于祖国。

2. 服务人民。其要点是：热爱人民，甘当公仆，爱憎分明，除害安良。

3. 秉公执法。其要点是：不徇私情，不畏权势，严禁逼供，不枉不纵。

4. 清正廉明。其要点是：艰苦奋斗，克己奉公，防腐拒贿，不沾不染。

5. 团结协作。其要点是：顾全大局，通力协作，相互尊重，相互支持。

6. 勇于献身。其要点是：忠于职守，业精技强，机智勇敢，不怕牺牲。

7. 严守纪律。其要点是：服从领导，听从命令，遵守制度，保守机密。

8. 文明执勤。其要点是：谦虚谨慎，不要特权，礼貌待人，警容严整。

为进一步加强公安民警职业道德建设、提高广大民警的职业素质，公安部于2011年9月修订印发了《公安机关人民警察职业道德规范》。重新修订的《公安机关人民警察职业道德规范》的内容由原有的8条扩充到了10条，包含了警察这个职业所应具备的政治要求、职业品质、纪律作风三大方面。其主要内容及要点包括：

1. 忠诚可靠：听党指挥，热爱人民，忠于法律。

2. 秉公执法：事实为据，秉持公正，惩恶扬善。

3. 英勇善战：坚韧不拔，机智果敢，崇尚荣誉。

4. 热诚服务：情系民生，服务社会，热情周到。

5. 文明理性：理性平和，文明礼貌，诚信友善。

6. 严守纪律：遵章守纪，保守秘密，令行禁止。

7. 爱岗敬业：恪尽职守，勤学善思，精益求精。

8. 甘于奉献：任劳任怨，顾全大局，献身使命。

9. 清正廉洁：艰苦朴素，情趣健康，克己奉公。

10. 团结协作：精诚合作，勇于担当，积极向上。

（三）加强人民警察职业道德建设的主要途径

人民警察的职业道德建设，是以共产主义道德原则作指导，依照人民警察的职业道德规范，进行自我培养、自我教育、自我锻炼和自我提高。人民警察主要从以下几个方面来加强职业道德修养。

1. 认真学习中国特色社会主义理论，学习党的路线、方针、政策，注意理论联系实际，掌握马克思主义的立场、观点和方法，树立正确的人生观和价值观。

2. 继承和发扬党的优良传统和作风，认真学习各级英雄模范人物的先进事迹，特别是要注意学习身边的英雄人物的思想、行为、品质和道德情操，以他们为榜样，树立人民警察的良好形象。

3. 深入基层，深入实践，深入群众，倾听群众的意见和呼声，虚心向群众学习，自觉接受群众的监督，用群众的意见来对照检查自己，净化自己的思想，陶冶自己的情操。

4. 经常地开展批评和自我批评，做到有则改之，无则加勉。通过开展批评和自我批评，互相促进，团结同志，取长补短，共同提高。

‖ 第五节　人民警察的奖惩 ‖

一、人民警察奖惩概述

（一）人民警察奖惩的含义

奖励，是指上级公安机关依照有关规定，对下级公安机关、部门和为完成某项任务而成立的临时组织以及人民警察个人实施的精神和物质上的嘉勉和表彰措施。惩处通常是指公安机关为了维护其整体利益并保证组织正常运转，对违反组织纪律并造成损失的人民警察依照有关规定给予相应处罚的措施。

奖励和惩处，尤其是奖励，是借助于人的需要心理和动机而起作用的。需要是人的机体由于缺乏某种生理或心理因素而产生的与周围环境的一种不平衡状态。在人们的心理活动中，需要居于核心地位，是心理活动和行为的内在驱动力。它的变化制约着各种心理活动的产生和变化。动机是推动并维持人的活动的内在心理因素，是需要的动力形式。动机在人的活动中占有支配地位，对人的行动具有引发功能、指向功能、强化功能。奖励和惩处只有根据动机的特点开展才能收到较好的效果。

（二）人民警察奖惩的意义

1. 奖励的意义。

第一，奖励是对先进的肯定。新中国成立以来，人民警察在打击犯罪、保护人民、维护社会治安、同自然灾害作斗争和保卫改革开放、经济建设等工作中，忠实地履行自己的职责，涌现出许许多多的英雄模范和先进集体，为人民立下了不朽的功勋。他们是人民警察队伍的主流，是公安机关的宝贵精神财富，对作出功绩、表现突出的人民警察集体和个人及时给予奖励，是对他们良好的行为和工作成绩的充分肯定，能够鼓舞他们坚持不懈、继续努力，进一步取得更大的成绩，作出新的贡献。

第二，奖励能够起到树立榜样、保护人民警察的工作积极性的作用。实行奖励不仅仅是奖励先进集体和个人的事情，而且是为了树立榜样，对广大公安民警产生积极的驱动力，使其他人学有方向、赶有目标，从而推动整个集体相互竞争，比学赶帮超。

第三，奖励有利于促进社会主义精神文明建设。实行奖励制度，能够充分调动工作积极性、创造性，激励公安队伍不断前进，是加强公安机关人民警察队伍革命化、现代化、正规化建设的一个重要保证措施。

2. 惩处的意义。公安机关的性质、宗旨和职责权限，决定了人民警察无论是打击刑事犯罪还是治安行政管理等，与公民、法人和其他组织的权益特别是涉及人身自由、安全、健康以及财产等最基本的权利紧密相关。为了防止人民警察滥用职权，侵犯或者损害公民、法人和其他组织的合法权益，或者置公民、法人和其他组织的合法权益于不顾，不履行法定职责和义务，制定严密的法规是必要的。"没有责任约束的权力必然导致权力滥用。"[1] 在加强教育的前提下对违反这些规范的人员运用行政、经济、纪律甚至法律手段进行惩处，是为了保证人民警察更好地行使党和人民赋予的权力。在建立和完善社会主义市场经济体制的过程中，一些意志薄弱的民警经受不住改革大潮的冲击，走上违法违纪的道路，严重影响了人民警察的形象，败坏了党和政府的声誉。因此，必须加强思想政治工作和纪律作风建设，以提高公安队伍的战斗意志，振奋队伍的精神，增强队伍的组织纪律性，保证人民警察服从命令、听从指挥，做到有令则行、有禁则止。

（三）人民警察奖惩工作的原则

1. 实事求是的原则。人民警察的奖惩工作，是一项思想性、政策性很强的工作，必须坚持实事求是的原则，以功过事实为依据，以奖惩的有关法规为准绳，杜

---

① 贺电．论增强警务动力．河南警察学院学报，2012（4）．

绝一切个人因素和不正之风的干扰，客观公正地评价他们的工作成绩和错误。

2. 奖励与惩处相结合、以奖励为主的原则。奖励和惩处是公安工作中不可或缺的两种相互联系、有机结合的手段和方法，忽视任何一种都是不正确的。除了认真按照奖励和惩处的规律办事以外，还必须处理好奖励和惩处之间的关系。

3. 精神奖励和物质奖励相结合，以精神奖励为主的原则。人民警察为国家、集体和人民付出了巨大劳动，对他们的超额劳动应该给予合理的物质补偿和物质奖励。但是物质奖励有较大的局限性，每一次物质奖励比上次奖励数目大，才会起到更大的激励作用。从另一种角度讲，人民警察是人民的公仆，是全心全意为人民服务的，对他们应较多地采用精神奖励的形式。因此，在奖励中应以精神奖励为主。实践证明，只有将两者有机地结合起来，才能达到有效的奖励效果。

4. 惩处和教育相结合的原则。惩处的根本目的在于挽救犯错误的人，教育其他人民警察。惩处是教育人民警察的一种必要手段，必须反对单纯的惩办方式。在惩处工作中，要坚持惩处和教育相结合。对于犯了错误的人民警察，应严肃认真地进行批评教育，促使其深刻认识所犯错误，并帮助他们改正错误，同时，也要历史地、全面地看待其工作、表现，进行公正评价。

二、人民警察的奖励

(一) 人民警察奖励的种类和等级

1. 种类。对人民警察的奖励分为集体奖励和个人奖励两个种类。

2. 等级。集体奖励分为荣誉称号、一等功、二等功、三等功、嘉奖。对获得奖励的集体，给予一定的物质奖励，并颁发集体嘉奖证书、集体立功奖状、锦旗。个人奖励分为荣誉称号（一级英雄模范、二级英雄模范）、一等功、二等功、三等功、嘉奖。对获得个人奖励的，给予一定的物质奖励，并颁发奖章、证书；对获得个人一等功以上奖励的，根据《人民警察警衔条例》和《人民警察警衔工作管理办法》的有关规定，予以提前晋升警衔；被公安部授予一、二级英雄模范称号的，颁发英雄模范奖章，并享受省（部）级劳动模范待遇。

(二) 集体和个人奖励的条件

1. 集体奖励的条件。人民警察的受奖行为涉及面十分广泛，包括在本职工作和非本职工作中作出突出成绩的集体和个人。依据《公安机关人民警察奖惩办法》规定的人民警察集体受奖的范围大体有以下几个方面：

（1）在侦破刑事案件中，团结协作，不怕艰险，为维护国家安全和社会治安作出突出成绩的；

（2）在维护社会治安，处置突发事件，预防和制止违法犯罪活动中，行动迅速，措施得当，有显著效果的；

（3）在治安管理中，基础工作扎实，防范措施严密，认真落实社会治安综合治理各项措施，有显著成绩的；

（4）在社会主义精神文明建设中，文明执勤，文明服务，文明办事，文明管理，有显著成绩的；

（5）在抢险救灾中，充分发挥战斗集体的作用，不惧艰险，团结奋战，为抢救国家财产和人民生命财产作出突出贡献的；

（6）坚持依法从严治警方针，强化教育、管理，认真落实目标岗位责任制，全面加强队伍建设，推动公安工作取得显著成绩的；

（7）严格执法，廉洁奉公，敢于同违法违纪行为作斗争，成绩显著的；

（8）在公安工作中有发明创造、技术革新、重要理论问题或实际问题研究成果，取得显著成绩的；

（9）密切联系群众，关心群众疾苦，为群众排忧解难，提供社会服务，成绩显著的；

（10）在其他方面有突出成绩或重大贡献的。

2. 个人奖励条件。依据《公安机关人民警察奖惩办法》规定，人民警察个人符合下述条件之一的，可以立功受奖：

（1）在同犯罪分子斗争中，英勇，顽强，机智果敢，不怕艰苦，不怕牺牲，事迹突出的；

（2）在维护社会治安，处置突发事件，预防和制止违法犯罪活动中，作出显著成绩的；

（3）在抢险救灾和预防治安灾害事故中，不畏艰险，舍生忘死，保护公共财产和人民生命财产安全，有显著成绩的；

（4）在教学、科技或理论研究工作中有发明创造、技术革新或提出合理化建议、理论研究重要成果，为加强公安现代化建设作出突出贡献的；

（5）在完成本职工作中，恪尽职守，兢兢业业，任劳任怨，埋头苦干，有突出成绩或有特殊贡献的；

（6）积极参加社会主义精神文明建设，文明执勤，文明服务，文明办案，有突出事迹的；

（7）模范遵守和执行国家法律、法规、规章和公安工作纪律，清正廉洁、秉公执法，自觉抵制不正之风，敢于同违法违纪行为作斗争，表现突出的；

（8）密切同人民群众联系，关心群众疾苦，为群众排忧解难，助人为乐，全心全意为人民服务，有突出事迹的；

（9）在组织领导工作中，以身作则，团结同志，调查研究，实事求是，正确决策，开拓进取，工作取得显著成绩的；

（10）其他方面有突出成绩或者较大贡献的。

（三）集体和个人奖励审批权限

1. 集体奖励审批权限：

（1）嘉奖。由所在县（市）以上公安机关审批。

（2）三等功。处、科级单位由所在地（市）以上公安机关审批。其中，县（市）公安局、城市公安分局和地（市）公安处（局）由省、自治区、直辖市公安厅（局）审批；省、自治区、直辖市公安厅（局）由公安部审批。

（3）二等功。处、科级单位由省、自治区、直辖市公安厅、局审批；省、自治区、直辖市公安厅、局由公安部审批。

（4）一等功。由公安部审批。

（5）授予荣誉称号。分别由公安部审批或者由公安部审核，报国务院批准。对县（市）公安局，城市公安分局，地（市）公安处（局），省（自治区、直辖市）公安厅（局）的奖励应征得当地人民政府同意后，再作出奖励决定。

2. 个人奖励审批权限：

（1）嘉奖。县（市）以下公安机关的人民警察由县（市）公安局审批；地（市）以上公安机关的人民警察由所在公安机关审批。县（市）公安局，城市公安分局正副局长、政委，地（市）公安处（局）正副处（局）长，省（自治区、直辖市）公安厅（局）正副厅（局）长、政治部主任、纪委书记，由上一级公安机关审批。

（2）三等功。地（市）以下公安机关的人民警察，由地（市）公安机关审批，省（自治区、直辖市）以上公安机关的人民警察，由所在公安机关审批；县（市）公安局、城市公安分局正副局长、政委，地（市）公安处（局）正副处（局）长，由省（自治区、直辖市）公安厅（局）审批。省（自治区、直辖市）公安厅（局）正副厅（局）长、政治部主任、纪委书记由公安部审批。

（3）二等功。省（自治区、直辖市）以下公安机关的人民警察，由省（自治区、直辖市）公安厅（局）审批。公安部机关及所属单位的人民警察，由公安部审批。省（自治区、直辖市）公安厅（局）正副厅（局）长、政治部主任、纪委书记由公安部审批。

（4）一等功。由公安部审批。

（5）授予荣誉称号。分别由公安部审批或者由公安部审核，报国务院批准。公安部部长、副部长、政治部主任、纪委书记、部长助理需要奖励的，报国务院批准。人民警察的任免机关与奖励机关不一致时，奖励审批机关应征得任免机关同意后，再作出奖励决定。

三、人民警察的惩处

（一）惩处的类别

1. 行政处分。行政处分是公安机关根据行政法规的有关规定，给予有违纪行为的人民警察的惩罚，其作用是规范人民警察的行为，教育群众，维护纪律的严肃性。行政处分的种类有警告、记过、记大过、降级、撤职、开除6种。

《公务员法》第9章第53条规定，公务员不得有下列行为：

（1）散布有损国家声誉的言论，组织或者参加旨在反对国家的集会、游行、示威等活动；

（2）组织或者参加非法组织，组织或者参加罢工；

（3）玩忽职守，贻误工作；

（4）拒绝执行上级依法作出的决定和命令；

（5）压制批评，打击报复；

（6）弄虚作假，误导、欺骗领导和公众；

（7）贪污、行贿、受贿，利用职务之便为自己或者他人谋取私利；

（8）违反财经纪律，浪费国家资财；

（9）滥用职权，侵害公民、法人或者其他组织的合法权益；

（10）泄露国家秘密或者工作秘密；

（11）在对外交往中损害国家荣誉和利益；

（12）参与或者支持色情、吸毒、赌博、迷信等活动；

（13）违反职业道德、社会公德；

（14）从事或者参与营利性活动，在企业或者其他营利性组织中兼任职务；

（15）旷工或者因公外出、请假期满无正当理由逾期不归；

（16）违反纪律的其他行为。

2. 警纪处分。警纪处分是人民警察这一特殊的群体所具有的不同于其他机关、团体、组织的一种纪律处分。它主要包括降低警衔、取消警衔、停止执行职务和禁闭。

《人民警察法》第 3 章第 22 条规定，人民警察不得有下列行为：

（1）散布有损国家声誉的言论，参加非法组织，参加旨在反对国家的集会、游行、示威等活动，参加罢工；

（2）泄露国家秘密、警务工作秘密；

（3）弄虚作假，隐瞒案情，包庇、纵容违法犯罪活动；

（4）刑讯逼供或者体罚、虐待人犯；

（5）非法剥夺、限制他人人身自由，非法搜查他人的身体、物品、住所或者场所；

（6）敲诈勒索或者索取、收受贿赂；

（7）殴打他人或者唆使他人打人；

（8）违法实施处罚或者收取费用；

（9）接受当事人及其代理人的请客送礼；

（10）从事营利性的经营活动或者受雇于任何个人或者组织；

（11）玩忽职守，不履行法定义务；

（12）其他违法乱纪的行为。

（二）惩处的程序

给予违反有关纪律、规定的人民警察以处分，统称为惩处。惩处是一项政策性很强、非常严肃的工作，必须严格依照法定程序进行，以保障人民警察的合法权益。不按法定程序作出的惩处无效。受处分的程序一般是立案、调查、公布调查结果、提出处分意见。

1. 立案。监察机关发现或者受理检举人民警察有违法失职行为需要查处时，按照人民警察管理权限和案件的管辖范围，履行立案手续。认为需要给予行政处分的，应予立案。

2. 调查。它是对人民警察的违纪事实进行的调查、取证、核实、审查、判断工作。调查要坚持实事求是、严肃慎重的科学态度，运用合法的手段和方法，全面收集证据，查清违纪的事实、性质、情节、危害、后果和原因等。如果经查证违纪事实不存在，或者不需要追究行政责任的，应予撤销。

3. 公布调查结果。调查工作结束时，应在一定的会议上公布调查结果。公布时，应通知本人到会，并允许本人申诉，也允许其他人为其辩护。

4. 提出处分意见。由监察机关根据调查结果提出。

5. 作出处分决定。任免机关或者监察机关对处分意见进行审核，作出处分决定。受处分者如对处分不服，可在接到处分决定后的一定时间内向任免机关申请复议，也可以直接向上一级任免机关或者监察机关提出申诉。但在复议和申诉期间，不影响对其处分的执行。为了提高效率，对受惩处者负责，办案时限也有明确规定。一般来讲，行政监察机关对违纪者的处理，应在立案后 6 个月内结案，因特殊原因需延长办案期限的，最迟不得超过 1 年。

6. 处分的解除。《公务员法》规定，受到开除以外的行政处分，改正错误的，分别在半年至 2 年后由原处理机关按规定解除处分。具体是受警告处分半年，记过12 个月、记大过 18 个月、降级、撤职处分 2 年，已改正错误的，可以解除处分。解除处分的决定由原处理机关作出。在受处分期间，如有特殊贡献的，可提前解除处分。解除处分后，晋升职务与级别不再受原处分的影响。

‖ 第六节　人民警察的权益保障与激励机制 ‖

一、人民警察的权益保障

《人民警察法》第 5 条规定："人民警察依法执行职务，受法律保护。"人民警察代表国家行使职权时，其执法活动依法受到保护，正当执法不容侵犯，同时，人民警察依法享有法律赋予我国公民的基本权利。然而在目前，不论在正常的执法活动中，还是在正常的日常工作和生活中，人民警察自身权益受到侵害的现象时有发生，严重影响了他们的工作积极性，并且无论是对人民警察自身，还是对公安机关甚至国家执法权威，都是极大的蔑视和伤害。"警察职业伴随着艰苦性和危险性，经常面对苦与乐、情与法、荣与辱甚至生与死的严峻考验。"① 因此，应克服各种困难和阻碍，快速有效地建立起人民警察自身权益保障体系，采取合法对策，最大限度地避免人民警察遭受不法侵害，保障人民警察的合法权益。

2017 年 5 月 19 日，习近平总书记在接见全国公安系统英雄模范立功集体表彰大会代表时指出，各级党委和政府要关心和支持公安工作，关心关爱公安民警，加大综合保障力度，落实从优待警各项措施。对那些因公牺牲的同志的家属特别是其中的老年人和未成年子女，要切实安排好、照顾好，让他们感受到党和人民的关怀和全社会的温暖。

（一）人民警察权益的内容

人民警察权益包括两方面内容：一是人民警察在执行法律过程中应该享有并受法律保护的公民权利和利益，如宪法赋予公民的生命权、健康权、休息权、获得劳动报酬权、人格权等。二是人民警察在执法过程中特殊的执法权益，如警械、武器的使用及对特殊装备的要求等，这两项权益相辅相成。

（二）构建完善的人民警察权益保障体系

1. 强化法律保障，积极推动警察权益保障工作法制化建设。维护警察权益保障，是一个十分浩大的社会系统工程，需要多方面的综合治理，而在这众多因素中，加强法律制度建设、积极推动警察维权立法才是保障和维护警察权益的根本途径与长远之策，这也是社会主义社会依法治国的本质要求。当前，我国维护警察权益的单独法律体系尚未形成，相关条款散见于《人民警察法》《刑法》《治安管理处罚法》《人民警察使用警械和武器条例》等法律条文中。例如，我国《刑法》第277 条第 1 款"妨碍公务罪"规定："以暴力、威胁方法阻碍国家机关工作人员依法执行职务的，处 3 年以下有期徒刑、拘役、管制或者罚金"。对于现行的法律条款，不难看出其存在的不足：缺乏对民警特殊保护的条款，未能体现民警执法的特殊性，量刑过轻，袭警成本过低，达不到震慑目的；条文规定过粗，可操作性不强。综观国外许多国家在警察执法权益保护方面的立法已相当完善，自成体系。不少国家在《刑法》中直接单设"袭警罪"，以此凸显警察特殊的身份和地位，加大法律对袭警行为的威慑作用。一些国家虽然和我国一样没有在《刑法》中直接单设"袭警罪"罪名，但其法令清晰地罗列了妨碍、侵害警察执法的各种具体行为，并有各种行为的处罚种类、量刑幅度。近年来，我国社会各界就是否设立袭警罪和制定人民警察权益保障法展开了热烈的讨论。立法机关应积极推动修改、完善现有警察法律和制定特别保护法律的立法程序，通过立法进一步明确民警应有的权利，为维护和保障民警的执法权益提供有力的法律保护。

2. 改善公安工作的外部环境，营造警察维权工作良好的社会氛围。一是积极

---

① 贺电．论增强警务动力．河南警察学院学报，2012（4）．

争取社会各职能部门的支持。要积极向党委、政府汇报日趋严重的侵犯公安民警正当执法权益的问题，不断加强与党委纪检部门、政府监察部门及检察、法院、司法部门的协商沟通，大力争取它们的共同支持和参与，发挥其应有的作用，这样既有利于加大执法监督的力度，又有利于使民警的维权工作落到实处，真正起到为民警主持正义、维护执法权威的效能。二是规范社会舆论导向。现代社会中，媒体作为联系党和人民的纽带与桥梁，既引导公众，又需要满足公众需求。在警察形象建设过程中，媒体是一把"双刃剑"，在群众因一时一事引起情绪波动时，如果媒体能够及时、准确、权威地向公众传达有利于警方的信息，特别是在公众对警察组织产生不信任心理的时候，媒体充分发挥其独特视角，帮助公众理性地分析问题，就能有效地预防和减少警察形象危机的发生。反之，则容易引发和加剧警察的形象危机。有关部门应加强正面舆论引导，树立人民警察良好的社会公众形象。社会舆论媒体应该多宣扬公安民警真实的一面，给予正确的评价，以树立其应有的权威，为公安机关营造良好的执法环境。三是积极构建和谐警民关系。人民群众是我们党的根基，脱离群众就失去了人民群众的拥护与支持，我们的事业就无从谈起，公安工作更是如此。和谐的警民关系，对于公安工作的开展具有重要意义，是构建和谐社会的重要内容，也是我国民主法治建设的要求。这就要求公安民警要牢固树立执法为民思想，切实转变执法观念，带着对人民群众的深厚感情开展公安工作，坚决杜绝粗暴执法、执法不公等伤害人民群众利益的问题发生，以此来赢得人民群众对公安工作更大的理解和支持。

3. 加强民警教育培训，全面提高民警的执法水平和综合素质。一是强化法制教育。公安机关要通过加强对民警的法制教育，不断提高民警的法律知识水平，促使民警执法的思想和理念跟得上新时期法制建设的步伐，确立良好的法治意识和维权意识，牢固树立起"立警为公，执法为民"思想，严格、公正、文明执法。同时，要针对不同时期公安队伍出现的苗头性、倾向性问题，以及群众关心的难点、热点问题和执法不公、执法不严，耍特权，对待群众冷、硬、横、推等突出问题，重点进行教育，及早发现，及时纠正，把问题消灭在萌芽状态，促使民警自觉养成良好的公正执法习惯。公安民警只有做到公正执法，才能确保不违法，只有这样，才能少犯错误、不犯错误，才能有效地保护自身的执法权益不受侵害。二是加强警务技能培训。以岗位练兵和"战训合一"实战训练为载体，采取多种形式，强化民警基本警务技能训练，规范民警执法执勤行为，促使民警具备过硬的警务技能本领，以便民警在执法过程中遇到对抗性行为时能更好地保护自己，有效减少侵权案件的发生。同时，还要注重提高民警开展群众工作的能力和水平，学会善于与执法对象沟通，尽量化解执法民警与执法对象之间的对立情绪，增强理解，避免侵权事件的发生。

4. 转变观念，坚持以人为本，不断改进维权方式方法。一是转变认知角度。长期以来，民警心理压力和心理不健康也是造成民警违法违纪的重要因素。如果长期不为民警减压、维权，他们就会用畸形的心态对待服务对象和执法相对人，就可能引发民警的侵权行为。因此，公安机关要始终坚持从严治警和从优待警相结合的方针，进行人性化管理，在监督检查民警严格执法的同时，全力支持民警依法履行职责和行使职权，关心民警的身心健康，确保民警有压力、无包袱，保持一份健康的心态轻装上阵，投身于执法活动中。二是转变思维模式。一方面，要建立以人为本的思维模式，建立关爱型、人性化的维权机制，在开展民警维权工作中，充分体现人文关怀。要从关爱民警的角度出发，设身处地为民警着想，深入基层开展调查研究，客观分析各类侵权案件的根源，站在民警的角度换位思考，理解和支持民警的正当执法活动。另一方面，建立缓、疏、促的思维模式，改变过去单纯适用压、堵、督的方式，在队伍管理上，通过缓冲执法者和执法相对人之间的矛盾、疏导执法者的复杂思维和情绪来减少求助和投诉。三是转变维权姿态。一方面，要坚持有求必应，对民警的求助均要迅速赶至现场进行处置，不能凭主观臆断，把求助分成三六九等，更不能借故推脱。另一方面，要变被动为主动，主动深入基层，在检查和暗访中发现问题，主动为基层和民警维权，把维权贯穿于督察工作的始终。此外，要注重扭转基层过分依赖求助的倾向，注重分析求助现场中的得与失，结合民警实施求助的心态、求助的成因和特点，为民警如何正确执法、有效维权提供方法和对策，促进基层和民警主观能动性的发挥，实现逐步减少求助的目的。

5. 改善民警装备，强化警务保障。公安机关要针对新形势下公安机关执法环境日趋复杂多变的特点，根据公安民警的实战需要，进一步加大财力投入比例，按照轻重缓急的原则配全配齐民警警务装备，除重视杀伤性武器的更新外，还应加强对非杀伤性武器的配备。通过配齐配足必要的防护性、约束性装备，尽量减少和避免民警受到不必要的伤害，增强民警在紧急情况下的应变处置和自身的防卫能力，做到有备而来。另外，要有条件地配齐录音笔、摄像机等必要的维权取证设备。大量实践说明，开展警察维权工作，难就难在取证上，调查取证是非常关键的内容之一，前期必要的取证可以为后期调查事情真伪提供很大的帮助。因为往往侵权者对执法民警的身体、语言侵害，以及事发后的投诉，大多是各说各的理，如果缺乏有效的证据，会给处理工作增加很大的难度。只有有效地利用科技手段，不断拓宽维权取证的渠道，提升收集、固定证据的能力和水平，才能始终使公安机关开展维权工作处于主动的地位，提高维权工作的实效性。

6. 严厉打击侵害民警执法权益的违法行为，加大侵权行为成本。国外许多国家对于暴力袭警、妨碍执行公务等侵权违法行为采取"零容忍"态度，坚持依法给予严厉查处和打击，决不姑息迁就，以此通过加大侵权违法犯罪的成本来震慑犯罪。对犯罪，公安机关采取"零容忍"态度，着力打击，但对侵害警察执法权益的行为，公安机关也要采取"零容忍"态度，坚持给予依法打击。有效遏制侵害警察执法权益案件频发的重要举措，就是依法加强对侵权案件查处和打击力度。维权部门要坚持依法护警、依法惩处的方针，从重从快打击各类侵权案件特别是暴力袭警、妨碍执行公务等严重侵权案件，坚决杜绝违法犯罪分子逃避法律制裁现象的发生，维护公安执法的权威，维护法律的尊严。要通过加大犯罪成本，让侵权者为自己的侵权行为付出沉痛代价，以震慑潜在的不法行为。要持续加大对侵害民警执法权益行为处理情况的宣传力度，充分利用报纸、电视、电台和互联网等新闻媒体，对依法打击侵犯民警执法权益行为的情况及时进行报道，增强法律震慑力，树立公安民警的执法权威，营造良好的社会执法环境。

二、人民警察的激励机制

（一）人民警察激励机制的含义

激励就是组织通过设计适当的外部奖酬形式和环境，以一定的行为规范和惩罚措施，借助信息沟通，激发、引导、保持组织成员的行为，以实现组织期望的目标的系统活动。机制，是指系统内各子系统及要素之间相互作用、相互联系、相互制约的形式、原理和内在的、本质的工作方式。机制更多地被理解为事物发展变化的规律和使其健康发展的制度。激励机制也称激励制度，是指在组织系统中，激励主体通过激励因素与激励对象（或称激励客体）之间相互作用的方式，是组织中用于调动其成员积极性的所有制度的总和。人民警察激励机制，是指在警察组织系统中，警察各级管理部门和管理者与警察个体之间通过激励因素相互联系、相互作用的，有利于激发调动警察工作积极性、提高工作绩效的一系列激励的原则、方法、措施和制度的总和。

当前，我国仍处于人民内部矛盾凸显、刑事犯罪高发、对敌斗争复杂的时期，公安机关维护社会和谐稳定的任务也异常繁重，要想完成好时代赋予的艰巨使命，就必须要有一支强大、高效的人民警察队伍。然而原有的"只讲奉献，不求索取"的队伍管理理念和方式过多地强调组织价值和管理目标，很难充分调动个体的积极性和能动性，管理效能相对低下。对人民警察的管理当然要培养其社会责任感和献身精神，但激励机制缺失，个体的利益诉求得不到应有的关注和保障，也会挫伤民警的工作热情，影响工作质量和效率，因而，需要在人民警察队伍管理中探索构建一套有助于充分调动人民警察的主观能动性，激发人民警察工作热情，挖掘人民警察工作潜能，帮助人民警察实现自我价值，并最终实现公安工作总目标的激励机制。"工作动力是推动警务工作发展的内部驱动力，是警务活力的重要源泉。"[①]

（二）构建完善的人民警察激励机制

1. 建立人民警察激励机制体系。将与需要、动机、行为、目标等有关的能够对个体产生激励作用的因素进行有机组合，形成行为导向制度、绩效评估制度、人才管理制度、培训开发制度、抚恤保障制度以及监督约束制度等人民警察激励机制体系。通过制度的设立和整合，建章立制，使人民警察的激励工作有章可循，推进

---

① 贺电．论公安工作科学发展．中国人民公安大学学报，2012（4）．

规范化、制度化建设。同时，使各制度相互配合、相互作用，以达到高效、持久的激励效果。

2. 突出以公平、科学为核心的竞争激励机制。竞争是动力，公平是前提。公平科学的竞争能激发民警的工作潜能和创造性，给公安工作带来源源不竭的动力，是现代警察管理的重要手段。要建立公平的竞争激励机制必须做好以下两点：一是管理者要充分认识到公平感对于调动民警个体工作积极性的重要作用，树立高度的公平意识。在日常工作的安排，工资、奖金的分配，工作业绩的评价以及荣誉、表彰的授予等方面，坚决防止出现根据领导个人喜好人为决定的错误做法，要依靠民主测评，力求做到公开、公正。二是民警要树立正确的公平观念。由于受个人感知的片面性、情感的偏向性等因素的影响，人们心理上往往会不自觉地过高估计自己的努力和成绩，低估他人的努力和成绩，出于主观认识偏差产生不公平感。民警必须学会正确看待自己和他人，克服斤斤计较的思想，树立奉献精神，形成理性的公平观念。

3. 强化以素质教育为核心的自我激励机制。加强民警素质教育是强化公安机关公共管理职能的客观要求，也是人民警察实现自我激励的主观需要。民警素质教育必须从培养品质、提升能力、规范行为三个层面着手。一是强化民警伦理教育，树立服务意识，综合运用行政的、法制的、管理的、教育的手段促进民警不断提高伦理素质、道德修养和公仆意识，消除不思进取、好大喜功、弄虚作假等不良思想。二是强化公共管理知识教育，提高民警行政管理能力和专业能力。公共管理知识教育要注重理论与实践的结合，对民警的培训要由知识型教育向素质型教育转变，由补课或应急性的教育培训向系统化、规范化的教育培训转变，由单纯的学历教育向培养专业型人才教育转变，提高教育培训的实效性，并且根据民警工作岗位、工作性质和任务的不同，结合个人知识结构进行教育培训，提高针对性。三是强化法制教育与典型示范教育相结合，规范民警行为举止。一方面，通过学习《人民警察法》、《人民警察内务条令》、《人民警察纪律条令》、公安部"五条禁令"等相关法律法规和纪律规定，使民警牢固树立依法行政的理念，做到理性、平和、文明、规范执法。另一方面，通过开展民主评议、优秀人民警察评选、规范执法示范机关评选等一系列活动，树立一批先进典型和优秀人物，激励广大民警以先进为榜样，不断完善自我。对公安机关的管理者来说，在管理中既要设法满足民警自身的需要，更要努力促进民警追求更高层次的个人需要；对人民警察个人而言，不仅需要管理者为其实现自身价值提供良好的外部环境，更需要提升自身素质，实现自我激励。

4. 建立以尊重、沟通、参与为核心的情感激励机制。尊重、理解民警是激励民警的基础。人民警察的管理者要学会为民警"把脉会诊，疏瘀散滞"，让民警及时排解心中的郁闷和不满情绪；要善于倾听民警的意见和建议，把民警的安危冷暖时刻放在心上，充分尊重和理解民警。除了尊重和理解之外，信息沟通也应当融于激励机制之中。从对民警需求的了解，到对民警行为的控制和行为结果的评价，都依赖于良好的信息沟通。信息沟通是否及时、准确、全面，直接影响着激励机制的运行效果。有效的沟通可以获知民警的工作、生活状态，及时掌握民警思想动态，针对不同情况加以引导，排除民警的负面情绪，保持积极进取的精神状态。沟通还能够增进对民警的了解，建立融洽的上下级及同事关系，培养民警的认同感和归属感，更好地调动民警的工作潜能。在注重尊重、理解和沟通之余，引导民警主动参与管理、积极自主创新也是发挥激励机制的重要方面。在日常工作安排上，要改变传统管理中将各种工作目标和任务被动地分配给民警执行的状况，鼓励民警参与决策和管理；在贯彻落实上级决策部署、加强内部管理以及制度建设等重大事项上，要保证民警的知情权，让其畅所欲言，提出合理的意见和建议。把尊重、沟通和参与贯穿于激励机制之中，方能实现警察激励机制的良性运转。

5. 完善以危机意识为核心的负激励机制。负激励是从抑制的角度出发的，当一个人的行为与组织期望方向不一致时，组织将对其采取惩罚措施，以杜绝类似行为的发生，是对某种行为的否定。负激励主要是用惩罚的手段让被激励个体产生危机感，从而受到激励，它是对个体的一种威胁，一旦面临这种威胁，个体总是想方设法地去摆脱危机寻找出路。长期以来，人民警察队伍的管理往往以正激励为主，警察管理中负激励手段明显不足，对违纪民警的惩罚很少危及其核心利益，导致部分民警总是大错不犯、小错不断，更有甚者铤而走险、违法乱纪。因此，落实负激励措施，加大对违纪民警的监督和惩罚力度，才能有效发挥负激励的鞭策作用。

6. 加强警察文化建设，为激励机制创造良好的外部环境。警察文化是警察组织所创造的精神财富，是为大多数民警所认可的组织精神、价值观念、道德规范和行为准则，是一种意念性的行为取向和精神信念。警察文化是依靠价值观念、组织目标、行为规范等信念上和道德上的力量对人民警察个体加以潜移默化的熏陶、感染和引导的，以指引人民警察个体行为的方向，使其自觉自愿地按照组织要求去工作。现阶段，加强警察文化建设，对人民警察进行核心价值观和职业道德教育，激发民警的责任感和敬业精神，调动民警的积极性，才能提高公安机关的整体战斗力和凝聚力。此外，警察文化建设中还要引入政治意识、法治意识、民主意识、规范执法意识和开拓创新意识，并将政治宣传归于人性化，倡导建立新的基于理性物质基础之上的警察文化，为构建警察激励机制构建良好的内部环境。

【小结】

在全部公安工作中，队伍建设是根本，也是保证。提高公安机关维护国家安全的能力、驾驭社会治安局势的能力、处置突发事件的能力、为经济社会发展服务的能力，确保公安机关能够真正担负起巩固共产党执政地位、维护国家长治久安、保障人民安居乐业、服务经济社会发展的重大政治和社会责任，需要建设一支对党忠诚、服务人民、执法公正、纪律严明的公安队伍。

公安机关历来高度重视队伍建设，本章主要围绕人民警察警种的设置与招录、内务制度与正规化建设、警察的素质、纪律与道德、奖惩、权益保障与激励机制六个方面，全面阐述队伍建设的重要性、基本内容及措施。

【思考题】

1. 如何正确把握人民警察队伍正规化建设的内涵？
2. 当前推进人民警察队伍正规化建设的重点是什么？
3. 推进人民警察队伍正规化建设还有哪些有效的创新方法？
4. 如何进行人民警察的权益保障？
5. 如何激励人民警察有效地开展工作？

第十九章　公安后勤建设

【教学重点与难点】

1. 公安后勤建设的含义；2. 公安后勤经费建设；3. 公安后勤建设应注意的问题。

‖第一节　公安后勤建设的含义和意义‖

一、公安后勤建设的含义

后勤，是一个军事术语，源于希腊文。《军事大辞海》对后勤的定义是：从物资、运输、卫生、技术等方面保障武装力量建设和作战需要的机构和各项专业勤务的统称。公安后勤工作是一项综合性应用工作，其工作内容的广泛性必然导致其与公安机关内部工作以及社会多方面工作有着密切的联系。由于当前对公安后勤工作的理论研究还不够充分，尚未构建完成基础的理论体系，对公安后勤管理的定义也没有达成相对一致的看法。从不同学者给出的观点来看，其定义的差别主要来自于着眼的角度不同，其分别是从管理的职能、管理的目的、管理的过程等出发的。

公安后勤建设是公安机关为保障日常工作和各项公安业务工作的顺利开展，对其所管辖的各项具体工作，通过发挥管理的各项职能作用，运用服务和物质技术等手段确保一切公安工作有序运转的专门工作。

二、公安后勤建设的意义

公安后勤建设在现代警务机制中发挥的作用是其他任何职能部门所不能替代的，主要表现在以下几个方面：

（一）公安后勤建设是将物质潜能转化为公安现实战斗力的重要保证

公安后勤建设是将物质能量最大限度地转化为公安现实战斗力的中间环节。随着面临形势、肩负任务的变化以及现代科学技术的不断进步，公安机关战斗力的提高对于公安后勤建设的依赖程度也越来越高。公安后勤建设职能的发挥，直接关系到公安机关职能作用的发挥，不仅关系到当前，而且关系到公安工作的长远发展。而公安后勤建设中的警务装备保障，更是在公安现实斗争中起着关键性的作用。

（二）公安后勤建设是挖掘公安机关潜在战斗力的重要手段

公安后勤建设与广大公安民警的切身利益密切相关，其工作的优劣、好坏直接或间接地关系到队伍凝聚力的增强以及广大民警工作积极性、创造性的调动与发挥。公安后勤建设可以通过充分、有力的警务保障，配合公安政治思想工作来激发民警的主观能动性，从而转化为潜在的战斗力。

（三）公安后勤建设是现代警务机制建设的重要内容

为解决日益增长的安全需求和有限警务资源之间矛盾带来的问题和压力，现代警务机制可分为三大板块，分别为决策、实战和保障，其中，决策是关键、实战是核心、保障是基础，三者相辅相成、关联互动，共同构成现代警务机制的完整体系。可见，后勤保障是现代警务机制不可或缺的重要组成部分，也是在总体框架中最为基础的机制。它牵动全局、辐射各方，融合于各个机制的运行中，体现了后勤保障服务公安实战的职能，对于其他机制的正常运转起着十分重要的促进和辅助作用。

（四）公安后勤建设是公安机关形象工程建设的重要基础

公安机关形象工程建设是新时期公安机关对群众路线的坚持和发扬，是推动公安机关战斗力不断向社会延伸、动员全社会力量共同搞好社会治安的一项重要举措。而在公安机关形象工程建设中，后勤建设所起的作用不容小觑，特别是在办公环境、设施设备等各种基础设施建设上，后勤建设工作起着重要的基础和支柱作用。

‖ 第二节　公安后勤建设的主要内容 ‖

一、公安装备建设

（一）公安装备的含义

公安装备是公安机关和公安民警在维护社会治安、进行行政管理和刑事司法活动中，用以完成任务和保障自身安全的武器、器材和其他技术设备产品的总称，是确保公安工作顺利进行的工作条件和物质基础。

（二）公安装备的特点

1. 专业性与社会性相融合。一方面，公安装备有与军队装备类似的武器警械、侦查器材等专用装备，这些专用装备具有自动化程度高，使用、维护技术要求高，使用目的性强等特点。另一方面，公安装备有一般行政管理部门配备的装备的共性，比如与经济社会发展接轨，广泛使用社会化的装备资源（如车辆、通信、信息网络等），力求最大限度地减少人力、物力的耗费，不断提高对装备资源的利用率。

2. 适应性与前沿性相统一。随着智能化犯罪、暴力犯罪、恐怖犯罪数量的增加和犯罪手段的现代化，公安机关必须配备先进的技术装备，这样才能更好地打击违法犯罪，维护社会治安稳定。目前，公安装备的科技含量越来越高，特别是行动技术、刑事技术、反恐防暴等技术装备，都在社会科技发展中居于前沿地位。

3. 分散性与统一性相结合。公安机关平时实行分散执勤的工作模式，如派出所、治安队、巡警队、交警队等分布于社会面上，按照规定的治安责任区和管理区使用装备资源进行日常执法活动，公安装备成建制地配备于各执勤单位。同时，在特殊情况下，如在处置突发事件、群体性事件、反恐斗争等情况下，公安机关往往采取统一行动的办法，集中使用装备资源，根据实际情况的需要来使用特种装备，以确保逢战必胜。

4. 一般性与特殊性相结合。在使用装备资源开展日常工作的同时，为有效应对突发事件和灾害事故，各级公安机关都配备了一定数量的特种装备器材，并有一定数量的装备储备，装备的保障能力有了一定程度的提高。

（三）公安装备的分类

公安装备按其共享性的强弱可分为通用装备、专用装备和特种警用装备三种。

1. 通用装备。此类装备共享性非常强，一旦配备后，每个民警都可以使用，是公安机关日常工作中经常使用的。通用装备的投入大，具有公安产品的性质。按用途来分，通用装备分为以下几种：

（1）公安被装装备。公安被装装备是公安机关区别于其他国家行政机关的主要外在标识。

（2）交通装备。交通装备包括公安机关在执行各项任务时所使用的机动车辆、船艇和直升机等交通工具。

（3）信息网络装备。信息网络装备是服务于公安网络系统的装备，主要是指硬件装备和软件装备。硬件装备包括终端设备、服务器、交换机和光纤等；软件装备包括网络操作系统、数据库和应用软件等。

（4）通信装备。通信装备是公安业务的语音通信装备。按信号传输方式其分为有线通信装备、无线通信装备和通信加密装备三种。

（5）其他通用装备。其他通用装备主要是指公安机关与其他一般行政管理机关大体相同的大量使用的一般行政管理装备。

2. 专用装备。专用装备，是指公安物证技术、行动技术、安全检查技术和信息网络监察技术等专门工作的装备，是公安装备的重要组成部分，是公安工作的基础性装备，也是衡量公安工作、公安战斗力的主要标准。其装备的优劣直接关系到公安职能的发挥。公安专用装备可以分为物证技术装备、行动技术装备、安全检查技术装备、信息网络监察技术装备等。

3. 特种警用装备。特种警用装备主要是指为保障公安民警依法履行职责、完成特殊任务而依法配备和使用的预防、制止违法犯罪活动的警用武器、器械等特殊装备。特种警用装备在整个警务活动中占据十分重要的位置，发挥着至关重要的作用，被誉为警察的第二生命。特种警用装备主要包括两大类，即警械装备和武器装备，具体包括防护救生装备、刑事技术装备、技术侦查装备、安全检查与监控装备、特殊光学仪器装备、消防车等消防装备、特种警用车辆、特种工具、短波电台和部分通信装备等。

（四）公安装备建设的主要目标

当前，我国正处于改革的攻坚阶段和发展的关键时期，影响社会稳定的因素很多。犯罪的智能化、暴力化程度提高，犯罪手段多样，反恐防暴任务加重，群体性事件增多，处置难度加大，这些情况的出现使得加快公安机关装备的现代化进程成为必需。当前和今后一段时期，公安装备建设的主要目标是：

1. 公安装备适应实战需要。加强公安装备建设，在数量和质量上能够保证未来公安工作实战的需要。

2. 公安装备科技含量明显提升。通过加强公安装备建设，使公安装备的科技含量有明显提升，能够应付智能化、暴力化犯罪，满足公安机关维稳处突、反恐防暴工作的需要。

3. 公安装备标准体系进一步完善。通过加强公安装备建设，建立健全一套适应公安机关和人民警察执法执勤需要的公安装备体系，为规范化管理服务。

4. 公安装备应急储备调拨机制更加科学。应急储备调拨机制主要包括应急装备的研发论证、货源组织、经费预算、科学的配备和管理，一定的仓储能力和规范的管理标准等。

5. 公安装备现代化水平显著提高。所谓现代化管理，主要是指规范化管理，包括基础规范、制度规范、工作规范、行为规范、服务规范。要建立公安装备的基础数据台账，通过公安装备信息管理软件的研发，努力做到统一口径、统一统计报表、统一统计程序，提高装备统计的准确性和实效性。要按照规范化建设的要求，建立健全公安装备管理制度，努力做到制度规范。

二、公安经费

《中共中央关于进一步加强和改进公安工作的决定》（中发〔2003〕13 号文件）中指出："按照收支脱钩、全额保障、突出重点、分步实施的原则，建立公安经费保障机制。研究制定公安机关装备配备、各项经费开支定额等标准，并按照事权划分的原则，由中央财政和地方财政分别予以保障。加大中央财政对中西部地区县级公安机关的补助力度，保障基层公安机关办公、办案的经费支出。增加公安基础设施建设投入，实施公安监管场所及西部地区公安派出所'两所'建设工程。公安机关要严格经费管理，提高资金使用效益。"完善公安经费保障机制是保证警务活动顺利开展的必要条件。

（一）公安经费的含义

公安经费，是指国家财政对公安机关履行各项公安职责所给予的各种形式的财力支持。公安经费在国家财政预算中主要包括机关行政经费、公安业务费和教育事业费。其中，机关行政经费主要用于工资支出和日常办公经费；公安业务费主要包括办案经费、装备经费、办案消耗经费和其他经费；教育事业费主要用于高等学校和科研项目的开支。

（二）公安经费保障的内容

公安经费保障主要包括公安经费保障标准、保障形式、保障措施、管理监督和政策支持等要素。经费保障标准的实质是依据，是公安经费保障的重要基础；保障形式是重点，是按标准由谁来保障和如何进行保障，是公安经费保障的重要内容；保障措施是对保障体制的完善，是公安经费保障的补充性内容；管理监督旨在通过管理达到经费使用的最佳效益，是公安经费保障的重要手段；政策支持是辅助性保障规定，是公安经费保障的重要组成部分。上述要素是一个整体，各有侧重，相互联系，构成公安经费保障的重要内容。

1. 保障标准。制定公安机关公用经费保障标准是建立公安经费保障的主要内容，是解决公安经费保障困难的根本性措施，也是当务之急。公安经费保障标准主要包括公安机关公用经费开支定额标准、公安装备配备标准和公安基础设施建设标准等。

2. 保障形式。《人民警察法》第37条规定："国家保障人民警察的经费。人民警察的经费，按照事权划分的原则，分别列入中央和地方的财政预算。"其决定了公安机关的经费保障体制是分级保障的体制，即以同级保障为主、上级保障为辅的保障体制。建立公安经费保障机制，要以对当前保障机制的不足进行某些补缺，即以建立分级与分项、同级与上级补助相结合、相协调的公安经费保障机制为重点。

3. 保障措施。针对近年来县级公安机关尤其是中西部地区县级公安机关的经费保障不足问题，中央财政于1999年建立了对贫困地区公安机关的经费补助机制。此后各省、自治区、直辖市亦相继建立了补助机制。补助机制对于解决贫困地区公安经费保障问题、调控地区差别等发挥了重要作用。

4. 管理监督。强化管理监督是建立公安经费保障的重要环节。为进一步确保中央财政补助经费及时、足额到位，提高中央补助经费的使用效益，公安部将与财政部和国家发改委，制定中央财政补助经费管理规定，进一步提高补助专款的到位率。建立省级公安机关对中央财政补助经费的专户核算。同时，公安部和省级公安机关要加强对上级补助经费的监督检查，对违反规定或不实事求是的将予以处罚，甚至停止或扣减补助经费等。

5. 政策支持。积极争取政策支持，是建立公安经费保障的重要措施。政策支持虽然不能体现经费的具体数额，但政策制度是无形的资产，因此要同有关部门努力争取政策支持。政策支持包括以下内容：公安机关的基础设施建设用地由国家规划，免征配套费；公安技术侦查和公安网络监控等用于公安业务工作的手段，有关部门应免收警务工作接口费，并要制定法律及规定，不能视为一般客户来对待；警务用车免征车辆购置税、过桥和高速公路建设费等。

（三）现行的公安业务经费保障不足

虽然现行的公安业务经费保障体制基本上满足了公安机关各项业务的需要，但也有其自身无法克服的缺点。

第一，由于各地区间经济发展不平衡，经济水平差异比较大，各地公安机关经费保障的差距也越来越大，相当一部分县级公安机关的经费保障极为困难。

第二，财政改革的不断深入与公安经费管理滞后的矛盾日益突出。自1994年我国财税体制改革以来，先后推出了部门预算、国库集中支付、政府采购、收支两条线管理等改革措施，随着我国财税体制改革力度的加强和范围的扩大，还将推行单一账户管理和会计委派制度等改革措施。这些改革措施对今后的警务保障工作提出了许多新的要求和问题。例如，部门预算强调的是提前预算、规范预算、定额预算等，其计划性明显加强。但是，公安工作属于社会工作，工作中存在许多不确定因素，特别是随着我国经济的快速发展，对公安装备财务工作无论在思想观念、管理方式和管理手段等方面都提出了新的要求。过去那种单一的物质保障型行不通了，代之而来的是应向信息技术综合型保障转变，这对于我们的管理机制、人员素质和行为准则等都提出了新的要求。

第三，现行的公安经费保障体制与公安工作的发展不相适应。当前，我国正处在犯罪的多发期，作案技术手段高，特别是犯罪的突发性、暴力性和跨区域性突出，犯罪的组织化、专业化、智能化程度明显增强，增加了办案成本，这也要求公安机关大幅度提高经费保障的力度。同时，近年来公安部门实施了一系列改革措施，这些改革措施都要由基层公安机关来实现，对基层公安机关提出了许多新的要求。但是，由于受现行的经费管理体制制约，地方政府的经费保障有时不能到位，尤其是中西部地区基层公安机关由于经费短缺，一时难以达到上级公安机关的要求，使上级公安机关的标准与要求同实际形成了很大的差距，满足不了办案的需要。

第四，公安机关执法的统一性与公安经费保障分级管理的矛盾很大。一方面，公安机关是执法机关，中国法律在全国的适用程度是统一的，不能由于各地的经费保障状况而有区别。但是，全国公安机关经费保障的多级管理，致使一些地方由于经费保障不足，降格处理、以罚代拘或对一些案件无力继续侦查的情况比较普遍。尤其是这些无力侦查的案件往往是影响一方稳定和安全的较大案件。另一方面，很多案件具有跨区域的特点，在办案的过程中，耗费的资金比较多，由于经费是分级负担，导致一些基层公安机关不愿意或者没有能力承担这类案件的侦破工作，给犯罪分子留下可乘之机。随着今后东西部地区发展差距的逐步扩大，这一矛盾将越来越突出，会直接影响到公安机关执法的统一性和执法环境。

第五，财政支出管理的进一步规范与公安内部经费来源的多渠道以及分散管理的矛盾越来越大。继部门预算、国库集中支付、政府采购、收支两条线管理等改革措施之后，下一步财政部还将出台单一账户管理等改革措施，实现对各部门所有资金的有效监管。然而，当前公安机关的经费保障来源有多种渠道，这决定了公安经费的多渠道管理。而公安装备财务部门作为公安机关的财务管理职能部门对这些经费的使用又缺少必要的管理和监督，存在一定的漏洞，以至于财政支出管理的进一步规范与公安经费保障的多渠道和分散管理的矛盾很大。

（四）完善公安后勤建设经费保障机制

1. 建立完善的资金投入机制。当前，公安经费保障的主要矛盾是有限的经费投入与日益发展的公安事业需要之间的矛盾，因此，努力加大对公安经费的投入是建立公安经费保障体制的重要内容。

（1）实现行政事权与财权相结合。将分级保障落到实处，上级公安机关负责公安业务经费支出，同级政府负责管理支出。对于较为贫困地区的公安机关实行转移支付，通过上级公安机关的支持减轻经济欠发达地区公安机关的压力，缓解贫困地区公安机关经费供需矛盾。

（2）规范投入机制的制度化建设。建立公用经费正常增长机制，规范和完善公用经费保障标准，制定业务装备配备标准和业务基础设施建设标准。公安机关应主动与财政部门联系，建立相应的公安机关经费保障标准。在政策上，实行分项目、分区域的分类保障政策，重点加强经济困难地区的市级、中西部县级的保障，办案业务经费、业务装备经费和业务基础设施建设投资由中央、省级和同级财政共同保障。在经济发达地区明确规定公安机关经费在财政支出中的比例；在经济欠发达地区，则通过建立最低保障标准的方式保证公安机关的正常运作。

（3）完善从优待警机制。生活困难、入不敷出及低收入、高风险的经济条件和工作环境给多数公安民警造成了较大的生活压力和心理压力。认真贯彻从优待警政策，对公安机关在编民警应享受的基本工资、加班补助工资、特殊津贴、地方性补贴、政策性补贴等必须按时足额发放；同时要根据当地财力，在实行医疗保险制度改革、住房制度改革后，妥善安排好公安民警的基本医疗保险、住房补贴、人身保险；采取多渠道投入的办法，进一步加大公安民警抚恤金的投入规模，提高抚恤标准，改善公安民警的生活条件。

2. 建立完善的公安经费管理机制。

（1）建立健全公安经费管理机构，进一步提高管理人员的专业素质，提高经费使用和管理的专业化水平。

（2）建立大要案备用金制度。由于公安工作的特殊性，经常会遇到必须处置的各类重特大案件和突发性事件。在这样的情况下，各级政府在财政预算中应安排一定数额的资金作为备用金，由公安机关按事权划分的原则，履行规定的报批手续后，专项用于侦办重特大案件和处置突发性事件。

（3）高度重视和认真处理"收支脱钩"问题。公安机关的各项收费和罚没款收入，是国家财政收入的重要组成部分，必须依法予以收缴，公安机关决不能因公安工作的各项支出有财政部门保障，就不收或者少收依法应该收取的各项费用和罚没款。同时，对依法该收该罚的一定要如实收上来，坚决克服执罚工作中的人为行为和不作为行为，堵塞工作漏洞，确保国家财政收入的足额到位。

（4）提高公安经费使用效益。加强经费的管理，严格开支范围和标准，勤俭节约，精打细算，坚决杜绝铺张浪费行为。进一步优化资源配置，避免重复建设，把有限的经费用在"刀刃"上。要不断探索新形势下加强公安机关财务管理的方法和途径，确实管好、用好有限的经费，努力提高公安经费的使用效益。

（5）落实政府采购制度。一是有计划采购，避免所属部门因盲目采购和重复采购而造成的物资闲置和浪费；二是集中统一采购，形成规模采购，降低采购成本；三是采购方式以竞争性招标采购为主，利用市场供应的公开竞争而获得物美价廉的商品和服务，以达到减少支出的目的，从而使有限的经费发挥最大的效用，力争并确保各项警务活动顺利完成。

（6）健全有效的监督制约机制。加大对公安经费使用的审计、监察和监督，通过监督检查、审议公安经费财政预算等渠道和方式，督促各级政府切实保障公安经费。

‖ 第三节 公安后勤建设应遵循的原则和注意的问题 ‖

一、公安后勤建设应遵循的原则

公安后勤建设与其他一切管理活动一样都需要遵循一定的原则，以保证各项建设的顺利进行。

（一）保障警务活动原则

公安后勤建设是公安工作的重要组成部分，也是公安工作赖以存在和发展的物质基础。保障警务活动、服务于公安中心工作是公安后勤建设的出发点和归宿。要建设科学规范的公安工作运行机制，必须建设强有力的公安后勤保障体系。公安机关的各项组织活动都必须有经费和基本的物资保障，失去了财和物的支持，各项工作都无法正常有效地运转并发挥作用。公安后勤建设就是对公安工作所需要的公安装备、公安经费、公安基础设施等按照科学的标准，通过法律、法规的形式确定下来，并进行合理的配备和管理使用。

（二）效益原则

公安后勤的效益问题既是后勤管理的目的，又是贯穿于后勤建设整个过程的基本原则。公安后勤从生活管理的"吃、住、行"到业务保障的"打、管、防"是一个全方位服务与管理的系统。讲究成本和效益是市场经济对公安后勤管理和服务工作的客观要求，警务保障部门必须遵守经济运行规律，按经济规律办事，克服盲目性，增强科学性。

（三）管理科学化原则

管理科学化，是指在公安后勤建设中充分运用现代科学的技术成果、方法和手段，提高管理的工作效率，以更好地为警务活动提供保障。管理科学化具体包括管理思想的科学化、管理组织的科学化、管理制度的科学化和管理方法的科学化。总之，在管理过程中必须不断创新，与时俱进，提高各项工作效率。

（四）可持续发展原则

可持续发展，是指在保护环境的条件下既满足当代人的需求，又不损害后代人的需求的发展模式。它是人类社会面对人口压力、资源短缺、环境负担、生态危机等一系列世界性问题提出的发展战略。公安后勤建设坚持可持续发展原则关键要处理好两种关系。一是要正确处理好现实和未来的发展关系。公安后勤建设必须具有前瞻性，因为后勤建设工作具有连续性，前一阶段的工作对整个工作的发展影响巨大，如果管理工作对未来发展计划估计不足或在方向上出现偏差，均会影响到警务活动的整体发展，产生重大损失。寅吃卯粮的现象更是要坚决杜绝的，这种做法不但会使公安工作产生无法弥补的损失，而且还会影响到整个公安事业的长远发展。二是要正确处理好公安事业发展与社会整体发展的关系。公安后勤工作为公安工作提供经费和物质保障，公安工作的好坏从某种程度上也决定于此。但如何加强管理工作，保证物尽其用，最大限度地发挥物资和财政支持的作用就是管理工作的问题了，公安后勤建设工作做得好，对警务活动保障有力，对公安工作的发展也将起到推动作用，反之，不仅会浪费社会资源，也会影响到整个公安事业的发展。

二、公安后勤建设应注意的问题

（一）开拓进取，创新理念

1. 树立大公安后勤保障观念。一方面，要建立起集经费、装备、科技、管理、服务保障为一体的公安大后勤观，充分认识到公安后勤保障与整体公安工作、社会治安、队伍建设等都密切相关，可以说，其渗透性和影响力无处不在。另一方面，随着公安后勤保障服务社会化改革的不断深化，在公安后勤建设中应树立宏观管理理念，逐渐减少对具体事务的管理，增强监督和调控，实现由微观管理到宏观管理、由具体实物管理到价值形态管理的转变。

2. 强化法制意识。在法制社会条件下，加速公安后勤建设必须遵循法制规则，这也是公安机关警务规范化建设的总体要求。因此，要根据国家有关法律法规将公安后勤保障工作纳入法制轨道，减少随意性和盲目性，实现由经验管理向依法管理的转变。

（二）探索和推进新的管理模式

1. 推进公安后勤建设的社会化。公安后勤建设的社会化就是要在竞争日益激烈的市场经济条件下，以资产为纽带，以市场为导向，以自愿为原则，以价值规律为杠杆，对现有后勤产业进行重组，对现有后勤服务保障机构进行跨行业、跨系统、跨部门、跨地区的联合，加快推进公安后勤建设的产业化、专业化和集约化建设。

2. 应急保障联动机制。公安机关的经常性业务工作所需的保障条件大体上是可以预见的，但在目前敌情社情复杂、反恐任务繁重、群体性突发事件日益增多的情况下，迫切需要建立反应灵敏的应急保障联动机制，确保在危机发生时，公安机关能迅速协调社会各方力量，调动应急有效资源，实施紧急救援，使公安后勤保障在服务突发警务中步入快车道，牢牢掌握公安工作主动权。

（三）加强公安后勤建设的制度化建设

良好的制度是做好工作的前提。要进一步建立健全公安装备、公安经费保障等公安后勤建设的各项规章制度，为公安后勤制度化建设奠定坚实的基础。

（四）加强经费管理

1. 增强预算意识。各级公安机关的财务部门要改变盲目、粗放、模糊的管理方式，增强后勤保障工作的预见性和前瞻性，增强预算意识，杜绝预算编制的随意性，做到无计划不开支、有计划不超支。

2. 提高预算的执行率。加大预算执行力度，提高预算执行的刚性，最大限度地减少年中预算的调整和追加，确保按预算计划科学、规范地执行好、执行完毕。

3. 加强审计和监督。建立内部稽核制度和岗位责任制，健全内部制约机制，加强日常财务监督，配合审计和财务管理部门进行审计和检查工作，做到坚持原则、依法办事。保证国有财产的安全和完整；保证公安机关的预算圆满实现；维护财务制度和财经纪律的严肃性。

（五）加强公安装备建设

1. 加强公安装备规划建设。为提高公安装备规范化、科技化建设水平，必须建立健全一套能充分满足新形势下公安实战和执法管理需求的公安装备保障体系，使装备专业化程度和科技含量有较大幅度的提升，装备规范化管理和保障能力有明显提高，装备现代化建设水平实现跨越式发展并紧跟国际先进装备发展步伐，使总体建设标准达到国内领先水平。

2. 加强公安装备应急储备调拨机制建设。这是整个公安装备保障的一项基础性建设工作，也是各级公安机关从容应对和有力处置突发性事件的可靠保障。公安后勤保障部门要随时、主动地掌握公安业务的发展动态，着眼现实，立足长远，把工作的基点放在满足一线实战需求上，按照处置突发事件的预案做好各类应急装备、设备、物品的储备，并视情建立相对稳定可靠的社会定点供应服务网络，一旦遇有突发事件，即可做到急需急供、特需特供。

3. 加强高精尖技术装备建设。针对公安工作面临的形势，我们必须树立科技强警的观念，进一步强化公安指挥、信息系统和重大装备项目建设，进一步突出反恐、防爆、刑事技术、行动技术、个人防护等方面的高新技术装备。

（六）推进公安后勤信息化建设

公安后勤要达到保障准确及时、实现后勤保障资源共享的目标，必须走信息化保障之路。应加快建设公安后勤综合信息网，通过装备、资产信息管理系统建设，实现资产、装备信息的实时掌控和动态流转，达到对公安资产、装备从购置、配发、使用、维护到报废的全方位动态管理。进一步优化整合信息管理系统建设，更好地发挥后勤保障的最大效益，确保以更快的速度、更好的方式，为各级公安机关和人民警察提供适时、适地、适量、高效的精确保障。

（七）提高公安后勤管理队伍素质

1. 做好专业人才的引进工作。从事公安后勤保障工作的同志，要善于从公安工作发展的全局出发，适时提出有益的意见和建议，为领导决策当好参谋。为此，必须有计划、有步骤地引进精通统计、财务管理、基建、计算机技术等的专业人才，努力打造一支适应现代公安后勤建设工作发展要求的复合型后勤保障队伍。

2. 进一步加强公安后勤管理人员的专业培训。采取切实可行的措施，有针对性地对公安后勤管理人员进行业务培训，进一步提高后勤保障民警的履职能力。

3. 狠抓廉政建设。后勤保障部门的人民警察管钱、管物，手里掌握着一定的物质资源和公共权力，往往成为社会上一些人和单位的"主攻"对象。因此，要认真落实各项反腐倡廉措施，特别是对预算资金分配、装备物资购置和分配、政府采购及基建工程建设等重点领域要加强监督，防止和杜绝违法违纪问题的发生。

【小结】

公安后勤建设工作是公安工作的重要组成部分，也是公安工作赖以存在和发展的物质基础，公安后勤工作直接牵动和影响着公安工作的全局，新时期的公安工作必须高度重视后勤建设。

本章主要阐述了公安后勤建设的含义及意义，在论述公安后勤建设主要内容的基础上，重点探讨了公安后勤建设应遵循的原则和应注意的问题，为公安后勤建设工作提供了一定的研究思路。

【思考题】

1. 公安后勤建设的含义是什么？
2. 如何有效利用公安装备提高公安战斗力？
3. 如何理解公安经费保障？
4. 公安后勤建设应把握的原则是什么？
5. 公安后勤建设应注意的问题有哪些？

第二十章　公安科技信息化建设

【教学重点与难点】

1. 科技强警战略；2. 公安科技的内容；3. 公安信息化建设的主要内容；4. 公安信息化建设应注意的问题。

‖ 第一节　公安科技工作 ‖

一、公安科技的重要性

所谓公安科技，是指公安机关运用现代科学技术进行公安控制的专门措施和手段。严格来说，科学与技术是有区别的，科学的根本职能是认识客观世界的规律，提供应用的理论；技术则是为了特定的目的所应用的一种专门手段，它使可能应用的理论变成现实。而现在人们一般都把科学技术一体化了。公安科技，正是从这个意义上说的。但公安科技又并非是包括基础自然科学、技术科学和工程技术的广义科技概念，而是指为特定目的而应用的专门科学技术手段和方法。具体而言，公安科技有以下几方面的特征。

第一，专用性，即以保障国家安全和维护社会治安秩序为目的，专用于进行公安控制。公安控制是一种特殊的社会控制，是以国家安全与社会治安秩序为其控制目标的。公安科技在公安控制中的专用性表现为：一是有效地识别犯罪，如激光指纹发现器、计算机自动指纹识别系统、噪声鉴别技术等现代科技，在打击防范各种犯罪方面起着重要作用；二是为护卫目标提供安全技术保障，如计算机信息安全技术、监测监控设备、各种报警系统及消防灭火器材等。

第二，专门性，即为实现公安控制而专门研制或根据特殊需要进行专门改装以及直接引用为公安控制服务的器材、仪器、装置、材料等专门技术手段。

第三，专业性，即专门的公安科技设备、器材必须由公安机关专业科技人员掌握和使用。这是因为一些公安科技手段技术性强，必须由专业人才或经过专门培训的人员才能掌握使用；部分公安科技用于隐蔽斗争、技术侦查，机密性强，确定专门的科技人员，有利于控制保密范围。

随着经济的发展和社会的进步，社会治安问题也出现了新的变化，有效解决社会治安新问题，离不开飞速发展的现代科技。在公安工作中，公安科技的应用越来越广泛，它作为一种实力性对策，发挥着越来越重大的作用。

（一）促进公安主体的科技化

公安科技的根本任务就是增强公安控制的能力，而公安控制能力的大小，主要取决于公安主体的功能状况。所以，公安科技的实施目的首先是以现代科技手段强化公安主体，促进公安主体的科技化，或者说是实现科技化公安主体。

第一，强化感官能力。现代化的科技手段可以大大改善人的感知条件，从量与质的方面扩大和改善人的感知能力，将人的感官觉察不到的物质运动形式转变为直接感知的现象和过程。这样不仅简化了人们对周围现实的感性认识过程，而且使人的视、听、嗅、触等感官能力作用的广度、深度和速度等达到了人力所不及的地步。把现代科技武装的特有感官作为公安民警的一种特殊手段用于公安控制，其效能是普通感官所无法相比的。以高科技为标志的信息社会，公安信息量大大增加，单靠人力处理这些信息是极为有限的。例如，不要说全国的人口管理和控制问题是一项巨大工程，就是在一个几百万人口的城市要从人口卡片中了解一个人的情况，采用传统的人海战术，需要耗费大量人力、物力、财力。而采用计算机系统管理人口，只需要十几秒便可准确无误地查找出来。这说明，公安科技是延长和强化公安民警感官能力的特殊手段，只有把公安民警的职业本领、技能与公安科技结合起来，才能发挥公安科技在公安控制中的效能。

第二，强化对抗能力。公安科技延长和增强人的视、听、嗅、触等感官能力，不仅提高了公安民警与犯罪进行较量的智力，也极大地强化了公安民警的体力。在许多方面，公安科技的实施，可以达到人体所不及的地步。例如，电子警察的广泛应用，为视频侦查提供了有效的平台；指纹阅读、视网膜阅读、噪声辨认等辨认生物特征的防盗系统的出现；高科技电子报警系统的完善等，这些不仅加强了公安主体对社会治安问题的应对能力，也增强了整个社会的防范保障能力。

第三，强化协调关系。公安主体是一个系统，它的功能发挥要靠各个要素之间的联系和协调。科技手段对公安主体各要素间的协调关系的强化，主要体现在提高其组织、管理的现代化程度方面。各类高科技及现代化的科技手段的运用，有利于加强主体各要素之间纵向、横向的联系，强化协调机制，进而增强公安主体决策、执行、咨询、沟通、监督等功能。

（二）公安科技是公安实力优势的重要源泉

无论是公安科技的自身强化，还是公安主体的强化，其目的都是在打击违法犯罪及社会治安治理中取得实力优势，这也是公安科技对策性、对抗性的明显特征。要保持公安机关的实力优势，公安科技是重要的实力源泉之一：

1. 公安科技是我国科学技术体系中的重要部分。实践证明，公安保障寓于经济建设之中，经济越发展，就越需要安全作保障，科技越进步，也越需要更先进的安全技术。科技的迅猛发展，推动着社会生活的变革，以软科学发展为标志，一大批为扩大科学社会功能的软科学，为经济、科技、教育、管理、社会的协调发展提供了广阔的前景。诸如决策科学、战略科学、政策科学以及决策技术、预测技术、咨询技术等软技术应运而生。这些软科学、软技术也越来越广泛地被公安科技所借鉴、吸取、采用，为公安科技的发展注入了新的活力。可见，经济发展为公安科技提供了基础；现代科技的进步为公安科技综合化发展提供了可能。因而，公安科技成为我国科学技术体系中的重要部分，我国经济建设的发展和科学技术的进步为其奠定了深厚的物质技术基础，开辟了广阔的发展前景，它是公安实力优势的重要源泉之一。

2. 公安科技具有对策性的优势。科学技术的进步与发展，势必给人类社会带来广泛的影响，也给社会治安带来巨大冲击。当前，公安工作面临着犯罪活动日趋职能化、社会治安危害日趋现代化的挑战。有人认为，罪犯和警察在利用科学技术方面机会均等。其实不然，在与智能犯罪以及高科技违法犯罪的对抗中，公安科技有胜于对方的经济实力与社会条件，双方对抗越激烈，公安科技的实力保障则越会得到补充和加强。此外，公安科技虽然带有被动性、后发性，但却具有更强的反作用力。当违法犯罪分子利用某些先进科技手段实施违法犯罪行为时，公安机关则可以采取针对性更强、技术性更高的科技手段对其进行防范和打击，这样，可以变被动为主动，变后发为前发。再则，高科技违法犯罪是反社会行为，往往只能利用某些科技的单一功能，而且难免留下漏洞和痕迹，而公安科技作为一种对策则可以充分发挥多方面科技的综合功能。公安科技大大增强了公安机关克服和战胜社会治安问题的实力，这是社会经济和科学技术发展中的必然趋势。

（三）公安科技是公安战斗力的重要组成部分

随着经济的发展，在新的形势下，公安机关与违法犯罪分子之间体力、智力的较量日益转化为脑力性、智能性、科技性的对抗与较量。所以，公安战斗力必须朝着科技化、信息化的方向发展。"科学技术是第一生产力"，科技化、信息化是提升公安战斗力的重要标志。可以这么说，现代化的公安战斗力就是以高科技武装起来的高素质的公安民警。

高素质的人员离不开高科技手段。因为人体本身受许多条件的限制，不可能直接观察、认识事物的许多现象和过程，只有借助高科技的"望远镜"才能增强自己的感官能力；同样，高科技手段需要高素质的人员去研制、掌握和运用。高科技和智能违法犯罪的日益严重，实际也是现代科技对公安机关的挑战，是对公安民警掌握、运用科技手段的能力的挑战。公安民警不仅要有良好的政治、业务、身体素质，也要有掌握现代科技的本领，这也是高素质的重要内容。在与高科技和智能违法犯罪的反复对抗中，高科技与高素质人员相结合，形成了具有对抗优势的现代化公安战斗力。

二、公安科技强警战略

科技强警，顾名思义是用科技来强化警务水平的提高，是指在公安工作中大力推进公安科研投入、科技创新，形成以现代科学技术、高精尖设备、信息化系统支撑公安工作的新格局。近年来，科学技术被广泛应用于公安工作的各个领域，极大地提高了公安机关的战斗力，并促使科技强警意识日益深入人心。2003 年 11 月，《中共中央关于进一步加强和改进公安工作的决定》的第七部分明确提出："实现公安工作的现代化，必须走科技强警之路"，作出了全面实施科技强警战略的重大决策，向全国公安机关发出了"全面实施科技强警战略"的号召，将公安科技工作提高到了前所未有的高度。第二十次全国公安会议总结了多年来公安工作的经验，其中第 8 条经验就是："坚定不移地走科技强警之路，大力推进公安信息化、现代化，充分依靠科技进步和教育培训提高公安队伍的战斗力"。中央政法委书记孟建柱同志在 2012 年 12 月 17 日的中央政法委员会第一次全体会议上强调，政法机关要提升五个能力，即着力提升做好新形势下群众工作能力、维护社会公平正义能力、新媒体时代社会沟通能力、科技信息化应用能力和政法队伍拒腐防变能力，其中一个重要方面即科技信息化应用能力。在 2017 年 1 月 12 日召开的中央政法工作会议上，"新技术"与"大数据"成为孟建柱讲话中的高频词。在谈及打击新型犯罪时，孟建柱表示要善于运用大数据关联犯罪嫌疑人行为轨迹。此外，孟建柱的讲话还专辟一章，以"紧紧抓住新一轮科技革命的历史性机遇，提升政法工作现代化水平"为题，强调司法系统应拥抱现代科技，推动政法工作理念思路与时俱进。

科技强警的关键是科学技术，包含科学强警和技术强警。公安科技工作是公安工作的重要组成部分，公安科技就是公安战斗力。"科技强警"战略是构建现代警务机制的关键核心，只有把现代科学技术渗透于公安机关实战、保障和服务的每个环节，服务于预防打击违法犯罪和社会管理的各个方面，才能形成现代化的新型警务模式。简言之，"科技强警"不仅是公安科技的实践问题，更是一个构建新型警务模式的实践问题。对此，可以从四个方面理解"科技强警"战略的基本任务：

一是认识方面。"科学技术是第一生产力"，"科技强警"战略的核心任务是要确立科技是公安工作第一战斗力的理念。要弘扬科学精神，牢固树立向科技要警力、要战斗力的思想，坚持解放思想、实事求是，面对公安工作中不断出现的新问题、新情况，以科技为先导，以创新谋发展。同时，宣传、教育、鼓励广大民警热爱科学、崇尚真理，在公安工作中依据科学原理和科学方法决策，按照科学规律办事。

二是应用方面。实施"科技强警"战略，不是先进科技手段和尖端技术装备的简单运用和叠加，而是要把科技真正融入维护稳定、打击犯罪、队伍建设、行政管理、服务社会、国际交流等警务活动中去，切实提高公安机关的工作水平和广大民警的科技意识。

三是人才方面。实施"科技强警"，人才是关键。无论是发展公安科技，还是公安科技的实战应用，都离不开公安科技人才。因此，要加快公安科技人才的发现、引进和培养，尊重科技人才，用好科技人才，这样才能真正将科学技术转化为公安工作战斗力。

四是保障方面。发展公安科技，实施"科技强警"，离不开各级党委和政府的关心、支持，离不开党委、政府及社会各界人、财、物的大力投入，只有多方努力、共同发展，才能真正为"科技强警"提供有力的保障，才能切实推进"科技强警"战略的顺利实施。

当前，"科技强警"战略主要由以下三个部分构成：公安科技创新、公安科技成果转化与应用和公安科技管理，并分别由不同的机构和部门承担相关任务。

公安科技创新工作是面向警务工作的自然与软科学研究和技术开发及其基础设施建设，主要由公安机关所属科研所、公安高等院校及社会有关科研机构或公司企业共同承担。

公安科技成果转化与应用工作是旨在提高公安战斗力的科技强警建设，包括技术建设和管理建设两大类。技术建设有机关与社会建设和单项技术与系统工程建设的区别，主要由公安机关与有关部门及相关公司、企业共同承担。

公安科技管理工作是对公安科研开发和科技强警建设的管理，还包括社会公共安全产品行业技术质量监督和公安科普工作，以及公安科技发展战略研究、体制改革、经费保障、目标管理和统计评估等基础工作，主要由公安科技综合管理部门、技术管理部门和公安院校、科研院所的科研管理部门承担。

以上三者，科研开发（科技创新）是公安科技工作的基础和科技强警的源泉；科技建设（成果转化）是公安科技工作的龙头和科技强警的手段；科技管理是公安科技工作的动力和科技强警的枢纽。

三、公安科技的主要内容

公安科技就是满足公安工作需求的科技活动，既包括学科建设和科技创新，也包括科技产品的生产和科技强警建设，还包括科技管理活动。

公安科技的学科概念是支撑、保障、服务并推动公安业务工作所需要的、包含多种学科并以应用科学为主的科学技术。它是社会公共安全科学技术的主体，也是现代科学技术的组成部分。论本质，公安科技是研究与公安现象有关之实践关系的知识体系，它可被划分为公安自然科学技术与公安软科学两个领域。公安自然科学技术几乎涉及自然科学技术的所有领域，是专门研究与公安现象有关之自然（即人与物）关系的学问。例如，刑事科学技术、物证鉴定技术、安全防范技术、道路交通管理技术、特种警用装备技术、火灾科学与消防技术、材料科学与器件开发技术、工程学与系统管理技术，以及信息技术、传感技术和分析技术等。公安软科学只涉及社会科学的部分领域，是专门研究与公安现象有关的社会关系（即人与人）的学问，包括行为学、犯罪心理学、法学与各类警务管理学等为公安工作的科学化决策和现代化管理提供理论依据的多种学科。

随着现代科技在各项公安工作中的广泛应用，目前我国初步形成了门类齐全、具有公安特色的公安科技体系，主要包括以下几个部分。

（一）刑事科学技术体系

刑事科学技术，是指能够揭露和证实犯罪的一切科学技术手段的总称。主要包括：刑事勘验取证技术，如视频侦查技术、刑事照相、图像处理、痕迹检验、法医生物检验、文件检验、微量物证分析、指纹自动识别等；刑事鉴定技术，如颅相重合技术鉴定、声纹鉴定、人相检验、DNA检验、心理测试、指纹鉴定、足迹鉴定、物品鉴定等；还有警犬气味鉴别技术等。刑事科学技术不仅应用于刑事侦查工作中，而且在国内安全保卫、经济犯罪侦查、治安、禁毒、反恐、交通管理等业务领域有着广泛的运用。

（二）警务通信指挥技术体系

这是指具体实现信息转移与交换的专用警务通信手段和措施。从技术手段来看，主要包括有线警察通信系统、移动警察通信系统、电视通信技术以及警用微波与卫星通信系统等。警务通信指挥技术体系在复杂多变的社会治安情况中的快速反应方面及在动态公安控制中起着中枢神经的作用，所以要求它畅通、可靠，决策指挥迅速灵活。

（三）计算机信息网络安全技术体系

这是指防止利用计算机系统窃取公共安全信息、保护信息安全的技术系统。在我国，随着经济的发展和科技的进步，窃取计算机内存储的信息、破坏计算机信息网络系统以及利用计算机信息网络系统进行犯罪的现象越来越多。针对计算机信息网络安全面临的主要威胁，主要采取密码技术、黑客与病毒防范技术、生物特征鉴别技术、访问控制与防火墙技术、入侵检测与安全审计技术、操作系统安全技术、数据库系统安全技术、数据安全技术、Web安全技术等安全防范技术，加强计算机系统安全监控，以确保公共信息安全。

（四）技术侦查技术体系

这是指为适应特殊侦查工作而运用的技术手段。如高性能窃听、窃照技术，移动通信定位技术，电子通信截获技术等。技术装备越来越超微型化、安装越来越巧妙、效能越来越高是它的显著特点和发展趋势。

（五）安全防范技术体系

安全防范技术是将传感技术、电子技术、自动控制、通信以及计算机技术等多种现代科技交叉融合所形成的一门综合性应用科学技术。这一技术体系，包括以维护社会公共安全和预防灾害事故为目的的防盗报警、电视监控、出入控制、电子巡逻、防爆、安全检查等技术。

（六）道路安全管理技术体系

道路交通技术是现代科学技术手段在道路交通管理中具体应用而形成的一门综合性应用科学技术，包括城市交通控制技术、高速公路监控技术、交通安全监测技术、交通信息及诱导技术、自动车辆控制技术等。

（七）消防及灭火技术体系

消防及灭火技术是关于火灾防止防治的综合性应用技术，是火灾科学与消防工程学科的重要组成部分。这是在消防管理、火场扑救、火灾调查中综合利用现代科技形成的一种专业技术手段，包括消防监控技术、高层建筑防火技术、电气消防管理技术、火灾预防技术、灭火与救援技术、火场现场勘查技术、火灾痕迹与物证鉴定技术、消防器材和装备技术等。

（八）特种警用装备技术体系

当前，我国公安机关从防御到进攻的警用特种装备，已经初步形成了一个较完整的技术体系，具体包括警用武器技术、防护装备技术、特殊工具技术等。

‖ 第二节　公安信息化建设 ‖

一、公安信息化建设的意义

公安信息化建设又称"金盾工程"，是指公安民警在各种警务活动中，普遍掌握基于信息技术的智力工具，充分开发和利用信息资源，从而大大提高公安战斗力和工作效率，促使警务机制向现代化、科学化发展的进程。"金盾工程"是公安机关实施科技强警的重要载体，是国民经济和社会信息化的重要组成部分，是国家信息化建设的重点项目。各级公安机关要坚持统一领导、统一规划、统一标准，以需求为导向，以应用为核心，加快推进"金盾工程"建设，实现公安工作的信息化，带动和促进公安工作的现代化、正规化。"金盾工程"是公安机关为在信息时代充分履行职责、圆满完成各项公安工作而组织建设的系统工程，是公安机关的一项非常重要的基础工作，对于贯彻实施"科技强警"战略、提升公安机关战斗力具有重要意义，对于推动公安机关建立统一指挥、快速反应、信息共享、协同作战的新型警务机制具有关键作用。

（一）公安信息化建设有利于增强各级公安机关的战斗力

当今社会是信息化、网络化社会，高科技犯罪、利用互联网进行犯罪已经成为影响社会治安不容忽视的因素，公安机关面临着违法犯罪和社会治安形势呈现出科技化、虚拟化特点的新形势。目前，我国网络犯罪占犯罪总数的 $1/3$，并以每年 30% 以上的速度增长。公安工作如果仍仅依靠传统的公安工作手段进行社会治安管理、调查取证、收集证据，将很难适应现代信息社会发展的要求。公安信息化建设有利于公安机关利用现代化的信息手段收集、处理、传递、反馈各种信息，从而提高公安机关统一指挥、快速反应、协调作战的能力，以快速、准确地打击违法犯罪，不断增强公安机关的战斗力，增强维护社会治安稳定的能力。

（二）公安信息化建设是现代公安执法工作的必备条件

毋庸置疑，信息化是当今世界发展的趋势。现代警务活动越来越依赖于信息网络和庞大的网络信息群。公安信息化建设旨在建立一个覆盖全国各级公安机关的强大的警务网络信息系统，培养适应现代化警务工作的科技型公安队伍，以应对全球信息化对公安工作的新挑战。

（三）公安信息化建设是推进公安管理体制改革的重要手段

当前，中央将推行电子政务服务提高到了推进政治体制改革的高度。深化行政管理体制改革、进一步转变政府职能的重要手段之一就是改进行政机关管理模式，推行电子政务，提高行政效率，降低行政成本，形成透明、高效、勤政、廉政的行政管理体制。公安机关作为国家政权的重要组成部分，在国民经济和社会发展中负有重要使命，公安信息化建设在社会信息化中也具有极其重要的地位，是推进公安管理体制改革，构建行为规范、运转协调、公正透明、廉洁高效的新型现代警务管理体制的重要手段。

（四）公安信息化建设有利于增强公安机关的协调作战能力

公安信息化建设就是要建设和完善全国公安综合信息系统和各级指挥中心系统，实现公共信息网络监控，提高犯罪监控、户籍管理、刑事侦查、出入境管理、交通管理、消防管理等综合信息服务。公安信息化建设可以实现执法部门信息资源共享的目标，从而可以有效地提高其协调作战能力，增强对社会治安的管控能力，实现各部门执法效率及有效性的双重提高。同时，建设覆盖全国的公安信息网络和信息系统，还可以为证券、民政、银行、金融、保险等部门及时提供必要的基础性信息服务，从而实现信息资源的共享。

二、公安信息化建设的主要内容

1998 年 9 月 22 日，公安部党委决定在全国开展公安信息化工程建设，即"金盾工程"，并于同年 11 月正式向国务院上报了《关于实施全国公安信息工程——金盾工程的请示》。2002 年 10 月 28 日，国家正式批准公安部的"金盾工程"可行性研究报告，标志着"金盾工程"进入全面建设阶段。

"金盾工程"的建设包括信息网络建设、应用系统建设、标准规范建设、安全保障系统建设和运行管理体系建设五大方面。除此以外，公安信息化建设还有一项重要内容，就是建设"全国信息网络安全监控中心"。此项工程完工后将由公安部十一局独立管理、运行，负责全国信息网络安全监控业务。

三、公安信息化建设需注意的问题

我国公安信息化建设自提出至今，其取得的进展和成就是非常巨大的。但不难发现我国公安信息化建设还存在诸如公安信息化建设缺乏科学长远的整体规划、多数民警对公安信息化建设的认识存在不足、公安信息化人才资源与公安信息化建设脱节、公安信息化建设缺乏充足的资金保障、信息标准不同以及利用程度不高等问题。这些问题严重地制约了我国公安信息化建设的进程。对此，今后一段时间我国公安信息化建设应注意以下问题。

（一）制定科学长远的公安信息化建设整体规划

首先，公安机关的主要领导者须树立全局意识。公安信息化建设是一个庞大而复杂的系统工程，因此，必须把公安信息化建设列入"一把手工程"。一方面，各级公安机关领导一定要十分重视公安信息化建设，把公安信息化列入重要议事日程，把公安信息化当作实现公安现代化的大事来抓，加大信息化建设的经费投入，扮演好"第一责任人"的角色，履行好自己应尽的职责，全面负责公安信息化建设的组织、协调和指导，并积极争取地方党委、政府领导的支持和重视。另一方面，在公安信息化建设过程中公安机关主要领导者既要着眼于当前又要有长远而科学的整体规划，必须从战略的高度确保公安信息化建设的可持续发展，主动适应信息化时代要求，转变僵化的工作理念，实现公安信息化建设"由原则到具体、由粗放到精细、由经验到科学"的转变。

其次，实现不同经济发展水平区域公安信息化建设同步发展。公安信息化建设是一项系统工程，只有沿海和内地、东部和西部、发达地区和落后地区发展平衡，才能真正发挥公安信息化的应有作用。为此，公安部对于内地、西部和落后地区可采取"资金倾斜"、"人才倾斜"、"设备倾斜"的"三倾斜"政策，加强这些地区的公安信息化建设步伐，实现全国各地公安信息化建设的同步协调发展。同时，在建设过程中还要注意促进中央和地方公安机关，以及各个警种之间的协调同步发展。

（二）提高各级公安民警对于公安信息化建设的认识

当前各级公安民警普遍存在缺乏现代化网络知识、对公安信息化建设的重要性认识不足的情况。对此，各级公安机关可以通过开展定期学习，增强民警对信息化建设的了解，调动他们参与信息化建设的积极性，提高他们对公安信息化建设的认识。

（三）完善公安信息化建设的人才供应机制

首先，加强对民警的业务培训，提高民警的信息素质。在所有的警务资源中，人才是最宝贵、最重要的资源，可以说是"第一资源"。高素质的公安信息化队伍的建设是公安信息化建设稳步推进的前提和基础。这支队伍由三个部分构成：第一部分是警务信息化应用队伍，其职能在于运用计算机及相关技术处理各项公安相关业务；第二部分是公安应用软件开发队伍，其职能在于公安应用软件的开发；第三部分是网络管理与维护队伍，负责公安信息网络的日常维护和管理。各级公安机关可以通过组织"信息化培训班"等各种形式的培训活动增强信息化建设的有生力量，并对培训活动适时予以考核；各级公安机关领导应带头参加培训和考核，积极开展公安岗位练兵，并通过建立信息化建设激励机制，以考促学，以奖促用，以政策激励的方式调动民警的学习积极性和主动性，逐步培养出一支高素质的公安信息化建设队伍。

其次，建立"公安信息化中心"。公安机关是行政机关，经费和人员等方面受到很大限制，不利于建立技术人才激励机制。可以考虑通过建立"公安信息化中心"等事业单位，在事业单位组织人员从事技术研发和运行管理，促进形成灵活的选人、用人机制，实现优胜劣汰，增强民警的信息化学习的积极性和主动性，实现公安技术人员与社会技术人才的互动交流，从而建设一支既熟悉公安业务又具有专业知识的复合型的公安信息化人才队伍。

最后，建立"专家导入机制"。为解决当前公安信息化人才匮乏的问题，各级公安机关可以通过建立"专家导入机制"的方式，将专家请进门或聘请相关领域的专业人才做顾问，充分利用外部专业技术力量，加快公安信息化建设步伐。

（四）建立公安信息化建设的资金保障机制

1. 建立合理的资金投入机制。必须建立有效的资金投入机制，保障公安信息化建设的资金投入。为此，可以采取"三分天下"的投资机制，即本级财政投一块，上级财政支持一块，公安机关自筹一块，以确保公安信息化建设的顺利进行。

2. 充分利用社会资金。信息化建设是一个需要巨大投入的系统工程，仅仅依赖政府财政投入是很难支持的。在这种情况下，各级公安机关可以结合本地实际情况，广开渠道，充分发掘社会资金，通过各种方式引导社会资金投入到公安信息化建设中去，实现做大做强、互惠互利的目的。

3. 健全资金跟踪机制。应建立健全资金跟踪机制，提高资金投入的利用率，实现少花钱多办事，用有限投入实现最大化产出的目的。在资金的分配上，按照先重点后一般、先基层后机关的思路，合理安排财力；还应努力实现硬件资源的共享，实现资源的充分利用，努力提高资金的使用效率，形成有效投入。同时，在建设中应充分考虑当前和未来全系统对信息网络的需求情况，提高建设标准，并适当超前，以延长其利用周期；在硬件配置和软件开发上，需考虑实行资源共享，避免重复投资。

【小结】

"科学技术是第一生产力"，公安科技信息化建设是公安机关一项非常重要的基础工作，对于贯彻实施"科技强警"战略、提升公安机关战斗力具有重要意义；对于推动公安机关建立统一指挥、快速反应、信息共享、协同作战的新型警务机制具有关键作用。

本章阐述了公安科技的重要性、公安科技的内容及"科技强警"战略，着重论述了公安信息化建设的主要内容及其对公安工作发展的重要意义，并对公安信息化建设应注意的问题进行了探讨，对指导公安信息化建设具有一定的现实意义。

【思考题】

1. 结合公安工作实际，谈谈科技强警战略的重要性。

2. 当前我国公安机关开展公安信息化建设应注意哪些方面的问题？

第七编　公安的未来

第二十一章　公安改革与发展

【**教学重点与难点**】

1. 公安改革的意义、原则与方法；2. 公安改革的形式与步骤；3. 公安社会管理创新的主要内容。

‖ 第一节　公安改革及其成就 ‖

一、公安改革的含义

"改革"，从词面上理解，通常是指改去、革除。《现代汉语词典》则将改革释之为"把事物中旧的不合理的部分改成新的、能适应客观情况的"。

我国面临的时代是改革创新的时代，公安机关、公安工作和公安队伍建设也概莫能外。公安改革是国家政治改革和行政改革的重要内容，对于推进民主政治、构建和谐社会具有重要作用。党的十一届三中全会之后，改革开放标志着我国进入了一个新的历史发展阶段。2017 年 1 月 12 日召开的中央政法工作会议明确提出全国政法机关要全面贯彻党的十八大和十八届三中、四中、五中、六中全会及中央经济工作会议精神，围绕统筹推进"五位一体"总体布局和协调推进"四个全面"战略布局，以理念创新为引领，深化司法体制改革。公安机关为了适应新时期社会发展的需要和政治体制改革的总体要求，必须不断推进公安改革。那么何谓公安改革？毫无疑问，任何关于改革的概念界定，都应体现改革的基本内涵。同时，任何一项关于社会实践领域的改革，都应毫不例外地遵循解放思想、实事求是的基本改革思想和指导原则。因而，在给公安改革定义时，应充分考虑以下相关因素。

一是公安改革必须是关于革除公安工作中一切有碍发展的旧内容的活动，这是公安改革的本质要求。因为公安改革，突出的不仅仅是"改"，更主要的是"革"。而"革"者，在哲学上乃是否定、扬弃的意思。

二是公安改革必须有关于调整原有公安关系、确立新关系的成分。

三是公安改革应当体现公安工作的发展内涵。

由此可见，所谓公安改革，是指党和国家以及公安主体，根据社会政治、经济和治安形势而进行的关于革除公安工作中陈旧落后的内容，调整与经济基础不相适应的各种公安关系，发展一切有利于充分发挥公安机关职能作用、提高公安战斗力因素的活动的总和。当前，为适应不断变化的社会治安发展形势需要，切实提高公安机关维护国家安全的能力、处置突发事件的能力、为经济社会发展提供服务的能力，进一步深化和推进公安改革，改进公安工作具有重要的现实意义。

二、公安改革的意义

当前，世界已经进入经济全球化、信息社会化的时代。我国也处在经济转轨和社会转型的历史时期。如何应对经济全球化和信息社会化给公安工作带来的严峻挑战，确保国家安全和社会稳定，是公安部门面临的重大课题。2017 年 1 月 12 日，习近平总书记在中央政法工作会议上作出重要指示强调，全国政法机关要强化忧患意识，提高政治警觉，增强工作预见性，不断创新理念思路、体制机制、方法手段，全面提升防范应对各类风险挑战的水平，确保国家长治久安、人民安居乐业。因此，以战略的眼光、开阔的视野、宽广的视角推动公安改革，具有重大的现实意义。

（一）公安改革是公安工作创新与发展的必然选择

1. 公安改革是适应社会发展规律的迫切要求。我们所处的时代是一个大发展、大变革的时代。从国际上看，国际政治的多极化，经济、文化、科技的全球化趋势日益加快。从国内来看，目前中国在政治、经济、文化等各方面正面临着深层次的变革和发展。这种国内外的发展和变迁必将对公安工作产生重大影响，并对其改革和发展提出更高的要求。改革开放以来，尽管公安工作一直在不断探索适应社会发展的新方法、新手段，但是某些思想观念和改革措施仍落后于经济社会的发展。因此，着力推动公安改革，解决当前公安工作中存在的各种障碍和问题，是公安机关适应社会发展规律的迫切要求。

2. 公安改革是适应新形势、维护社会稳定的迫切要求。随着经济全球化和信息网络化的发展，犯罪的动态化、智能化、高科技化和跨国、跨区域化越来越明显，传统与非传统安全威胁相互交织，传统警务模式已经难以适应新形势的需要。因而，只有不断推动公安改革，建立现代警务模式和警务机制，才能切实维护社会稳定。

3. 公安改革是社会对公安工作的新期待、新要求。公安机关只有不断深化改革，切实提高执法水平，努力提高服务水平，才能赢得社会对公安工作的理解和支持，才能扎根人民群众，永远立于不败之地。

（二）公安改革是公安信息化建设的必然选择

人类社会已经进入信息社会时代，信息化建设是加快工业化和现代化的必然选择。公安机关要适应信息化发展的趋势，实现公安工作的跨越式发展，必须加快警务工作信息化建设，走以信息化推动警务工作现代化的创新发展之路。

1. 公安信息化建设是公安改革与发展的战略方向。全球信息化的迅猛发展催生了公安工作的新一轮变革和发展。公安信息化建设已经被提升到了关乎公安事业兴衰成败的战略高度，受到各级公安机关的高度重视。在世界警务改革的大潮中，"信息警务"正逐步替代"社区警务"成为又一次新的警务改革主导理念。创新警务机制，加速公安信息化建设，向科技要警力、要战斗力，以信息化提升警务效能，推动公安工作向集约化、现代化转型，是应对信息时代社会治安新特点、提高公安工作水平的必然选择。

2. 公安信息化建设是提高公安战斗力的关键因素。"科技是第一生产力"，同样，科技也是公安工作的第一战斗力。当前，随着改革开放步入深水区，各种深层次的社会矛盾日益凸显，刑事犯罪总量在高位运行，各类高科技、高智商犯罪及跨国、跨境犯罪和暴力恐怖犯罪不断增多。如何有效破解制约公安战斗力的科技因素，切实增强驾驭治安、打击犯罪的能力，这是公安机关亟待解决的重大现实课题。因而，必须加快推进公安信息化建设进程，用科学技术打造克敌利器，才能提升公安机关的作战效能。

3. 公安信息化建设是建立现代警务机制的有利推手。加快建立现代警务机制，是适应新时期公安工作的重要目标之一。应通过公安信息化改革，借助现代信息技术手段，整合警务资源、改造警务流程、创新警务模式、提高警务技能，实现手段方法创新和体制机制创新的紧密结合。公安信息化建设不仅能显著提升公安工作的质量和效率，极大地降低警务成本、解放警力资源，而且能实现信息资源的高度整合和共享，促使公安工作由条块分割、警种单打独斗向全警整体联动、打防控一体化转变。同时，公安信息化建设也能改变公安民警的思想观念、工作方式和行为习惯，促使公安队伍建设向知识型、创新型转变。

（三）公安改革是公安执法规范化的必然选择

随着依法治国、建设社会主义法治国家治国方略的实施，具有中国特色的社会主义法律体系已经基本建成，社会主义法治建设取得长足发展。公安机关是国家的重要执法部门，公安机关的基本活动是执法活动，公安民警的基本行为是执法行为，坚持严格、公正、文明执法，既是公安机关和公安民警最基本的职责要求，也是贯彻落实依法治国方略、建设社会主义法治国家的重要使命。因而，必须不断推动和深化公安改革，狠抓法治理念教育，注重提高民警执法素质；加强制度建设，注重执法规范化建设；改进执法方式，注重执法效果；强化公安执法监督，注重责任落实；改善执法环境，注重执法保障。只有不断提高公安执法规范化水平，才能提高公安执法公信力，这既是人民群众的普遍期待，也是当前经济建设和社会发展的紧迫要求。

（四）公安改革是警务机制现代化的必然选择

创新警务机制、实现警务机制现代化是将人类文明发展的最新成果运用于警察自身管理与社会事务管理各项职能的一个全新过程，也是当前各级公安机关进行公安改革面临的重大课题。警务机制现代化是公安机关为了适应社会主义市场经济发展的需要，切实增强驾驭社会治安局势的能力而建立的一系列科学规范的警务制度和集约高效的运作模式，它包括警务理念现代化、警务行为规范化、警务资源集约化、警务工作信息化、警务运行高效化、队伍建设正规化、绩效评估科学化等要素和决策、实战、保障三大机制。警务机制现代化的核心就是通过公安改革，推动传统警务机制的变革，构建适应时代要求的现代警务机制；这样才能使公安工作在面对复杂多变的治安形势时把握先机、赢得主动，切实提高公安机关的战斗力。

（五）公安改革是推动警务合作国际化的必然选择

国际警务合作，是指不同国家和地区的警察机关之间，根据各自国家或地区的法律、法规参加国际公约，在预防和控制国际犯罪、维护国际社会秩序领域，相互提供援助、相互协调配合的一种执法行为，一种跨越国界的警察事务交流。现阶段，我国面临日益严峻的社会治安形势，国内问题与国际问题相互交织，传统安全威胁和非传统安全威胁相互交叉，国内犯罪和跨国犯罪相互影响，维护国家安全和社会稳定的任务更加艰巨。面对日益巨大的挑战，必须深化公安改革，进一步加强国际警务合作，通过中外刑事司法协助条约和引渡条约强化国际刑事司法协助；大力拓展与外国司法机关合作的空间，强化国家之间双边警务合作模式，建立与世界各国尤其是西方发达国家的广泛的警务合作机制。通过公安改革实现国际执法为国内执法服务、为维护国家稳定和创造良好的国内外经济发展环境服务的目标。

三、公安改革的成就与经验

党的十一届三中全会之后，公安机关和公安工作为了适应经济社会发展的需要和政治体制改革的总体要求，也持续不断地进行了改革，并取得了一系列的改革成就，积累了丰富的公安改革经验。

（一）公安改革的主要成就

公安改革牵一发而动全身，不得不慎重，也不能不慎重，必须循序渐进、稳步推进。改革开放三十多年来，我国公安改革取得的成果可以分为三个阶段：一是改革起步阶段（1978 年至 1991 年），这时机构调整、理顺职能是公安改革的主要任务，规范化是公安改革的主要追求；二是改革深入阶段（1991 年至 2002 年），这时解决制约公安发展的瓶颈问题和机制性问题是主要任务，法治化是主要追求；三是改革跨越阶段（2003 年至今），面对新形势、新任务，这时以努力提高新形势下群众工作能力、维护社会公平正义能力、新媒体时代社会沟通能力、科技信息化应用能力、防腐拒变能力"五个能力"为主要任务，以与国际现代化警务接轨为主要追求。具体而言，表现为以下方面：

1. 公安职能的重要调整。主要有两次大的调整，一次是在 20 世纪 80 年代初，另一次是在新旧世纪交替之际。80 年代初的公安职能有增有减。增加的职能有两项：一是在 1982 年，主要是接收了人民解放军担负内卫执勤任务的部队，加上公安机关实行兵役制的武装、边防、消防民警，组建了武警总部并划归公安部领导

（1995 年武警总部划归中央军委领导，公安边防、消防、警卫部队仍归公安部领导）；二是在 1986 年，成建制地接收了交通管理职能。减少的职能有两项：一是在国家安全职能方面将反间谍等职能在 1983 年移交给了国家安全部门；二是在刑事司法职能方面于 1983 年将劳动改造、劳动教养职能移交给了司法行政部门。新旧世纪交替之际，公安职能调整主要是在维护国家安全方面增加了一项，即 2001 年增加了反恐怖主义犯罪职能。

2. 机构改革稳步实施。改革开放以来，按照国家行政体制改革的总体安排和要求，我国公安机关进行了四次大的机构改革，即 1983 年的机构改革、1988 年的机构改革、1994 年的机构改革和 1998 年的机构改革。这四次机构改革均按照"转变职能、理顺关系、精兵简政、提高效率"和"定职能、定编制、定人员"的要求实施。按照中央统一部署，2001 年公安部在全国开展市县公安机关机构改革工作，这次公安机关机构改革的重点在于：改革管理体制，理顺领导关系；改革人事管理体制；改革财政管理体制；调整职能配置，完善组织体系；进行适当的人员精简。在今后一段时间，公安机关机构改革的方向在于：进一步明晰事权，理顺关系，调整结构，优化队伍，建立一个警令畅通、运作协调、建制合理、科学高效的公安管理体制和组织体系。

3. 人事制度改革积极推进。2009 年，中共中央批准印发的《2010—2020 年深化干部人事制度改革规划纲要》，对今后 10 年深化干部人事制度改革作出了全面规划，并把加大竞争性选拔干部力度作为深化改革的重点项目。《人民警察法》《国家公务员法》《公安机关组织管理条例》的颁布实施，为公安机关的人事制度改革提供了重要的法律政策依据。从发展逻辑来看，公安机关人事制度改革首先是从建立辞退制度开始的；其次是改革任用制度，即实行领导干部聘任制、公开差额选拔制和民警聘用制；最后是推行交流制度、录用制度、培训制度。从实践效果来看，公安机关的人事制度改革有效地调动了广大民警的工作积极性，推动了公安工作的发展和进步。

4. 公安工作机制的初步改革。这方面的改革主要集中在四个方面：一是建立巡逻体制。以 1994 年 2 月公安部发布的《城市人民警察巡逻规定》为标志，全国大中城市公安机关普遍建立了警察巡逻体制。二是建立指挥中心。1992 年 4 月召开城市公安指挥中心建设工作座谈会后，全国公安机关加快了指挥中心建设步伐。经过 20 多年的努力，基本建立起了信息畅通、指挥有力、手段先进、运转高效的公安机关指挥体系，大大提高了公安工作效率。三是派出所改革和刑侦体制改革。1997 年，公安部部署实施派出所改革和刑侦改革，确定派出所以建立"社区警务"为载体，主要做好防范管理工作；实行侦审合一，建立覆盖社会面的责任刑警队，作为侦查破案的主力军。四是快速出警体系的建立。2004 年，根据公安部《关于大力推进县市公安机关 110、119、122"三台合一"工作的通知》，将辖区内 110、119、122 三个报警台进行整合，充分利用现有通信及计算机网络技术，建成一个集公安信息、控制、通信和指挥（CTI）于一体的"公安机关三台合一综合应急指挥系统"。系统将在现有110接处警系统基础上，以有线、无线通信系统和公安计算机网络为纽带，将公安业务信息系统、安防监控系统与三台合一综合应急指挥系统等有机地组成为一个整体，构建接警、指挥、调度、反馈、查询、存档为一体的综合指挥平台，从而达到报警便利、接警快捷、调度畅通、出警有力的目标，提高快速出警能力和整体作战水平，同时为今后的政府应急联动工作打下基础。

（二）公安改革的成败得失与主要经验

公安改革顺应了时代的需要，符合党和政府对公安工作的要求，有力地提高了公安机关维护国家安全和社会稳定的能力。通过建立和完善民警巡逻制度和指挥体系，形成了以指挥中心为龙头、以巡警和派出所警力为骨干的以快制快、以动制动的快速反应机制，增强了诸警种协同作战和控制社会面治安秩序的能力；通过公安机构改革，初步建立起适应新时期公安工作需要的公安组织体系；通过派出所改革和刑侦改革，推广实施了"社区警务"战略和侦审合一，基本构建起打防控体系。对改革开放30多年来的公安改革应予以充分肯定。

公安改革还存在若干不足。

一是从总体看，我国公安改革缺乏科学理论的指导，因而不能充分体现公安机关的特点和公安工作的需要，缺乏系统性和长远考虑。以改革开放以来进行的公安机构改革为例，由于没有从公安机关不同于一般的行政机关的前提出发，没有深入研究新的历史条件下刑事犯罪和社会治安形势对公安工作机制的新要求，因而这些机构改革只是停留在机械地减少编制和机构，改革过后不久就又增加机构，步入"精简——膨胀——再精简——再膨胀"的恶性循环。

二是没有充分认识社会主义市场经济条件下公安机关职能转变的重要性和必要性，没有准确把握公安行政管理与市场经济之间的内在关系，没有看到市场经济需要的是"有限政府"，需要的是公安行政管理强有力的支持和较少的、宽松的管制。多年来，公安改革注重于国家安全、刑事司法和预防打击违法犯罪方面，在公安行政管理领域出台的改革举措较少，因而还难以适应市场经济发展的需要。

三是机构改革与人事改革缺乏通盘考虑。例如，公安机构改革都是围绕精简机构和人员来展开的，结果是越改机构规格越高，越改机构规模越大，越改机构数量越多，与改革的宗旨背道而驰。造成这种现象的根本原因在于公安队伍长期存在的严重压职压级问题，解决民警的职级待遇问题成为机构改革的一个重要目标。

四是公安改革没有深入借鉴外国警务改革的经验。从1829年伦敦大都市警察的建立至今，世界范围内经历了四次大的警务变革：第一次警务变革发生在1829年至1890年间，其主要内容是实现警队管理和警务工作的正规化。第二次警务变革发生在1890年至1930年间，这是警察史上的一次大革命，是欧美警察的专业化运动，其核心是通过警察专业化摆脱地方政治对警察的控制，使警察成为一支独立的、高效率的文职队伍。警察内部分工更加细致，警察开始与公众脱离，这是新警察独立与成熟的标志。第三次警务变革发生在 1930 年至 1970 年，主要内容是实现警务工作的"四个现代化"：车巡代替步巡、通信现代化、计算机革命和个人装备现代化。第四次警务变革发生在 1970 年至今，也称"社区警务运动"或"后现代化警务改革"。主要内容是警务工作的社会化，包括实施"社区警务"，强化步行巡逻，推行"邻里守望"，依靠民力打击和预防违法犯罪。综观多年来我国的公安改革，较多地追求公安工作的现代化，而对西方先进和成熟的警务变革成果吸收借鉴不够，结果造成了严重的改革成本浪费。例如，在研究我国民警巡逻体制的建立时就会发现，我们对西方警务改革的精髓缺乏深入的了解。外国警察不管是汽车巡逻还是步行巡逻，其实质都是一种勤务方式，它是处于一线、深入社会的警察执行勤务的一种基本方式，而我国警察巡逻体制的建立则是诞生了一个新的警种，而不是勤务方式的根本性变革。

‖ 第二节　公安改革的原则与方法 ‖

一、公安改革的基本原则

当前的公安改革就是要牢牢把握 2017 年 5 月 19 日习近平总书记在全国公安系统英雄模范立功集体表彰大会上的重要讲话精神的核心要义，切实把"对党忠诚、服务人民、执法公正、纪律严明"总体要求作为当前公安改革的的总方略和总方向，并坚持以下具体原则：

（一）依法治国原则

我国公安机关肩负着维护社会治安的职责，在维护社会稳定方面起着极其重要的作用。一方面，公安机关肩负治安管理的职能，通过行使行政权维护社会治安，保障社会秩序；另一方面，公安机关肩负案件侦查及与检察机关共同追诉犯罪的职能，通过行使侦查权（司法权）收集证据，追诉犯罪。近年来，公安机关围绕"打、防、控、管"等工作进行了一系列改革，取得了很大的成效，但是也不能回避公安工作还存在一些问题的现实。这些问题制约着公安工作的有效开展，制约着预防和打击违法犯罪的效果，影响着人民公安在群众中的形象。归根到底，公安机关存在的主要问题多是由于权力配置不合理、运用不当和监督不力造成的，而这些恰恰是没有坚持依法治国即现代法治精神的结果。因此，公安改革的重点就在于如何合理地配置、使用、限制、监督自己拥有的权力。也就是说，应坚持依法治国即法治的精神，用现代法治的理念指导公安改革，正确处理公安机关的权力配置、使用和监督，建设符合法治精神的现代警察队伍和警察机构。既然缺乏法治理念及其指导下的制度建设是当前我国公安工作中存在的各种问题的症结所在，那么，公安改革的首要原则便是坚持法治理念。具体而言，在依法治国的原则下，公安改革应坚持以下理念。

首先，应坚持良法理念。从当前与公安工作相关的法律法规来看，确实还存在一些缺乏具有"良法"理念的立法。例如，2013 年 12 月 28 日全国人大常委会废止的在我国实施了 50 多年的劳教制度等。

其次，公安机关和民警的行为应坚决服从法律。习近平总书记在 2014 年中央政法工作会议上强调，政法机关要完成党和人民赋予的光荣使命，必须严格执法、公正司法。"公生明，廉生威"，公安机关和民警要坚守职业良知，执法为民，要教育引导广大公安民警自觉用职业道德约束自己，做到对群众深恶痛绝的事情零容忍、对群众急需急盼的事零懈怠，树立惩恶扬善、执法如山的浩然正气。要信仰法治、坚守法治，做知法、懂法、守法、护法的执法者，只服从事实，只服从法律，铁面无私，秉公执法。要靠制度来保障，在执法办案各个环节都设置"隔离墙"、通上"高压线"，谁违反制度就要给予谁最严厉的处罚，构成犯罪的要依法追究刑事责任。要坚持以公开促公正，以透明保廉洁，增强主动公开、主动接受监督的意识，让暗箱操作没有空间，让司法腐败无处藏身。同时，各级公安机关领导干部要带头依法办事，带头遵守法律，牢固树立法律红线不能触碰、法律底线不能逾越的观念，不要去行使依法不该由自己行使的权力，更不能以言代法、徇私枉法。

最后，要努力维护司法公正。习近平总书记在 2014 年中央政法工作会议上指出，促进社会公平正义是政法工作的"核心价值追求"。从一定意义上说，公平正义是政法工作的生命线，司法机关是维护社会公平正义的最后一道防线。司法公正包括实体公正和程序公正，二者相互依存、不可偏废。现代法治更强调程序公正。因为，一方面程序公正是实现实体公正的手段，多数情况下程序公正能够保证实体公正的实现；另一方面，程序公正体现了民主、法治、人权和文明的精神，是社会正义的重要内容。程序公正要求民警在工作中要严格遵守刑事诉讼法，保障当事人和其他诉讼参与人特别是犯罪嫌疑人、被害人的诉讼权利，按照法定期限办案、结案。

（二）有限警务原则

政府是应社会需要而产生的，是国家管理社会公共事务、维护社会各阶级共同利益的公共管理组织。在市场经济体制下，政府应当有所为、有所不为，政府应具有有限性。有限政府的理念延伸至公安机关，要求我们必须树立有限警务的工作理念。一方面，我国的警力极其有限。我国的警察数量与世界各国相比，位居最少的国家之列。根据有关部门统计，中国的平均每万人口警察数量约为 12，仅为西方国家的 1/3，警力不足已经成为制约我国公安工作发展和提高的重要瓶颈之一。而警察数量的扩大又必然以政府财政负担的增加为前提，这不是公安机关一家所能解决的。另一方面，警察权作为一种能够支配大量社会资源的公权力，具有无限扩张、易于滥用的特征，而且，在某种程度上，警察权与公民权是成反比的，社会主义民主政治的发展也要求对公安机关的职责和权限作出必要的限制。事实上，2004 年 3 月国务院印发的《全面推进依法行政实施纲要》已明确指出："凡是公民、法人和其他组织能够自主解决的，市场竞争机制能够调节的，行业组织或中介机构通过自律能够解决的事项，除法律另有规定的外，行政机关不要通过行政管理去解决"。这就要求公安机关及其人民警察在思维观念、思维方式和工作作风方面上要有较大的转变。要由过去注重直接的、静止的、封堵的管理模式，转变为充分运用间接的、动态的、疏导的和事后监督管理等手段，对经济和社会事务实施有效管理和服务。2017年5月，公安部党委再次下发《公安机关党风廉政建设和反腐败工作意见》，明令禁止公安民警参与拆迁等非警务活动。

（三）公开透明的原则

当今世界是一个开放的世界，不论是经济发展，还是政务活动，公开透明是现代政府的基本要求。公安机关既掌握着行政执法大权，又掌握着刑事执法大权。警务活动公开透明，将公安机关及广大民警置于人民群众的监督之下，变"暗箱操作"为"阳光工程"，既有利于督促公安机关及其民警忠实履行法律职责，把遵纪守法变为自觉行动，也有利于教育引导每个民警自觉把握正确的执法思想和执法方向，一丝不苟地运用法律法规，以严肃的执法态度，严明的执法纪律，严格依法办事，让人民群众真正感受到公安执法的公平与公正。

为此，应以政府信息公开制度为基础，在公安机关努力构建"警情通报机制"，推动公安工作阳光化、透明化。所谓"警情通报机制"，是指各级公安机关将辖区内除涉及国家秘密和法律规定不能公开以外的公安工作信息，通过媒体或申请的途径定期或不定期向社会公开的一种政府信息公开形式。它是运用组织学和系统分析的方法，将警情信息的形成、发展、收集、分析、公开通报过程视为一个有一定组织结构和功能的、由各种内外因素共同参与的工作系统。警情公开的具体内容大致可以包含：

1. 党的公安工作路线、方针、政策。

2. 警情分类：综合110、122、119报警信息，主要包含治安、刑事案件报警，消防管理、道路交通管理、社会救助等信息。

3. 对社会治安影响较大的刑事案件（如杀人、抢劫、抢夺、强奸、投毒等）发案率升降的通报。

4. 在社会上影响较大的治安案件的处理过程、结果，典型刑事案件的侦破结果。

5. 辖区内近期多发的治安、刑事案件的发展趋势、发案类型、发案特点、重点分布区域、作案规律、作案手法，以此为依据发布治安预警。

6. 案件多发地段和场所的警情提示。

7. 公众应针对不同案件采取的防范措施和手段。

8. 公民对社会治安状况向公安机关提出的意见和建议，公安机关在定期内的意见反馈和解决方案。

9. 公安机关内部队伍建设的情况、重大的制度建设和改革措施、奖惩任免制度。

10. 公安机关内部规章制度。包含接待群众警容风纪、值班备勤、严格执法热情服务公约。

11. 警务监督。包括公安机关人民警察执法过错责任追究、公安机关内部执法监督和违法违纪民警的处理情况，民警违法违纪的举报电话和联系方式。

12. 公安系统的先进英雄人物和事迹。

13. 重大治安和刑事案件、突发事件、灾害事故、群体性事件的预报、发生和处置的情况信息。

14. 与群众生产生活关系密切的治安管理、出入境管理、户政管理、人口管理、道路交通管理、消防管理等公安业务的业务介绍、行政许可、办事程序、办事指南、便民措施及各职能部门的地址和联系电话。

15. 政策法规类。包含治安管理、出入境管理、户籍管理、人口管理、道路交通管理、消防管理、边防管理、法制业务、监所管理、公共信息网络安全管理、水上治安管理等方面的政策法规。

16. 需公安机关澄清或消除不良影响的对社会治安造成重大影响的社会传闻、谣言。

17. 公安机关发布的通缉令和悬赏通报。

18. 重要的法律制度、规定和犯罪预防政策。

19. 申请人向公安机关申请公开而且不危及国家安全和利益、社会公共利益和第三人合法利益的警情。

20. 其他法律、法规允许公开的警情。

（四）统一规范原则

公安机关是具有武装性质的国家治安行政力量和刑事司法力量，肩负着打击敌人、保护人民、惩治犯罪、服务群众、维护国家安全和社会稳定的重要使命。较一般国家行政机关相比，机动要求更强，纪律要求更严。"公安建设与发展是一个由众多要素构成的复杂系统，涉及人、财、物三大构成要素，覆盖政治、指挥、后勤、装备等各项工作，公安管理工作是一个复杂的系统工程。"① 公安机关的性质、任务和特点，决定了在公安改革中，公安队伍必须实行统一、规范和严格的管理，不断加强公安正规化建设，努力实现"四统一五规范"：统一考录制度，新招录公安民警，一律实行省级公安机关和人事部门统一考试，从源头上保证公安队伍的基本素质；统一训练标准，全面实施民警上岗和首任必训、职务和警衔晋升必训、基层和一线民警每年实战必训"三个必训"制度；统一纪律要求，严格执行"五条禁令"和"三项纪律"；统一外观标识，对与人民群众密切相关的各个警务窗口，特别是派出所、看守所、车管所、巡警队、交警队等基层所队统一外观标识，方便

---

① 贺电. 创新警务理念论. 浙江警察学院学报，2012（3）.

群众求助、报警。规范机构设置,树立"大侦查"、"大治安"、"大监督"、"大保障"观念,有效整合警力资源,调整机构设置,着力解决市县公安机关分工过细、警力分散的问题;规范职务序列,从警察职业的性质、特点和工作任务出发,将公安队伍的组成人员分为警官、警员、专业技术人员、辅助人员四大类进行管理,并根据警官、警员的不同特点,分别设置警官职务序列、警员职务序列;规范执法执勤,建立健全各警种的执法执勤规范,明确各警种在执法执勤中的规范、步骤以及应承担的法律责任;规范行为举止,加强养成教育,从公安民警的着装、仪容、举止、礼节等最基本的行为准则抓起,使民警举止端正、行为规范,形成公安队伍良好的职业风范。

(五)廉洁高效原则

政府廉洁高效是建设社会主义政治文明的重要内容,是建立与社会主义市场经济体制相适应的行政管理体制的内在要求。公安改革的最终目标是要形成行为规范、运转协调、公正透明、廉洁高效的公安管理体制。

一要深化公安行政审批制度改革。其一是削减审批项目与削减审批依据要同步进行;其二是保留的项目应建立有效的监督制约机制,做到谁审批、谁监督、谁负责;其三是要开展收费项目的清理。规范公安收费行为,防止部门把削减的审批收费项目转化为这些部门的服务性收费项目。

二要有效控制自由裁量权限。自由裁量权的充分运用,可以大大提高公安行政效率。但是,因受民警本身的业务素质、价值观念、感情取向、道德品质等因素的影响,公安民警在自由裁量权的运用中往往存在不公正、不合理问题,控制自由裁量权已成为当前加强公安队伍建设的一项重要工作。一方面,要完善行政立法体系,从源头上约束公安行政自由裁量权,以增强其本身的可操作性,限制执行者的随意性;另一方面,强化行政执法监督,从外部环境上约束公安自由裁量权,加强执法过错责任追究制,对滥用自由裁量权的行为及时予以追究。

三要着力改进行政工作方法。其一是大力推行电子警务,加快公安信息化建设;其二是推行限时办结制,规定行政审批工作的时限,超过时限视同默认;其三是要实行警务代理制,有条件的地方建立警务中心,未建立警务中心的,要建立代理中心,由代理中心为警务代理人办理事项;其四是要推行一站式缴费、一站式收费和联合执法,以便利群众办理公安业务。

二、公安改革的创新方法

(一)公安运作机制创新

所谓公安运作机制,是指以何种警务理念指导调配警力资源实现警务目标的警务运作模式。改革创新公安警务运作机制,必须从以下几个方面加以努力:

1. 警务运作的总体模式方面。为适应政府以意识形态、行政权力管控社会的传统方式向运用法律手段、经济规则管控社会方式的转变,公安运作机制也要从战役型、运动型向法治型、经济型转变。

2. 对基层警务的指挥模式方面。要从指令型向以警务信息发布、交流、反馈为主导的指导型转变，使基层所、队的勤务方式由被动型向自主主动型转变。

3. 公安机关内部资源配置方面。要以"打防结合、打击为主、以打促防"以及"提高依法打击力度"为指导原则，实现警务资源配置重点的转移；在治安防控体系的资源配置上，要按布警密度与出警速度相匹配的原则，充分发挥警力的效益。

4. 应急指挥模式方面。要充分利用现代通信指挥和网络信息技术，以统一、快捷、高效为原则，实现区域诸警联动、诸警种与各政府职能部门联动。

5. 社会资源的调动利用方面。要使公安群众路线的优良传统找到新的载体和发扬方式，充分利用电视、电台、报纸等传统媒体和现代科技尤其是互联网、微博、QQ、微信及其他现代交流平台开展与群众的交流、互动，为群众服好务，使公安工作更多地得到人民群众的理解、帮助和支持。

（二）公安结构改革创新

改革开放以来，公安机关与国家行政管理体制改革相适应，先后进行过六次大的机构改革和调整。但由于没有进行整体的顶层设计，尤其是还没有充分考虑和研究信息化条件下的公安组织结构设计问题，使得当前公安组织结构还存在诸多问题。当前的公安结构改革，重点是解决以下问题：

1. 在纵向结构上要解决微观层次过多的问题。以一个地级市为例，一个警务指令由市局下达到基层民警，要经过局长、副局长、大队长、副大队长、中队长、民警六个层次。层层下达，结果是时间冗长，警务效率低下。

2. 在横向结构上要解决部门过于分散的问题。这个问题包含两个层面：一个是公安机关的内设机构过于分散的问题；另一个是各内设机构的下设机构过于臃肿的问题。其结果是机构庞大、权力分散、职能交叉、推诿扯皮、内耗严重。改革的目标是实现"大部制"，精简机构，推进警种结构改革，减少扯皮和内耗，提高机构运行效率。

3. 在职权结构上要解决权力过分集中的问题。主要表现在上层权力大、责任小，而基层权力小、责任大，权责严重不一致。改革的目标是使基层民警有职有权，权责相应，既增强基层民警的工作权威，又能调动基层民警的工作积极性。

4. 在职位结构上要解决"官多兵少"的问题。职位结构是编制结构的重要内容。当前存在的主要问题是当官的多，干活的少，即俗话所说的"背手的人多，动手的人少"。以大庆市公安局龙凤分局为例，改革前的局领导班子成员在10人以上，每个直属大队也在5人以上。改革后每个分局的领导班子均定编为6人：局长、政委、3个副局长和1个纪委书记。3个副局长分别负责社区警务、治安巡防和刑事侦查"三大警种"的工作，纪委书记兼任法制综合科科长职务。三大警种均实行"两人一组、三组一队"建制，从而较好地解决了官多兵少的问题，这样将精简的警力最大程度地下到了基层一线。

（三）优化警力资源配置创新

所谓警力资源，是指公安机关现有的人员数量、综合素质和可开发的潜在力量的综合。其狭义上是指警察数量、编制人数，广义上是指警察队伍的综合战斗力。目前，我国公安的总编制已由改革开放之初的 40 万增加到 170 多万，但仍难以满足社会治安形势发展的需要，总体上仍然呈现出"警力不足"的特点。就目前现状而言，短期内大量增加警力是不现实的。"世界警务革命已经充分证明，单纯依靠扩充警力编制、增加财政投入无法从根本上解决问题。要实现公安工作科学发展，必须更加注重内部挖潜与外部借力相结合。"① 因此，应着重考虑从内部挖潜，合理配置警力资源，充分发挥现有警力资源的作用。同时考虑如何从外部挖掘治安资源，通过治安防范社会化、群防群治保安化，充分发挥有限警力的带动辐射作用。当前，如何合理配置警力资源已成为各级公安机关的重大课题，其改革创新方法主要表现在以下方面：

1. 精简机关，实现警力资源的优化配置。把机关精简下来，最大限度地向基层和一线所、队倾斜，建立"小机关、大基层"，撤并职责重叠交叉的部门，进一步明确职责，强化管理，减少内耗。例如，将分局撤销，形成"市局——派出所"两级架构，分局民警下放到派出所，形成"大派出所"制，将行业场所、内部单位、交通管理、社区警务、治安管理等全部任务落实到派出所。通过强化派出所的实战功能，实现勤务重心下沉、战斗阵地前移。

2. 建立先进的警务运行机制，提高警力资源管理效率。一是建立路（街）面警察勤务一体化机制。整合巡警、交警和派出所治安警，实行"三警合一"，以巡逻为载体，综合执勤执法，实现一警多能、一警多用。例如，福州市公安局在市区开展巡警与派出所治安民警整合，每个派出所设 1 个巡警中队，承担辖区的巡逻防范任务，这样就解决了巡警和派出所重复布警出警的问题，大大提高了治安防控效能。二是实行警察警务弹性化机制。传统的警察勤务安排是机械的、固定式的。由于现代经济、科技的不断发展，犯罪高发时段、地段和过去有了很大不同，传统勤务模式已不利于科学布警、有效打击犯罪。为此，可以改革机关化的作息制度和勤务方式为着力点，实现警力时空覆盖的优化配置。一方面，确立以情报主导行动的指导思想，使警力覆盖的集中时段和违法犯罪的高发时段相一致；另一方面，实行统一指挥、协调互动。取消派出所备勤坐等出警的做法，充实巡逻防控力量，建立路面巡逻警力快速互动支援机制，做到统一指挥、分片巡逻、协同作战。三是探索建立文职制度。目前，各级公安机关有相当数量的非警务职位，挤占了有限警务资源并造成了机关化。建立文职制度，将非警务工作与警务工作分开列编定职，有利于缓解警力不足的现状，精简机构、节约开支，解决机关化问题，强化公安机关的

---

① 贺电．关于推进公安工作科学发展的思考．公安研究，2011（4）．

实战功能。

3. 建立科学用警机制，提高警力资源的使用效益。一是建立科学用警机制。为此，要树立打击违法犯罪，维护社会治安持久战的思想，做到张弛有度，既要保证警力调动及时，又要保证队伍精神状态饱满和有旺盛的战斗力。例如，福州市公安局规定，民警休假率达不到90%的单位，一律取消该单位及其主要领导的评先评优资格。二是建立协同作战机制。牢固树立"打击犯罪是警务工作中心"的观念，把握公安工作各环节之间的内在规律，有机地协调发挥整体功能。在日常的实战布警中注意发挥各警种的职能、优势互补、统一指挥、统一组织、统一行动，实行总体作战。按照"侦查专业化、防控网络化、警务信息化、警队实战化"的总体构想，实现由传统警务机制向现代警务机制的转变。三是培养现代管理理念。要树立成本意识、效率意识，注重从战略决策上研究科学用警，从战术指挥上注重警务活动组织的科学性，以最低的劳动耗费获取最佳的劳动成果，以最少的警力成本追求目标效益的最大化。

（四）建立竞争激励机制，激发警力资源的潜力

一是进一步完善公开、公平、竞争、择优的选人用人机制。领导干部的任选，可以逐步推行考任制和聘任制，普遍推行竞争上岗。二是健全激励与约束并举的管理监督机制。推行量化指标考评和资格考试考核制，提高考核的科学性。建立有效的激励机制，将工作实绩与提拔使用、物质奖励相挂钩。加大民警交流轮岗力度，使之常态化。三是建立能上能下、能进能出的新陈代谢机制。实行考核淘汰制度，完善辞职、辞退等制度。同时还要着力解决公安队伍年轻化的问题，建议将一线民警的退休年龄提前5年，即实行55岁退休制度，并保障相应待遇。这样既有利于提高队伍的活力和战斗力，又有利于民警的身心健康和家庭幸福。

‖第三节　公安改革的形式与步骤‖

一、公安改革的形式

根据公安改革发展变化的特点，可以将公安改革的形式作以下分类。

（一）渐进式公安改革和集中式公安改革

1. 渐进式公安改革。根据社会政治经济的发展和治安形势的要求，在一个较长的时间内，逐渐不断地在小规模、小范围内进行公安工作某些方面的改革，称为渐进式公安改革。这种公安改革，积少成多，积小成大，逐步推进，成功的系数比较大。但是，渐进式公安改革所引起的变化相对缓慢，时常不足以适应形势的需要。此外，由于渐进式改革时间拖延较长，不太容易激发民警的进取精神和改革意识。

2. 集中式公安改革。这种改革是在较短时间内对公安体制进行的比较重大、

比较激烈的改革。这种改革既可以是公安工作某些方面的变革，也可以是公安体制全面的改革。集中式改革不仅会引起公安机关自身的重大变化，而且由于其是工作对象的勤务方式、管理政策等方面的重大调整，会直接引起社会政治、经济等某些方面的重大变化。

集中式公安改革可以大刀阔斧地进行，使改革进行得迅速彻底，及时适应形势发展的需要。然而，集中式公安改革往往会在公安机关中引起较大的波动，对社会的影响也比较大，所遇到的阻力通常比较多，改革较容易受到挫折。所以，集中式公安改革要求有稳定的政治局势和社会环境，并要求做好充分的准备，而且往往和国家的经济、政治改革结合在一起进行。

（二）创制式公安改革和调制式公安改革

1. 创制式公安改革。根据公安工作的内在要求，在原有的公安管理体制、工作机制、工作方法变革中，废止旧体制、旧机制、旧方法，创立新体制、新机制、新方法的改革称为创制式公安改革。这种改革创新程度高，从整体上对革除公安工作中的问题和弊端起决定性作用。

2. 调制式公安改革。这种改革是对某些整体还具有生命力的公安体制、工作机制、工作方法，在保持其整体继续发挥作用的前提下，对其内部阻碍公安工作发展和进步的关系进行调整的改革。这种改革要求对现有公安体制、工作机制和工作方法中存在的局部问题进行准确的分析和把握。调制式公安改革涉及公安工作某个层面、某个领域的整体关系的调整，是对公安工作发展的整体推动。这种形式的改革对改革的主体条件、环境因素以及改革时机的把握都有较高的要求。

（三）公安改革形式的确定

究竟采取何种形式进行公安改革，在很多情况下并不取决于人们的意志，而是由与公安改革有关的种种客观条件和形势需要来决定的。因此，正确认识客观形势，正确认识公安工作与客观形势发展要求的差距，对于决定采取何种改革形式尤其重要。例如，公安体制长期固定不变，各种弊端积重难返，或者是在党和国家的方针、政策发生重大变化的情况下，通常就要求采取集中式或创制式的公安改革。某种工作机制的变革不致影响公安工作的大局，同时又是公安工作在一定时期内赖以顺利开展的保障，则可以采取渐进式或调制式的公安改革，作出一些局部调整，以适应形势发展的需要。

二、公安改革的步骤

紧随世界警务改革潮流，推动社区警务战略，是深化公安改革、实现警务活动由被动型向主动型转变、推进公安工作可持续发展的重大举措，是涉及公安工作全局的警务战略调整。必须自上而下，彻底解决公安工作中存在的重点和难点问题，切实改革警务管理工作，构建符合现代潮流的、适应社会发展的、具有前瞻性、富有生命力的新型警务模式。无论采取什么形式进行公安改革，要使改革达到预期目的，就必须有计划、有步骤地进行。从我国公安改革的实践来看，公安改革的基本步骤由以下几个阶段构成：

一是思想解放，舆论准备。首先必须通过各种形式进行广泛、深入的宣传、教育和动员，改变人们头脑中的旧思想、旧习惯，使人们充分认识到改革的必要性，并通过广泛的舆论宣传，使公安改革成为人们的自觉要求。

二是调查研究，充分论证。在进行公安改革前，必须对公安工作中存在的问题进行认真的调查研究，找出问题症结所在，然后对症下药。同时，在掌握大量的实际情况和可靠理论的前提下对改革的具体目标、途径、方法等展开充分的科学论证，并对改革中可能出现的问题进行分析和研究，预测改革前景，确定衡量和评价改革的标准，用以指导和评价改革。

三是实事求是，考虑条件。如果不顾条件，再理想的改革方案也会因失去操作价值而变为一纸空文。由于公安改革是一项非常复杂而且影响面甚广的工作，所以既要积极、大胆，又要稳妥、谨慎。为了尽量不走弯路或者少走弯路，就要一切从实际出发，实事求是地认识公安改革的各种限制条件。特别是涉及全局性的重大改革，涉及法律规定的问题，更应进行周密的准备，按照有关程序有组织、有步骤地实施。

四是因时因地，讲究策略。选择恰当的时机进行公安改革，是公安改革的重要策略问题。公安改革时机的确定，取决于一系列与公安改革相关的因素，如政治经济因素、社会治安环境、改革前的准备活动、对改革所承担风险的评估以及人们的思想认识等因素。在进行公安改革时，充分考虑这些相关因素，对于把握时机、促成改革的成功有重大意义。

公安改革的范围也是进行改革时需要考虑的重要问题。一般而言，公安改革的范围是由公安工作中所存在的问题的性质及其所影响的范围决定的。倘若存在的问题严重影响整个公安工作的政策运转，那就必须进行大范围的改革；如果属于局部性的、一般性的问题，则只需要进行某个方面的改革。不论是改革时机的选择还是改革范围的确定，同样要从实际出发，根据客观条件来确定。

五是加强领导，实施控制。所谓"加强领导"，一方面是指各级公安机关首长应加强对公安改革的领导，以保证公安改革的顺利实施并使其卓有成效；另一方面指的是要在公安改革中把信息反馈、监督控制贯穿于改革的全过程。应及时检查、发现改革决策中出现的偏差，及时进行指导、调整和纠正；要注意发现公安改革过程中的新情况、新问题、新经验，研究新的改革政策，使公安改革最终取得成功。

三、公安改革典型模式分析

当前，公安改革的主线是公安工作运行机制的改革，也伴随着公安结构改革和公安人事改革、保障改革。人事改革、保障改革属于公安要素改革，运行机制改革属于程序或流程改革。而公安结构改革是最具有基础性、根本性、整体性的改革，正在成为公安改革的新趋向。近几年来，全国各地公安结构改革如火如荼，形成了以新乡、黄石、武汉等为代表的公安改革典型例子。

（一）河南新乡公安改革模式

2010 年 6 月，河南省新乡市开始推行警务改革。主要内容有：第一，纵向结构改革——"三级变两级"。变市局——分局——派出所的"三级"构架为市局——派出所的"两级"构架，撤销 6 个分局和 23 个派出所，整合组建 12 个新的派出所，所长、政委均按副处级配备。第二，横向结构改革。12 个新派出所均为"四队一室"的组织构架，设置案件侦查大队、治安管理大队、交通巡防大队、社区警务大队和勤务综合室，各大队、教导员均按正科级配备。从其内设机构的名称和干部配备的职级看，新组建的派出所实际是分局建制。第三，市公安局实行"大部制"。市公安局将 19 个科室整合成指挥部、政治部、警务保障部、监督部"四大部"，将 14 个支队整合成国内安全与反恐怖、犯罪侦查、治安管理与出入境、交通管理、特殊警务、网络安全与技术侦查、监所管理"七个支队"，形成了"四部七支队"的组织构架。第四，在监督体制上实行垂直管理。市公安局纪委向各派出所派驻纪检监督员，以强化对基层一线的监督管理。新乡公安改革模式是对现行警种结构的重大改革，也是公安机关内部实行"大部制"的成功实践。

（二）黄石公安改革模式

2011 年 6 月，湖北省黄石市城区公安机关在学习新乡、大庆公安改革经验的基础上，在年初两个分局试点的基础上全面推行警务改革。主要内容有：第一，纵向结构改革。将城区原来的 6 个分局、28 个派出所整编组合成 7 个新的分局，变市局——分局——派出所三级为市局——分局两级构架。第二，市公安局的结构改革。市公安局设"四大部"，即指挥部、政治部、监督部和警务保障部。同时设立 13 个直属支队，划分成刑侦、治安、交通三大块，各由一名副局长负责。第三，公安分局的结构改革。7 个新公安分局均为"四队建制"，设立社区警务大队、治安巡防大队、刑事侦查大队和综合警务大队。这一机构设置模式与大庆公安是一致的。在各社区警务大队之下又在城区设立 102 个社区警务室，每个警务室配一名民警及若干协警，群众有事可首先寻求警务室处理，办事更加便捷。第四，在管理体制上实行垂直管理。各公安局的人、财、物由市公安局统一管理。市公安局向各公安分局派驻纪委书记兼分局党委副书记并实行每两年轮换制（纪委书记与分局局长、政委均为副处级），大力强化了监督管理。黄石的公安改革是与当地政府的"大部制"改革同步进行的。2009 年以来，黄石市政府推行"大部制"改革工作，从而为黄石公安的警务改革提供了良好的外部环境。

（三）武汉公安改革模式

从 2012 年 7 月开始，湖北省武汉市公安局正式启动"警务改革"。主要内容有：第一，宏观横向结构改革。市公安局组建警务指挥部，下辖办公室、指挥中心、信息通信处、外事处，组建警务保障部，加上政治部和纪委，形成"四大部"的总部组织构架。市公安局还同时设置 16 个直属支队。改革后，市公安局内设机构由 27 个减少到 21 个。第二，微观横向结构改革。主城区、新城区的派出所普遍实行"三队一室"的机构设置模式，即刑事侦查队、治安巡逻队、社区警务队和指挥研判室。此外，在主城区 7 个分局组建 138 个街面警务综合服务站，负责街面社会治安控制。第三，编制结构改革。全局民警近两万人，市公安局实行大规模的警力下沉：直属单位的警力减少约 50%，由 9261 人减少到 4999 人；分局警力由 9746 人增加到 14008 人，其中派出所警力由 6875 人增加到 8000 人。第四，警种体制改革，实际上也是职权结构改革。一是将市公安局直属的 660 名巡警全部下放到区分局，变原来的市公安局——分局——派出所"三级巡逻"为分局——派出所"两级巡逻"。二是特警实行派驻制。将特警中的 430 人成建制派驻到 7 个主城区分局。三是交警体制改革。变原来的市局一级管理为市局——分局两级管理，将主城区、新城区的交警大队交由分局管理。赋予交警维护路面治安秩序的权力，赋予治安检查站交通管理的职权。通过上述三大警种体制改革，在分局层面形成区域集团作战的有利格局。

上述三地以及较早进行了公安改革的辽源、大庆、深圳、太原、牡丹江、福建等地的公安改革具有以下共同特点：

一是都属于自下而上的改革，都体现了强力推进公安改革的勇气、决心和智慧。

二是都实施了公安结构改革，既有纵向结构改革，又有横向结构改革，还同步进行了机制改革、人事改革和保障改革，实际上是整体的综合改革。

三是都进行了编制结构改革，都大规模地实施了警力下沉，有力地加强了基层一线警力。

四是都进行了职权结构改革，均进行了权力下放，使基层民警有权有责，充分调动了一线民警的工作积极性。

‖ 第四节　公安社会管理创新 ‖

一、公安社会管理创新的含义

社会管理，一般理解为政府和社会组织为促进社会系统协调运转，以法律、行政、道德等手段，对社会成员的行为进行规范，对社会系统的组成部分及社会发展的各个环节进行组织、协调、服务、监督和控制的过程。公安社会管理创新，是政府社会管理的重要组成部分，是公安机关在现有社会管理条件下，在社会主义和谐社会框架内，在公民本位和社会本位理念的指导下，以创造有序和有活力的社会秩序作为社会治理价值核心，依据相关法律、法规、政策，对传统管理模式及管理方式进行改革创新的一种模式或形态。公安社会管理创新应以社会稳定为前提，将创新速度、力度和幅度限制在社会稳定的框架内。①

公安社会管理创新，从内涵上看，是一种服务、协调、组织、控制的过程和活动；从外延上看，涉及社会不同领域、不同关系、不同群体、不同组织；从主体上看，既包括公安机关，还包括公众和其他社会主体；从手段上看，主要运用法律、法规、政策以及道德等规范；从任务上看，主要是为了维系社会秩序和化解社会矛盾，形成维护社会稳定和处置社会公共事件的有效机制；从目标上看，主要是为提高社会管理能力和成效，促进社会和谐、稳定、有序发展。

二、公安社会管理创新的必要性、紧迫性

（一）社会结构变化和社会流动规模扩大带来的挑战

随着改革开放的日益深入和市场经济的快速发展，我国的社会结构发生了根本性变化，社会流动规模正迅速扩大，由此诱发了一系列社会问题。例如，在社会阶层结构上，原来由工人、农民、干部和知识分子组成的利益分化较小的阶层结构正转化为利益分化较大、由不同利益群体组成的复杂阶层结构，由此导致利益阶层冲突加剧，社会和谐度降低。在城乡结构上，大量农民离开村庄，来到发达城市从事低端工作。例如，据统计，2011年上海外省市来沪常住人口达到897.7万人，最近十年增长了159.08%。然而，由于城市设施、社会保障、社会文化等条件的限制与差异，外来人员还难以融入城市生活，逐渐成为城市违法犯罪的主体。目前，来沪人员犯罪率平均占到上海犯罪总数的60%以上，盗窃犯罪甚至超过80%。在收入分配结构上，城乡、区域和社会成员之间的收入差距不断扩大，居民收入基尼系数逐步攀升，社会分配不公，并引发公众对政府和社会的不满。在人口结构和家庭结构上，城乡家庭小型化的结构已经形成，如上海市2010年第六次全国人口普查显示，上海平均每个家庭户的人口为2.49人，许多原本由家庭解决的问题也转变成社会问题。

（二）社会组织方式变化与公众服从意愿减弱带来的挑战

经济体制的深刻变革带来了社会组织方式的巨大变化，主要体现为大量传统管理体制下的"单位人"变成"社会人"。数据显示，目前在城市就业总人口中，"单位人"已由过去占95%以上下降到现在占25%左右。即使新成立的就业组织也大都采取"非单位式"的管理体制，对就业人员也缺乏有效的管理与控制。由于在政府和"社会人"之间缺少类似过去单位这样的管理模式，目前，无论是政府还是单位，抑或是公安机关，其社会管理和社会整合能力都呈大幅下降之势。从社会管理学角度而言，公众由"单位人"转变为"社会人"后，独立性便会逐渐增强，服从意愿也会迅速降低，甚至会从"老百姓"变成"老不信"。这种状况的产生，大大削弱了公安社会管理创新的群众基础，尤其是大量群体性事件的普遍发

---

① 参见贺电、王琳琳. 推进公安社会管理创新的思考. 中国人民公安大学学报，2013（6）.

生，极大地增加了公安社会管理创新的难度。

（三）社会管理定位模糊与民间组织相对落后带来的挑战

社会管理是以政府和社会组织为主体共同参与的管理。由于长期受"强政府、弱社会"体制的影响，无论是过去还是现在，公安社会管理一元主体的"全能警务"格局始终存在。但事实上，许多社会管理事务都超出了公安机关的管理职能，公安机关根本无法做到源头管理，只能因种种原因而无奈地冲在第一线，错位甚至越位管许多不该管也管不好的兜底和断后的工作，充当社会"围堰堤"和"防火墙"的角色，大大影响了公安社会管理及其创新的有效性。与此同时，作为社会管理主体之一的社会组织，却始终处于相对弱小的地位，不能真正参与到社会管理之中，其职能作用得不到充分发挥。当前，公安社会管理及其创新明显处在两难境地：一方面，由于公安社会管理参与面广、管理范围大，一定程度上限制了社会组织的活动空间，影响了社会组织的发育成长；另一方面，由于社会组织还不能真正成为政府职能转移的载体，公安机关既不放心也不敢放手让社会组织去承担社会管理事务。受宏观政治环境和政策的影响，这种局面在短时期内难以得到根本改变。

（四）社会管理及其创新要求与社会认知局限带来的挑战

加强和创新社会管理是一项极其复杂的工作，涉及内容广泛。国家"十二五"规划也首次将"标本兼治，加强和创新社会管理"单列成篇，提出建立健全社会管理格局、创新社会管理机制的新要求。这对公安机关而言，不仅是一次社会管理及其创新能力的全面考验，也是一次新的思想解放和警务革命。由于公安社会管理及其创新是一个不确定的变化过程，公安机关尤其是基层公安机关对社会发展的认知判断能力有限，再加上目前尚未作好充分的思想、组织和工作准备，这既使公安机关难以准确判断社会形势的发展变化，给当前和今后的公安社会管理及其创新带来一定的难度，增加一定的风险性，又不可避免地使公安机关的一些传统管理理念、管理作风，甚至是管理谬误还不同程度地隐藏在各项公安管理工作中，进而影响着公安社会管理及其创新的成效。例如，以专政机关自居，将社会管理演绎成对社会和公众的管理；将管理目的与手段混淆，乐此不疲地搞各种专项打击活动；重末端管理、轻源头防范；以罚代管和为管而管；等等。

三、公安社会管理创新的主要内容

（一）分层分类抓好"人"的管理及其创新

社会发展和变化是通过人的活动表现出来的，社会管理，说到底是对人的管理和服务。

一是抓好人口的管理特别是流动人口的管理。首先是做好人口动态基础信息采集。要通过做实"两实"（实有人口、实有房屋）全覆盖管理工作，加强属地实有人口的人性化服务与管理，以此增强城市外来人口的归属感和融入度，实现"以证管人、以房管人、以业管人"的目标。其次是抓好重点人员落脚点管理。要掌握"二无一故意"（无正当职业、无固定落脚点，故意逃避人口信息登记）等重点人员的经济状况、消费状况、活动轨迹等动态信息，落实动态管控措施。最后是对违法犯罪人员的打击。要防止产生外来流动人口违法犯罪的示范效应，杜绝拉帮结派、黑恶势力的滋生与蔓延。

二是抓好特殊人员的管理。首先是抓好重点人员的管理。要结合"大情报"系统的建设与应用，建立重点人员滚动排查机制，落实重点人员的信息查询、见面核查、分析比对、力量贴靠、预警处置等管控措施，提高排查控制的有效性。其次是抓好境外人员的管理。以 2010 年第六次人口普查为例，居住在我国境内并接受普查登记的外籍人员接近 60 万人，如果考虑到没有接受普查登记的在华"三非"外国人，常住我国的外籍人员数量庞大，且呈现人员增长、身份复杂以及落脚点分散等特点。要加强与外事、海关等公安外部和出入境、治安、人口等公安内部各部门的紧密协作，落实对境外人员入境前的审查和入境后的登记管理工作，以及对重点组织、单位、人员的控制。最后是抓好对社区矫正人员和社会闲散青少年的管理。要发挥司法、公安和其他社会组织的作用，把服务与管理、控制与疏导、改造与帮扶措施有机地结合起来，做到不漏管、不脱管、不失管，以提高教育矫正和服务管理的效果，让他们更好、更快地回归到社会。

三是抓好"社会人"的管理。要按照属地管理和分类管理的原则，把游离于机关、团体、企事业和群众自治组织管理之外的"社会人"管理纳入社区警务，充分发挥社区居委会、就业单位等自治组织的功能，进一步织密社区管理网络，力争把每个人都纳入社会组织管理之中，做到既服务好，又管理好。

（二）依法抓好"事"的管理及其创新

所谓"事"的管理，主要是社会矛盾及其社会矛盾的化解和处置。正确处理人民内部矛盾，是关系改革、发展、稳定的全局性课题，是促进社会和谐的基础性工作。公安社会管理及其创新，一是要建立社会矛盾预警机制。公安机关要努力发挥职能优势，要依托社区警务室、派出所网上工作站、警民（社）合作、平安创建等机制，并充分运用情报信息系统和现代信息手段，建立全方位、多层次的情报信息搜集网络，及时而准确地掌握重点地区、领域、行业以及社会热点事件中涉及社会稳定的矛盾信息，并适时开展风险评估，做到早发现、早报告、早预警。二是要建立社会矛盾调解处置机制。要坚持党委政府统一领导、综合治理部门组织协调、相关部门各负其责的社会矛盾调解处置工作格局，依托人民调解、行政调解、司法调解"三位一体"的"大调解"工作体系，依法参与社会矛盾化解和处置工作，并形成有效的运作机制，最大限度地把社会矛盾解决在基层、解决在内部、解决在萌芽状态，防止社会矛盾的累积和激化。三是要建立社会矛盾应急处置机制。社会矛盾的极端表现就是引发突发事件。突发事件，尤其是群体性突发事件是影响社会和谐稳定、公安社会管理及其创新的最严重障碍，社会负面因素极大。公安机关要建立处置群体性事件的组织、指挥、保障等体系，完善管用的应急处置预案，确保一旦发生群体性突发事件，能够在党委、政府和相关部门的指导、配合下，做到出动得快、控制得住、处置得好。

（三）全面延伸抓好"地"的管理及其创新

所谓"地"，包括实地与网络"虚"地。一是社区社会管理。社区管理是公安社会管理及其创新的基础和切入点。"公安社会管理创新应当秉持党委政府领导、公安机关负责、相关部门配合、民间力量参与的原则，整合一切社会管理资源，形成公安社会管理齐抓共管的大格局。"① 随着社会的发展，社区在社会管理中的作用会越来越突出。公安社会管理及其创新要紧紧抓住社区这一基础平台，以创建和谐社区为内容，发挥社区警务的优势，推进警民沟通机制和警社合作机制，实现公安社会管理及其创新与社区警务机制、社区自我管理机制的有效衔接，夯实公安社会管理及其创新与维护稳定的第一道防线。二是治安复杂地区管理。治安复杂地区一般是违法犯罪相对严重、管理难度相对较大、群众不满意和反映强烈的地区，也是最能反映一个地区社会管理状况的"晴雨表"。例如，中心城区、商场密集地区、交通拥堵地区、消防隐患地区等。对此，公安机关不仅要加强重点管控，实行挂牌督办，开展综合治理，落实长效化管理措施，更重要的是要建立社会公众和社会组织参与机制，鼓励引导公众和社会组织参与到社会管理及其创新中去。三是"虚拟社会"管理。《第40次中国互联网络发展状况统计报告》显示，截至2017年6月，中国网民规模达7.5亿，手机网民规模达7.24亿，互联网普及率为45.8%。当前，国内网络诈骗、赌博、色情、散布谣言等违法犯罪手段不断翻新，"微博反腐"、"微博打拐"等公民参政行为方兴未艾，国外一些国家运用互联网挑动他国的"推特（twitter）"、"脸书（facebook）"革命愈演愈烈，公安机关面临越来越严重、越来越复杂的"虚拟社会"挑战。公安机关要深入研究"虚拟社会"规律，综合运用法律、行政、经济等手段，探索建立网上实名登记、网上重点人员管控、网上舆情引导、网上违法犯罪打击等机制，强化对"虚拟社会"的有效管理、有效服务、有效引导、有效监督，维护"虚拟社会"的良好秩序。

（四）密而不疏抓好"物"的管理及其创新

所谓"物"，是指法律意义上的物，即存在于人身之外，能够满足人们的需要而又能为人所实际控制或者支配的物质客体。该客体可以是实物，也可以是行为。一是特殊行业管理。特殊行业由于其经营的业务和性质具有特殊性，容易被违法犯罪分子利用进行违法犯罪活动，公安机关必须依据国家和地方的行政法规对其实施治安管理。我国恩格尔系数呈逐年下降趋势，社会对公共产品的需求全面快速增长。由于管理和社会等多重因素的影响，目前特殊行业中的一些娱乐休闲服务场所内，黄、赌、毒等社会治安问题比较突出。对此，公安机关一方面要严把资质审批与核发许可证关，落实娱乐场所等派驻保安、安装闭路电视监控等措施；另一方面

---

① 贺电，王琳琳. 推进公安社会管理创新的思考. 中国人民公安大学学报，2013（6）.

要按照分类分级管理要求，加强日常检查与监督，做到对行业场所经营活动情况明、人员状况底数清、发现违法犯罪立即查处。同时发动广大公众参与监督及违法举报，以形成严管高压的态势。另外，要与工商行政管理等部门形成联动机制，对违反法律法规情节严重、屡改屡犯的场所，依据相关法律，坚决予以取缔，吊销其许可证和营业执照。二是危险物品管理。枪支弹药、爆炸、剧毒、放射性等危险物品的管理工作与人民群众生活密切相关，稍有疏忽便会导致恶性社会事件的发生。对这类行业和物品的管理，公安机关除依法建立严格的安全监管制度，从严审批核发各类准购和通行等相关证照外，可尝试运用现代互联网技术，从危险物品的来源、经营、储存、运输、使用等全过程、全环节上加强监督与管理。同时要鼓励行业单位自律，督促其完善安全管理制度、安全技术操作规程和安全岗位责任制，堵塞一切管理漏洞，防止恶性事件的发生。

（五）有管有放抓好社会组织的管理及其创新

现代社会管理既是政府部门依法对社会事务进行规范和调整的过程，也是社会组织依据法律、道德进行自我规范与调整的过程，两者相辅相成、缺一不可。随着社会的发展，社会组织在社会管理中的作用越来越突出、地位越来越重要。国际上，很多国家平均200人就拥有一个社会组织。根据民政部门的统计，截至2016年三季度末，全国依法登记的社会组织近67.5万家，全国平均2000余人拥有一个社会组织，两者具有很大的差距。在此背景下，公安社会管理及其创新，一要培育和发展社会组织。要在政府主导下，按照社会组织的发展规律，完善相关法规制度，建立分类发展、分类管理的工作机制，促进社会组织健康发展，拓宽社会组织参与社会事务的有效渠道。二要充分发挥社会组织的作用。要减少顾虑、放开手脚，有系统、有步骤地把不属于公安机关的职能剥离出来，转移给社会组织。同时完善社会组织职能，让社会组织承担反映利益诉求、规范社会行为、化解社会矛盾、提供公共服务、参与社会治安管理等职能，以逐步转变"强政府，弱社会"的局面，减少政府部门社会治理的成本。三要加强服务与监管。要坚持培育发展与监督管理并重，把社会组织纳入依法有序的管理之中，既不能将社会组织当作某个政府组织来对待，培养"二政府"，更要防止社会组织利用各种名义反对和攻击党、政府和社会主义制度等情况的发生。

【小结】

当前，我国正处在经济转轨和社会转型的关键历史时期。如何应对经济全球化和信息社会化给公安工作带来的严峻挑战，确保国家安全和社会稳定，是公安工作面临的重大课题。公安改革是国家政治改革和行政改革的重要内容，对于推进民主政治、构建和谐社会具有重要作用。公安机关为了适应新时期社会发展的需要和政治体制改革的总体要求，必须不断推进公安改革。

本章就公安改革及其成就、公安改革的原则与方法、形式与步骤进行了阐述，并着重探讨了公安社会管理创新的主要内容，同时对当前公安改革的典型模式进行了分析。

【思考题】

1. 结合当前公安工作的实际，谈谈深化开展公安改革的意义。
2. 你认为我国公安改革应采取哪种形式？具体改革应采取何种步骤？
3. 谈谈你对公安社会管理创新的设想。

第二十二章 公安未来的发展趋势

【教学重点与难点】

1. 世界警察未来发展的趋势；2. 影响公安未来发展的主要因素；3. 公安未来发展的主要趋势。

‖ 第一节 世界警察未来发展的趋势 ‖

西方国家先后进行了四次比较大的警务革命，这四次世界警务革命从 1829 年以英国伦敦大都市警察的建立为标志的现代警察的产生开始，一直延续到现在共 185 年时间，它几乎包括了警察工作所涉及的方方面面，并最终实现了"警务现代化"。发生在 20 世纪 70 年代末至今仍在进行的第四次警务改革被称为"后现代警务革命"（又称"新警察模式"、"社区警务改革模式"、"民主式警务"），是对前三次警务改革进行理性思考后提出来的全新的警务模式，它代表着世界警察改革的大趋势。虽然这场以"社区警务"为主要内容的警务改革已经取得了显著成果，但这场改革仍没有结束，仍处于探索之中。

欧美发达国家在实现了警察现代化后为什么还要继续进行警务改革呢？很多人都认为，以"社区警务"为核心理念的第四次警务变革是应对警察和犯罪种种挑战和困难的利器，但是人们发现，这次警务变革并没有像人们希望的那样灵验，能大大降低犯罪率，使社会治安根本好转。相反，像警察现代化搞得最好的美国，不仅犯罪率没有降低，暴力等严重犯罪反而大幅上升，这不得不引起人们的反思：如何应对暴力恐怖犯罪日益高涨的现状？如何解决日益严重的网络犯罪问题？如何解决普遍存在的警力不足问题？如何解决经费短缺？等等，这些都促使各国警察继续谋求新的警务革命路径。为此，发动第五次警务革命的理论应运而生，并使得这些理论成为世界警察未来发展的主导趋势。概括而言，主要有以下四个方面。

一、危机导向警务

危机导向警务，是指政府在危机管理中正确运用警察力量、发挥警察治安职能的活动。

无论是自然灾害危机，还是社会性危机，其危机状态下国家安全的保护和治安秩序的维护、公民生命财产的紧急救助和保护，以及对趁火打劫进行违法犯罪活动者的严厉打击等，既是政府危机管理的重要内容和强力措施，也是警察的法定职责。危机警务的基本内容包括危机警务的法治建设、危机警务的机制建设、危机警务的战术措施、危机警务的专门机构及专门力量建设以及危机警务的预案和训练演习、危机警务的国际合作等。

警察如何应对危机？英国警察提出，应对危机有三个"撒手锏"：黄金的对应——全国范围内的总动员；白银的对应——一个省、一个市的总动员；青铜的对应——局部地区的对应。危机警务已成为西方警务改革理论的重要发展内容，其对于我国公安机关应对公共危机、处置群体性事件具有重要的指导作用。

二、情报导向警务

情报导向警务的概念最早是于 20 世纪 80 年代末由英国学者提出来的，后来逐渐在西方发达国家中推广和应用。其含义为"广泛收集违法犯罪信息，并对其进行深入细致的分析研究，在此基础上，决策者从总体战略和具体战术的不同角度指导警务活动"。情报导向警务以犯罪情报的分析与解读作为决策的依据，以行之有效的警务战略以及综合治理的伙伴关系作为预防犯罪的最有效的武器。情报导向警务是近 20 年来欧美警务革命发展的新趋势，在海湾战争后，由于美国军事情报在战场上的巨大作用，情报导向警务理论更是成了新的警务革命重要理论之一。

传统警务模式的重点是被动反应模式，强调发案后的快速反应。情报导向警务模式试图将各种积极因素进行整合，形成主动先发的警务模式；其以对犯罪情报的分析与解读作为决策的依据，分为战略层次与战术层次。在战略层次，强调犯罪情报在决策中的导向作用，它是从宏观、长远角度来讲的，是指为提高警务效率对警力和其他资源进行合理的配置，以发挥各自的最大效能。主要包括三个环节通过情报解读犯罪环境，通过情报影响决策者，以及决策者改变犯罪环境，这三个环节形成了一个系统内部的反馈与制约机制。在战术层次，强调犯罪情报在具体警务活动中的科学作用，在制订预案或每一次警务专项活动中，都要以情报为主导，制订科学的情报导向计划。具体战术是从微观、短期角度来讲的，是为完成某一项具体任务而采取的各种措施，这些措施不是彼此孤立的，而是与总体战略相一致、密切联系的。具体而言，情报导向警务模式包括战略设计、决策者协商、优先目标设定、危机管理、犯罪分析、群众满意度。

三、反恐导向警务

2001 年"9·11"恐怖袭击事件，给美国人敲响了一记警钟，反恐成了美国的国策，以至于反恐导向警务作为一种美国的警务革命应运而生。前四次警务革命，警务方式一直趋向于一种人性的、善意的回归：警察角色从战士向公仆回归；警务评价标准从客观标准（即发案率和破案率）向主观标准（即公众安全感和公众对警察的满意度）回归；在使用武力方面，从使用致命的杀伤武器向最小的动用武力原则回归。这种回归，使得世界警察革命呈现出一种和谐的、人性化的倾向。但是，面对恐怖袭击，美国在警务革命方面提出了反恐导向警务，将反恐作为国策，并出台了严厉的反恐措施。例如，成立国土安全部，改革联邦调查局和中情局，突出地方警察在反恐中的地位和作用，坚持美国的反恐强硬原则，加强反恐立法，扩大警察权力，加强对关键信息基础设施的保护，等等。这种反恐导向警务改革的弊端很多。例如，无限扩大警察权力，可以不加审讯地就把"基地组织"分子关进关塔那摩集中营。对全国两千万人进行秘密监听，尤其是2013年震惊全球的"斯诺登事件"，更是让美国的反恐导向警务声名狼藉。很显然，反恐导向警务存在先天的不足，难以主导第五次警务革命，更代表不了世界警察未来发展的趋势。

四、新警察专业化运动

"新警察专业化运动"是由美国提出来的。所谓新警察专业化运动，是对第四次警务革命，也就是社区警务运动的巨大反思和发展。美国深切体会到任何一种局部的警务革命、单一的警察技术的改革，都不能冠以警务革命的头衔。新警务革命并不是突发事件，也不是一次标新立异的运动，新警务革命是对前四次警务革命的总结，是警务工作的全面提升，是警务改革的综合运动。美国对第五次警务革命，也就是新警察专业化运动，提出了以下四个要素：

其一，责任心。长期以来，西方警察理论一直试图把犯罪的上升、公众安全感的下降和警务工作分离开。他们认为一定的社会产生一定的犯罪，这是不以人的意志为转移的客观规律，甚至动用了能量守恒定律。认为任何犯罪的上升仿佛都和警察没有直接关系，而是受产生这个犯罪高峰时的政治和经济大背景影响的结果。而新的警务革命则强调，警察不能袖手旁观，必须在与犯罪进行斗争中承担其自己应有的责任。

其二，合法性。合法性是西方警察理论研究的最基本的核心理念，也即警权民授，警察的执法权不是天上掉下来的，是人民赋予的。因此，严格执法、热情服务是每个警察必须树立的工作态度。

其三，创新性。从社区警务运动开始，各国警察普遍认为社区警务是解决警务问题的"良药"，于是认为不需要新的警务改革创新。实践证明，第四次警务革命并没有解决警务工作中的全部问题，相反，一些新的问题层出不穷。警务工作创新是无止境的，必须寻求新的警务工作方式，解决当前世界各国警察普遍面临的困难和挑战。

其四，综合性。第五次警务革命必须是两个综合。第一个综合，是对前四次警务革命的特色、特质全部综合起来。第二个综合，就是全国一盘棋。美国有近两万个执法机构，其警察体制也是十分错综复杂的，各个执法机构互不隶属、各行其政。因而必须通过新警察专业化运动，改革现行的美国警察体制，提高警察的专业化水平，应对不断出现的新挑战。

‖ 第二节　影响公安未来发展的主要因素 ‖

当前，我国正处在全面建设小康社会、加快推进社会主义现代化建设、实现中国梦的重要历史时期。党的十八大尤其是十八届二中、三中全会以来，加快公安改革和司法体制改革，完善司法体系，推动社会主义法治建设已经成为党中央制定的重要战略任务之一。公安工作作为国家法治建设的重要内容，面临着前所未有的发展机遇期。公安未来发展必须以此为契机，针对公安工作长期存在的、系统性的、体制性的问题，认真加以研究、分析，使公安工作迈出新的步伐。但与此同时，影响公安未来发展的因素仍然存在。

一、境内外敌对势力对公安未来发展的影响

当前，境内外敌对势力、敌对分子和"三股势力"的破坏活动日益加剧，维护国家安全和政治稳定的工作形势将更加严峻复杂。各种敌对势力以各种合法身份掩护，向我国各个领域的渗透和冲击更具广泛性、直接性，防控难度更大，国家安全形势变得更加错综复杂；以美国为首的西方国家，加紧对我国实施"西化"、"分化"，利用信息全球化的特点，通过互联网对我国进行渗透、颠覆和破坏；境外敌对势力渗透、勾结境内反动、邪教组织、敌对势力和违法犯罪人员进行破坏、颠覆活动；近年来，以"东突"为代表的境内"三股势力"在国内实施的暴力恐怖活动越来越猖獗。公安机关维护国家安全、信息安全的工作面临着前所未有的巨大挑战。

二、国内社会不安定因素对公安未来发展的影响

社会不安定因素增加，大量社会矛盾在一定时期内还将继续困扰社会稳定。当前，我国改革开放步入"深水区"，触及更多更大的利益群体，改革的阻力也将越来越大；分配不公、贫富差距、城乡差距越来越大；农村人口大量涌入城市，就业矛盾和社会保障矛盾更加突出；因房屋拆迁、企业改制、下岗失业、司法不公等引发的上访和群体性事件日趋增多。这些问题处理不好，不仅会造成社会动荡，也会极大地影响公安工作的平稳、有序发展。

三、犯罪的新情况影响公安未来发展

犯罪活动和作案方式向高层次发展，新犯罪类型、犯罪手段层出不穷。刑事犯罪的智能化程度提高，特别是网络犯罪和知识产权方面的犯罪呈多发态势；有组织犯罪更加突出，黑社会性质组织犯罪呈现集团化、规模化等新的特点，渗透到了一些地方的政治、经济、文化甚至司法领域，严重危害国民经济发展；金融投资、金

融诈骗、集资诈骗、信用卡诈骗等金融犯罪和新的经济犯罪活动日趋严重；境内外犯罪集团相互勾结、渗透，跨国跨境犯罪案件明显增长。从发案数量上看，我国已进入新一轮刑事犯罪高发期；从犯罪类型看，经济犯罪、信息网络犯罪、跨国犯罪、有组织犯罪将更加突出；从犯罪手段看，技术型、智能型、暴力型犯罪增多，更具有破坏性、流动性和隐蔽性；从作案区域看，跨区、跨省、跨国作案增多，境外黑社会组织和犯罪集团的渗透更加突出；从犯罪年龄看，青少年犯罪尤其是未成年人犯罪、留守儿童犯罪越来越严重，成为严重的社会问题；社会流动人口的增多和城乡二元化体制的影响，以及人们思想观念的变化，使得黄、赌、毒等社会丑恶现象蔓延，带来了一系列社会问题，成为危害社会道德秩序、影响社会治安的重要因素。

四、公安机关内部存在的问题影响公安未来发展

公安机关内部腐败问题、执法问题严重影响警民关系，危及公安工作的基础。公安民警所拥有的、所被赋予的权力，是为社会公民服务的权力，是一种公共权力，如果制约监督机制不当，这种权力就会变异，甚至会被贴上私人标签，转化为个人权力，进而产生公安腐败。近几年来，一些令人触目惊心的公安腐败案件，如原公安部部长助理郑少东案、文强案以及重庆等地暴露出来的警察腐败窝案等事实提醒人们，个别警察的腐败问题积少成多，严重损害了警民关系，败坏了党和政府的形象，亟待从根本上加以预防和解决。此外，尽管现阶段的公安执法有了一定改善，但距离建设社会主义法治社会的目标和人民群众的期待要求还有较大的差距，存在较多的问题，如有法不依、滥用职权、粗暴执法、执法理念落后等。这些问题是我国法治建设发展的瓶颈，不解决这些问题，将会严重制约公安未来的发展。

‖ 第三节　公安未来发展的主要趋势 ‖

一、研究世界警务革命发展趋势的启示

认真研究和了解世界警务革命的发展趋势，对于加快我国公安工作的发展，推进公安改革，建立适应经济和社会发展的具有中国特色社会主义的警务制度，具有很好的启示和借鉴作用。

启示一：警察作为一个国家上层建筑的重要组成部分，必须适应国家在不同发展时期的社会需要，适应治安形势的发展变化。当前，我国已经基本完成了由计划经济向市场经济的转轨，在这种新的历史发展机遇期，公安机关必须主动适应这种发展变化，彻底转变旧体制下形成的警务格局，更好地履行公安机关的职责。

启示二：警务革命的结果反映在提高警察工作能力和工作效率上，它实施的过

程是警察管理决策机关对警务理念、管理体制、工作机制、警务方式等方面的根本变革，是自上而下进行的，而不是简单地要求警察"做什么"和"怎么做"的问题。

启示三：前四次警务革命之间是互相联系、互为补充的，是对警务工作整体的不断发展与完善。以社区警务为主要内容的第四次警务革命，是对过分追求装备高度现代化、警察编制高比例、强调快速反应的第三次警务革命的反思和发展。而未来把"警察现代化运动"与"社区警务运动"相融合发展是公安工作的必由之路。

启示四：社区警务就其实质意义上讲，正是公安工作的传统和优势所在。我国公安工作一贯倡导的群众路线以及"专门机关与群众工作相结合"、"打防结合、以防为主"、"社会治安综合治理"的指导方针，都体现着社区警务的思想。然而，在社会主义市场经济条件下，我们的传统正在失去，优势逐渐弱化，特色也正在慢慢消失。重塑新时期的警务风格和警察形象迫在眉睫。

二、公安机关未来发展的主要趋势

今后一段时期，公安机关要紧紧围绕实现"中国梦"，贯彻落实党的十八大和十八届二中、三中全会精神，与时俱进，开拓创新，借鉴世界警察发展的新潮流、新理念，顺应世界警务革命的新趋势，从顶层设计开始，自上而下，逐级推进，努力在公安体制、机制、方法等方面进行全面革新，全面推进公安工作的发展和进步。总体而言，公安机关未来一段时间的发展趋势主要表现在以下一些方面。

（一）完善"条块结合"的公安管理体制

新中国成立以来，公安机关一直实行"统一领导、分级管理、条块结合、以块为主"的管理体制，这一管理体制基本适应改革开放以前计划经济的时代需求。然而随着时代发展和变迁，它已经越来越落后于整个经济社会发展的步伐。其主要弊端表现在：一是事权划分不清。中央和地方管理职能交叉，导致责任模糊。从表象看，层层负责、人人有责似乎有利于齐抓共管，事实上却容易造成人人管、人人不管，层层负责、层层不负责的现状。二是权责不一。该体制本身容易造成基层重块、轻条，警令不畅。三是地方保护主义和干扰执法问题严重，导致执法环境恶化，执法不严、执法不公、执法不文明现象无法遏制，非警务化活动屡禁不止。四是由于上级公安机关对下级公安机关民警没有直接处理权，因此普遍存在该处理的处理不了、该保护的也保护不了的问题。

以"条块结合"为原则，灵活条块管理，不再单方面强调以块为主或以条为主，而是依据事权归属，确定条管或块管，理顺公安领导体制，必将极大地促进公安工作的跨越式发展。科学划分事权，是改革领导体制的基础环节。具体而言，警察事权划分为三种四类：第一种是国家警察事权，如国内安全保卫、边防事务，由国家单独统一管理，地方不参与；第二种是地方警察事权，如人口管理、交通管理、一般刑事案件和治安案件管理等一般不涉及全局、地方性较强的业务，国家可坚持"有所为、有所不为"和"抓大放小"的原则，全部交由地方依法管理；第三种是国家和地方共同警察事权，具体可分为国家为主、地方为辅的警察事权和地方为主、国家为辅的警察事权两类。以警察的事权为基础，划分出国家警察和地方警察，国家警察履行国家警察事权和国家地方共有、以国家为主的事权职能，地方警察履行地方警察事权和国家地方共有、以地方为主的事权职能。履行国家事权的警察由公安部直接管理；履行国家地方共有、以国家为主事权的警察由公安部业务局主管，省市厅局协管；履行国家地方共有、以地方为主事权的警察由省市厅局主管，公安部业务局协管；履行地方事权的警察由省市厅局单独主管。国家警察成为公安部直接领导、支配和管理的力量。公安领导管理体制的改革并不是脱离和削弱党的领导。要认识到，无论是由上级公安机关领导，还是由地方党委、政府领导，只是中央统一领导下的分工不同，与加强党的领导并不矛盾，改革的实质还是加强党的领导。通过上述改革，要建立一种既不同于国家安全系统模式，也有别于国地税系统模式，具有公安特色的新的领导管理体制。从根本上说，这是由公安工作的国家性、地方性和全局性决定的，也是公安改革首先应当进行的顶层设计。

（二）设置顺畅高效的组织机构

我国公安机构设置基本上套用苏联的，其弊端：一是混同于一般行政机关，不能体现公安机关全天候作战和实战指挥协调的特点；二是内设机构小而全，建制分散，业务重叠交叉，造成工作扯皮、效率低下的现状。公安机关的机构设置是与管理体制、工作机制密切相关的，也直接影响着警力配置。设置顺畅高效的公安组织机构，应把握三个基本环节：一是按照事权划分和系统职能设置机构，根据各级、各部门的职责权限和任务目标，确定工作岗位。有事权的部门可成为实体分设，实行队建制；无事权的部门根据性质与作用进行系统整合，避免交叉。二是简化业务指导管理层次。应按照"属地管理"和"谁主管、谁负责"的原则，尽可能地把管理权限下放到基层队、所，并建立起规范统一的工作运行机制。在此基础上，撤销分、县局的一些业务指导管理部门和岗位，把人员充实到派出所和实战部门。三是加强派出所建设。其设置应打破行政区划，根据治安复杂程度、地域条件进行整体布局规划。随着城市的建设发展，市区内一些小派出所该合并的合并，需要新建的新建，以保证公安机关对社会治安的有效控制。同时，要保障派出所的警力和基本装备，切实防止派出所机关化倾向。

（三）建立责权利相统一的警力运行管理机制

公安机关的各级决策和管理部门要切实树立警务效益观念，解决长期存在的人海战术、运动式执法和盲目加班加点等浪费警力的问题，改变"统一部署"、"集中严打"等落后的管理方式，少一些指令，多一些指导和服务。应该根据各部门、各单位的职责和权限，确立各个岗位的具体任务和职业标准，确立每一项警务活动的基本流程和行为规范，通过检查评估进行奖惩。赋予基层队、所更加广阔的发挥空间，允许基层根据实际情况自主安排工作，将更多的管理权限下放到基层，把责权利统一起来，遇事该谁管就谁管，独立处理，全权负责，落实责任。

（四）建立针对性强的民警教育培训机制

"十年树木，百年树人"，民警的素质培训应该是经常性、制度化的。一是完善警察职业培训体系。根据不同岗位、不同职责的需要，进行定期岗位培训、晋升培训、换岗培训以及专业技能培训等各种类型的培训，把民警培训与警务工作实际结合起来，切实重视实战能力和体能的训练，借鉴国外先进的警察职业培训经验，以提高民警实战能力为导向提高民警的职业教育水平。二是建立规范的培训制度。把培训与人事管理挂钩，与民警的职业前途联系起来，建立带有强制性和激励性的民警职业培训制度。例如，上海市公安局在这方面做得比较突出，该局明确规定，要始终保证有 5% 的警力参加培训，5% 的警力公休。三是探索新的教育培训网络。警察的职业特点是具有一定的社会性，对素质的要求也是多方面的。由公安院校承担民警的学历教育和职业教育体制，具有一定的局限性。欧美一些国家的警察院校不负责对警察的学历教育，而是在综合性大学开设刑事司法专业和犯罪学专业，在完成大学学历教育的青年中招募警员，这种做法可以部分借鉴。把学历教育推向社会，公安院校重点承担刑事侦查等公安专业性强的职业培训，并建立各级、各种专业、各种类型的民警培训基地，进一步优化公安队伍的知识结构和文化素质结构。

（五）建立科学高效的绩效考评制度

近年来，各级公安机关引进企业经营管理的目标管理办法，对公安工作实行量化打分考核。虽然客观上对推动公安工作起到了一定作用，但总的来看是弊大于利：其一，考核的硬指标是打击处理数、发案数、报捕数、破案数等，这成为警务工作的最主要导向，于是基层民警和单位"考核什么干什么"，"什么分多干什么"，这样势必使一些无法量化的工作，诸如基础工作、群众工作弱化，一些重要的工作部署得不到很好的执行；其二，在打分评比排名中会不可避免地出现立案不实、弄虚作假的问题；其三，容易造成一些防范工作、基础工作、群众工作出色的基层单位排名靠后，打击了这些单位和民警的工作热情与积极性。因此，需改变这种量化打分的考核办法，将岗位责任落实和履行职责的情况作为考评的主要内容，对完成各项工作的过程进行监督、质量检查，还要注重对岗位技能的评价，并与职务提拔挂钩。例如，英国苏格兰警察局从 20 世纪 90 年代末起即实行能力测试，根据各岗位的职业标准，对各级警官、警员从 11 种总体能和 110 种技术能力方面进行评价，使用专门的软件进行管理，其中优秀警员纳入人才库，作为选拔提升的对象。

（六）积极推进公安经费的保障机制建设

公安机关不同于普通的行政机关，公安工作也不同于一般的行政管理工作，我国的公安业务建设经费和装备经费没有专项资金保障，固定拨给的"人头费"与一般行政机关的标准一样。当前这种公安经费保障体制严重制约了公安现代化建设，制约了公安改革的推进，与西方发达国家"机械化警察"相比较，差距巨大。

鉴于我国公安编制是由国家统一管理的，属国家事权，国家财政应当专项保障全国公安民警的"人头费"和各项装备建设经费。当前，可以在一些经济发达的省份、地市内开展试点，实现政府对公安经费的单列和统筹统拨，这种方式是可行的，随着经济的不断发展，进而在全国范围内逐步推广，建立起统筹统拨、保障有力的公安经费保障机制。

公安未来的发展趋势涉及公安工作的方方面面，牵一发而动全身，是推动公安工作前进的原动力，必须由中央牵头，从顶层设计开始，统筹规划、抓住症结、分步实施、层次推进。只有这样，才能最终取得公安改革的成功，才能使公安工作迈上一个新的台阶。今后一段时期，公安机关应认真贯彻党的十八大和十八届二中、三中全会精神，全面落实习近平总书记在中央政法工作会议上的讲话精神，围绕完善和发展中国特色社会主义制度、推进国家治理体系和治理能力现代化的总目标，把握促进社会公平正义、增进人民福祉的总要求，坚持稳中求进、改革创新，以创新社会治理方式、深化司法体制改革、推进科技信息应用、改进政法宣传舆论工作为着力点，深入推进平安中国、法治中国和过硬队伍建设，切实提高公安工作现代化水平。

【小结】

根据世界警察制度过去发展的轨迹和未来发展的方向，描绘我国公安未来的发展趋势，同时学习和借鉴国外先进的警察发展经验和发展模式，吸取国外警察发展中存在的失败教训，对于深化我国警察制度改革，推动公安工作正规化、现代化建设具有十分重要的现实意义。

本章阐述了世界警察未来发展的趋势，在分析、评判影响公安未来发展的主要因素的基础上，对公安未来发展的主要趋势进行了论述。这些对于推动公安工作改革、规划公安未来发展方向具有一定的指导作用。

【思考题】

1. 根据世界警务的前四次警务革命发展经历，你认为还会出现第五次警务革命吗？为什么？

2. 结合当前影响公安未来的主要因素，分析和预测未来公安发展的主要趋势。

主要参考文献

[1] 戴文殿. 公安学基础理论研究. 中国人民公安大学出版社, 1992.

[2] 冯德文. 警察学概论. 中国人民公安大学出版社, 2005.

[3] 公安部政治部. 公安基础知识. 中国人民公安大学出版社, 2008.

[4] 贺电等. 公安工作科学发展论要. 中国人民公安大学出版社, 2014.

[5] 贺电. 法治政府论. 吉林人民出版社, 2007.

[6] 康大民. 论公安学基础理论体系. 群众出版社, 1999.

[7] 康大民. 广义公安论. 群众出版社, 2001.

[8] 康大民. 中国特色公安之研究. 群众出版社, 1996.

[9] 罗伯特·兰沃西, 劳伦斯·特拉维斯著, 尤小文译. 什么是警察: 美国的经验. 群众出版社, 2004.

[10] 罗明娅. 公安工作概论. 中国人民公安大学出版社, 2010.

[11] 柳小川. 公安学理论教程. 中国人民公安大学出版社, 1995.

[12] 马建文. 公安学基础理论. 中国人民公安大学出版社, 2007.

[13] 万川. 中国警政史. 中华书局, 2006.

[14] 王大伟. 欧美警察科学原理——世界警务革命向何处去. 中国人民公安大学出版社, 2007.

[15] 王光. 公安工作评价的技术与方法. 中国人民公安大学出版社, 2009.

[16] 王庆功. 警务理论与实践前沿问题. 中国人民公安大学出版社, 2008.

[17] 许新源. 公安学基础理论. 中国人民公安大学出版社, 2005.

[18] 章春明. 公安学基础理论案例教程. 中国人民公安大学出版社, 2004.

[19] 张建明, 蔡炎斌, 张丽圆. 公安学基础理论. 中国人民公安大学出版社, 2007.

[20] 张开贵. 公安学基础理论新编. 中国人民公安大学出版社, 2004.

[21] 张兆端. 警察哲学. 中国人民公安大学出版社, 2008.

[22] 周章琪. 公安学基础理论. 中国人民公安大学出版社, 2013.

[23] 周忠伟. 公安学概论. 江西高校出版社, 2013.